ESSAI HISTORIQUE

SUR LA

# BIBLIOTHÈQUE DU ROI

AUJOURD'HUI

## BIBLIOTHÈQUE IMPÉRIALE

avec des Notices sur les dépôts qui la composent
et le Catalogue de ses principaux fonds

Par LE PRINCE

NOUVELLE ÉDITION, REVUE ET AUGMENTÉE

DES

## ANNALES DE LA BIBLIOTHÈQUE

Présentant à leur ordre chronologique tous les faits qui se rattachen
à l'histoire de cet établissement, depuis son origine
jusqu'à nos jours

Par Louis PARIS
Directeur du *Cabinet historique*

---

PARIS

AU BUREAU DU CABINET HISTORIQUE
Rue d'Angoulême-Saint-Honoré, 27

ET CHEZ

LE CONCIERGE DE LA BIBLIOTHÈQUE IMPÉRIALE
Rue de Richelieu, 58

—

**1856**

LA

# BIBLIOTHÈQUE DU ROI

AUJOURD'HUI

## BIBLIOTHÈQUE IMPÉRIALE

SE TROUVE AUSSI CHEZ

FRANCK, Libraire,　　TECHENER, Libraire,
Rue de Richelieu, 27.　　Place du Louvre, 20.

A MESSIEURS

LES

ADMINISTRATEURS GÉNÉRAUX

ET

CONSERVATEURS

DE LA BIBLIOTHÈQUE IMPÉRIALE

HOMMAGE RESPECTUEUX,

Louis PARIS.

# AVIS DE L'EDITEUR.

On est à bon droit surpris que l'histoire de la Bibliothèque impériale, de ce musée si célèbre dans le monde sous le nom de *Bibliothèque du Roi*, soit si peu connue, et qu'en ces derniers temps nul de ceux qui ont dû à cet établissement leur position et leur renommée n'ait essayé de donner satisfaction sur ce point à la légitime attente du public.

Quoique, pour toutes sortes de raisons, il me fût donné moins qu'à tout autre d'entreprendre une pareille tâche, depuis longtemps je recueillois sur l'origine et les accroissemens successifs de la Bibliothèque des notes et des renseignemens que je destinois à un travail complet sur la matière. Mais, en les revisant pour les mettre en œuvre, j'en vins à m'avouer que la plus notable partie de mes matériaux, je l'avois tirée d'un livre qui, pour être ancien et peu connu, n'en est pas moins resté un excellent livre : je veux parler de l'*Essai historique* de LE PRINCE aîné. Je conclus dès lors que, pour refaire un livre sur le même sujet, il falloit de deux choses l'une : ou s'approprier le texte de l'*Essai*, à l'aide de retouches et d'interpolations qui, si adroites qu'elles fussent, ne sauveroient point du reproche de plagiat, ou recourir à des emprunts avoués, à des citations continuelles : alternative peu satisfaisante pour l'amour-propre du metteur en œuvre. Je compris dès lors aussi qu'il n'y avoit qu'un parti à prendre, celui de rééditer l'*Essai historique sur la Bibliothèque du Roi*, livre complet en 1782, époque de sa publication, et qui, pour être encore aujourd'hui le meilleur des manuels, ne demandoit qu'une continuation jusqu'à nos jours.

On a quelques raisons de croire que le livre en question n'est point de *Le Prince* aîné, dont le nom comme littérateur n'est en réalité connu que par cette publication (1), mais d'un homme dont le nom fut pendant trois générations l'honneur de la Bibliothèque, d'Augustin Capperonnier, le digne et savant prédécesseur de M. Van Praet, bien mieux que Le Prince en position d'être parfaitement informé.

Quoi qu'il en soit, cet *Essai*, épuisé depuis longtemps, a conservé son autorité et toute l'estime du public. Il contient, avec l'historique de la Bibliothèque et de ses diverses vicissitudes, la description des bâtimens et un précis sur chacun des

---

(1) Dans ses Prolégomènes, Le Prince se classe parmi les employés de l'établissement et prend le titre d'*Inspecteur chargé de veiller au recouvrement des Exemplaires dus à la Bibliothèque.*

départemens dont se compose le service. Une étude sérieuse et spéciale est consacrée au département des manuscrits : on y trouve des notices succinctes sur ses divers fonds et l'inventaire sommaire d'un grand nombre de ces fonds. Le Cabinet des Titres, aujourd'hui réuni à ce département, a sa notice à part; le Cabinet des Estampes, le Cabinet des Médailles, qui forment deux autres départemens distincts, sont également l'objet de curieuses recherches et de précieuses indications. Le département des Cartes et Collections géographiques n'étoit pas créé au temps de Le Prince; j'ai dû, nouvel éditeur, en présenter l'historique et la description d'après le plan suivi par l'auteur pour les autres départemens. A l'exception de ce chapitre, pour lequel je me suis surtout aidé des excellentes notices publiées à diverses époques par M. Jomard, et à quelques rares modifications près, c'est donc l'*Essai historique* de Le Prince que je présente au public sous forme de nouvelle édition destinée à combler un vide depuis longtemps regrettable.

On trouvera à la suite de l'*Essai*, sous le titre d'*Annales de la Bibliothèque*, les notes que j'avois réunies pour la composition du livre que je voulois faire, et qui, pour la partie postérieure à 1782, peuvent servir de suite et de complément à l'ouvrage attribué à Le Prince.

L. P.

# AVERTISSEMENT [1].

Parmi les curieux, François ou Etrangers, qui viennent en foule admirer la Bibliotheque du Roi. il n'en est aucun qui ne paroisse désirer de la connoître en détail et d'avoir une idée exacte des richesses qu'elle renferme, l'œil étonné ne saisissant que l'ensemble, et ne pouvant distinguer les différentes parties qui la composent.

C'est pour satisfaire à ce désir, que j'ai entrepris cet Essai Historique sur la Bibliotheque du Roi en général, et sur les dépôts particuliers qui constituent l'ensemble de ce riche trésor.

Je comptois, en commençant ce petit ouvrage, ne donner qu'une simple et courte description de chacun de ces dépôts ; mais la richesse et l'intérêt de la matière m'ont fait passer bien au-delà des premières bornes que je m'étois prescrites moi-même. J'ai peut-être oublié que j'entreprenois au-delà de mes forces ; mais qui pourra jamais m'en faire un reproche, en voyant mon excuse dans

---

[1] On n'a pas jugé nécessaire de marquer les corrections et les suppressions, d'ailleurs peu importantes, faites à cette première partie du texte de le Prince : le travail du nouvel éditeur s'étant surtout porté sur la seconde partie de l'ouvrage. Éd.

le désir et l'espérance d'être plus généralement utile ?

Cet Essai doit être le guide de tous ceux qui désormais entreront dans la Bibliotheque du Roi, il en annoncera les principales richesses et les beautés qui échapperoient à l'œil le plus attentif.

A la description matérielle de chaque dépôt, j'ai joint l'historique de son origine et de ses divers accroissemens.

J'ai extrait d'un grand nombre d'ouvrages tout ce qu'on a écrit d'intéressant sur cette immense Bibliotheque en général, ou sur quelques-unes de ses parties. J'ai pensé qu'il importoit à la France que les Etrangers pussent prendre sur-le-champ une idée claire et précise de toutes les richesses rassemblées dans ce superbe Musée, soit en manuscrits, soit en livres imprimés, Estampes, Planches gravées, Titres, Généalogies, Médailles et Antiques.

Si parmi les faits que je rapporte il arrivoit que quelque erreur se fût glissée, je prie le Public de ne pas m'en imputer la faute ; car je puis assurer que je n'ai cité que d'après des Auteurs connus ; cet essai n'étant qu'un rapprochement de divers morceaux épars çà et là, qui rassemblés m'ont paru de nature à justifier l'idée que les Étrangers et les Nationaux se forment de la Bibliotheque du Roi.

Le Mémoire historique qui se trouve à la tête du premier volume du Catalogue des livres imprimés de cette superbe Bibliotheque, m'a été du plus grand secours : je l'ai toujours eu sous les yeux comme un guide certain et comme un excellent modèle, et le plus souvent je me suis contenté de le transcrire mot à mot. J'ai également profité des Mémoires donnés à Messieurs Blondel et Mariette par Monsieur l'abbé Barthelemy, Garde du Cabinet des Médailles, et de celui que Monsieur Joly, Garde des Estampes, a communiqué à Monsieur l'Abbé de Lubersac : car les Savans à qui la Garde des différens dépôts est confiée, loin de repousser de leurs cabinets les Etrangers et les Curieux qui viennent y chercher des lumières, se font toujours un plaisir et un devoir de les aider dans leurs recherches, et de leur ouvrir leurs trésors.

J'ai divisé cet ouvrage en deux parties. Dans la première j'offre au Public un Essai Historique sur l'origine, l'établissement et l'accroissement des différens dépôts qui forment la Bibliotheque du Roi : cette première partie est suivie d'une notice des Arrêts du Conseil, Déclarations du Roi, Ordonnances et Règlements de Librairie relatifs aux livres qui doivent être fournis à la Bibliothèque du Roi, par les Auteurs, Imprimeurs et Libraires.

La seconde partie contient la description de chaque dépôt en particulier dans l'ordre suivant:

### *Dépôt des livres imprimés.*

La description des Bâtiments, l'ordre qu'on a suivi dans l'arrangement des livres : le plan bibliographique.

### *Dépôt des Manuscrits.*

Description des Bâtiments : arrangement des Manuscrits, Essai historique sur les différens fonds qui composent ce dépôt : notice de plusieurs Manuscrits rares et précieux.

### *Cabinet des Titres et Généalogies.*

Une notice des objets les plus curieux à voir dans ce dépôt.

L'Histoire de ce Cabinet, l'ordre observé dans l'arrangement des Titres et Généalogies, la Notice des Pièces les plus curieuses.

### *Cabinet des Estampes.*

L'historique de ce Cabinet et de ses différens accroissemens depuis son origine jusqu'à nos jours.

L'ordre observé dans l'arrangement des Estampes et des planches gravées.

### Cabinet des Médailles et Antiques.

Description de ce Cabinet, l'Histoire de ses accroissemens, arrangemens des Médailles et Antiques.

Description de plusieurs morceaux curieux, comme Vases, Boucliers, Médailles, Médaillons, Jettons, etc.

L'Ouvrage est terminé par un Supplément à la Notice des Chartes des différentes Églises de France, et par la liste des Bibliothèques de Paris : j'ai cru devoir le faire précéder d'une courte description des reliures employées sous différens regnes depuis François I$^{er}$ jusqu'à nos jours, et d'un avis sur les marques auxquelles on peut connoître les livres de la Bibliothèque du Roi.

J'ai cherché à mettre dans ces descriptions le plus de clarté qu'il m'a été possible ; persuadé que l'exactitude et la précision sont tout ce qu'on peut exiger dans un Ouvrage de ce genre.

# ESSAI HISTORIQUE

### sur la

# BIBLIOTHÈQUE DU ROI.

---

## I. — ORIGINE DE LA BIBLIOTHÈQUE DU ROI SOUS SAINT LOUIS.

La Bibliotheque du Roi, foible dans ses commencemens, aujourd'hui parvenue à ce degré de magnificence qui la rend la plus belle et la plus riche Bibliotheque du monde, ressemble à tant d'autres grands établissemens dont l'origine est demeurée incertaine. Il n'est pas aisé de désigner celui de nos Rois auquel elle est redevable de sa fondation, et ce n'est qu'après de médiocres accroissemens, une longue suite d'années et diverses révolutions qu'elle est devenue ce qu'on la voit aujourd'hui.

Plusieurs de nos Rois, avant le quatorzième siècle, ont eu des Bibliotheques; mais il paroît qu'elles ne subsistoient que pendant la vie de ces Princes, qui en disposoient à leur gré et en faveur de qui ils jugeoient à propos. Presque toujours dissipées après leur mort, il n'en passoit guère à leurs successeurs que les livres qui avoient été à l'usage de leur Chappelle (1). C'est ce qu'on vit arriver sous S. Louis. Ce Prince protégea les Lettres, et ne resta pas étranger au grand mouvement littéraire de son siècle. Il fit rechercher les bons textes de la Bible et des ouvrages de morale religieuse; il en fit recopier un grand nombre sur les manuscrits trouvés en diverses Abbayes : il ménagea dans le Trésor de la Sainte Chappelle un lieu commode et sûr, où il renferma sa nouvelle Bibliothèque. Lui-même s'y enfermoit souvent pour y étudier dans ses heures de loisir. Son confesseur a remarqué qu'il lisoit bien plus volontiers les ouvrages des Peres que les écrits des meilleurs Ecrivains de son tems. Quoi qu'il en soit, Saint Louis ne laissa pas à ses enfans la collection qu'il avoit formée : il en fit quatre portions égales, non compris les livres de sa Chappelle, et la légua, dar son Testament, aux quatre Maisons religieuses qu'il

---

(1) L'Histoire nous apprend que Charlemagne, à qui les Sciences ne doivent pas moins que la Religion, avoit amassé une Bibliotheque, et qu'il ordonna même par son testament qu'elle seroit vendue au profit des pauvres. *Voy.* la Vie de ce Prince par *Eginhard.-Lambecius (Bib. Cæs. Vindob.* tom. II, p. 264), nous donne la notice d'un des plus beaux livres de la Bibliotheque de ce Prince; il ajoute qu'il ne sait comment il est passé dans celle de l'Empereur. Ce vol. est un recueil de lettres que les Papes Grégoire III, Etienne III, Zacharie I, Paul I, Etienne V, Adrien I, et l'Anti-Pape Constantin, écrivirent à Charles Martel, à Pépin et à Charlemagne. On lit qu'il a été écrit par les ordres et par les soins de Charlemagne. Louis le Débonnaire, Charles le Chauve et ses successeurs ont eu aussi des Bibliotheques. On voit parmi les subscriptions d'un Concile tenu l'an 876, que Hilduin, Abbé de Saint-Denis, étoit Bibliothécaire de Charles le Chauve; Ebon, Archevêque de Reims, comme on le voit p r une lettre au Pape Nicolas, dit qu'Ebon avoit reçu cet emploi de son pere Louis le Débonnaire. *Voy. Morhoff.* Polyhist. tom. I, liv. 1, cap 6, 8.

affectionnoit le plus, savoir : aux Jacobins, aux Cordeliers de Paris, à l'Abbaye de Royaumont et aux Jacobins de Compiegne.

Ce n'est donc que sous les regnes suivans que l'on doit chercher le premier établissement d'une Bibliotheque Royale, regardée comme inaliénable et comme une des plus précieuses portions des meubles de la Couronne.

Aujourd'hui, la Bibliotheque Royale a hérité de la succession littéraire de ces quatre Abbayes.

## II. — SOUS LOUIS LE HUTIN, CHARLES LE BEL ET LE ROI JEAN.

Les inventaires de la maison des anciens Rois de France nous offrent encore l'inventaire curieux des livres de Louis le Hutin, de Jeanne de Navarre et de Clémence de Hongrie, femme de Louis le Hutin — et de Charles le Bel. Mais ces collections précieuses n'avoient rien de commun avec l'etablissement d'une Bibliotheque sans cesse alimentée par les secours du Roi, et mise à la disposition de tous les citoyens studieux.

Le goût de l'étude, qui s'étoit renouvellé quelque tems avant S. Louis, se fortifia insensiblement et prit une nouvelle vigueur par la protection dont le Roi Jean honora les Lettres ; il les cultiva lui-même et aima par conséquent les livres. Ce Prince avoit un certain nombre de volumes parmi lesquels on comptoit : 1° la traduction du livre *des Moralités sur le Jeu des Echecs*, qui lui fut présentée par *Jean de Vignay*, Religieux Hospitalier de S. Jacques du Haut-Pas ; 2° *un Dialogue* latin, touchant les substances (1); la traduction françoise *des trois Décades de Tite-Live*, que Pierre Berceure, *Bénédictin*, Prieur de S. Eloi, avoit entreprise par ordre du Roi ; 4° des Fragmens d'une Version françoise *de la Bible*, commencée par Maître *Jean de Sy* ; 5° un volume *des Guerres de la Terre Sainte*, achevé plus tard par Raoul de Presle, c'est-à-dire de *Guillaume de Tyr* ; 6° l'*Histoire universelle* de Guil. de Nangis ; 7° trois ou quatre livres de Dévotion. C'étoient là, ou peu s'en faut, toutes les richesses littéraires de ce Roi, lesquelles ayant passé à son Successeur, furent le premier fonds de la Bibliotheque que Charles V fonda dans la suite, et que l'on peut enfin regarder comme l'origine de la Bibliotheque du Roi, telle qu'elle est aujourd'hui.

---

### III. — SOUS CHARLES V.

*Garde de la Librairie :* GILLES MALLET.

Charles V profita, pour la culture des Lettres, de la paix qu'il rendit à ses États. Il étoit savant et aimoit passionnément les livres : son principal soin étoit d'en faire copier et de les faire orner de belles miniatures. Jean de Bruges, qu'il ne faut pas confondre, comme on l'a fait souvent (2), avec le peintre flamand *Jean Van Eyck*,

---

(1) Il existe dans la Bibliotheque du Roi un exemplaire de cet Ouvrage qu'on croit unique. Le livre fait honneur au Roi Jean; ce Prince y est interlocuteur avec l'Auteur, homme de grand sens, versé dans la lecture des bons livres.

(2) L'abbé Rives a relevé cette assertion avec son aigreur comique ordinaire, p. 163 de la *Chasse aux Bibliophiles*. Éd.

qui fleurissoit plus d'un demi-siecle après lui, auquel il accorda le titre de son Peintre, paroît être celui que ce Prince avoit choisi pour cela. Pour lui plaire, les Princes, les Grands de la Cour et les Officiers de sa Maison s'empressoient à lui en offrir. Les Savans, animés par les récompenses dont il payoit leurs travaux, enrichirent et augmenterent considérablement et en peu de tems la Bibliotheque de ce Prince, de leurs productions et d'un grand nombre de Traductions françoises ; genre de travail qui étoit devenu à la mode sous le regne de ce sage Monarque (1).

La protection qu'il se fit gloire d'accorder aux Savans, et son amour pour les Lettres, le porterent à mettre tous ceux qui l'approchoient en état de profiter d'un si riche trésor, qu'il n'avoit d'abord amassé que pour sa propre instruction. Il le logea à Paris, dans une des tours du Louvre, que dès lors on désigna sous le nom de *Tour de la Librairie :* les livres y occupoient trois étages et étoient rangés avec autant de soin que de propreté (2). La garde en fut donnée à Gilles Mallet, pour lors Valet

(1) Tous ces Ouvrages ajoutés à l'ancien fonds et à ceux que ce Prince avoit acquis d'ailleurs, augmenterent beaucoup et en peu de tems, et formerent une collection d'environ 900 vol., nombre remarquable et qui peut servir de preuves à l'état florissant des études littéraires au xive siècle.

(2) Sauval et après lui Félibien, rapportent, sans par malheur citer leurs autorités, que Charles V voulut qu'on fermât de barreaux de fer, de fil de laiton et de vitres peintes, toutes les fenêtres de sa Bibliotheque : les lambris des murs étoient de bois d'Irlande, la voûte étoit lambrissée de bois de cyprès, et tous ces lambris étoient embellis de sculptures en bas relief. On y mit par son ordre trente petits chandeliers et une lampe d'argent qui étoient allumés toutes les nuits afin que l'on pût y travailler à toute heure.

de Chambre, et ensuite Maitre d'Hôtel du Roi (1).

Mallet en dressa lui-même l'inventaire (2), en 1373, lequel fait connoitre les livres dont cette Bibliotheque étoit composée. Ce Catalogue est divisé en trois chapitres : le premier nous apprend que la premiere Chambre de la Librairie contenoit 269 vol., la seconde 260 et la troisieme 381, ce qui fait en tout 910 vol.

Quelque insuffisant que soit ce Catalogue, et quoique les livres y soient énoncés sans ordre, on ne peut nier qu'il ne soit un morceau précieux pour l'Histoire Littéraire : il y est fait mention d'Auteurs et d'Ouvrages françois inconnus à nos Bibliographes. Gilles Mallet a encore eu soin d'y indiquer quelquefois à quelle occasion ces livres avoient été composés, par qui ils avoient été donnés au Roi, et à qui ils avoient été prêtés ou remis par ordre de ce Prince. Cet inventaire, comme nous l'avons déja dit, contient 910 vol. On y trouve des Bibles latines des Versions françoises, faites par différens Traducteurs, des Missels, des Psautiers ou Breviaires, des Heures, des Offices particuliers, et autres livres d'Église, presque tous enluminés avec soin, couverts de

---

(1) Voyez la *Liste des Bibliothécaires*, etc.

(2) Il est intitulé : *Inventoire des Livres du Roy, nostre Sire, estans en son Chastel du Louvre.* Cet inventaire existe en original à la Bibliotheque du Roi, fonds de Colbert (n° 83); on a tâché d'en effacer la signature de François I, à qui il avoit appartenu.

Le premier feuillet est en blanc ; on lit sur le second : *Cy-après en ce papier sont écrits les livres de très-souverain et très-excellent Prince Charles-le-Quint de ce nom, par la grace de Dieu, Roi de France, estans en son Chastel du Louvre, en trois Chambres l'une sur l'autre, l'an de Grace 1373, enregistrés de son commandement par moi Gilles Mallet, son Varlet de Chambre.*

riches étoffes et garnis de fermoirs d'or et d'argent. La plupart de ces livres venoient des prédécesseurs de Charles V, et plusieurs avoient appartenu à Saint Louis. On y voyoit aussi des livres de Dévotion d'un autre genre, tels que la *Légende dorée*, l'*Histoire particuliere des Miracles* et les *Vies particulieres de Saints et de Saintes* : les ouvrages des Saints Peres y étoient en petit nombre, mais il y avoit beaucoup de Traités d'Astrologie, de Géomancie et de Chiromancie, sciences vaines et méprisables, *le scandale de la Philosophie*, et que l'on mettoit alors au nombre des plus sublimes connoissances humaines. Charles V partageoit l'erreur de son siecle ; le crédule Monarque fit traduire plusieurs des livres qui avoient rapport à ces sortes de Sciences. Les Ouvrages de Jurisprudence se réduisoient aux Décrétales, au Code et au Digeste, avec quelques livres de Politique, et les Coutumes de quelques Provinces de France : ceux de Medecine, à quelques Ouvrages d'Hippocrate, un d'Avicenne, divers ouvrages d'Auteurs Arabes, traduits en latin ou en françois, et quelques Ecrits composés par des Auteurs du tems. La Physique et la Philosophie paroissent avoir été les plus négligées : l'Histoire y étoit très-abondante ; il y en avoit plusieurs, tant générales que particulieres, sur-tout de la Vie de S. Louis et des guerres d'outre-mer. Cette partie de l'Histoire et les Romans, soit en rime, soit en prose, étoient les deux parties dominantes, et peut-être les plus curieuses de la Bibliotheque du Louvre.

Il paroît, par le catalogue de *Gilles Mallet* (1) et par

(1) Ce Catalogue ou *Inventaire* a été publié par les soins de M. Van-Praet. C'est le dernier travail de ce fameux bibliographe.
Éd.

un autre inventaire général exécuté au commencement du regne de Charles VI, que Charles V avoit encore des livres ailleurs que dans le Louvre, et qu'il en faisoit mettre de tems en tems dans ses différentes Maisons Royales. Il sembleroit (*dit l'Auteur du Mém. Hist. sur la Bibl. du R.*, p. 5) que ce Prince, en divisant ainsi sa Bibliotheque, prévit quelle en seroit la destinée après sa mort, et qu'il voulut, par une précaution si sage, préparer quelques ressources pour son rétablissement.

Tel étoit à-peu-près l'état de cette Bibliotheque ; on ne le connoîtroit plus sans le catalogue qui nous en a été conservé, lequel nous met à portée de juger quel étoit le goût du siecle pour les Sciences et pour la Littérature.

## IV. — SOUS CHARLES VI.

*Gardes :* GILLES MALLET. — ANTOINE DES ESSARTS. — JEAN MAULIN. — GARNIER DE SAINT-YON.

Après la mort de Charles V, un des premiers soins de Charles VI, lorsqu'il fut monté sur le Trône (en 1381), fut de faire faire, dans les formes, par un de ses Secrétaires, le recollement des livres du Louvre, sur l'inventaire qui en avoit été fait par Gilles Mallet : il ne s'y trouva de manque que ceux qui avoient été donnés ou prêtés à divers particuliers par le feu Roi.

Ce Prince ne conserva pas ces livres avec le même soin ; il en tira même de sa Bibliotheque plusieurs qui n'y rentrerent plus. Le Duc d'Anjou, Régent du Royaume, et quelques autres Princes s'approprierent ceux qu'on leur avoit prêtés ; les Officiers de la Cour en emporterent beaucoup qui ne furent pas rendus ; mais le Roi réparoit en quelque sorte ces pertes par de nouvelles acquisitions qu'il faisoit de tems en tems. « Il » semble, dit M. Boivin (1), que la Bibliotheque du » Roi étoit alors comme un Magasin public, ouvert à » tout le monde, et une espece de Trésor Royal, d'où il » sortoit autant de richesses qu'il y en entroit. » Le Duc de Guyenne son fils aîné augmenta, en 1410, le nombre des livres du Louvre d'une vingtaine de volumes. G. Mallet les reçut et en fit l'état, ou plutôt il les inséra à la suite de son catalogue (2).

A Gilles Mallet, mort en 1410 succéda pour la garde de la Librairie Antoine des Essarts, Garde des deniers de l'Epargne. On voit par l'inventaire (3) que firent alors deux Officiers et le Greffier de la Chambre des Comptes, mais avec beaucoup plus de formalités qu'auparavant, que ces livres, tant ceux qui étoient dans le premier in-

---

(1) Mém. de l'Acad. des Inscrip. tom. I.

(2) Il eut soin de mettre à la tête de cette liste, ce petit avertissement : « Ce sont les livres que noble et puissant Prince, Monseigneur le Duc de Guyenne, aîné fils du Roy Charles VI de ce nom, Roy de France, a envoyez en la Librairie du Roy nostre Seigneur, au Louvre, par Maistre Jean d'Arsonval, Confesseur et Maistre d'Ecole de mondit Seigneur de Guyenne, et lesquels ont été reçus et mis en ladite Librairie par moi Gilles Mallet, Maistre d'Hostel du Roy notre dit Seigneur, et Garde de ladite Librairie, le 7 de Janvier 1409. »

(3) Cet inventaire se conserve à la Bibliotheque du Roi, dans le manuscrit de Colbert qui contient déjà celui de Gilles Mallet, N° 83.

ventaire, et dont environ 200 volumes étoient à désirer, que ceux qui n'avoient point encore été inscrits, n'alloient point, en 1411, au-delà de onze cens. Jean Maulin, Clerc du Roi en sa Chambre des Comptes, et Garnier de Saint-Yon (1), Échevin de Paris, paroissent avoir succédé l'un après l'autre à Antoine des Essarts, dans l'Office de Garde de la Bibliotheque du Roi.

### V. — SOUS CHARLES VII.

*Garde :* GARNIER DE SAINT-YON.

L'an 1423, peu de temps après la mort de Charles VI, les livres de la Tour du Louvre furent de nouveau inventoriés par trois Commissaires de la Chambre des Comptes, qui vaquerent pendant cinq jours à dresser un nouvel inventaire ; et on en fit faire en même temps, par trois Libraires, la prisée, qui se montoit à deux mille trois cent vingt-trois livres quatre sols, somme considérable pour ce tems-là. Le nombre des volumes ne fut pas augmenté depuis le décès de Gilles Mallet ; au contraire, il ne s'en trouva alors qu'environ huit cens cinquante.

Les Anglois, appellés à Paris par Isabeau de Baviere, s'étoient rendus les maitres de cette Capitale : le Duc de Betfort, qui prenoit alors le titre de Régent du Royaume de France, se fit représenter, le 22 Juin 1425, par Garnier de Saint-Yon, les livres dont celui-ci avoit la garde,

---

(1) La Garde de la Bibliotheque lui fut donnée le 11 du mois de mai 1412.

et qui étoient contenus dans l'inventaire de 1423 ; il en rendit bon compte, et continua de les avoir jusqu'en 1429, qu'il en fut pleinement déchargé par le même Duc de Betfort, qui lui en fit donner quittance. Ces livres furent achetés 1200 liv. par ce Duc; et cette somme fut comptée à Pierre Thiery, Entrepreneur du mausolé de Charles VI et de la Reine Isabeau son épouse. Il y a toute apparence qu'il ne les acquit que pour les faire passer en Angleterre.

C'est ainsi que les malheurs dont le Royaume de France fut accablé au commencement du regne de Charles VII, furent cause que la Bibliotheque du Roi fut entièrement dissipée. Ce Prince ne songea point à en réparer la ruine, d'autres soins l'en empêcherent ; il se contenta seulement du petit nombre de livres qui lui furent dédiés par des Auteurs et des Traducteurs de son tems.

### VI. — SOUS LOUIS XI.

*Gardes :* LAURENT PALMIER. — ROBERT GAGUIN.

Louis XI, Prince studieux et habile, dont le Regne fut assez tranquille, se fit un devoir de ramasser les débris de la Librairie du Louvre, épars dans les Maisons Royales, où Charles V avoit fait remettre un nombre de volumes : il y joignit les livres de son père et les siens, et s'en forma (vers l'an 1475), une Bibliotheque, qui, à la faveur de l'Imprimerie inventée peu auparavant, s'accrut de beaucoup. Il l'augmenta ensuite des livres de Charles de France son frere, et, selon toutes les apparences, de ceux des Ducs de Bourgogne, dont il réunit le

Duché à la Couronne. La Bibliotheque de Louis XI eut un Garde particulier, nommé *Laurent Palmier*; il y avoit aussi un Enlumineur en titre, nommé *Jean Fouquet, de Tours*, dont l'habileté se fait remarquer dans le manuscrit des *Antiquités judaïques* de Josephe, qui existe dans la Bibliotheque du Roi. Pour Robert Gaguin (1) il n'est pas certain qu'il ait été Bibliothécaire du Roi.

---

### VII. — SOUS CHARLES VIII.

Charles VIII ajouta aux livres que Louis XI avoit rassemblés, ceux qui furent composés en son honneur et à son usage. En 1495, il y joignit encore ceux qu'il fit apporter de Naples, après la conquête de ce Royaume : ces livres étoient d'autant plus précieux, qu'ils venoient d'une Bibliotheque formée dans les XIV et XV<sup>e</sup> siecles, par des Princes que leur savoir et leur amour pour les Lettres avoient rendus également recommandables. Robert, de la Maison d'Anjou, l'avoit commencée; Alphonse et Ferdinand d'Arragon, Rois de Naples, après Robert, s'étoient appliqués à l'enrichir : Ferdinand sur-tout l'avoit beaucoup augmentée par l'acquisition des livres confisqués sur les grands du Royaume, qui, ayant conspiré contre lui, furent condamnés au supplice. Il est encore facile de distinguer, dans la Bibliotheque du Roi, ceux des Rois de Naples et des Seigneurs napolitains, par les armoiries, les souscriptions, les signatures et autres marques.

(1) Selon Dubreuil, la grande science que Robert Gaguin avoit dans les bons livres, lui fit mériter la dignité de Bibliothécaire de Louis XI. *Voy*. Ant. de Paris, pages 10 et 49, liv. 3.

Pendant que Louis XI et Charles VIII s'empressoient ainsi de rassembler le plus de livres qu'ils pouvoient, les deux Princes de la Maison d'Orléans, Charles et Jean Comte d'Angoulême son frère, revenus d'Angleterre après plus de 25 ans de prison, jettoient, le premier à Blois, et le second à Angoulême, les fondemens de deux Bibliothèques qui devinrent bientôt Royales ; ces deux Princes rapporterent d'Angleterre plusieurs livres qu'ils y acheterent parmi lesquels ils s'en trouva plusieurs de ceux que le Duc de Betfort avoit enlevés de la Tour de la Librairie. Cet achat consistoit en soixante vol. qui, au retour de ces Princes (1), furent apportés d'abord à Saint-Omer, et de là envoyés à Blois (2). Le premier fonds de cette Bibliotheque venoit également des livres de la Tour de la Librairie du Louvre, qui en avoient été tirés par Louis, duc d'Orléans fils de Charles le Sage, assassiné à Blois en 1407. Ces livres étoient *les Voyages de Marc Paul, Vénitien ; le Gouvernement des Rois et Princes*, de Giles de Rome ; une *Bible* très-belle et très-richement ornée ; une autre *Bible* et un *Missel* : ce petit nombre de volumes devint donc l'origine de la Bibliotheque de Blois, de même que ceux du Roi Jean l'avoient été de celle de Charles V.

(1) Charles d'Orléans aimoit beaucoup l'étude : on remarque sur la plûpart des livres qui lui ont appartenu, sa signature écrite d'une main exercée. Il est encore facile de reconnoître une partie des livres de Blois, parce qu'ils portent l'écu d'Orléans.

(2) Le Catalogue original existe encore aujourd'hui dans le trésor de la Chambre des Comptes de Blois ; il y en a une copie à la Bibliotheque du Roi.

## VIII. — SOUS LOUIS XII.

Louis XII, fils de Charles, Duc d'Orléans, étant parvenu à la Couronne, réunit à la Bibliotheque de Blois celle du Louvre, en faisant transporter à Blois les livres de ses deux prédécesseurs, Louis XI et Charles VII. Il eut un soin particulier pendant son regne d'augmenter ce précieux trésor, qui devint bien plus considérable, lorsque ce Prince y eut fait entrer la Bibliotheque que les Visconti et les Sforce, Ducs de Milan, avoient établie à Pavie; elle n'étoit guere d'un moindre prix que celle des Rois de Naples dont Charles VIII s'étoit emparé quelque tems auparavant. Louis XII y ajouta encore les livres qui avoient appartenu au célebre *Pétrarque*, et ceux du cabinet de *Louis de la Gruthuse*, Seigneur Flamand, qui avoit fait une grande figure à la Cour des derniers Ducs de Bourgogne (1). La Bibliotheque des Ducs de Milan, selon quelques auteurs de ce tems-là, faisoit l'admiration non-seulement de la France, mais encore de l'Italie; elle étoit composée de ce que nous avons de meilleurs Auteurs latins, sacrés et profanes, outre quelques anciens Auteurs grecs.

(1) La plûpart des manuscrits qui ont appartenu à ce personnage et qui ont passé dans la Bibliotheque Royale, étoient décorés de ses armes, mais on les a gratées sans doute à l'époque de leur arrivée à Blois pour y substituer celles du Roi. On le remarque, pour le peu qu'on y fasse attention. Les armes du Seigneur de la Gruthuse, sont *à la croix de sable, écartelée d'argent, au sautoir*. La devise est: *Plus est en vous*. On trouve aussi dans quelques autres Bibliotheques (comme dans celle de M. le Duc de la Valliere, aujourd'hui réunie presque en entier à celle du Roi) plusieurs manuscrits qui ont aussi appartenu au Seigneur de la Gru-

## IX. — SOUS FRANÇOIS Iᵉʳ.

*Gardes :* MELLIN DE SAINT-GELAIS. — JEAN DE LAGARRE. — GUILLAUME BUDÉ. — PIERRE DUCHASTEL.

François premier fit, à l'égard des livres de Blois, dont il avoit lui-même beaucoup augmenté le nombre, ce que Louis XII avoit fait à l'égard de ceux des Rois Louis XI et Charles VIII : il se détermina, en 1544, à les incorporer à la Bibliotheque qu'il avoit commencé d'établir au Château de Fontainebleau. Mellin de Saint-Gelais porta à Blois les ordres du Roi, et en conséquence deux Maîtres des Comptes, commis par la Chambre de cette Ville, dresserent l'inventaire des livres, spheres, globes, etc. Saint-Gelais donna son récépissé, et accompagné d'un des deux Maîtres des Comptes, il fit conduire les ballots à Fontainebleau, où ils furent remis entre les mains de *Mathieu la Bisse*, qui en donna son reçu le 22 juin 1544, comme Garde de la Librairie de ce Châ-

thuse. Ces manuscrits sont de la plus parfaite conservation, généralement en velin, écrits supérieurement, et ornés de belle miniatures et vignettes. Parmi ceux que le Roi possede dans sa Bibliotheque, on en distingue d'une grande beauté, savoir, *la Somme Rurale* de Bouthillier, in-fol., 2 volumes avec de belles miniatures et de riches ornemens, nº 6857 ; la *Consolation de Boëce*, en langue Flamande, d'une exécution parfaite, et d'une magnificence sans exemple, nº 6810 ; une autre leçon du même Ouvrage en langue françoise aussi de la plus grande beauté. M. le Duc de la Valliere possédoit aussi l'un des plus remarquables manuscrits, du même cabinet, dont le titre est *la Forteresse de la Foi*, in-fol. 3 vol. décorés de belles et grandes miniatures ; ce superbe exemplaire est le même que celui dont parle *Duverdier*.

teau. Cet inventaire fut fait en présence de Mellin de Saint-Gelais et de Jean de la Barre, commis à la Garde de la Librairie du Château de Blois; on le conserve à la Bibliotheque du Roi : il est de cent et vingt-huit feuillets, et commence par une espece de procès-verbal. Il résulte de cet inventaire, que la Bibliotheque de Blois n'étoit que d'environ 1890 volumes, parmi lesquels on ne compte pas plus de 109 vol. imprimés, et 38 ou 39 manuscrits grecs, qui avoient été apportés de Naples, et remis à Blois par le célèbre Lascaris. Cette augmentation donna un grand lustre à la Bibliotheque de Fontainebleau, qui par elle-même étoit déjà assez riche, et qui devoit ce qu'elle étoit à François I$^{er}$ (1).

Ce Prince, ami des Lettres et des Savans, fit chercher partout des manuscrits grecs, et en obtint un grand nombre, dont il enrichit sa Bibliotheque. *Jerôme Fondule* fut chargé le premier de faire dans les pays étrangers la recherche des manuscrits grecs; il en rapporta environ soixante, qui lui avoient coûté douze cens écus, et le Roi lui donna pour ses voyages quatre mille écus d'or; c'étoit vers l'an 1529. Dans la suite, Jean de *Pins*, Évêque de Lavaur, George d'*Armagnac et Guillaume Pelliciers*, Evêque de Montpellier, qui furent successivement Ambassadeurs de France à Rome ou à Venise, eurent ordre d'acheter tous les livres grecs qu'ils pourroient trouver, et de faire copier ceux qu'ils ne pourroient obtenir par argent. Pendant que ces Ministres exécutoient les ordres

---

(1) Outre l'inventaire que l'on possède des livres de Blois transférés à Fontainebleau, il est encore très-facile de les reconnoître, puisqu'on lit sur la plus grande partie de ces livres, cette inscription, *de Camera Computorum Blesens.*

du Roi, divers particuliers envoyoient aussi d'Italie de quoi enrichir la Bibliotheque de Fontainebleau. On compte parmi eux *Antoine Eparque*, savant grec de l'Isle de Corfou, *Jean Gadde, François Asulan*, habile imprimeur de Venise, et beau-frere d'Alde Manuce. Les livres, tant manuscrits qu'imprimés, envoyés à la Bibliotheque de Fontainebleau par ces différens particuliers, sont la plûpart signés, et par conséquent aisés à reconnoître.

Le Catalogue de ces manuscrits qui, en 1544, n'alloit pas au delà de deux cent soixante, fut dressé par *Ange Vegece* ou *Vergece*, ce copiste grec, dont l'écriture est si belle (1), et que François I fit venir en France. On trouve dans ce Catalogue les noms de ceux qui avoient ou donné ou procuré ces différens manuscrits. Plusieurs Auteurs assurent que *Pierre-Gilles, Guillaume Postel et Juste Tenelle* voyagerent aussi au Levant aux dépens du Roi, avec ordre d'y acheter des livres pour sa Bibliotheque; et l'on croit que c'est de là que viennent les manuscrits grecs qui sont entrés dans la Bibliotheque de Fontainebleau les trois dernieres années de la vie de François I. Le nombre des manuscrits apportés par Pierre Gilles, Guillaume Postel et Juste Tenelle, n'alloit pas au-delà de quatre cens volumes, avec une quaran-

(1) Il est très-aisé de se convaincre de la beauté de l'écriture de Vergece, par un Oppien qui existe à la Bibliotheque du Roi, écrit par ordre de Henri II; il est de toute beauté, et orné de figures supérieurement peintes. L'écriture de ce manuscrit est si belle, que c'est sur ce modèle que les beaux caractères Grecs dont s'est servi Robert Etienne pour ses magnifiques éditions, ont été gravés. La reliure de ce manuscrit est très-curieuse; d'un côté sont les armes de Henri II, de l'autre on voit Diane représentée avec tous les attributs de la divinité.

taine de manuscrits orientaux. La passion de ce Prince pour ce genre de manuscrits, lui fit un peu négliger les latins, et même les ouvrages en langues vulgaires étrangères : à l'égard des livres françois, il n'en mit guère dans sa Bibliotheque que soixante-dix volumes, dont une partie avoient été écrits avant son regne; l'autre étoit composée des ouvrages qui lui avoient été dédiés ou qui avoient été faits pour son usage, et de ceux qui lui avoient été donnés par Louise de Savoye, sa mere, et par Marguerite de Valois, sa sœur.

En 1527, la Bibliotheque de Fontainebleau fut enrichie des livres des Princes de la maison de Bourbon, en conséquence de la confiscation des biens, meubles et immeubles du Connétable de Bourbon (1). Cette collection ne contribua pas peu à relever encore le lustre de cette Bibliotheque; mais tandis que François I remplissoit ainsi ce trésor de manuscrits grecs et latins, ce

(1) De quelque maniere que les livres qui composoient la Bibliotheque de ce Connétable soient parvenus dans celle de Fontainebleau, il est certain que celle-ci reçut son plus riche accroissement de cette confiscation. Ces livres ne se font reconnoître que par l'écu de Bourbon. On remarque aussi, dans la collection actuelle des manuscrits ceux qui avoient appartenu à Jean, Duc de Berry, qui professoit pour les livres un gout plus vif encore que le Roi Charles V, son frère. Ce Prince s'étoit formé une Bibliotheque peut-être moins nombreuse que celle de la Tour du Louvre, mais certainement mieux choisie. Le Laboureur en a publié un incomplet inventaire; le Roi en possède le plus grand nombre qu'il est aisé de reconnoitre à la signature de ce Duc, ou à celle de Flamel son Secrétaire. Il y a encore de ces livres dans quelques Bibliotheques particulieres, et les inventaires exacts s'en retrouvent à Bourges dans les Archives de la ville, et à Paris dans les Biblioheques du Roi et de Sainte-Geneviève.

Prince ne fut pas également curieux de l'enrichir des livres qui furent imprimés de son tems en France ou ailleurs. Ce qu'il y a de certain, c'est que la Bibliotheque de Fontainebleau ne contenoit pas plus de deux cens volumes imprimés, en y comprenant même ceux qui venoient de la librairie de Blois.

Jusqu'à François I, il n'y avoit eu pour prendre soin de la Bibliotheque Royale, qu'un simple Garde en titre, quelques Ecrivains, et un Enlumineur. François I, pour donner plus de relief à sa Bibliotheque, et sans doute pour avoir dans sa maison une charge distinguée qui fût particulierement la récompense du savoir, en créa une de Bibliothécaire en chef, qu'on appella long-tems, et qui dans les provisions s'appelle encore, *Maître de la Librairie du Roi*. Guillaume Budé fut pourvu le premier de cette charge vers 1522, et ce choix fit également honneur au Prince et à l'homme de lettres.

Pierre Duchastel ou Chastelain, Evêque de Tulle, qui s'acquit une grande réputation par son habileté dans les langues grecque et latine, succéda à Guillaume Budé, mort en 1540, dont on a l'éloge écrit par Pierre Galland, et publié par le savant Baluze. Duchastel eut pour le seconder dans son emploi le célebre poëte Mellin de Saint-Gelais. Ce Prélat se servit utilement de son crédit pour l'avancement des Lettres, et ce fut sous sa maîtrise que la Bibliotheque reçut ses augmentations les plus remarquables pendant le regne de François I. Il y ajouta en moins de cinq ans les manuscrits de *Guillaume Pellicier*, *d'Antoine Eparque*, *de N. Gaddi*, *du Cardinal d'Armagnac*; et ce fut sans doute lui qui porta François I à faire entrer tous les livres de la Bibliotheque de Blois dans celle de Fontainebleau, en 1544.

### X. — SOUS HENRI II.

*Maîtres de la Librairie :* Pierre Duchastel. — Pierre de Montdoré.

Après la mort de ce Prince, Duchastel exerça le même emploi et ne fut pas moins en faveur auprès de Henri II, qui, presque à son avénement à la Couronne, le fit Grand-Aumônier de France, et le nomma ensuite à l'Evêché d'Orléans. Il mourut subitement, en prêchant dans cette dernière ville, en 1552.

Ce Prélat ne se contenta pas d'avoir enrichi de son tems la Bibliotheque de Fontainebleau. Il songea encore à pourvoir à sa conservation, soit en faisant relier les livres qui étoient venus en blanc des pays étrangers, et ceux de l'ancien fonds qui avoient besoin de nouvelles couvertures ; soit, ce qui n'étoit pas moins important, en faisant dresser des Catalogues de ces mêmes livres, pour en constater l'état.

Avant le regne de François I, la plûpart des livres de la Bibliotheque du Roi, étoient reliés en bois recouvert de velours ou d'autres étoffes précieuses, de toutes façons et de toutes couleurs ; les couvertures de cuir y étoient fort simples et différentes selon les divers pays où les Livres avoient été reliés.

De plusieurs catalogues qu'on peut supposer que Pierre du Chastel fit faire des livres de Fontainebleau, il n'est resté à la Bibliotheque que deux manuscrits Grecs, l'un, par ordre alphabétique, et l'autre, par ordre des matieres. Le premier paroît être celui qui avoit été écrit de la main de Vergece, non pas avec soin, mais à la hâte, et d'une écriture fort négligée ; il contient les titres et les principales indications d'environ 540 volumes. Le second catalogue est de la main de Palæocappa, autre Grec, qui fut associé à Vergece pour ce travail; celui-ci est mieux écrit, et fut relié du tems de Henri second : le chiffre 1552, ajouté d'une main étrangere au commencement du Catalogue de Palæocoppa, semble désigner l'année où il fut achevé.

Pierre du Chastel étant mort cette même année, la place de Maître de la Librairie fut remplie par Pierre de Montdoré, Conseiller au Grand-Conseil, homme très-savant, sur-tout dans les mathématiques : on a de lui une traduction du dixième livre d'Euclide, dédiée au Cardinal du Bellay : et il y a toute apparence que cet ouvrage valut à Mondoré la charge de Bibliothécaire du roi ; car à peine eut-il montré, par cet essai, de quoi il étoit capable, qu'elle lui fut donnée par Henri second, auprès de qui le Cardinal du Bellay étoit en grand crédit.

En 1556, Henri second rendit une ordonnance, dont l'exécution ne pouvoit tourner qu'à l'avantage des Lettres: il y étoit enjoint aux libraires *de fournir aux Bibliothèques Royales un exemplaire en velin et relié, de tous les livres qu'ils imprimeroient par privilége.* Ce nouveau tribut apporta de nouvelles richesses dans la Bibliotheque du Roi, et augmenta de beaucoup le nombre de ses livres imprimés, dont on avoit jusqu'alors trop négligé l'acquisition; mais malheureusement cette Ordonnance si sage et si juste, qu'on a été assez souvent obligé de renouveller dans la suite, avec quelques modifications, n'a pas toujours été observée avec autant d'exactitude qu'elle méritoit de l'être. Cette utile précaution avoit été imaginée par *Raoul Spifame,* qui en donna l'idée dans un ouvrage qu'il publia cette même année, sous le titre de

*Dicœarchiœ Henrici Regis Christianissimi Progymnasmata* (1).

### XI. — SOUS FRANÇOIS II ET CHARLES IX.

*Maîtres de la Librairie :* MONTDORÉ. — JACQUES AMYOT. — JACQUES-AUGUSTE DE THOU.

Si on en juge seulement par les livres que l'on peut reconnoitre, soit par l'empreinte des reliures, ou par quelqu'autres marques, la Bibliotheque de Fontainebleau ne reçut que de médiocres accroissemens sous les regnes des trois fils de Henri second : les troubles et les divisions que le prétexte de la religion excita alors dans le Royaume furent cause qu'elle ne fut augmentée que des livres imprimés par privilége.

On ne voit guere plus de quinze vol. manuscrits du tems de François second ; sous Charles IX, le nombre en fut porté jusqu'à cent quarante, sans les imprimés. Comme on ne distingue presque tous ces volumes que par l'empreinte des reliures, il n'est pas certain qu'ils ayent tous été mis dans la Bibliotheque de Fontainebleau, du tems de Charles IX, si ce n'est l'Histoire de France de du Tillet, magnifique exemplaire original offert à ce Prince par l'Auteur. — Cependant, comme dans plusieurs de ces volumes on remarque la signature ou l'écriture d'Aimar de Ranconnet, Président du Parlement de Paris, qui mourut prisonnier à la Bastille

---

(1) Hist. de l'Acad. des Belles Lettres, et Inscrip. tom. 23, p. 276.

en 1559, il y a toute apparence qu'une partie de la Bibliotheque de ce Magistrat est entrée dans celle du Roi, et que cette acquisition est la plus importante qui ait été faite pendant que Pierre de Montdoré en étoit Bibliothécaire.

Montdoré, accusé de donner dans les opinions nouvelles en matiere de religion, s'enfuit de Paris en 1567, et se retira à Sancerre, en Berry : il y mourut de chagrin trois ans après, éloigné de sa famille qui étoit restée à Orléans, d'où il étoit originaire.

Jacques Amyot, qui avoit été Précepteur de Charles IX, et des Princes, ses frères, fut pourvu, après l'évasion de Montdoré, de la charge de Maître de la Librairie : le tems pendant lequel il la posséda, ne fut rien moins que favorable aux arts et aux sciences ; et l'on ne croit pas que, durant sa maîtrise, la Bib. R. ait été augmentée d'autres livres que de ceux de Privilége, excepté quelques vol. qui furent donnés à Henri III. Tout ce que put faire Amyot, ce fut d'y donner entrée aux Savans, et de leur communiquer, avec facilité, l'usage des manuscrits dont ils avoient besoin. Il mourut en 1594, et la Librairie de Fontainebleau, qui resta dans ce château à peine deux ans après lui, passa de ses mains en celles du célèbre Jacques-Auguste de Thou.

## XII. — SOUS HENRI IV.

*Maîtres et Gardes :* JACQUES-AUGUSTE DE THOU. — MATHIEU LABISSE. JEAN GOSSELIN. — ISAAC CASAUBON.

Henri IV ne pouvoit faire un choix plus honorable aux Lettres ; mais les commencements de son règne ne furent pas assez paisibles pour lui permettre de leur rendre, comme il l'auroit souhaité, le lustre qu'elles avoient perdu pendant les guerres civiles. Aussitôt que ce Prince, tout occupé du soin de réparer les malheurs de l'Etat, et d'en assurer la tranquillité sur des fondemens durables, eut un peu rétabli le calme, il pensa sérieusement aux moyens de procurer l'avancement des Lettres, et sa Bibliotheque fut le premier objet sur lequel il jetta les yeux. Elle s'étoit ressentie des troubles de la Ligue, pendant lesquels une partie des livres avoit été dissipée (1).

(1) Parmi les Livres distraits de la Bibliotheque du Roi pendant les troubles de la Ligue, étoit le beau manuscrit intitulé *Statuts et Livre Armorial des Escripts et Blasons des Armes des Chevaliers, Commandeurs de l'Ordre et Milice du St. Esprit, institué par Henri III, en* 1578.

Ce manuscrit fut fait par ordre du Roi Henri III, lorsqu'il eut formé le dessein d'instituer un nouvel Ordre du Saint-Esprit. On rapporte à ce sujet, que ce Prince revenant de la Pologne, et passant par *Venise* pour aller prendre possession du Trône qui lui étoit échu par la mort de Charles IX, la République lui remit comme le plus beau présent qu'elle lui pût faire, le manuscrit original *des Statuts de l'Ordre du St. Esprit, au droit desir ou du nœud institué par Louis d'Anjou premier du nom, Roi de Naples et de Sicile, l'an de grace* 1352. Ce manuscrit précieux à tous égards, et que les curieux regardent comme un des plus beaux monumens littéraires de la Nation Françoise, existe à Paris, dans le magnifique cabinet de M. le *Duc de la Valliere*, qui l'a eu de M. *Gaignat*.

Henri III fit extraire de ces anciens *Statuts* ce qui étoit le plus conforme aux usages de son temps, et à ses vues particulieres; ensuite, après avoir expliqué ses intentions au Chancelier de Chiverni, il lui commanda de brûler le manuscrit original qu'il lui remettoit, de maniere qu'il n'en restât pas le moindre vestige. Ce Ministre exécuta en partie les ordres de son Souverain, en faisant faire le

Jean Gosselin, qui avoit succédé à Mathieu la Bisse, étoit alors Garde de la Librairie de Fontainebleau : comme il le dit lui-même dans une note qui se lit sur le côté intérieur de la couverture d'un manuscrit intitulé :

nouveau manuscrit dont il est ici question : mais il ne put se résoudre à exécuter celui qui lui enjoignoit de priver le Public d'un des plus beaux monumens littéraires de la Nation, que des circonstances heureuses et inespérées avoient conservé pendant plus de deux cents ans pour être remis entre ses mains ; il se contenta de dire simplement à Henri III (en lui remettant le nouveau manuscrit), que ses ordres étoient exécutés ; et ce Prince n'ayant pas demandé d'autre éclaircissement, le manuscrit fut conservé. Ce ministre aima mieux le condamner à ne lui laisser jamais voir le jour ; et quand il donna sa Bibliotheque à son fils l'Evêque de Chartres, celui-ci étoit déjà instruit du secret qu'il avoit à garder. L'alliance de la Maison de Chiverni avec celle de Nicolaï fit passer ce manuscrit dans cette dernière, qui le perdit, on ne sait ni quand, ni comment : mais un heureux hasard l'avoit placé dans le riche cabinet de M. Gaignat, etc.

Quant au manuscrit des *Statuts de l'Ordre du St. Esprit*, on doit le regarder comme un autre original, très-précieux dans son genre, puisqu'il a été fait à l'occasion de la nouvelle institution. Il a été remis premièrement dans la Bibliotheque de Henri III, mais on rapporte qu'il en fut distrait en 1589, durant les troubles de la Ligue, et qu'il fut vendu à l'encan devant l'Hôtel de Ville, avec d'autres meubles et effets de ce Prince ; depuis, il est resté dans l'oubli pendant un assez long tems, et il est enfin tombé entre les mains de feu M. *Guyon de Sardiere*, qui le conserva jusqu'à sa mort dans sa Bibliotheque. M. *le Duc de la Valliere* ayant acheté depuis cette Bibliotheque, est devenu le propriétaire de ce manuscrit, après en avoir joui quelque tems, il le céda au Roi avec plusieurs autres manuscrits très précieux, sans parler d'une collection de plus de deux cents volumes d'Histoire Naturelle très-bien enluminés. Cette acquisition se fit vers l'année 1771.

Voici la description abrégée qui a été faite de ce précieux manuscrit, dans le Catalogue de feu M. Guyon de Sardiere.

*Les Marguerites Historiales*, par *Jean Massué*, duquel manuscrit on avoit ôté le premier cahier : dans cette même note il rapporte que le Président de *Nully*, durant la Ligue, s'étoit saisi de la Librairie du Roi, en ayant fait rompre les murailles, et qu'il la garda jusqu'à la fin de Mars 1593, environ l'espace de six mois, « durant le-
» quel tems on a coupé et emporté le premier cahier
» du présent livre, auquel cahier étoient contenues
» choses remarquables. » Il dit ensuite que *Guillaume Rose*, Evêque de Senlis, et *Pegenat*, Docteur de Sorbone, fameux ligueurs, firent dans un autre tems, pour envahir la Bibliotheque Royale, plusieurs tentatives, et

---

« Ce beau et précieux manuscrit, qu'on peut dire unique, et
» comme la matrice de l'Ordre du St. Esprit, fut fait par ordre
» de Henri III, par Martin Courtigier, sieur de la Fontaine, Hé-
» raut du titre de Provence. On voit au commencement une
» grande miniature qui représente la disposition de la Chapelle
» où ce Prince fit cérémonie de la premiere promotion de l'Or-
» dre du St. Esprit. Le Roi est assis dans un fauteuil, et tous les
» Chevaliers sont en cercle; Courtigier est derriere le Roi; le
» portrait d'Henri III en pied, est sur le second feuillet; et sur les
» suivans, on voit les blasons, les noms et qualités des Chevaliers
» des trois premieres promotions; l'écriture en est belle, les por-
» traits, les vignettes et les armes en miniature sont bien dessinés
» et bien peintes. Courtigier reçut, pour le payement de ce ma-
» nuscrit, cent écus d'or de M. Nicolas de Neufville, Marquis de
» Villeroy, Trésorier de l'Ordre du St. Esprit, suivant l'Ordon-
» nance de Philippe Hurault, Comte de Chiverni, Chancellier et
» Sur-Intendant des deniers dudit Ordre. Ce manuscrit étoit de la
» Bib. d'Henri III, il en fut distrait en 1589, lorsque la Ligue, qui
» faisoit l'invent. des meubles du cabinet de S. M. et de ses Li-
» vres, le vendit à l'encan, devant l'Hôtel de Ville, avec les autres
» effets. »
*Ce manuscrit de forme in-fol. est relié en maroquin bleu.*

qu'ils en furent empêchés par le Président Brisson, et à la *sollicitation de lui Gosselin*.

Afin de prévenir d'autres dissipations qu'on pouvoit encore craindre, Henri IV, en 1595, fit transporter à Paris la Bibliotheque de Fontainebleau, et mit par là les Gens de lettres à portée de profiter d'un trésor, dont l'éloignement ne leur permettoit pas de jouir.

Les livres de Fontainebleau ne furent pas plutôt arrivés à Paris, et placés dans le Collége de Clermont, devenu libre par la première expulsion des Jésuites, qu'on y joignit le beau manuscrit de la grande Bible de Charles le Chauve (1).

(1) Cet exemplaire, l'un des plus précieux monumens littéraires du zele de nos Rois de la seconde race, pour la Religion, avoit été conservé depuis le regne de cet Empereur, dans l'Abbaie de St. Denis, et leur avoit été donné par Charles V. Sur ce qu'il fut représenté au Roi, que les Religieux songeoient à s'en défaire, il y eut un Arrêt du Parlement du 20 Aout 1595, qui ordonna que cette Bible seroit mise dans la Bibliotheque Royale; en conséquence elle y fut apportée le 23 Octobre suivant, et remise entre les mains de M. de Thou, par *Edme de Velu*, Religieux et Garde des Archives de cette Abbaye.

Le commencement de chaque livre de l'Ecriture-Sainte, et même des Prologues de St. Jérôme est en or, il y a même des pages entières en lettres d'or fort brillantes, telles sont les deux ou trois premieres pages de la Genese. On y remarque cinq sortes d'écritures : la première est la capitale rustique ou aiguë, pointue et oblique, c'est celle des vers écrits sur les colonnes de pourpre en lettres d'or; elle domine dans les petits titres; la seconde écriture capitale est fort nette, à proportion elle a plus de largeur que de hauteur : l'une et l'autre servent alternativement pour commencer les vers. La premiere est consacrée aux hexametres, et la seconde aux pentametres. (Cette piece de vers est adressée à Charles le Chauve.) La troisieme est l'onciale, très-propre, d'un tour hardi et tranchant, dans le goût du huitieme ou neuvieme siecle. La qua-

Le président de Thou signala son entrée dans l'exercice de la place de Bibliothécaire du Roi, en proposant à Henri IV, d'unir à la Bibliotheque de Sa Majesté, celle de Catherine de Médicis, composée de plus de huit cents Manuscrits, la plupart Grecs, rares, anciens, et d'un grand prix. Depuis la mort de cette Princesse, ces livres étoient restés en dépôt chez *Jean-Baptiste Benciveni, Abbé de Bellebranche*, premier Aumônier, et bibliothécaire de la feue Reine. Mais en vertu de Lettres-Patentes, que le nouveau Bibliothécaire fit dresser par Pierre Pithou, son ami, et qui furent expédiées le 14 Juin 1594, le Roi ordonna que tous les livres anciens, Hébreux, Grecs, Latins, Arabes, François, Italiens, et autres, nommés entre les meubles de la feue Reine, seraient joints à la Bibliotheque Royale ; et il étoit ordonné à l'Abbé de Bellebranche, à qui les livres avoient été donnés en garde, de les remettre entre les mains de J. A. de Thou, Maître de la Librairie, pour demeurer toujours à l'avenir, meubles de la Couronne,

---

trieme, un peu quarrée, a un coup d'œil Saxon, et porte quelquefois des perles enchâssées dans les lettres; elle ne se trouve qu'au premier mot de l'Ouvrage. La cinquieme écriture n'est autre chose que la minuscule, et cette minuscule est très-ressemblante à la plus commune du neuvieme siecle, depuis l'an 850. Les titres sont marqués au haut des livres de l'Ecriture-Sainte, les mots sont de tems en tems séparés sans points. Ce précieux manuscrit est sur velin, il est de forme in-folio max. relié en maroquin rouge, du tems de Henri IV, aux armes de France d'un côté de la couverture avec la lettre H couronnée, empreinte en or, placée aux quatre coins, et accompagnée de fleurs de lys d'or aussi couronnées ; de l'autre côté il y a aussi la même lettre et les fleurs de lys d'or avec cette légende au milieu, *H. IIII Patris Patriæ virtutum Restitutoris.*

et ne pouvoir jamais être aliénés. Les créanciers de cette Princesse, qui étoit extrêmement endettée, ayant fait mettre le scellé sur les livres comme sur les autres effets, et les ayant compris dans un inventaire dressé en 1589, par deux maîtres des Comptes, s'opposèrent à l'exécution de ces Lettres. L'ordre du Roi n'eut lieu que cinq ans après : dans cet intervalle, trois Commissaires, l'un desquels étoit François Pithou, frère de Pierre, firent au mois de Mars 1597, la prisée des livres de cette Princesse, et la portèrent en argent comptant à la somme de cinq mille quatre cens écus, « encore, ajoutent-ils, qu'ils
» ne se puissent assez estimer, tant par la rarité et bonté
» desdits livres, qui ne se pourroient trouver ailleurs,
» que pour être une bonne partie d'iceux, non-impri-
» mez, et lesdits livres originaux, et non copiés, dignes
» d'être réservez en France, pour la prospérité, conser-
» vation des bonnes Lettres, et pour l'honneur du
» Royaume et impossibilité de pouvoir obliger et assem-
» bler à présent une telle Bibliothèque, pour quelque
» prix, et en quelque pays que ce soit. »

Malgré les mesures que M. de Thou avoit prises, les choses resterent dans le même état, jusqu'au commencement de 1599, que le Parlement rendit deux Arrêts ; l'un du 25 Janvier, et l'autre du dernier jour d'Avril, en vertu desquels *Denis de Here*, Conseiller et Commis à l'exécution de ces deux Arrêts, se fit représenter les livres de la Reine Catherine, par Pierre-Dominique Benciveni, neveu de l'Abbé de Bellebranche, qui étoit mort, et les fit transporter au Collége de Clermont ; ils furent remis par le même Commissaire, à Jean Gosselin, Garde de la Bibliothèque du Roi, et placés dans une chambre attenante la salle haute, où étoit cette Bibliotheque. Ce fut ainsi que la Bibliotheque de Catherine de Médicis fut incorporée à celle du Roi, par les soins du Président de Thou.

Catherine de Médicis avoit laissé cette rare collection de Manuscrits, dans l'état où elle étoit du tems qu'elle appartenoit au Maréchal Strozzi, tué au siége de Thionville, et dont elle étoit proche parente. Cette princesse, avoit acheté mais assez mal payé, si l'on s'en rapporte à Brantôme, la Bibliotheque de ce Maréchal, qui l'avoit achetée après la mort du Cardinal Ridolfi, neveu du Pape Léon X, arrivée en 1550.

On ne voit guere plus de trois ou quatre volumes reliés du tems de cette Reine, et à ses armes; une grande partie des autres, c'est-à-dire environ trois cens cinquante, furent reliés magnifiquement, sous le règne de Henri IV, avec les armes et le chiffre de ce Prince. Ce sont tous les Manuscrits Grecs, à la réserve de trois ou quatre Hébreux et de sept ou huit Latins : ce qu'il y a de singulier et digne de remarque, c'est que la dépense qui fut faite pour la reliure de ces Manuscrits, fut prise sur quelques rentes qui appartenoient aux Jésuites, desquelles le Roi jouissoit pendant leur expulsion du Royaume. Les Manuscrits, soit Grecs, Latins ou autres, furent reliés du tems de Louis XIII et de Louis XIV, ou depuis.

Les Jésuites ayant obtenu leur rappel en 1604, la Bibliotheque Royale passa du collége de Clermont, chez les Cordeliers rue de.., où elle demeura quelques années en dépôt, dans une grande Salle du Cloître, sous la garde d'*Isaac Casaubon*, que le Roi avoit attiré depuis quelques années à Paris, et qu'il avoit désigné dès 1601, pour succéder à Gosselin, qui exerçoit la charge de Garde de la Librairie depuis 1560, et qui étoit mort en 1604 (1); peu de temps avant que ce changement arrivât.

### XIII. — SOUS LOUIS XIII.

*Maître de la Librairie :* FRANÇOIS DE THOU.
*Gardes :* NICOLAS RIGAULT. — PIERRE et JACQUES DUPUY.

Après la mort de Henri IV, Casaubon crut qu'il n'étoit pas sûr pour lui de demeurer en France; il se retira en Angleterre, où néanmoins il conserva toute sa vie le titre de Garde de la Bibliotheque du Roi, avec ses ap-

---

(1) Au mois de novembre, Pierre de Lestoile nous apprend ainsi sa mort : « Gosselin, gardien de la librairie du Roy, âgé de près
» de cent ans, homme de bien et grand mathématicien, fut en ce
» temps trouvé mort dans une chaise près de son feu, tout havi
» et brûlé et déjà vert : ayant esté laissé seul par son homme qui
» gaigna tout aussitôt le haut et s'enfuit ayant vu ce prodigieux
» accident et craignant qu'on ne le luy voulût imputer. De fait,
» son corps, porté au Chastelet fut visité des chirurgiens qui lui
» trouvèrent un coup à la teste, mais ne voulurent assurer que
» ledit coup fût de cheute ou d'effort qu'on lui eût fait. Ce qui
» rendit le valet plus soupçonné étoit qu'il sembloit malaisé qu'un
» homme de son âge, tombé dans le feu, se pût, tout bruslé qu'il
» estoit, relever et asseoir dans une chaise comme il avoit fait...
» mais la descharge principale du valet fut qu'on ne trouva faute
» aucune ni à son argent ni à autre chose quelconque qui lui ap-
» partînt. » *(Journal de Lestoile, Édit. de MM. Champollion,*
p. 380.)                                                      Éd.

pointemens, et avec la pension dont Sa Majesté l'avoit gratifié. Ce savant acquit plus de réputation personnelle étant Garde de la Bibliotheque Royale, par les éditions excellentes qu'il donna de plusieurs Auteurs anciens, que la Bibliotheque du Roi ne reçut d'augmentation pendant qu'il en eut la garde : il mourut en Angleterre en 1614.

Nicolas Rigault, connu par les divers ouvrages qu'il a donnés au Public, fut nommé, en 1615, à la place de Garde de la Bibliotheque du Roi, que la mort de Casaubon, son ami, avoit laissée vacante, et qu'il remplissoit auparavant, comme par commission, en l'absence du titulaire. Il y avoit déjà près de deux ans que Rigault étoit en possession de cette place, lorsque le Président de Thou mourut, et que la Charge de Maître de la Librairie du Roi fut donnée à François de Thou, son fils aîné, qui n'avoit que neuf ans. Pendant la minorité du jeune Bibliothécaire, Nicolas Rigault eut seul la direction entiere de la Bibliotheque Royale.

Les orages qui s'éleverent pendant la minorité de Louis XIII, ne permirent pas à la Regente d'encourager la recherche des livres, pour enrichir ce trésor. Pour le Prince, il etoit d'un caractere triste et mélancolique, et ne parut pas avoir un goût décidé pour les Lettres ; il se trouva d'ailleurs tellement embarrassé par les guerres qu'il eut à soutenir, qu'il ne lui fut guere possible pendant son regne d'augmenter beaucoup sa Bibliotheque.

Ce monarque ne négligea cependant pas les occasions de le faire. Sur ce qu'il lui fut représenté qu'entre les livres de feu Philippe Hurault, Evêque de Chartres, fils de Philippe Hurault, Comte de Chiverni, Chancelier de

France, il y avoit un grand nombre de manuscrits Grecs, Latins et autres; il fut rendu un Arrêt du Conseil, le 8 Mars 1622, par lequel Messieurs Pierre Dupuy et Nicolas Rigault furent nommés avec deux autres personnes pour en faire l'estimation : ils la firent monter à la somme de douze mille livres, que le Roi fit payer à l'épargne, aux héritiers dudit Evêque. Ces manuscrits consistoient en quatre cens dix-huit vol. environ, dont cent étoient des manuscrits Grecs, venant pour la plûpart de Jean Hurault, sieur de Boistaillé, Conseiller d'État sous le Roi Charles IX, et son Ambassadeur d'abord à Venise, et ensuite à Constantinople, qui les avoit acquis pendant ces deux ambassades.

Ce Prince, quelque tems avant cette acquisition, avoit encore fait acheter, des héritiers de M. Breves, qui avoit été Ambassadeur à Constantinople, plus de cent huit beaux manuscrits Syriaques, Arabes, Turcs et Persans. Antoine Vitré avoit été chargé de cette commission; il se rendit adjudicataire de ces livres, aussi bien que des caracteres Syriaques, Arabes et Persans, avec les matrices toutes frappées, que le même M. de Breves avoit fait faire au Levant : le tout fut payé des deniers du Roi. Ces manuscrits furent remis dans la Bibliotheque du Cardinal de Richelieu, où fut aussi transportée la Bibliotheque publique de la Rochelle, après la prise de cette Ville ; ces livres, manuscrits et autres, après avoir fait longtems partie de la belle Bibliotheque léguée par cette Eminence à la maison de Sorbonne, sont aujourd'hui réunis à la Bibliotheque du Roi.

Vers ce temps, le Roi Louis XIII conçut le dessein de rétablir une Bibliotheque Royale à Fontainebleau ; mais il se contenta de faire revivre le titre de Garde de cette Bibliotheque, en faveur d'*Abel de Sainte-Marthe*, qui en fut pourvu dès l'an 1627. Pour ne plus revenir sur cet article, nous ajouterons qu'Abel son fils l'eut après lui, et tenta vainement d'engager Louis XIV à exécuter le dessein qu'avait eu Louis XIII : il mourut en 1706, et la charge de Garde de la Bibliotheque de Fontainebleau demeura vacante pendant 14 ans, au bout desquels elle fut réunie par Edit du mois de mars 1720 à celle de Bibliothécaire du Roi.

Les manuscrits de Philippe Hurault ayant augmenté le nombre des livres qui étoient déjà dans la Bibliotheque Royale, Rigault songea à faire un nouveau Catalogue, et il fut aidé par Saumaise et Hautain ; ce Catalogue se conserve encore aujourd'hui dans la Bibliotheque de Sa Majesté : il est relié en deux volumes in-fol. en maroquin rouge, à la tête de chacun desquels on lit l'inscription suivante en l'honneur de Louis XIII :

LUDOVICUS. REX. CHRISTIANISS.
PIUS. FELIX. SEMPERAUG.
INTER. GRAVES. BELLI. CIVILIS. CURAS.
SCRIPTORUM. VETERUM. BIBLIOTHECAM
AB. LUDOVICO XII. FRANCISCO I.
HENRICO II. CAROLO IX.
HENRICO. MAGNO. CONGESTAM
INSTAURAVIT.
ATQ. AD USUS. PUBLICOS
SEDE. COMMODISSIMA. CONLOCATAM.
CODICIB. EXQUISITISSIMIS. COMPLURIB.
AMPLIFICARI
REGIA. MUNIFICENTIA. JUSSIT.

Cette inscription fait assez connoître que ce fut sous Louis XIII que les livres du Roi furent transportés du Cloître des Cordeliers dans une grande maison de la rue de la Harpe, au-dessus de St. Come, appartenant à ces Religieux. On y logea les livres, partie dans l'étage d'en-haut, et partie dans celui d'en-bas, qu'on appelloit la basse et la haute Librairie. Rigault y eut son logement qu'il conserva jusqu'en 1635, qu'il fut Conseiller au Parlement de Metz; il mourut dans cette Ville en 1633, dans un âge très-avancé (1). La place de Garde fut donnée aux doctes freres *Pierre et Jacques Dupuy*, parens de M. de Thou, chez qui ils demeuroient alors, et dont la Bibliotheque avoit été confiée à Pierre Dupuy l'ainé, dès 1617, par le testament du Président de Thou. Les deux frères ne vinrent occuper leur logement à la Bibliotheque du Roi que dix ans après, vers la fin de Juin 1645.

### XIV. — SOUS LOUIS XIV.

*Surintendants* : JEAN-BAPTISTE COLBERT. — LOUVOIS.

*Maitres de la Librairie* : JÉROME BIGNON I$^{er}$.—JÉROME BIGNON II.

*Gardes* : LES FRÈRES DUPUY. — NICOLAS COLBERT. — LOUIS COLBERT.

*Commis à la garde de la Bibliothèque* : VARILLAS.—CARCAVI.— L'abbé GALLOIS. — De VANÈS.—MELCHISEDECH THEVENOT.—CLÉMENT.

*Garde du Cabinet des Médailles* : RAINSSANT.

François de Thou ayant été décapité en 1642, l'illustre Jérôme Bignon, dont le nom seul fait l'éloge (2), lui

---

(1) La Bibliotheque du Roi possède plusieurs Livres notés de sa main, dans quelques-uns desquels il y a des commentaires entiers de sa façon.

(2) La nomination du célèbre Jérôme Bignon à la place de Bi-

succéda dans la charge de Maître de la Librairie. M. Bignon, persuadé que la Bibliotheque ne pouvoit être en de meilleurs mains qu'en celle de Messieurs Dupuy, les conserva, et ne jugea pas à propos de les troubler dans l'espece d'indépendance où ils étoient; il ne voulut point, par considération pour eux, se prévaloir de ses droits. En 1651 il obtint pour son fils aîné, nommé Jérôme comme lui, la survivance de la charge de Maître de la Librairie; et le nouveau Bibliothécaire, âgé de vingt-six ans, eut les mêmes égards que son pere pour les Gardes de la Bibliotheque. Pierre Dupuy étant mort en 1651, son frere Jacques resta seul en possession de la charge de Garde, et continua de l'exercer jusqu'au 17 Novembre 1654, qu'il mourut, en rendant sa mémoire immortelle dans la Bibliotheque Royale, par le legs qu'il fit des livres *que lui et son frere avoient rassemblés.*

Après la mort de Jacques Dupuy, M. Colbert, dont

---

bliothécaire, se fit de la maniere du monde la plus honorable pour lui; le Roi étant à Saint-Germain-en-Laye, fit dire à M. Bignon de venir lui parler : aussi-tôt qu'il parut, le Roi lui dit avec un air de bonté qui le charma : *J'ai un présent à vous faire qui est digne de vous, je vous donne la place de Grand-Maître de ma Bibliotheque.* M. Bignon commença son remercîment, mais le Roi l'interrompit pour lui dire que souvent on avoit voulu lui persuader qu'il n'étoit pas dans ses intérêts, mais qu'on n'y avoit jamais réussi. *Je sais que vous m'aimez,* ajouta ce prince, *et feu M. de Fresne ne cessoit de me dire que je prisse confiance en vous à cause de votre exacte probité* : M. B. répondit à ce compliment comme il le devoit. Les provisions pour cette place furent conçues dans les termes les plus avantageux et les plus honorables pour M. Bignon : elles furent expédiées le 25 octobre 1642, et M. Bignon prêta serment le 8 Mai 1643, entre les mains du Chancelier Seguier.

le crédit commençoit à poindre et qui méditoit déjà de grands projets pour l'avancement des Lettres, fit donner à son frere *Nicolas Colbert* la place vacante de Garde de la Librairie (1); les provisions lui en furent expédiées le 20 Novembre 1656, et il prêta, entre les mains de Jérôme Bignon, Maître de la Librairie, le serment *en tel cas requis et accoutumé*, aux termes des mêmes provisions.

A peu-près dans le même tems, Hippolyte, Comte de Bethune, touché peut-être de l'exemple de Jacques Dupuy, fit présent au Roi d'une ample collection de manuscrits modernes comprise en 1923 volumes, dont plus de 950 sont remplis de Lettres et de pièces originales sur l'Histoire de France.

En supputant ces diverses augmentations, la Bibliotheque du Roi dans la rue de la Harpe ne consistoit à peu près qu'en 16,746 volumes tant manuscrits qu'imprimés, lorsque l'Abbé Colbert, nommé à l'Evêché de Luçon en 1661, abandonna l'exercice de sa charge de Garde de la Librairie : il n'en retint que le titre, et laissa à M. Colbert son frere, le principal soin et l'entiere direction de cette Bibliotheque, que celui-ci n'eut pas de peine ensuite à mettre absolument dans sa dépendance, comme Sur-Intendant des bâtiments du Roi.

Ce fut un grand avantage pour cette Bibliotheque d'avoir un pareil Directeur : à un zèle également vif pour le progrès des Sciences et pour la gloire de son Maître, M. Colbert joignoit une passion extraordinaire pour les livres : il en avoit déjà un grand nombre, et commen-

---

(1) Il est singulier que le Prince ne dise rien ici du ministère de Mazarin, qui le premier eut l'idée d'ouvrir une bibliothèque publique. (*Voy.* le Mascurat.)  Éd.

çoit à fonder cette célebre Bibliotheque, rivale de celle du Roi, quand l'inspection de cette dernière lui fut confiée. L'attention qu'il eut aux intérêts de l'une, ne l'empêcha pas de veiller à ceux de l'autre, et c'est aux soins de ce grand Ministre que la Bibliotheque Royale est vraiment redevable des acquisitions les plus importantes dont elle a été enrichie.

La premiere qui fut faite alors par ce ministre, est celle des *manuscrits de Brienne*, ou de ce vaste recueil de pieces concernant les affaires de l'État, qu'Antoine de Lomenie de Brienne, Secrétaire d'État, avoit rassemblées avec beaucoup de soin. Cette acquisition qui se fit en 1661 ou 1662, après la mort du Cardinal Mazarin, ne pouvoit passer que comme une restitution faite au Roi, puisque ce recueil lui appartenoit dès long-tems auparavant.

Quelque temps après, M. Colbert proposa au Roi (en 1662) une autre acquisition, il s'agissoit de la curieuse et nombreuse Bibliotheque de Raphaël Trichet sieur Dufresne, fils d'un Avocat de Bordeaux; l'homme de son tems qui entendoit le mieux la Librairie : il avoit fait plusieurs voyages en Italie et en Espagne, pour visiter les Cabinets et les Bibliotheques des curieux; il s'en étoit formé une lui-même composée de neuf à dix mille volumes imprimés, avec lesquels il y avoit aussi une quarantaine de manuscrits Grecs, et environ cent manuscrits Latins et Italiens : il avoit entr'autres une collection de livres sur l'Histoire d'Italie, que M. Fouquet avoit achetée de lui 14,000 livres; et il en avoit deux autres, l'une sur l'Histoire d'Espagne, l'autre sur celle des Indes Orientales : la première étoit composée de 499 volumes; et la seconde de 135; outre un Atlas en 15 volumes qui étoit alors unique en son espece. Après sa mort M. Colbert ayant appris que sa veuve étoit sur le point de vendre cette précieuse Bibliotheque, fit traiter avec elle, et l'acquit pour la Bibliotheque de Sa Majesté, où l'on conserve encore un exemplaire du Catalogue que la veuve fit imprimer, à la tête duquel on lit cette note de la main de Pierre Carcavi : *Catalogue des Livres que le Roi a achetés de la veuve de M. Dufresne.*

M. Carcavi, après avoir quitté une charge qu'il avoit de Conseiller au Grand Conseil, s'étoit livré à la recherche des livres rares, et étoit devenu le plus habile homme en ce genre qu'il y eût à Paris; M. Colbert se l'étoit attaché pour sa Bibliotheque, où M. de Carcavi mit en ordre et fit copier, dans l'espace de cinq ans, cet immense recueil des Mémoires du Cardinal Mazarin, en 536 volumes, outre les copies des Mémoires de Brienne. Le Ministre, pour récompenser son zele, le commit, en 1663, à la Garde de la Bibliotheque du Roi : l'Evêque de Luçon conservant toujours le titre de Garde de la Librairie, avant M. de Carcavi, *Varillas* eut le même emploi dans la Bibliotheque Royale, dès le tems de Messieurs Dupuy : il y avoit son logement, et l'abbé Colbert l'y avoit laissé continuer ses travaux; mais il en sortit à la fin de 1663, pour faire place au nouveau commis.

M. Colbert, qui étoit tout à la fois Contrôleur-Général des Finances et Sur-Intendant des Bâtimens, songeoit à placer ailleurs la Bibliotheque du Roi, trop nombreuse alors pour rester commodément dans la maison de la rue de la Harpe : il lui importoit d'ailleurs d'avoir ce dépôt sous ses yeux, et il jugea à propos de le faire transporter dans un petit hôtel de la rue Vivienne, voisin de deux maisons de la rue Neuve-des-Petits-

Champs, qui lui appartenoient (1) : ce qui fut exécuté dans le courant de 1666, année également remarquable par cette translation et par l'établissement de l'Académie Royale des Sciences, qui tint fort long-tems ses séances dans cette Bibliotheque. M. Colbert, satisfait de voir ce précieux dépôt sous ses yeux, redoubla d'ardeur pour le rendre digne de la grandeur et de la magnificence du Roi, sinon par la beauté des bâtimens où il venoit de le loger, du moins par les divers trésors dont il se proposa encore de l'enrichir.

Au mois de Novembre de la même année, l'Abbé Bruneau, Garde du Cabinet des Médailles, ayant été assassiné dans le Louvre, par un voleur, l'intendance de ce cabinet fut jointe à la charge de Garde de la Librairie, et les clefs en furent remises à M. de Carcavi, sous l'inspection et en la personne de Nicolas Colbert, qui de l'Evêché de Luzon avoit passé à celui d'Auxerre. Ce cabinet, qui étoit connu dès le tems de Charles IX, lequel contribua beaucoup à l'augmenter, passoit *pour une merveille du monde, par ses raretés et antiquités, outre ses pierreries* (2). Antoine de Rascas, sieur de Bagarris, en avoit, en 1611, l'intendance, sous le titre de Maître des cabinets, médailles et antiquités de Sa Majesté : elle fut donnée depuis à Jean de Chaumont, Conseiller d'Etat, qui avoit en même tems la garde de

---

(1) Ces deux maisons appartiennent à M. de Bautru qui les avoit fait bâtir, et après sa mort elles furent vendues à M. Colbert, qui les fit orner et transporter près d'elles (comme on vient de le dire), la Bibliotheque du Roi. En 1720, le Régent acheta l'Hôtel Colbert et cet autre hôtel de la rue Vivienne, pour y loger ses Ecuyers et placer ses écuries.

(2) *Voy.* Traité des Bibliotheques par le P. L. Jacob, 1641 in 8.

la Bibliothèque particuliere du Roi, qu'on appelloit les Livres du *cabinet du Louvre.*

Le don que fit au Roi J. B. Gaston, Duc d'Orléans, oncle de Sa Majesté, du cabinet qu'il s'étoit fait un plaisir de former pendent sa vie, enrichit de beaucoup celui du Louvre : il étoit composé non-seulement de Médailles, mais encore de Livres, tant imprimés que manuscrits, de Miniatures, d'Estampes et de toutes sortes de raretés. Ce Prince mourut vers la fin du mois de Février 1660. M. le Tellier écrivit aussi-tôt à l'Abbé Bruneau, Bibliothécaire du Duc d'Orléans, pour lui ordonner, de la part du Roi, de veiller soigneusement à la conservation de tout ce qu'il avoit en sa garde et d'en envoyer un inventaire exact : l'empressement et la fidélité avec lesquels l'Abbé Bruneau exécuta les ordres de S. M. lui méritèrent l'intendance du cabinet des Médailles et antiques, vacante en 1664, par la mort de Jean de Chaumont.

M. de Carcavi persuadé, d'après le genre de mort de l'Abbé Bruneau, que le cabinet des Médailles n'étoit point en sûreté où il étoit, et qu'il seroit mieux dans la Bibliothèque du Roi, nouvellement transférée dans la rue Vivienne, en écrivit à M. Colbert, qui en parla plusieurs fois au Roi; en conséquence les Médailles, avec quelques autres raretés qui étoient au Louvre, furent transportées à la Bibl. en 1667. Celles de Gaston, avec ses livres et ses manuscrits, y entrèrent aussi dans le même tems (1), on ajouta aux médailles, raretés, etc.,

---

(1) Les manuscrits de ce Prince étoient au nombre de 52, parmi lesquels étoit le beau manuscrit de l'Histoire des Rois de France,

qu'on tira du Louvre pour être remises à la Bibliotheque Royale, le grand recueil des Estampes de l'Abbé de Marolles, contenant 224 vol. in-fol., que le Roi venoit d'acheter et que Sa Majesté avoit fait mettre d'abord dans son cabinet. Le tombeau de Childeric passa aussi, dans ce même tems, du cabinet du Louvre dans la Bibliotheque de Sa Majesté.

Toutes ces différentes richesses littéraires ainsi tirées du cabinet du Louvre ne furent pas les seules qui augmenterent la Bibliotheque du Roi, en 1667 : elle fut encore enrichie des livres que M. de Carcavi avoit amassés avant que d'y être attaché, et qu'il vendit au Roi. M. Colbert en faisoit aussi acheter de tems en tems à divers inventaires ; il en venoit aussi quelques-uns des pays étrangers, et l'autorité du Ministre rendit sur-tout les Libraires plus exacts à fournir les exemplaires des livres de privilége.

Après la disgrace de M. Fouquet, arrêté à Nantes, le 7 Septembre 1661, ses créanciers firent saisir tous les effets et la bibliotheque qu'il avoit dans sa maison de Saint-Mandé ; elle étoit composée de près de trente mille vol., la plûpart rares et précieux, parmi lesquels étoit

---

présenté à Charles IX par du Tillet qui en étoit l'Auteur (ainsi que nous l'avons déjà dit). Il est écrit sur de très-beau velin ; on y voit les portraits de nos Rois depuis Clovis jusqu'à François I, tous ces portraits, peints en miniature de la hauteur de cinq à six pouces, sont d'une belle exécution et renfermés dans des bordures chargées d'ornemens très-bien peints. Ce manuscrit est un des plus beaux en ce genre qui existent à la Bibliotheque du Roi. Les livres de Gaston sont presque tous reliés en veau fauve, et ont sur le dos le double G empreint en or, et quelquefois surmonté d'une couronne.

un recueil de livres imprimés et manuscrits concernant l'Histoire d'Italie, qui avoit été acheté de Raphaël Trichet, sieur du Fresne, dont nous avons déjà parlé. Cette Bibliotheque ne fut mise en vente qu'en 1667; M. de Carcavi fut alors chargé de dresser des mémoires des livres qui pouvoient convenir au Roi, et on en acheta, outre le recueil de l'Histoire d'Italie, un peu plus de 1500 vol., le tout montant à 729 in-fol° et 1588 in-4°, la plupart marqués aux armes de M. Fouquet (l'Écureuil) et au chiffre de ce Ministre, figuré par ces deux lettres grecques entrelacées Φ Φ.

Comme tant d'acquisitions multiplioient nécessairement les doubles, le Roi, par Arrêt du Conseil, du 12 Janvier 1668, ordonna qu'il seroit dressé un état des manuscrits et des imprimés qui étoient dans la Bibliotheque de Sa Majesté et dans celle du Cardinal Mazarin, propres à être échangés, et qu'ensuite des Libraires nommés d'office procédassent à l'estimation de ces livres : en conséquence de cet Arrêt, on fit trois Catalogues que l'on conserve encore et que signerent doubles M. de Carcavi, et M. de la Poterie, Garde de la Bibliotheque Mazarine.

Le premier de ces Catalogues contenoit les manuscrits de la Bibliotheque du Cardinal Mazarin, que l'on désiroit prendre tous pour celle du Roi, sans choix ni distinction ; le second étoit celui des livres imprimés, que M. de Carcavi choisit sur le Catalogue de la même Bibliotheque Mazarine, et qui n'étoient pas dans celle du Roi ; le troisieme comprenoit les livres imprimés qui furent triés parmi les doubles de la Bibliotheque du Roi, pour être donnés en échange à la Bibliotheque Mazarine. Ce fut sur ces trois inventaires que Leonard et Cramoisy,

Libraires, firent leur estimation le 14 Mars suivant, en commençant par les manuscrits.

Ils en trouvèrent deux mille cent cinquante-six, de toutes grandeurs, compris dans le Catalogue seulement en deux mille vingt-six articles numérotés; dans ce nombre, on en comptoit 200 en langue hébraïque, 545 en Arabe, Samaritain, Persan, Turc et autres langues orientales, 229 en langue Grecque et 1,422 en langues Latine, Italienne, Françoise, Espagnole, etc. Les livres imprimés étoient au nombre de 5,678, pour lesquels la Bibliotheque du Roi en devoit donner 2,541, suivant la prisée que les mêmes Libraires avoient faite des uns et des autres. Un second Arrêt du Conseil, du 25 Juin de la même année, ordonna que l'échange seroit fait sur le pied de cette estimation, et les livres furent transportés de part et d'autre dès le lendemain.

Il s'offrit presqu'en même temps deux occasions favorables d'augmenter considérablement les livres en langues orientales, que la Bibliotheque Royale venoit de tirer de celle du Cardinal Mazarin. L'une étoit la vente qui se faisoit à Leyde des livres du Savant J. Golius, dont on acheta une petite partie; l'autre étoit celle de Gilb. Gaulmin, Doyen des Maîtres des Requêtes, qui s'étoit particulierement appliqué à l'étude et à la recherche des livres orientaux; cette Bibliotheque contenoit environ 1,100 manuscrits, tant Hébreux qu'Arabes, Turcs, Persans, Grecs, Latins, François, Esclavons et autres, avec près de 600 volumes imprimés dans ces différentes langues.

Les manuscrits de Gaulmin, ainsi que ceux du Cardinal Mazarin, se reconnoissent dans le Catalogue général (de 1688?) des manuscrits de la Bibliotheque Royale, par le soin que l'on a pris de mettre en marge à côté du titre de chaque volume le nom où les premières lettres du nom de l'ancien possesseur.

Ce n'étoit pas seulement à Paris et chez nos voisins que M. de Colbert faisoit faire des achats de livres pour le Roi ; Messieurs de Monceaux et Laisné, qui voyageoient au Levant, ayant reçu les instructions qui leur furent envoyées en 1667, se mirent en devoir de s'y conformer : on y prioit M. de Monceaux de rechercher pendant ses voyages les meilleurs manuscrits anciens en Grec, en Arabe, en Persan et autres langues orientales, excepté en Hébreu ; parce que, disoit-on, on en avoit suffisamment. On leur recommandoit aussi de faire emplette de Médailles et Pierres gravées antiques, pour le Cabinet de Sa Majesté ; mais un article sur lequel on n'insista pas moins, c'étoit de choisir de belles peaux de maroquin dans le Levant, pour couvrir les livres de la Bibliotheque du Roi. M. de Monceaux s'acquitta de sa commission à l'égard des manuscrits Grecs, dont il envoya 62 volumes à la Bibliotheque, en 1669, lesquels sont énoncés dans un Catalogue de M. Cotelier ; il ne négligea pas ce qui regardoit les peaux de maroquin, et il en envoya cette même année et les suivantes une grande quantité du Levant et de la Manufacture de Marseille. Ce fut là le premier établissement du fonds des peaux de maroquin destinées aux magnifiques reliures des livres du Roi. Cette provision a toujours été renouvellée au besoin, par les ordres du Secrétaire d'Etat ayant le département de la Marine.

Cette même année, 1669, M. de Carcavi prit des mesures et entama une négociation, avec M. de Thou, pour faire acheter au Roi la fameuse Bibliotheque formée par Messieurs de Thou. Rien n'eût été plus avantageux pour celle du Roi ; M. l'abbé de Thou écrivit en conséquence au sous-Bibliothécaire (1) ; on ne sait si le Roi ou le Ministre trouverent que M. de Thou mettoit cette collection à trop haut prix : l'affaire n'eut pas d'autre suite. Cette Bibliotheque étoit recommandable par la beauté des reliures et la bonté des éditions (2).

L'année suivante, le fonds de la Bibliotheque Royale augmenta de beaucoup par l'achat de la nombreuse collection des livres de Jacques Mentel, médecin (3), né à Château-Thierry et originaire de Strasbourg : elle étoit nombreuse, bien choisie et composée de livres non-seulement de sa profession, mais encore de Théologie, de Jurisprudence, de Philosophie, d'Histoire et de Belles-Lettres, parmi lesquels il y en avoit plusieurs que Naudé, Bibliothécaire du Cardinal Mazarin, avoit légués à Mentel son ami.

(1) Nous apprenons par la lettre de M. de Thou à M. de Carcavi, que la Bibliothèque royale étoit alors de trente mille vol. Voici comment s'exprime M. de Thou : « Je vous envoie, monsieur, l'ex- » trait du Catalogue qu'il vous a plu de me communiquer, et suis » surpris que dans les 30,000 vol. à quoi monte la Bibliotheque de » Sa Majesté, à présent, il en manque encore ce nombre, etc., » on voit par le calcul que nous avons fait plus haut, qu'en moins de huit ans la Bibliothèque du Roi fut presque augmentée du double.

(2) Cette belle collection passa au président de Menars, et ensuite fut incorporée dans la Bibliotheque de feu M. le cardinal de Soubise, dont elle fait le principal ornement.

(3) Cette Bibliotheque, quoique inférieure à celle de M. de Thou, procura néanmoins à celle du Roi une infinité d'ouvrages qui manquoient, et une cinquantaine de manuscrits, dont six seulement étoient Grecs. Elle étoit composée d'environ 10,000 vol., comme on le peut voir par le Catalogue qui existe encore à la Bibliotheque du Roi.

Dans le même tems M. Vërjus, Ambassadeur de France en Portugal, fit un envoi de deux cent quarante-six vol. imprimés, avec quatre manuscrits, tous concernant l'Histoire d'Asie, d'Afrique, d'Amérique, d'Espagne et de Portugal ; cet Ambassadeur avoit fait acheter ces livres à Lisbonne. Chaque année on recevoit d'Angleterre, de Hollande, d'Allemagne, d'Italie, etc., les différens ouvrages qui s'imprimoient dans ces pays, et on envoyoit souvent, sur-tout d'Italie, des copies des manuscrits les plus rares. C'est ainsi que le célèbre Colbert se plaisoit à perfectionner la Bibliotheque du Roi ; il sembloit que toutes les Nations se disputoient entr'elles la gloire de satisfaire les vues de ce Ministre, et de seconder l'heureuse inclination de Louis le Grand, en enrichissant ainsi la Bibliotheque de ce Monarque.

L'attention de M. Colbert à procurer tout ce qui pouvoit augmenter et enrichir la Bibl. Royale ne se borna pas à faire chercher chez l'étranger ce qu'il y avoit de plus rare, ce vigilant Ministre n'avoit garde de négliger les richesses littéraires que devoit fournir l'intérieur du Royaume : il avoit conçu le dessein de faire tirer des copies authentiques des titres et des autres monumens historiques conservés dans les archives des Provinces ; il chargea des ordres du Roi les sieurs Doat, Alland, Godefroy et autres, de faire faire des copies des titres conservés dans les Chambres des Comptes et Abbayes, Maisons religieuses de toutes les Provinces du Royaume, particulierement des Chambres des Comptes de Navarre, de Dauphiné, dans les Archives de Flandres et dans les différentes Abbayes, Maisons religieuses et autres de ces Provinces, et l'on vit arriver en 1670 quarante-quatre ballots de copies envoyées de Béarn et Languedoc, que l'on fit relier en maroquin et distribuer en 340 volumes in-fol. Cette abondante récolte, qui fut encore augmentée par la suite, fait aujourd'hui un des plus importans recueils de manuscrits modernes de la Bibliotheque de Sa Majesté : d'autant plus précieux pour les Familles Nobles et pour les Communautés de ces Provinces, que dans le cas où les originaux viendroient à se perdre, ces copies faites et collationnées en vertu de Lettres-Patentes ne seroient pas moins authentiques.

La même année 1670 vit établir dans la Bibliotheque Royale un fonds d'un autre genre, mais bien capable de la décorer et d'éterniser la magnificence de Louis XIV ; on commença alors à graver pour Sa Majesté avec une dépense vraiment royale, ces belles planches dont les Estampes servent encore aujourd'hui aux présens que le Roi fait aux Princes et aux Ministres étrangers, ou aux personnes de distinction qu'il plait à Sa Majesté d'en gratifier.

En 1671, M. Colbert fit renouveler ce qu'il avoit déja fait du tems de M. de Monceaux, ce fut lui-même qui fit entreprendre au P. Michel Vansleb, Dominicain, Savant dans les langues orientales, le voyage d'Egypte aux dépens du Roi et sous les ordres du ministre ; ce Religieux enrichit, durant l'espace d'environ cinq ans que dura son voyage (1), la Bibliotheque du Roi de près de six cent trente manuscrits, les uns Hébreux, Syriaques et Coptes, les autres Arabes, Turcs et Persans, avec une trentaine de manuscrits Grecs. Jean Petis de la Croix et Antoine Galland, tous deux interpretes du

---

(1) Nous avons fait la relation de son voyage, imprimée à Paris en 1677.

Roi et Professeurs Royaux en langue Arabe, qui voyageoient également au Levant, étoient aussi chargés de semblables commissions. Ant. Galland, qui avoit suivi M. de Nointel, Ambassadeur de France à Constantinople, fut de plus occupé à traduire les Confessions de Foi des Eglises grecques que M. de Nointel, suivant les intentions du Roi, fit assembler à Jérusalem en 1672, 1673, pour déclarer quelle étoit leur croyance sur les articles qui divisoient les Sectaires d'avec l'Eglise catholique, sur-tout au sujet de l'Eucharistie. (1).

En 1672, le Roi fit l'acquisition de quelques manuscrits latins et de quelques imprimés d'anciennes éditions, qui furent tirés de la Bibliotheque des Carmes de la place Maubert; les premiers étoient au nombre de 67, et les seconds au nombre de 18 seulement, selon le reçu original de M. de Carcavi, qui se lit sur la liste de ces livres, datée du 27 Octobre (2).

(1) L'original des actes de ce Concile, traduits par M. Galland, et plusieurs autres confessions de foi qui y étoient conformes, furent envoyés au Roi Louis XIV, par M<sup>me</sup> de Nointel : mais au lieu de les faire mettre dans sa Bibliotheque, ce Prince jugea à propos de les faire communiquer par M. de Pomponne à M. Arnaud, qui travailloit alors à son grand ouvrage de *La Perpétuité de la Foi*; et qui ne manqua pas de faire un bon usage de ces actes, en les donnant au public : ce célèbre docteur ne se servit point de la traduction qu'en avoit donnée M. Galland, il préféra celle du P. Fouqueret de la Congrégation de Saint-Maur. Ces Actes avec les Confessions de Foi resterent chez M. Arnaud jusqu'à sa mort, et ce ne fut qu'en 1697 qu'ils furent restitués et remis par le P. Quenel, au commis à la garde de la Bibliotheque du Roi.

(2) Cette liste existe à la Bibliotheque du Roi : parmi les livres manuscrits cédés au Roi par ces Religieux, il y en avoit un des

Durant l'espace de plusieurs années le nombre des livres ne s'accrut que de quelques manuscrits envoyés de tems en tems par Mons. Vansleb, et d'environ 7 à 800 volumes presque tous imprimés, concernant sur-tout l'Astronomie et les Mathématiques, remis gratuitement à la Bibliotheque Royale par le célebre Cassini.

En 1676, Nicolas Colbert, Evêque d'Auxerre, étant mort, et ayant laissé vacante la charge de Garde de la Bibliotheque du Roi, à laquelle étoit unie celle d'Intendant et Garde du Cabinet des Médailles, le Ministre en fit pourvoir *Louis Colbert* son fils, alors Prieur de Nogent-le-Rotrou, et connu depuis sous le nom de Comte de Linieres.

L'année 1681 sera à jamais remarquable par la visite dont Louis XIV daigna honorer sa Bibliotheque; M. de Colbert se flattoit alors de l'avoir mise dans un état digne de la grandeur du Roi; Sa Majesté y vint accompagnée de Monseigneur, de Monsieur, de M. le Prince et des plus grands Seigneurs de la Cour. Après que le Ministre eut montré tout ce qui étoit le plus capable d'attirer l'attention, le Roi fit aussi l'honneur à l'Académie des Sciences, d'assister à une de ses Assemblées qu'elle tenoit encore dans la Bibliotheque.

Au mois de Septembre 1683, la Bibliotheque du Roi perdit M. Colbert; sa mort y apporta d'assez grands changemens. M. Louvois, comme surintendant des Bâtimens, y exerça la même autorité que son prédécesseur,

---

œuvres de Saint-Augustin, de près de 800 ans d'antiquité. Le Roi donna en échange à cette maison six minots de sel par an à perpétuité. Leur Bible de Mayence, de 1462, passa dans la Bibliotheque de M. Colbert.

et M. de Carcavi s'étant retiré à cause de son grand âge, le Ministre mit en sa place l'*abbé Gallois*, qui reçut en qualité de Commis à la Garde le 18 Octobre suivant, de M. Girardin, Lieutenant Civil, les papiers et manuscrits qui avoient été trouvés dans le Cabinet de M. Mezerai, mort quelques mois auparavant, et qui par ordre du Roi furent remis dans la Bibliotheque de Sa Majesté.

M. de Louvois s'étant chargé de la direction immédiate de la Bibliotheque Royale, traita de la charge de Maître de la Librairie avec M. Bignon, Conseiller d'Etat, et de celle de Garde avec Mrs. Colbert, qui vinrent d'eux mêmes lui offrir la démission de la charge de Garde de la Librairie, et de celle d'Intendant du Cabinet des Médailles, dont Louis Colbert avoit été revêtu après la mort de l'Evêque d'Auxerre son oncle. Ces deux charges ainsi réunies sur la démission volontaire de Mrs. Bignon et Colbert, les provisions en furent expédiées au mois d'Avril 1684, en faveur de Camille le Tellier, appelé depuis l'Abbé de Louvois, qui n'avoit alors que neuf ans.

L'Abbé Gallois, qui ne garda pas long-tems son emploi, ayant remis les clefs de la Bibliotheque, elles furent données à l'Abbé *de Varès*, que M. de Meaux avoit employé autrefois à faire des Extraits et des Collections pour le Dauphin, et qui fit les fonctions de Garde sous les ordres de M. de Louvois pere, attendu que le nouveau Bibliothécaire n'étoit pas en âge d'exercer par lui même ; la commission de Garde du Cabinet des Médailles, qu'avoit eue M. de Carcavi sous Mrs. Colbert, fut donnée à M. Rainssant, Médecin et Antiquaire.

Le récollement de la Bibliotheque Royale, qui se trouvoit prodigieusement augmentée, devenoit après ces mutations un objet essentiel : et c'est à quoi l'on s'occupa sérieusement : les manuscrits étoient alors au nombre de 10,542, sans compter ceux de Brienne et de Mezerai ; les imprimés montoient environ à 40,000, à quoi il faut ajouter les Planches gravées et les Estampes du Roi, les Estampes de l'Abbé de Marolles, celles de Privilége, et les Cartes de Géographie. Toutes ces différentes parties demandoient un récollement particulier, M. l'Abbé de Varès prit pour l'aider dans cette pénible opération, M. Clément de Toul, qui avoit travaillé sous M. de Carcavi à la Bibliotheque de M. Colbert. Ce fut à quoi se termina l'administration de l'Abbé de Varès, qui mourut au mois de Septembre 1684.

Le 4 Décembre suivant, *Melchisedech Thevenot*, si connu par ses voyages, fut commis à la Garde de la Bibliotheque, et M. Clément, qui l'étoit déjà depuis 1670 à la Garde des Estampes et des Planches gravées, continua sous M. Thevenot de travailler à la composition des Catalogues qu'il avoit entreprise.

M. de Louvois fit pour procurer à la Bibliotheque du Roi de nouvelles richesses, ce qu'avoit fait M. de Colbert ; il y employa nos Ministres dans les Cours étrangeres, et l'on reçut des livres manuscrits et imprimés pour des sommes considérables, envoyés de Hollande par les soins de Messieurs d'Avaux et d'Alencé, d'Angleterre par ceux de M. d'Obeil, de Suede par M. Piquetiere. Il en vint aussi de Madrid et de Lisbonne. Le Pere Mabillon, qui voyageoit alors en Italie, fut aussi chargé de rassembler tout ce qu'il pourroit de livres : ce savant s'acquitta de cette commission avec tant de zele et d'exactitude, qu'en moins de deux ans il procura à la Bibliotheque Royale près de 4000 volumes imprimés et plusieurs manuscrits achetés à Rome, Naples, Florence, à Venise, à Milan et à Lyon.

Afin d'obliger les Libraires à exécuter plus ponctuellement les Ordonnances de Henri II, au sujet de la fourniture des livres imprimés par privilége, M. de Louvois obtint le 31 Janvier 1689, un Arrêt du Conseil à ce sujet: par ce moyen la Bibliotheque recouvra une bonne partie des livres dont la négligence ou la mauvaise foi l'avoient frustrée jusque-là : (il seroit à désirer qu'on renouvellât de tems en tems un pareil réglement.)

Les précautions que prenoit M. de Louvois pour pourvoir la Bibliotheque du Roi des livres imprimés, tant en France que dans les pays étrangers, ne lui firent pas négliger les manuscrits. M. le Pelletier, Contrôleur-général des Finances, fit porter à la Bibliotheque au mois de Juin 1685, deux volumes magnifiquement reliés, contenant les titres et actes tirés du trésor du Château de Nantes. On acquit cette même année les manuscrits de Chantereau-le-Fevre, qui avoit été Intendant de Lorraine. Ce recueil consistoit en plusieurs porte-feuilles, où Chantereau-le-Fevre avoit sur-tout ramassé beaucoup de choses sur la Lorraine et le Duché de Bar, ce qui devoit lui servir à continuer un ouvrage dont il avoit publié le premier volume en 1642, sous le titre de *Mémoire sur l'origine des Maisons et Duchés de Lorraine et de Bar*. On continuoit au Levant, par ordre du Ministre, les recherches que M. Colbert y avoit fait commencer, et on vit venir à la Bibliotheque, pendant les années 1688 et 1689, environ une cinquantaine de manuscrits Grecs avec quelques manuscrits orientaux, dont plusieurs semblent être sortis de la Bibliotheque du Grand Seigneur; on s'étoit flatté de recueillir plus de fruit de ce voyage, mais la guerre que le Roi déclara à l'Empereur fit cesser pour quelque tems les acquisitions littéraires ; elle n'interrompit cependant pas les travaux qu'on avoit entrepris pour mettre la Bibliotheque du Roi dans un ordre qui en facilitât l'usage, et qui en fit connoître les richesses. Pendant que M. Clément travailloit sans relâche, et que les sieurs Compiegne Juifs de nation, Dipy, Petis de-la-Croix, d'Herbelot, Ducange, Cotelier, les P. Mabillon, Placide, l'Abbé Renaudot et autres savans travailloient à faire les notices des manuscrits Hébreux, Arabes, Turcs, Persans, Grecs et autres, M. l'Abbé de Louvois songeoit à les loger à la Place Vendôme que l'on bâtissoit en 1691; mais la mort de ce Ministre, arrivée au mois de Juillet de la même année, fit évanouir ce magnifique projet, et fit en même tems changer de forme à la Bibliotheque Royale, du moins quant à l'administration.

La charge de Maitre de la Librairie avoit été jusqu'alors sous l'autorité et la direction du Sur-Intendant des bâtimens ; mais le Roi, en fixant par un Réglement du 25 Juillet 1691, les fonctions de cette charge, se réserva de donner à l'avenir ses ordres sur tout ce qui concernoit sa Bibliotheque et le cabinet des Médailles. Par un Arrêt du Conseil du 21 Août suivant, il fut ordonné qu'en conséquence de ce Réglement, M. l'Abbé de Louvois jouiroit et feroit les fonctions de *Maître de la Librairie, Intendant et Garde du cabinet des Livres, Manuscrits, Médailles et raretés antiques et modernes, et Garde de la Bibliotheque de Sa Majesté, sous l'autorité de Sa Majesté seulement ; nonobstant qu'il soit porté par ses provisions du mois d'Avril 1684, qu'il devoit l'exercer sous l'autorité et direction du Sur-Intendant des bâtimens*, dont Sa Ma-

*jesté le décharge et dispense, lui et ses successeurs en ladite charge, et feront*, ajoute l'Arrêt, *les dépenses qu'il conviendra faire pour la Bibliotheque, le cabinet des Manuscrits, Médailles, raretés et autres concernant les fonctions et exercice de ladite charge, ordonnées par Sa Majesté, et les Estats et Ordonnances, signées d'elle, et contre-signées par le Secrétaire d'Estat et des Commandemens ayant le département de sa Maison.*

L'indépendance que cet Arrêt assuroit à la Bibliotheque du Roi, donnoit un nouveau lustre à la charge de Bibliothécaire : mais M. l'Abbé de Louvois étoit encore trop jeune pour ordonner par lui-même, et l'Archevêque de Rheims, son oncle, continua d'exercer dans la Bibliotheque de Sa Majesté le même pouvoir qu'il avoit eu pendant la vie de M. de Louvois.

Melchisedech Thevenot s'étant retiré, M. Clément fut proposé au Roi pour le remplacer, et sur les témoignages avantageux que l'Archevêque de Rheims rendit de lui, Sa Majesté l'agréa. La place de Commis en second à la garde de la Bibliotheque étant venue à vaquer, M. *J. Boivin* qui, comme attaché au jeune Abbé de Louvois, avoit son logement à la Bibliotheque depuis 1689, fut nommé pour remplir ce poste (1).

(1) Boivin montra d'abord combien il étoit digne de la place dont on venoit de l'honorer. En 1692 il fit la découverte d'un ancien manuscrit que l'on avoit depuis long-tems dans la Bibliotheque du Roi, sans le connoître. Ce manuscrit, qui est devenu célèbre parmi les savans, ne paroissoit contenir autre chose qu'un texte grec de Saint-Epherem, écrit vers le commencement du xiv$^e$ siècle. M. Boivin, en le lisant, apperçut sous cette écriture un autre texte à demi effacé, dont il reconnut cependant que les caractères étoient en *lettres onciales ;* il s'attacha à en déchiffrer quelques

En 1694, on échangea les livres doubles de la Bibliotheque contre les livres nouveaux qui s'imprimoient dans les pays étrangers, cette sorte de commerce autorisé par les ordres exprès du Roi, et qui dura quelques années, ne laissa pas de fournir une assez grande quantité de bons livres, sur-tout d'Angleterre et d'Allemagne. En 1697 le P. Bouvet, Missionnaire, apporta 49 volumes Chinois que l'Empereur de la Chine envoyoit en présent au Roi; c'est ce petit nombre de volumes (joint aux quatre en cette langue que le roi possédoit déjà, lesquels venoient de la Bibliotheque Mazarine), qui a donné naissance aux progrès que ce genre de littérature a faits depuis en France; mais ces livres se sont par la suite si considérablement multipliés, que la Bibliotheque est sans contredit une des plus riches de l'Europe en ce genre.

Le Roi fit remettre en échange aux Missionnaires, un recueil de toutes ses Estampes relié magnifiquement,

mots, et les premieres qu'il lut se trouvant être du Nouveau Testament, il eut d'autant plus de curiosité de feuilleter tout le volume que la couleur de l'encre jointe à la forme des lettres dénotoit une antiquité de douze à treize cents ans; il remarqua dans toutes les pages de semblables vestiges d'ancienne écriture, plus ou moins apparens, et demeura convaincu que ce volume renfermoit une partie de la Bible écrite dès les premiers tems de l'église.

Ce précieux manuscrit vient de la Bibliotheque de Catherine de Medicis; il est de format in-fol. relié en maroquin aux armes de France du tems de Henri IV, avec le chiffre de ce Prince. Voici ce qu'on lit sur le premier feuillet: *In Catalogo cod. Græcorum Nicolai Rodulphi Cardinalis.*

M. Boivin ayant fait une étude particuliere des manuscrits Grecs de la Bibliotheque du Roi, en a écrit une Histoire Latine, qui est restée entre les mains de sa veuve.

pour le présenter de sa part à l'Empereur de la Chine.

En 1699, les planches gravées de la Bibliotheque furent tout-à-coup augmentées d'un grand nombre d'autres, représentant les événemens militaires du regne de Louis XIV, gravées par le Chevalier de Baulieu et autres. Cette même année Sa Majesté ayant accordé un logement au Louvre à l'Académie des Sciences, cette illustre compagnie cessa de tenir ses assemblées dans la Bibliotheque du Roi.

Vers le milieu de l'année 1700, un certain Nosrallah Gildé, Médecin Arabe de la Ville de Damas, présenta au Roi un rouleau où tout le Pentateuque étoit écrit en Hébreu, et trois manuscrits Arabes contenant l'Histoire des Druses; Louis XIV fit donner au Médecin une gratification considérable. A la fin de cette même année M. l'Archevêque de Rheims tira de sa riche Bibliotheque cinq cents manuscrits pour être remis en pur don dans celle du Roi; ils consistoient en 306 volumes Latins, 111 Grecs, 53 François, 16 Italiens et 14 Hébreux; ces manuscrits, parmi lesquels il y en avoit quelques-uns de très-anciens, avoient appartenu à M. Fouquet, et venoient la plupart de M. de Monchal, Archevêque de Toulouse. En 1710, tems auquel mourut l'Archevêque de Rheims, on y remit encore 58 autres manuscrits de livres de Lithurgie, comme Missels, Bréviaires, etc., qu'il s'étoit réservés, et que M. l'Abbé de Louvois revendiqua, persuadé que l'intention de son oncle avoit été qu'ils fussent réunis à ceux qu'il avoit donnés auparavant au Roi.

Au mois de Septembre 1700 on acheta pour une somme assez forte trente-cinq volumes manuscrits uniformes, reliés aux Armes de Bretonvilliers; dont 23 ne regardent que la Lorraine. Au mois d'octobre suivant le

P. de Fontenay, nouvellement revenu de la Chine, remit au Roi 12 gros volumes les uns Chinois, les autres Tartares, qui furent par ordre du Roi apportés à sa Bibliothèque par le concierge de Versailles.

M. Faure, Docteur de Sorbonne, l'un des plus célèbres de son tems, légua sa nombreuse et belle Bibliothèque à l'Intendant de M. l'Archevêque de Rheims; celui-ci en fit distraire les manuscrits et les fit acheter au Roi en 1701, ils étoient au nombre de 275, presque tous modernes Latins et François. Tandis que l'oncle profitoit de toutes les occasions d'acquérir pour enrichir la Bibliothèque du Roi pendant l'absence de son neveu, ce dernier ne la perdoit pas de vue dans ses voyages, et il eut soin, à son retour, d'y remettre tous les livres qu'il avoit rassemblés à Rome, Naples, Florence et autres Villes.

Durant l'espace de cinq années, il n'entra rien de remarquable dans ce vaste dépôt, que le présent que M. de Sparwenfeld, Maître de cérémonies de la Cour de Suede, fit à la Bibliothèque Royale, de deux manuscrits rares, dont l'un est un Missel Romain d'une grande antiquité, et l'autre une relation de voyage en langue Russe; ce dernier étoit le seul en cette langue que possédât la Bibliothèque, lorsque le Czar Pierre I la vint voir le 28 Mai 1717. M. l'Abbé de Louvois l'avoit fait magnifiquement relier aux Armes du Roi, et le montra à ce Prince qui prit plaisir à en parcourir plusieurs endroits. Il faut encore ajouter à ce présent un manuscrit de Pétrone (1) acheté à Rome avec quelques autres pour la

---

(1) C'est de ce manuscrit qu'on a tiré le fameux fragment de Pétrone, contenant la suite du Festin de Trimalcion, et communément appellé Fragmentum Tragurianum. Outre ce Fragment et plusieurs autres morceaux de Pétrone, on y voit Tibulle, Properce

Bibliotheque du Roi, par le P. de la Parre, Procureur général de la Congrégation de St. Maur, et envoyés à Paris en 1703.

François de Camps, Abbé de Signy, connu par les services qu'il aimoit à rendre aux gens de Lettres, étoit dans l'usage de donner tous les ans au Roi des Etrennes singulieres ; c'étoit pour l'ordinaire quelques Médailles ; qui pouvoient convenir au Cabinet de Sa Majesté ; au lieu de médailles il présenta, en 1706, un manuscrit Grec très-ancien, des quatre Evangiles, en parchemin et en lettres onciales. Il y a une chose particuliere dans ce manuscrit, c'est qu'il est tout noté entre les lignes, de notes de musique en rouge (1).

et Catulle en entier, L'Épitre de Sapho et de Phaon, et le petit Poëme de Claudien touchant le Phénix. Cette derniere piece est écrite d'une main plus récente que le reste. Ce manuscrit avoit été, dit on, trouvé à Traw en Dalmatie ; c'est un petit volume in-fol. en papier, de 237 pages, écrit vers la fin du XV° siècle

Selon l'auteur du Dictionnaire des Hommes célebres, la découverte de ce précieux manuscrit est due à Pierre Petit. Voici ce qu'il en dit :

« Pierre Petit déterra à Traw en Dalmatie, l'an 1665, un frag-
» ment considérable, qui contient la suite du Festin de Trimalcion.
» Ce fragment, ajoute cet auteur, imprimé l'année suivante à Pa-
» doue et à Paris, excita une guerre parmi les littérateurs. Les uns
» soutenoient qu'il étoit de Péronne, et les autres le lui enle-
» voient. Petit défendit sa découverte et envoya le manuscrit à
» Rome, où il fut reconnu pour être du XV° siecle. Les critiques
» de France qui en avoient attaqué l'authenticité, se turent lors-
» qu'on l'eut déposé dans la Bibliotheque du Roi. On le trouve à
» la suite de toutes les éditions qu'on a données de ce voluptueux
» délicat. » (Voy. sur ce manuscrit le Voyage de Dalmatie, t. 1er, p. 33 et 34.

(1) Quelques critiques ont pris ces Notes pour une marque certaine que ce manuscrit n'étoit pas aussi ancien qu'on le prétendoit

Parmi les manuscrits d'Eméri Bigot, acquis par le Roi cette même année (1706), il se trouva un manuscrit des quatre Evangélistes, à-peu-près pareil au précédent, en lettres onciales et d'une conservation merveilleuse (1).

Vers le temps de cette dernière acquisition, arriva dans la Bibliothèque le vol qui fit tant de bruit, et qui causa tant de chagrin à M. Clement. Une espèce d'aventurier, nommé Jean Aymont, Prêtre du Dauphiné, ayant changé de religion, s'étoit retiré à La Haye, où il avoit été décoré du titre de Ministre réfugié, et il s'y étoit marié. Cet homme, d'un esprit inquiet et intrigant, las sans doute de son état, forma le dessein de revenir en France; il se forgea des projets chimériques, soit par rapport à la religion, soit par rapport à l'Etat, à la faveur desquels il espéra non-seulement d'obtenir avec plus de facilité sa rentrée dans le Royaume, mais encore de s'y faire valoir comme un homme important. Il s'étoit servi, sur la fin de l'année 1705, du prétexte d'offrir au

il ne laisse cependant pas d'être regardé parmi les savans comme l'un des plus précieux manuscrits grecs du Nouveau Testament qui soient dans la Bibliotheque du Roi : ce n'est pas le seul que M. l'abbé de Camps y ait remis.

(1) Eméry Bigot, qu'on peut appeler le plus studieux des savans du dernier siecle, et que ceux-ci consultoient comme un oracle, mourut à Rouen en 1689. Il avoit une Bibliotheque riche en manuscrits et en imprimés, qui lui venoit de ses peres, et qu'il avoit augmentée lui-même d'un grand nombre de livres, la plupart notés, et quelques-uns écrits de sa main; il l'avoit substituée dans sa famille, mais, 15 ou 16 ans après, son héritier se détermina à s'en défaire, il la vendit à quelques libraires de Paris. Ceux-ci céderent à la Bibliothequè du Roi, pour le prix qu'en voulut donner M. l'abbé de Louvois, la partie des manuscrits dont cette Bibliotheque étoit composée, au nombre de plus de 400 volumes.

Roi un livre qu'il disoit avoir acheté; pour écrire à M. Clement, dont il n'étoit nullement connu : il ne lui parla d'abord que d'une manière énigmatique de ses vues pour son changement de religion, et pour la découverte de certaines choses qu'il prétendoit être du service du Roi : il ne pouvoit les communiquer, disoit-il, que lorsqu'il seroit en lieu de sûreté; il lui falloit, avant toutes choses obtenir un passeport : le trop facile Sous-Bibliothécaire, charmé peut-être de faire un prosélite, ou persuadé du bien de l'Etat, donna dans les visions du Ministre réfugié, obtint pour lui un passeport de M. le Comte de Pont-Chartrain, et jusqu'à son arrivée en France, il entretint avec lui un commerce de Lettres où il entroit du mystère, comme lorsqu'on traite des plus grandes affaires.

Aymont étant venu à Paris au mois d'Avril 1706, M. Clement lui procura tous les secours qui dépendoient de lui; il le présenta au Ministre, et ensuite au Cardinal de Noailles, qui, pour s'assurer de la conversion de cet Apostat, le fit entrer au Séminaire des Missions étrangères. Ce malheureux ayant, par de fréquentes visites, eu l'adresse de gagner la confiance de M. Clement, en abusa; et comme il avoit la liberté de rester souvent seul dans la Bibliotheque, il lui fut facile d'enlever ce qu'il jugea à propos.

Après avoir consommé son crime, il s'adressa à M. de Chamillard, Ministre de la Marine, dont il eut un passeport, avec lequel il s'évada au mois de Mai 1707, sans qu'on pensât à lui, et se rendit à La Haye. Là, sans doute pour se préparer des moyens de se justifier, il donna pour cause de son absence et de son voyage en France, le pieux dessein qu'il avoit eu d'y rechercher des pieces qui servissent à la défense de la Religion protestante; il fit trophée des manuscrits qu'il avoit rapportés, et ce ne fut que par la voix publique que M. Clement apprit en 1707, que la Bibliotheque du Roi avoit été volée.

Le manuscrit que le Ministre réfugié avait affecté le plus de montrer en Hollande, étoit le fameux *Concile de Jérusalem*. M. Clement, pénétré de douleur d'avoir été dupe de cet hypocrite, envoya promptement sa procuration à La Haye pour le poursuivre en Justice, et pour demander nommément la restitution de ce volume et celle des autres qu'il pouvoit avoir, et qu'on reconnoîtroit avoir appartenu au Roi. Malheureusement depuis qu'on avoit remis le Concile de Jérusalem à la Bibliotheque en 1697, on s'étoit contenté de le tenir sous la clef, et on avoit négligé d'y apposer la marque ou l'estampille aux Armes de France, avec ces mots autour, *Bibliothecæ Regiæ*. Aymont sut bien profiter de cette circonstance; il cria à la calomnie, et dans une lettre qu'il fit imprimer alors, il eut l'effronterie de soutenir que ce manuscrit n'avoit jamais appartenu à la Bibliotheque Royale, qu'il étoit de celle de St. Germain-des-Prez, et qu'il le tenoit d'un Religieux de cette Abbaye, protestant dans le cœur. Rien n'étoit plus grossier que les mensonges répandus dans cette lettre; mais pour prouver le contraire, il eût fallut que l'estampille eût été au volume. Aymont assuroit d'ailleurs, que ce livre dont il ignoroit qu'il eût été publié une édition plus de trente ans auparavant, étoit propre à renverser tout ce que M. Arnaud avoit avancé contre le Ministre Claude, au sujet de la croyance des Orientaux sur l'Eucharistie. Enfin, malgré tous les mouvemens que M. l'Abbé de

Louvois et M. Clement se donnerent, malgré les instances et les sollicitations que firent M. de Torci et M. le Comte de Pontchartrain, par ordre du Roi, auprès des Magistrats qui devoient prendre connoissance de cette affaire, il ne fut pas possible d'avoir justice; le manuscrit du Concile de Jérusalem resta entre les mains du voleur, jusqu'à ce qu'en 1709, les Etats-Généraux l'obligerent de s'en défaire; ils le restituerent au Roi par les mains du Chevalier de Croissy, qui le rapporta la même année dans la Bibliotheque de Sa Majesté.

Pour constater en quoi consistoit précisément le vol d'Aymont, M. Clément fit une révision exacte de tous les manuscrits du Roi, et il marqua sur un mémoire qu'il envoya en Hollande, ceux qui avoient été enlevés de la Bibliotheque, et qu'il ne trouva plus à leur place. En voici la liste :

1. Epitres de Saint Paul, les Epitres Canoniques et l'Apocalypse en latin, écrit sur velin en lettres majuscules, petit *in-fol.*, n° 3,938.

2. Les Evangiles en latin, écrits sur velin, en lettres majuscules, petit *in-4°*, n° 4,582.

3. Les Evangiles en latin, écrits sur velin, en lettres Saxonnes fort anciennes, *in-8°*, n° 4,583.

4. Lettres Italiennes du sieur Visconti, Nonce du Pape au Concile de Trente, écrites en 1562, manuscrit de Béthune, n° 10,042, le second volume seulement.

5. Lettres Italiennes écrites par Prospero-Santa Croce, Nonce du Pape Pie IV en France, depuis 1561 ; ms. de Béthune, n° 8,679.

6. Ambassade de M. l'Evêque d'Angoulême à Rome, depuis 1560, jusqu'en 1564, manuscrit de Béthune, n° 8,630, le second volume seulement.

7. Registres des Taxes de la Chancellerie Romaine, *in-fol.*, n° 10,056.

8. Dialogo politico soprai tumulti di Francia d'ell'anno 1652, e altri discorsi, n° 10,080.

9. Deux livres Chinois ; l'un intitulé, Entretiens familiers de Confucius, et l'autre, Arithmétique Chinoise.

On avoit mandé à Paris qu'Aymont avoit encore emporté d'autres livres en Hollande, entr'autres un manuscrit espagnol, contenant des Extraits de Lettres d'un Dom Diego, Ambassadeur de Charles-Quint à Rome ; un vol. de Lettres Missives de Catherine de Medicis, de Charles IX, et de Henri III à leurs Ambassadeurs à Rome, et un troisieme qu'Aymont disoit être le Chiffre du Cabinet de France pour les Affaires Ecclésiastiques au Concile de Trente ; mais M. Clément assure dans son mémoire, qu'il n'a pas trouvé que ces manuscrits eussent appartenu à la Bibliotheque du Roi.

En faisant cette recherche, M. Clement n'avoit jugé du vol que par l'extérieur des livres, et n'avoit pas songé au ravage qu'Aymont pouvoit avoir fait dans l'intérieur de plusieurs. Il fut aussi surpris qu'affligé, lorsqu'on lui fit remarquer, quelques mois après, les feuillets qui avoient été arrachés ou coupés dans différens manuscrits, sur-tout dans celui qui passe pour le plus rare et de l'antiquité la plus vénérable, *les Epîtres de Saint Paul en grec et en latin*, écrites sur velin en lettres d'or, et qu'on croit des premiers siecles de l'Eglise : il y manquoit trente-cinq feuillets. *La Bible manuscrite de Charles-le-Chauve*, d'où on avoit ôté avec le canif quatorze feuillets ; sans parler de quelques autres manuscrits de Belbune, où l'on découvrit dans la suite de semblables preuves de larcin.

Tout ce qu'on a pu recouvrer de ces feuillets ainsi enlevés de ces deux manuscrits, c'est d'abord un feuillet du volume des Epîtres de Saint Paul, et un autre feuillet de la Bible de Charles-le-Chauve. Un Particulier écrivit de La Haye en 1720, qu'il avoit acheté l'un et l'autre d'Aymont lui-même, avec un manuscrit Arabe, pour la somme de cent florins : il en fut remboursé après avoir envoyé le tout à la Bibliotheque du Roi.

D'un autre côté, Mylord Oxford et Mortimer, dans la Bibliotheque de qui les trente-quatre autres feuillets du volume des Epîtres de Saint Paul étoient entrés, eut la générosité de renvoyer, en 1729, à la priere de M. l'Abbé Bignon, ces précieux débris.

M. Clement fut inconsolable d'avoir été la cause, bien que très-innocente de cet événement; sa santé s'en altéra sensiblement, et il traina toujours depuis une vie languissante.

On gardoit à la douane, depuis plus de quinze ans, une caisse que personne n'avoit encore réclamée; les Fermiers-Généraux la firent porter chez M. Desmarest, Contrôleur-Général : on y trouva 14 porte-feuilles contenant des livres Tartares, lesquels furent envoyés à la Bibliotheque par Ordre du Roi, à qui M. Desmarest en avoit parlé. Ces livres Tartares remis à la Bibliotheque en 1708, furent augmentés de quelques livres pareils, que Sa Majesté fit tirer de son Garde-Meuble, où elle s'étoit souvenue à cette occasion qu'ils étoient restés.

Ces porte-feuilles de livres Tartares furent bientôt suivis d'un grand nombre d'autres, qui n'avoient, avec les premiers, rien de commun que le nom. Jean Haudiquer de Blancour, gendre de François Duchesne, suivant l'exemple de son beau-père, s'étoit appliqué à l'étude des Généalogies ; il fut accusé d'avoir fabriqué et contrefait d'anciens titres de Noblesse, et condamné, en 1701, à une prison perpétuelle ; ses biens, ses portefeuilles, remplis de titres et papiers, furent confisqués ainsi que ses livres, et le Roi, par Arrêt du 10 Juillet 1708, en disposa en faveur de sa Bibliotheque.

En 1709, M. le Comte de Pontchartrain envoya à la Bibliotheque 23 manuscrits Grecs, Arabes, Turcs et Persans, que le célèbre Paul Lucas avoit apportés au retour d'un de ses voyages ; il en est toujours revenu chargé de quelques nouveautés pour la Bibliotheque et le Cabinet de Sa Majesté. Cette même année, M. de Valincourt fit présent à la Bibliotheque du Roi de plus de trois cents Cartes manuscrites, formant deux volumes *in-fol.* max. obl. de la Typographie d'Irlande ; ce précieux recueil est unique dans son genre (1).

(1) Mylord Petti, Comte de Sheburne, de la Société Royale de Londres, envoyé en Irlande par le roi Jean II, avec autorité, et en qualité d'Inspecteur-général, pour faire une description exacte de tout le pays, en avoit levé le plan, et en avoit fait la carte dans un détail si exact, qu'il avoit distingué jusqu'aux héritages des particuliers ; ce travail achevé, il avoit mis ses cartes en ordre, et en avoit composé deux volumes. En 1707, environ vingt ans après sa mort, des Armateurs François prirent le vaisseau *l'Unité*, appartenant à Mylord Sheburne, fils de l'Auteur, qui repassoit de Dublin à Londres : parmi plusieurs Livres qui étoient dans le vaisseau, se trouverent les deux volumes de cartes faites à la main, avec un troisieme des mêmes cartes gravées en petit ; et cette partie du butin fut envoyée à M. de Valincourt, secrétaire-général de la Marine, qui crut qu'un tel ouvrage étoit digne d'avoir place dans la Bibliothèque de Sa Majesté.

Ce recueil demeura long-tems égaré, et on le crut même perdu : on savoit bien que M. l'Abbé de Louvois l'avoit fait porter en 1718, au Palais Royal chez l'Abbé Dubois, qui a été depuis Cardinal,

L'année 1712 termina les travaux de M. Clement : il mourut dans l'hôtel de la Bibliotheque du Roi, le 16 Janvier, âgé de soixante-cinq ans ; il légua à la Bibliotheque un recueil de portraits gravés, au nombre de dix-huit mille, distribués dans un bel ordre, et renfermés dans plus de cent porte-feuilles. Le Roi nomma lui-même M. l'Abbé de Targny à la place que M. Clement laissoit vacante. Cette même année la Bibliotheque du Roi acquit les manuscrits orientaux et autres de Melchisedech Thevenot, ci-devant commis à la garde de cette Bibliotheque, mort depuis vingt ans. Elle avoit aussi acheté, quelques mois auparavant, huit cents volumes du Cabinet de M. Charles Bulteau, Doyen des Secrétaires du Roi.

La paix, publiée en 1713, procura à la Bibliotheque du Roi de nouvelles richesses ; les Savants et Libraires d'Italie, d'Allemagne, d'Angleterre, de Hollande et des pays les plus éloignés, se firent un plaisir et un honneur

---

mais on ne l'avoit pas retrouvé à sa mort en 1723. On fit là-dessus plusieurs conjectures assez mal-fondées : la vérité étoit que le Cardinal l'avoit communiqué à M. Delisle, le Géographe, et que celui-ci, comme les livres n'étoient pas estampillés, ne sachant à qui ils appartenoient, les avoit gardés jusqu'à sa mort, sans s'embarrasser de les remettre aux héritiers du Cardinal : ce fut un bonheur, car ces deux vol. auroient eu le même sort que les autres livres de cette Eminence, et auroient été vendus à l'étranger. La veuve de M. Delisle, ayant enfin découvert par hazard qu'ils étoient au Roi, les remit elle-même à la fin de l'année 1727, à Sa Majesté, qui les fit reporter à la Bibliotheque où ils sont actuellement.

L'Abbé de Louvois, alors Bibliothécaire du Roi, fit donner à Milord Petti, par compensation, une suite entiere des Estampes du Roi.

d'envoyer de tems en tems tout ce qu'ils croyoient de plus propre à l'enrichir. Cette même année et les suivantes, la Bibliotheque reçut le legs que lui fit M. Caillé du Fourny, d'un inventaire des titres conservés dans la Chambre des comptes de Lorraine et de Bar ; celui de M. Galland, de l'Académie des Belles-lettres, mort le 17 Février 1715, consistant environ en 100 volumes ou porte-feuilles de manuscrits Arabes, Turcs, Persans et autres, dont plusieurs étoient des extraits de sa main ; et un grand nombre de livres amassés par M. l'Abbé Sévin, pendant le voyage qu'il fit en Italie, par ordre du Roi.

Mais la donation que François de Gaignieres avoit faite, en 1711, de son Cabinet au Roi, et dont la Bibliotheque ne commença d'entrer en possession que cette année, 1715, étoit d'une toute autre importance que le legs de Messieurs Galland et du Fourny ; aussi est-il regardé comme un des fonds les plus précieux que l'on y conserve : cette acquisition fut la derniere qui se fit sous le regne de Louis XIV.

La magnificence de ce Prince, la protection qu'il se fit gloire d'accorder aux beaux Arts et aux Sciences, contribuerent le plus à rendre sa Bibliotheque une des plus nombreuses de l'Europe, puisqu'à son avénement à la Couronne elle étoit au plus de cinq mille volumes, et qu'à sa mort il s'y en trouva plus de soixante-dix mille, sans compter le fonds des Planches gravées et des Estampes, accroissement immense et qui étonneroit, si l'on n'avoit vu depuis la même Bibliotheque recevoir des augmentations plus considérables encore à proportion.

## XV. — SOUS LOUIS XV.

*Maîtres de la Librairie :* MM. l'abbé Bignon II. — Bignon III. — Bignon IV.

*Division en cinq départements.*

*Gardes aux Imprimés :* MM. de Targny. — L'abbé Sallier. — Capperonnier. — L'abbé Desaulnais.

*Gardes aux Manuscrits :* MM. Boivin. — De Targny. — L'abbé Sevin. — Melot. — Bejot.

*Garde aux Titres :* M. Guiblet.

*Gardes aux Estampes :* MM. Le Hay. — Laduvenant. — Coypel. — De la Croix. — Joly.

*Gardes aux Médailles :* MM. C. de Boze. — L'abbé Barthelemy.

Sous la minorité de Louis XV, M. le Duc d'Orléans, Régent du Royaume, n'épargna rien pour enrichir la Bibliotheque par des acquisitions immenses.

La façon dont M. de Gaignieres avoit été récompensé du don de son riche Cabinet, engagea Charles d'Hozier, Généalogiste de la Maison du Roi, à disposer du sien à peu près de la même maniere : c'étoit, en son genre, le plus curieux qui fût en Europe. Ce fut cette même année que M. l'Abbé de Louvois entreprit de faire entrer à la Bibliotheque le recueil de Plantes, venant du cabinet de Gaston d'Orléans, légué au Roi en 1660, lequel avoit été porté à Versailles.

Tant de richesses firent bientôt connoître que les deux maisons de la rue Vivienne ne suffisoient plus pour contenir cette Bibliotheque ; M. l'Abbé de Louvois se proposoit alors de la transporter dans la grande Gallerie du Louvre ; mais l'arrivée de l'Infante d'Espagne, qui devoit demeurer dans ce Palais, derangea ce projet.

C'est ainsi que l'illustre Bibliothécaire s'occupoit à

ajouter au dépôt qui lui étoit confié de quoi en augmenter la splendeur, lorsqu'une mort prématurée l'empêcha d'exécuter d'autres projets qu'il avoit formés, et qui auroient été de nouvelles preuves de son zele. Tourmenté cruellement des douleurs de la pierre, il se résolut à souffrir l'opération de la taille, dont il mourut peu de jours après, le 5 Novembre 1718, âgé de 43 ans.

Si quelque chose put alors consoler la Bibliotheque du Roi d'une telle perte, ce fut le choix que le Régent fit de M. l'Abbé Bignon, pour succéder à M. l'Abbé de Louvois. Le nouvel administrateur n'entra en possession que vers la fin de l'année suivante, et n'eut ses provisions que le 15 Septembre.

Il reçut d'abord, en cette qualité, les divers manuscrits et imprimés que feu M. l'Abbé de Louvois avoit légués, par son testament, à la Bibliotheque Royale, au nombre de trois cents volumes manuscrits; beaucoup de portefeuilles, de boîtes et de livres.

M. l'Abbé Bignon se défit lui-même de sa bibliotheque, pour ne s'occuper que de celle de Sa Majesté, et n'en réserva qu'une collection assez ample de livres Chinois, Tartares et Indiens, qu'il donna au Roi pour être jointe aux autres livres écrits dans les mêmes langues, que la Bibliotheque avoit déja.

Le premier soin du célebre Bibliothécaire fut de prendre une connoissance bien précise des différentes parties qui composoient la Bibliotheque du Roi, à quoi il ne pouvoit parvenir que par un inventaire général ou un récollement dans les formes. Cette opération, autorisée par Arrêt du Conseil, du 20 Septembre 1719, dura 15 mois et fut l'occasion d'un nouveau partage des richesses qu'on venoit de reconnoître.

Ce partage étoit un objet qu'il n'avoit pas eu moins à cœur que l'inventaire : plus il prit connoissance de l'intérieur de la Bibliotheque, plus il demeura persuadé qu'un seul homme, ou même deux, ne suffisoient pas, comme auparavant, pour veiller à la conservation de tant de choses d'une nature si différente ; il crut donc qu'il étoit plus convenable de les séparer en quatre portions, savoir : les Manuscrits, les Livres imprimés, les titres et généalogies, et les planches gravées avec tous les recueils d'Estampes. Il prit là-dessus les ordres du Régent, qui nomma M. Boivin en particulier pour la garde des manuscrits, M. l'Abbé de Targny pour celle des imprimés ; les titres et généalogies furent confiés à M. Guiblet, et le sieur le Hay fut chargé des Estampes et des planches gravées : ce sont là les quatre Commis à la garde de la Bibliotheque Royale qui ont signé, chacun pour la partie qui le regardoit, au procès-verbal du récolement ou inventaire.

Le Duc d'Orléans trouva bon que dans le même tems M. l'Abbé Bignon attachât encore beaucoup d'autres personnes à la Bibliotheque, comme pouvant y rendre quelques services, les uns pour la recherche des livres, les autres comme interpretes des langues orientales et de presque toutes les langues vivantes de l'Europe.

Tandis que par ces arrangemens l'administration de la Bibliotheque du Roi prenoit une forme nouvelle, M. l'Abbé Bignon, pour réunir sous la direction d'un seul chef tous les trésors littéraires que peut posséder Sa Majesté dans ses différentes Maisons Royales, traitoit du brevet de Garde des livres du Cabinet du Louvre, avec M. Dacier, qui en étoit pourvu, et de celui de Bibliothécaire de Fontainebleau, avec les héritiers de M. de Sainte-Marthe, dernier titulaire.

Non content d'avoir donné à la charge de Bibliothécaire du Roi tout le relief qu'elle pouvoit recevoir par ces différentes unions, M. l'Abbé Bignon, à l'exemple de son ayeul, prit des mesures pour la perpétuer dans sa famille : il en proposa au Régent la survivance en faveur de M. Bignon, son neveu, Maître des Requêtes et Intendant de Soissons. Les provisions en furent expédiées telles qu'il les demandoit, le premier Septembre 1722.

Ces diverses négociations ne diminuoient rien de l'activité du Bibliothécaire, soit pour décorer, enrichir et perfectionner le dépôt dont il se trouvoit chargé, soit pour en fixer la police intérieure. Dès les premiers jours de son exercice, il signala son zele pour contribuer à la perfection de la Bibliotheque du Roi, par l'acquisition des manuscrits de M. de la Mare, de ceux de Baluze, et d'environ huit cents volumes Chinois, qu'avoient rapportés MM. des Missions étrangeres. M. l'Abbé Bignon crut que cette collection n'étoit pas suffisante pour une Bibliotheque comme celle du Roi ; en conséquence, il sollicita encore le Régent et obtint des ordres adressés aux Directeurs de la Compagnie des Indes, pour faire venir de la Chine tous les livres qu'on y pourroit acheter et dont on envoya alors des mémoires. Son Altesse Royale fut ponctuellement obéie, et l'on vit arriver, en 1723, à la Bibliotheque plusieurs caisses remplies de livres Chinois, au nombre de plus de dix-huit cents. Tous ces volumes, avec ceux que Sa Majesté avoit déjà, et auxquels on en a joint beaucoup d'autres, envoyés dans la suite par le R. P. de Prémare, ancien Missionnaire Jésuite, furent remis à M. Fourmont l'aîné, pour en faire le catalogue, qui a été imprimé dans le premier volume des manuscrits orientaux du Roi.

En recevant les livres nouvellement arrivés de la Chine, la Bibliothèque Royale faisoit deux récoltes également capables d'y jeter beaucoup de livres imprimés, et plusieurs manuscrits. Ce fut en y incorporant les livres du cabinet du Louvre, en vertu de l'union de la charge de Garde du cabinet du Louvre à celle de Bibliothécaire de Sa Majesté, et ceux que M. Dacier, mort en 1723, légua au Roi par son testament.

M. l'Abbé Bignon, qui, en 1721, étoit venu prendre son logement dans les maisons de la rue Vivienne, où étoit encore la Bibliothèque Royale, voyant l'état de ces deux maisons, le grand nombre de livres dont la Bibliothèque étoit composée, et l'impossibilité de continuer les insertions et les autres opérations ordinaires, craignant d'ailleurs que toutes les chambres remplies de livres et embarrassées de paquets, ne s'écroulassent sous le poids énorme de tant de volumes, profita de la décadence de ce qu'on appelloit alors le système, pour engager le Duc d'Orléans à ordonner que la Bibliothèque du Roi fût placée à l'Hôtel de Nevers, rue de Richelieu; où avoit été la Banque; et en conséquence des ordres du Prince on y transporta, sans différer, le plus que l'on put de livres, lesquels furent placés dans différentes chambres, et rangés sur des tablettes faites à la hâte. En 1722, on y mit les deux magnifiques Globes de Coronelli, présentés à Louis XIV par le cardinal d'Estrées en 1683; et qui quelques années auparavant avoient été apportés de Marly dans une salle du Louvre; mais, malgré les intentions et les ordres du Régent, il se présenta dans la suite, pour conserver la possession qu'on venoit de prendre de l'Hôtel de Nevers, des difficultés presques insurmontables : M. l'Abbé Bignon soutenu et appuyé par M. le Comte de Maurepas, qui ne prenoit pas un intérêt moins vif au succès de cette affaire, vint à bout, en 1724, d'obtenir des lettres patentes enrégistrées au Parlement le 16 Mai, et à la Chambre des comptes le 13 Juin de la même année, par lesquelles Sa Majesté affecte à perpétuité cet Hôtel au logement de sa Bibliotheque.

On s'occupa alors à faire dans cette grande maison des dépenses vraiment royales, pour donner à cette Bibliotheque, par rapport à la commodité et aux embellissemens extérieurs, toutes les décorations qu'elle méritoit.

M. l'Abbé Bignon satisfait d'avoir placé dans un lieu sûr ce magnifique dépôt confié à ses soins, ne songea plus qu'à en augmenter la splendeur, conjointement avec M. le Comte de Maurepas (dont la mémoire sera toujours chère à la Bibliotheque). On vit venir de toutes parts des richesses immenses, entr'autres les trente-trois volumes *in-folio* des copies des manuscrits du Concile de Basle ; les planches gravées des différens tableaux de Vander-Meulen, qui regardent l'Histoire du regne de Louis XIV, au nombre de cent vingt-neuf ; les livres de musique légués au Roi par le sieur Brossard, Chanoine de Meaux, et auparavant Maître de musique d'une grande réputation ; un recueil d'environ soixante mille pieces fugitives, que M. Morel de Thoisy, Lieutenant-Général à Troyes, céda gratuitement au Roi en 1728, et une grande quantité de livres envoyés de Lisbonne, et donnés à la Bibliotheque du Roi par Messieurs les Comtes d'Ericera ; il en vint aussi des Foires de Leipsic et de Francfort, pour une somme considérable.

Le 29 Octobre 1726, la Bibliotheque du Roi perdit Monsieur Boivin, Commis à la garde des manuscrits; M. l'Abbé Bignon proposa au Roi M. l'Abbé Sallier, que Sa Majesté agréa; M. l'Abbé de Targny, chargé de la garde des livres imprimés, voulut avoir celle des manuscrits, qui lui fut accordée.

M. l'Abbé Bignon, à l'exemple de Messieurs Colbert et de Louvois, signala de nouveau son zele pour la Bibliotheque Royale, en faisant faire au Levant de nouvelles recherches.

L'établissement d'une Imprimerie Turque à Constantinople lui fit naître, en 1727, l'idée de s'adresser pour avoir les livres qui sortiroient de cette Imprimerie, à Zaïd Aga, lequel, disoit-on, en avoit été nommé le Directeur, et pour obtenir aussi le catalogue des manuscrits grecs et autres qui pourroient être dans la Bibliotheque du Grand Seigneur. M. l'Abbé Bignon l'avoit connu en 1721, pendant qu'il étoit à Paris à la suite de Mehemet Effendi son pere, Ambassadeur de la Porte. Zaïd Aga promit les Livres qui étoient actuellement sous presse; mais il s'excusa sur l'envoi du catalogue, en assurant qu'il n'y avoit personne à Constantinople d'assez habile pour le faire. M. l'Abbé Bignon communiqua cette réponse à M. le Comte de Maurepas, qui prenoit trop à cœur les intérêts de la Bibliotheque du Roi pour ne pas saisir avec empressement et avec zele cette occasion de la servir; il fut arrêté que la difficulté d'envoyer le catalogue demandé n'étant fondée que sur l'impuissance de trouver des sujets capables de le composer, on feroit passer à Constantinople quelques savans, qui, en se chargeant de le faire, pourroient voir et examiner de près cette Bibliotheque.

Ce n'est pas qu'on fût persuadé à la Cour que la Bibliothèque tant vantée des Empereurs Grecs existât encore; mais on vouloit s'assurer de la vérité ou de la fausseté du fait. D'ailleurs, le voyage qu'on projettoit, avoit un objet qui paroissoit moins incertain; c'étoit de recueillir tout ce qui pouvoit rester des monumens de l'antiquité dans le Levant, en manuscrits, en médailles, en inscriptions, etc.

M. l'Abbé Sévin et M. l'Abbé Fourmont, tous deux de l'Académie des Inscriptions et Belles-Lettres, furent chargés de cette commission. Ils arrivèrent au mois de Décembre 1728, à Constantinople; mais ils ne purent obtenir l'entrée de la Bibliothèque du Grand Seigneur; ils apprirent seulement, par des gens dignes de foi, qu'elle ne renfermoit que des livres Turcs et Arabes, et nul manuscrit Grec ou Latin; et ils se bornèrent à l'autre objet de leur voyage. M. l'Abbé Fourmont parcourut la Grèce, pour y déterrer des inscriptions et des médailles; M. l'Abbé Sévin fixa son séjour à Constantinople : là, secondé de tout le pouvoir de M. le Marquis de Villeneuve, Ambassadeur de France, il mit en mouvement les Consuls et ceux des Echelles qui avoient le plus de capacité, et les excita à faire chacun dans son district quelques découvertes importantes. Avec tous ces secours et les soins particuliers qu'il se donna, il parvint à rassembler en moins de deux ans plus de six cents manuscrits en langues orientales; mais il perdit l'espérance de rien trouver des ouvrages des anciens Grecs, dont on déplore encore aujourd'hui la perte. M. l'Abbé Sevin revint en France, après avoir établi les correspondances nécessaires pour continuer ce qu'il avoit commencé ; et en effet la Bibliotheque du Roi reçut plusieurs envois de manuscrits, soit grecs, soit orientaux. On est aussi redevable à M. le Comte de Maurepas de l'établissement des Enfants ou Jeunes-gens-de-langues, qu'on élève à Constantinople aux dépens du Roi ; ils ont ordre de copier et de traduire les livres Turcs, Arabes et Persans ; ces copies et ces traductions sont adressées au Ministre ; qui, après s'en être fait rendre compte, les envoie à la Bibliotheque du Roi : les traductions, ainsi jointes aux textes originaux, forment déjà un recueil considérable.

M. l'Abbé Bignon, non content des trésors dont la Bibliothèque s'enrichissoit, prit les mesures les plus sages pour faire venir des Indes des livres qui pouvoient donner en France plus de connoissance qu'on n'en a de ces pays éloignés, où les Sciences ne laissent pas d'être cultivées. Les Directeurs de la Compagnie des Indes se prêterent avec un tel empressement à ses vues, que depuis 1729 jusqu'en 1737, chaque année fut marquée par des envois assez considérables de livres indiens, pour former dans la Bibliotheque de Sa Majesté un recueil en ce genre, peut-être unique en Europe, et qui s'est encore accru depuis.

Dans les années suivantes (1729, 1730, etc.), la Bibliothèque du Roi s'accrut encore par la remise d'un manuscrit précieux qui intéresse la Monarchie (intitulé *Registre de Philippe-Auguste*), qu'avoit légué au Roi, M. Rouillé de Coudray, Conseiller d'État ; et par diverses acquisitions considérables : telles sont celles des manuscrits de Saint-Martial de Limoges (1), des manuscrits du

(1) Ces manuscrits, au nombre de 204, sont divisés en quatre parties dans le catalogue qui en a paru imprimé ; la premiere contient des Bibles, des Gloses et des Commentaires sur l'Ecriture Sainte ; la seconde, des Missels, des Antiphoniers, des Rituels,

président de Mesmes, du cabinet d'Estampes de M. le Marquis de Beringhen, du fameux recueil des manuscrits anciens et modernes de la Bibliotheque de M. Colbert, la plus riche de l'Europe, si l'on excepte celles du Roi et du Vatican ; du cabinet de M. de Cangé, collection infiniment précieuse; et quantité d'autres acquisitions en livres, tant manuscrits qu'imprimés, faites dans les différentes ventes.

Tant de richesses méritèrent au Roi, de la part des Savans, la plus grande reconnoissance. L'Académie Royale des Inscriptions et Belles-Lettres se fit honneur de célébrer cet événement par une Médaille frappée en 1632, pour en éterniser la mémoire : d'un côté est le buste du Roi avec la légende ordinaire, *Lud. XV. Rex Christianiss.* et le revers porte cette inscription, dans une couronne de laurier et d'olivier.

QUOD
BONO REIPUBLICÆ
LITER. CONSULUIT,
BIBLIOTHECA REGIA
X. MILLIB. CODD.
MSS. AUCTA.
M. DCC. XXXII.

des Martyrologes et autres Livres liturgiques; la troisieme, des Ouvrages des SS. Peres, des Auteurs Ecclésiastiques, et quelques Conciles; la quatrieme enfin renferme quelques livres de Droit canonique et civil, de Philosophie, de Médecine, d'Histoire, etc.

Ces manuscrits, d'une antiquité vénérable, étoient dans le plus mauvais état; et ils se seroient totalement gâtés ou détruits, si Messieurs de St. Martial n'avoient pas songé à s'en defaire. Combien existe-t-il encore en France de trésors en ce genre épars çà et là dans les Provinces, et qui courent les mêmes risques! Il est à craindre, si on n'y met ordre, qu'insensiblement on ne soit privé de plusieurs monumens, dont l'Eglise, l'Etat et les Lettres pourroient tirer les plus grands avantages.

A peine cette illustre Académie venoit-elle, par ce témoignage immortel, de prouver au feu Roi sa juste reconnoissance, que M. l'Abbé Bignon, toujours animé du même zele, et persuadé que la Bibliotheque ne pouvoit assez acquérir, enrichit encore dans les années suivantes ce vaste dépôt d'un recueil estimable, donné au Roi par M. Lancelot, lequel renfermoit environ 200 manuscrits, et plus de 500 portefeuilles remplis de pièces détachées concernant les droits du Roi ; de cinquante manuscrits de M. l'Abbé Drouin, Docteur de Sorbonne, concernant l'Histoire et la Théologie ; d'environ quatre cents Chartes acquises par M. l'Abbé Sallier, au mois de Mai 1734 : elles regardent différens Seigneurs, des Abbayes, des Prieurés, des Commanderies, et quelques Villes ou Communautés du Royaume ; quelques-unes sont du onzieme et du douzieme siècle, il y en a un plus grand nombre du treizieme ; les autres sont du quatorzieme et du quinzieme. L'autorité de M. le comte de Maurepas avoit donné à M. l'Abbé Bignon autant de correspondans qu'il y avoit de Consuls dans les différentes Villes du monde, ils furent chargés de faire la recherche et l'achat des livres imprimés et manuscrits qui pourroient convenir à la Bibliotheque de Sa Majesté, et c'est à cette attention qu'elle est redevable d'un nombre considérable de livres précieux reçus de Lisbonne, de Madrid, de Londres, de la Haye, de Pétersbourg, de Venise, etc., etc.

Les Ambassadeurs et Envoyés de France dans les différentes Cours, persuadés que c'étoit plaire au Roi que de contribuer à l'accroissement de sa Bibliotheque, établirent entre eux et l'illustre Bibliothécaire une correspondance littéraire ; de là vinrent une immensité de volumes tant imprimés que manuscrits; d'Italie par les soins de M. de la Bastie ; de Venise, par M. le Comte de Froulay; de Constantinople, par M. le Marquis de Villeneuve (c'étoient des manuscrits Persans, Arabes et Arméniens) ; de Suisse, par M. le marquis de Bonnac (il s'y trouvoit aussi quelques livres qu'il avoit rapportés de Constantinople, et les lettres originales en Turc, concernant son ambassade dans cette Cour) ; — de Danemarck, environ sept cents volumes partie en Danois et Suédois, partie en Finois et Islandois; avec des copies de quelques manuscrits importans, envoyés par le Comte de Plelo.

Le 3 mai 1737, M. l'Abbé de Targny étant mort, M. l'Abbé Sevin, qui, à son retour de Constantinople, lui avoit été donné pour Adjoint, et qui logeoit en cette qualité à la Bibliotheque, lui succéda ; celui-ci étant mort en 1741, fut remplacé par M. Melot, de l'Académie des Inscriptions et Belles-Lettres, lequel travailla beaucoup au catalogue des richesses que renferment ces immenses archives de la littérature. Les livres imprimés et manuscrits provenans de la succession de M. l'Abbé de Targny, furent acquis pour la Bibliotheque du Roi; d'après l'estimation qui en fut faite par M. l'Abbé Sallier ; ils consistoient en cent vingt-huit manuscrits et environ quarante volumes imprimés qui n'étoient pas dans la Bibliotheque de Sa Majesté.

Ce sont là les principales sources dont s'est formée cette immense collection, devenue, par les accroissemens qu'elle reçut, moyennant les soins de M. l'Abbé Bignon, la plus riche et la plus belle de l'Europe.

En 1741, M. l'Abbé Bignon, qui étoit près d'entrer dans sa 80ᵉ année, et qui sentoit que sa santé s'altéroit de jour en jour, se retira à son Château de l'Isle-Belle, près de Meulan, et remit à M. Bignon, son neveu, l'exercice de sa charge, dont celui-ci avoit obtenu la survivance dès 1722.

Au commencement de l'année 1743, M. l'Abbé Bignon fut attaqué d'un rhume violent accompagné d'une fievre continue, dont il mourut le 14 Mars suivant, ayant conservé jusqu'au dernier moment, non seulement toute sa raison, mais encore la douceur et l'égalité d'esprit qu'il avoit toujours fait paroître. La perte que la Bibliotheque faisoit de M. l'Abbé Bignon, avoit été précédée par celle de M. Bignon, son neveu, arrivée six jours auparavant : la Bibliotheque et les Lettres virent détruire, par cette mort prématurée, les justes espérances qu'elles avoient conçues, mais heureusement pour elles, le Roi voulut bien lui donner pour successeur M. son frère, Maître des Requêtes, qui, ayant été élevé sous les yeux, et formé, pour ainsi dire, par les mains de M. l'Abbé Bignon, remplit les engagemens que contracte avec les Lettres et avec le public tout ce qui porte cet auguste nom.

L'heureuse inclination de M. Bignon pour les Lettres fit présumer qu'il ne feroit pas moins pour la Bibliotheque que son illustre prédécesseur ; en effet, malgré les places dont le Roi honora son zèle, et récompensa son respectueux attachement, il n'épargna rien pour procurer à la Bibliotheque de Sa Majesté des richesses immenses, tirées de tous les pays du monde. L'Académie Françoise s'empressa de lui offrir la place qui venoit de vaquer par la mort de M. l'Abbé Bignon, son oncle, et voulut par cette nomination récompenser cet amour pour les Lettres, qu'on pouvoit regarder comme une passion héréditaire dans cette famille.

M. Bignon, tout occupé de la place dont le Roi venoit de l'honorer, commença d'abord par prendre une connoissance exacte du trésor inappréciable confié à ses soins ; il entretint exactement les différentes correspondances établies dans les pays étrangers par M. l'Abbé Bignon : cette sage précaution valut à la Bibliotheque du Roi d'abondantes récoltes, qui arrivoient de tems en tems de tous les pays du monde. Non content des différentes richesses venant de l'étranger, il n'épargna rien pour faire entrer dans ce vaste dépôt tout ce qui pouvoit s'offrir d'intéressant aux ventes des cabinets de plusieurs amateurs distingués.

C. de Boze, qui, depuis 1719, avoit eu la garde du cabinet des Médailles, étant mort dans le courant de l'année 1754, M. l'Abbé Barthelemi, membre de l'Académie des Inscriptions et Belles-Lettres, fut choisi pour remplir ce poste important, et chacun applaudit au choix qu'avoit fait M. Bignon.

Le 11 Janvier 1756, le Roi fit l'acquisition des manuscrits de Ducange, tous précieux pour l'Histoire des Provinces de France, surtout pour celles de Picardie. Le 3 Avril suivant, les manuscrits de l'Eglise de Paris furent aussi acquis par le Roi : cette importante et précieuse collection, composée d'environ trois cents volumes, la plupart du 10ᵉ et du 11ᵉ siècle, fut remise à la Bibliotheque du Roi par Messieurs Malherbe, Bibliothécaire, et Thiery, Chancelier de l'Université. Quelques années auparavant, la Bibliotheque avoit été enrichie d'un grand nombre de portefeuilles remplis de pieces concernant la Lorraine, qu'on fit venir de Nancy, après la mort de M. Lancelot.

M. Melot, qui dès 1741 avoit eu le dépôt des manuscrits sous sa garde, et qui depuis ce tems avoit travaillé sans relâche à la composition du catalogue, fut frappé d'apoplexie, le 8 Septembre 1759, et mourut le même jour.

Cette perte devenoit immense pour la Bibliotheque du Roi : M. Bignon crut ne pouvoir mieux la réparer qu'en obtenant du Roi et du Ministre, la nomination de M. Capperonnier, Professeur en grec au Collége Royal et de l'Académie des Belles-Lettres, à ce grade important, auquel ses talens l'appeloient autant que le droit acquis par les services qu'il avoit précédemment rendus pendant plus de vingt-deux ans ; l'année suivante, la Bibliotheque eut encore à regretter dans la personne de M. l'Abbé Sallier, de l'Académie Françoise et de celle des Inscriptions et Belles-Lettres, la perte d'un de ses plus fermes appuis. Tout le monde a connu son extrême attachement pour la Bibliotheque du Roi, et son attention particuliere à remplir avec exactitude les devoirs de sa place. Ceux que l'envie de s'instruire attiroit à cette Bibliotheque trouvoient en lui un guide officieux, toujours prêt à féconder leurs vues. M. Capperonnier perdit dans M. l'Abbé Sallier un pere et un ami sincere, qui avoit cherché à l'obliger dans toutes les occasions ; il le pleuroit encore, lorsque M. Bignon et M. le Comte de St.-Florentin, depuis Duc de la Vrilliere, demanderent au Roi et obtinrent pour lui la Garde des Livres imprimés. Ces illustres Protecteurs demanderent en même tems et obtinrent aussi, pour M. Bejot, son parent, de l'Académie des Inscriptions et Belles-Lettres, et professeur d'éloquence au College Royal, la place de Garde des manuscrits, comme une récompense due à plus de vingt années d'un travail assidu et pénible. M. Capperonnier n'eut pas plutôt succédé à M. l'Abbé Sallier, qu'il s'occupa d'honorer sa mémoire, en veillant à l'impression du dernier ouvrage de cet académicien ; ouvrage que le public attendoit avec impatience : c'étoit l'édition, qui se faisoit à l'Imprimerie Royale, d'un manuscrit de l'Histoire de Joinville, plus complet que ceux qu'on avoit connus jusqu'alors. Cette nouvelle édition étoit l'ouvrage de M. l'Abbé Sallier, conjointement avec M. Melot, qui en avoit composé le glossaire. M. Capperonnier s'étoit déjà occupé de ce travail sous leurs yeux ; et pour satisfaire avec plus de promptitude le desir du public, il fut aidé par M. Bejot et par M. Malin, Commis en second à la garde des Livres imprimés ; homme d'un vrai mérite, qu'une trop grande modestie cache aux yeux du Public, mais qui est connu dans la Bibliotheque du Roi par cinquante années d'un travail non moins difficile qu'essentiel.

En 1762, on vit arriver dans ce vaste temple des Muses une colonie nouvelle ; c'étoient onze mille volumes choisis dans la riche Bibliothèque de M. Falconnet, médecin célebre, dont peu de gens ont égalé l'immense érudition, et qui n'avoit épargné ni soins ni peines pour se procurer tout ce qu'il y avoit de plus rare et de plus précieux en livres. Plein de reconnoissance pour les bontés dont Louis XV l'avoit honoré, M. Falconnet supplia Sa Majesté, au mois de Décembre 1742, d'accepter tous les livres de son cabinet qui ne se trouvoient pas dans la Bibliothèque Royale, s'en réservant l'usage jusqu'à sa mort, qui arriva en 1762.

La place de Garde du cabinet des Estampes et des planches gravées, dont M. le Hay avoit été pourvu en 1720, passa successivement à Messieurs Ladvenant ;

Coypel et de la Croix. Après la mort de ce dernier, elle fut donnée à M. Joly, qui la remplit encore aujourd'hui avec distinction.

Trois ans après, la fameuse Bibliothèque de M. Huet, Evêque d'Avranches, fut déposée dans une des salles de celle du Roi. On sait que ce savant, qui avoit été choisi par Louis XIV pour seconder M. Bossuet dans l'éducation de Monseigneur le Dauphin, s'étoit retiré sur la fin de ses jours chez les Jésuites, auxquels il avoit légué la collection précieuse de ses livres. Le legs étant devenu nul par des circonstances particulières, cette Bibliothèque fut rendue juridiquement aux héritiers du Prélat : M. de Charsigné, Abbé de Fontenay, après avoir été déclaré le seul héritier, pria M. Bignon de recevoir en dépôt les 8,271 volumes dont elle étoit composée, y compris 200 volumes manuscrits précieux par leur objet. M. Huet, à qui l'Europe avoit donné le surnom de Savant des Savans, avoit encore augmenté le prix de ses livres par les notes manuscrites dont il les avoit enrichis. M. Bignon sentit mieux que personne l'importance et la nécessité de cette acquisition ; aussi conféra-t-il avec le Ministre sur les moyens d'empêcher ce dépôt unique de sortir de ses mains : il écrivit à M. de Charsigné, dans lequel il trouva les dispositions les plus favorables. Digne neveu de M. Huet, il offrit à Sa Majesté la Bibliothèque de son oncle ; et ce généreux sacrifice fut depuis récompensé comme il méritoit de l'être.

Environ six mois avant la réunion de la Bibliothèque de M. Huet à celle du Roi, on avoit fait l'acquisition d'un nombre considérable de livres imprimés provenant de la vente des Jésuites : M. l'Abbé Boudot, alors Commis en second à la garde des livres imprimés, fut chargé de vérifier et reconnoître, d'après le catalogue, les ouvrages que le Roi n'avoit pas dans sa Bibliotheque et d'en faire l'acquisition. La grande connoissance qu'il avoit des livres fit qu'il s'acquitta parfaitement bien de cette commission, et cette acquisition, faite avec intelligence, augmenta la Bibliotheque d'une infinité de livres précieux, qu'il eût été presqu'impossible de rassembler sans cet événement. Elle s'accrut subitement de plusieurs manuscrits assez importans, faisant partie de ceux de la Bibliotheque de ces religieux, dont la totalité avoit été achetée par M. Meerman, Savant Hollandois, qui depuis les a légués à la Bibliotheque de Leyde. Ces manuscrits avoient été arrêtés à la sortie du Royaume; mais les sollicitations de l'Ambassadeur de Hollande ayant fait lever les défenses, ils furent tous rendus à M. Meerman, qui par reconnoissance se hâta d'en envoyer une trentaine à la Bibliotheque du Roi, et ce sont ceux dont il est ici question.

L'année 1766 fut célebre par l'acquisition du cabinet de M. de Fontanieu, Conseiller d'Etat, et Intendant des meubles de la Couronne, riche en livres imprimés, Estampes et manuscrits précieux, parmi lesquels est un recueil de 60,000 titres et pieces sur l'Histoire générale de France, et d'une partie d'Histoire naturelle que S. M. destinoit pour son cabinet de Trianon. M. Capperonnier nommé par le Roi pour se transporter à Mont-Rouge conjointement avec M. Debure, afin de procéder à l'estimation de cette précieuse collection, profita de cette occasion pour enrichir la Bibliotheque de quelques livres précieux qu'il savoit que M. de la Valiere avoit doubles, et de quelques manuscrits auxquels il étoit attaché; il en rendit compte à M. Bignon, qui saisit avec empressement l'occasion d'ajouter à ce dépôt de nouvelles richesses. C'est ainsi que la Bibliotheque du Roi acquit le *Rationale Durandi*, sur vélin, de 1459, l'*Hortus Sanitatis*, sans date ; un recueil de Traités de paix, en deux volumes *in-fol.*, l'exemplaire de Henri III, des Statuts et des premieres promotions de l'Ordre du St.-Esprit, avec les Armoiries superbement enluminées ; lé fameux Traité des Joutes et Tournois, de René, Roi de Sicile, que M. le Duc de la Valiere tenoit du Prince de Conti, etc. Les livres acquis pour être transportés à Trianon, resterent à la Bibliotheque du Roi, où ils avoient été transférés. M. Bignon, voyant qu'on avoit renoncé à les placer à Trianon, en obtint la propriété pour la Bibliotheque. Cette rare collection, acquise de M. le Duc de la Valiere, ne sortit point du lieu où elle avoit été déposée, et fut jointe à ce que le Roi avoit déjà dans sa Bibliotheque sur cette matiere.

Vers ce même tems, la Bibliotheque fut encore enrichie d'environ cent boîtes de carton, remplies d'un nombre considérable de titres, amassés et mis en ordre par M. Blondeau de Charnage, qui les vendit au Roi. Ils font maintenant partie du dépôt des Généalogies.

Après ces différentes négociations, M. Bignon, satisfait de voir la Bibliotheque du Roi s'accroître par de telles acquisitions, songea, à l'exemple de ses prédécesseurs, à prendre des mesures pour perpétuer dans sa famille une place qu'il regardoit, avec raison, comme la plus importante de la Littérature ; il en sollicita la survivance en faveur de son fils, et l'obtint du Roi, qui l'honora en plus d'une occasion des marques de sa bienveillance : les provisions en furent expédiées peu de tems après, et conçues dans les termes les plus flatteurs pour cette illustre famille.

Tant d'acquisitions, et une infinité d'autres moins précieuses à la vérité, mais nécessaires pour compléter ce riche trésor, furent le fruit des soins vigilans du Bibliothécaire : les étrangers, pour répondre à ses desirs, se réunirent, pour ainsi dire, et lui envoyerent des livres en tous genres et dans toutes les langues, pour être remis dans ce sanctuaire de la Littérature. Quelque tems avant sa mort, il remit au dépôt des manuscrits une copie magnifique du livre d'Enoch, qui avoit échappé aux recherches réitérées de M. Colbert; il fut apporté d'Abyssinie, et donné en présent au Roi pour sa Bibliotheque par M. le Chevalier Bruce, Anglois.

Lorsque M. Bignon s'occupoit encore à procurer à la Bibliotheque de nouvelles richesses, le terme de sa vie approchoit : il ne falloit ni de fortes ni de fréquentes secousses pour l'éteindre ; une maladie de peu de jours, qui néanmoins lui permit de remplir tous les devoirs de la piété chrétienne, l'enleva le 8 Mars 1772. M. Bignon son fils, Conseiller d'Etat, digne héritier du nom des Bignons et de leur amour pour les Lettres, comme il l'est des autres qualités qui les ont rendus si célebres, fut pourvu de cette place importante, qu'il exerce aujourd'hui avec la plus grande distinction, et à la satisfaction de tous les Gens de Lettres, dont il se fait un plaisir de prévenir les desirs.

Le nouveau Bibliothécaire donna des preuves sensibles de son amour pour les Lettres, et signala son entrée dans la place de Maître de la Librairie, en procurant à la Bibliotheque du Roi de nouvelles richesses, par les acquisitions importantes : 1° du précieux cabinet des

Médailles de M. Pellerin ; 2° d'une partie du cabinet d'Estampes de feu M. Mariette ; 3° d'environ 300 volumes imprimés en langue Russe et d'environ 100 manuscrits Indiens, Persans, etc., tous apportés de Versailles, et venant du Bureau des affaires étrangères ; 4° de plus de 300 manuscrits Persans, Arabes, Indiens, etc., donnés au Roi par M. \*\*\*\*\*, et d'un nombre assez considérable de livres Chinois envoyés à la Bibliothèque par le Pere Amyot, Missionnaire Jésuite.

Trois ans avant ces acquisitions, la Bibliotheque avoit perdu M. Capperonnier, Garde des livres imprimés, au moment où il venoit de terminer le travail immense qu'exigeoit la multitude des livres arrivée de toutes parts à la Bibliotheque, il avoit été obligé de leur assigner la place qu'ils doivent un jour occuper dans le catalogue général. Cette occupation pénible, qui dura plusieurs années, ne lui avoit cependant pas fait perdre de vue la suite du catalogue de la Bibliotheque, on y travailloit sous ses yeux avec toute l'attention qu'exige une entreprise de cette espece, et avec toute la célérité qu'elle comporte.

Empressé de donner au public la partie du Droit civil, suite naturelle de la Jurisprudence canonique, M. Capperonnier étoit allé chez M. Duperron, Directeur de l'Imprimerie Royale, pour prendre avec lui les arrangemens indispensables et relatifs à une entreprise de cette importance ; lorsque, rentré dans sa maison, qu'il n'avoit pas regagnée sans peine, il sentit dans la région de l'estomac des douleurs que les gens de l'art prirent pour une attaque de goutte, à laquelle cependant il n'étoit pas sujet. Quoi qu'il en soit, les douleurs allerent en augmentant, et devinrent très-aiguës ; elles furent accompagnées d'une toux considérable et d'efforts violents, dont il mourut en moins de quatre jours, le 30 Mai 1775, emportant les regrets de tous ceux qui l'ont connu ; il conserva pendant le court intervalle de sa maladie assez de présence d'esprit pour sentir les approches de sa derniere heure ; il la vit arriver avec les sentimens de patience, de fermeté et de résignation que le christianisme inspire. Cet homme distingué, aussi estimable par les qualités du cœur que par celles de l'esprit, fut remplacé dans ce poste important par M. l'Abbé Desaulnays, Censeur Royal.

Il est aisé de voir, par ce qu'on vient de lire, combien le zèle de plusieurs Ministres a concouru à mettre la Bibliotheque du Roi dans cet état de magnificence où elle est aujourd'hui, et combien il est glorieux pour Messieurs Bignon, qui depuis un siecle et demi en ont le gouvernement, et pour les Ministres leurs parens, du département desquels elle a fait partie, d'avoir porté nos Rois à faire de cet auguste musée un trésor inappréciable, où se trouvent réunis tout à la fois l'utile et l'agréable. M. de Maurepas est un de ceux à qui elle a eu d'abord et a encore les plus grandes obligations ; M. le Comte d'Argenson n'a pas peu contribué à son accroissement ; M. le Duc de la Vrilliere, pendant tout le tems qu'a duré son ministere, a cherché, à l'exemple de ses prédécesseurs, tous les moyens d'y faire entrer de nouvelles richesses. M. Amelot, dans le département duquel elle est aujourd'hui, également ami des Lettres et des Savans, regarde la Bibliotheque comme une des plus précieuses parties de son administration.

On ne peut rien ajouter au bel ordre et à la distribution de ce riche et précieux dépôt des connoissances humaines : on a déjà 10 volumes imprimés du catalogue des livres qui le composent, que l'on doit au zèle de Mrs. les bibliothécaires en chef, et aux travaux continuels de Mrs. les Gardes. De ces 10 volumes, quatre comprennent les manuscrits savoir, le premier : les manuscrits orientaux ; le second : les manuscrits grecs ; le troisieme et le quatrieme : les manuscrits latins ; les six autres volumes comprennent les livres imprimés : savoir : trois volumes pour l'Ecriture Sainte et la Théologie : deux pour les Belles-Lettres : un pour le Droit Canon. Le public jouiroit maintenant du onzième volume si M. Capperonnier ne fût pas mort dans le temps même où l'on alloit commencer à imprimer la partie du droit civil, qui étoit toute prête; ouvrage immense, disposé et rangé sous un plan que les plus habiles Bibliographes ne pourront s'empêcher d'admirer.

# ORDONNANCES

ET ARRÊTÉS CONCERNANT LA BIBLIOTHÈQUE DU ROI.

## ARTICLE CVIII (1).

### DU RÉGLEMENT DE LA LIBRAIRIE, DU 28 FÉVRIER 1723.

Tous Libraires, Graveurs et autres personnes, qui obtiendront des Priviléges ou Permissions du grand Sceau pour l'impression, réimpression ou gravûres des Livres, Feuilles, Estampes, seront tenus, avant que de les pouvoir afficher et exposer en vente, de remettre sans frais entre les mains des Syndic et Adjoints, cinq Exemplaires brochés de chacun des Livres, Feuilles et Estampes qu'ils auront imprimés ou fait imprimer en vertu desdites Lettres de Privilége ou permission : desquels cinq Exemplaires lesdits Syndic et Adjoints seront tenus de se charger sur un Registre particulier, et d'en donner un reçu, pour être par eux lesdits Exemplaires remis huitaine après, savoir, deux au Garde de la Bibliotheque publique de Sa Majesté, un au Garde du Cabinet du Château du Louvre ; un en la Bibliotheque de M. le Garde des Sceaux de France, et un à celui qui aura été choisi pour l'Examen desdits Livres, feuilles ou Estampes : comme aussi lesdits Imprimeurs, Libraires, Graveurs ou autres, remettront sans frais entre les mains desdits Syndic et Adjoints des Libraires et Imprimeurs de Paris, trois Exemplaires brochés de toutes les impressions et réimpressions de Livres, Feuilles et Estampes, desquels Exemplaires lesdits Syndic et Adjoints se chargeront, pour être employés aux affaires et besoins de ladite Communauté ; le tout à peine de nullité des Lettres de

---

(1) Après avoir donné dans notre *Essai Historique* une idée progressive et détaillée de la Bibliotheque du Roi, nous croyons qu'il est à propos d'y joindre les différentes autorités qui obligent les Auteurs, Imprimeurs, Libraires, Graveurs, Marchands d'Estampes et autres, de fournir à cette Bibliotheque trois exemplaires de tout ce qu'ils font imprimer et graver.

Privilége où Permission, de confiscation des Exemplaires, et de quinze cents Livres d'amende. Enjoint auxdits Syndic et Adjoints d'y tenir la main, et de saisir tous les Exemplaires des Livres, Feuilles et Estampes qui seront mis en vente et affichés avant qu'il ait été satisfait à ce qui a été ordonné par le présent Article : ce qui sera pareillement observé pour les Livres et autres Écrits imprimés avec Permission des Juges de Police.

Déclaration de François I, du 8 Décembre 1536, pour la restauration des Belles-Lettres; qui défend de vendre ni envoyer en Pays Étranger aucuns Livres où Cahiers, en telle langue qu'ils soient, sans en avoir remis un Exemplaire ès mains de son Aumônier ordinaire, l'Abbé de Reclus, M. Mellin de Saint Gelais, Garde de la Librairie au Château de Blois, et de même pour les autres Villes du Royaume.

Ordonnance de Henri II, donnée en 1556, qui enjoint aux Libraires de fournir aux Bibliothèques Royales un Exemplaire en vélin et relié, de tous les Livres qu'ils imprimeront par Privilége.

Arrêt du Parlement du trente Mars 1623. La Cour fait défenses à tous Libraires et Imprimeurs d'exposer en vente aucuns Livres par eux imprimés avec Privilége du Roi, qu'auparavant ils n'ayent fourni et mis en la Bibliothèque du Roi deux Exemplaires de chacun desdits Livres : ordonne au Procureur-Général de faire saisir les Exemplaires ès Boutiques et Magasins de ceux qui n'auront pas satisfait.

Arrêt du Conseil du 19 Mars 1642. Fait défenses à tous Libraires et autres d'exposer en vente aucuns des Livres et Figures, qu'ils n'ayent le certificat du Garde de la Bibliothèque du Roi, comme lesdits deux Exemplaires y ont été remis. Ordonne Sa Majesté que tous les Priviléges et Permissions d'imprimer Livres ou Figures, seront signifiés au Syndic : en cas de contravention ou de refus d'y obéir, ledit Syndic, ensemble lesdits Libraires et tous autres y seront contraints par corps, même au payement de l'amende de mille livres, à laquelle dès-à-présent Sa Majesté les a condamnés, sans espérance d'aucune remise.

Arrêt du Conseil du 29 Mai 1675, qui ordonne que tous les Auteurs, Libraires, Imprimeurs, fourniront au Sieur Lavau Joland, pour la Bibliothèque du Cabinet du Roi, un Exemplaire de chacun des Livres qui n'ont pas été fournis.

Arrêt du Conseil du 31 Janvier 1685, que tous les Auteurs, Libraires, Imprimeurs et Graveurs, qui ont obtenu des Priviléges du Roi depuis l'année 1652, pour faire imprimer des

Livres ou graver des Estampes, et qui n'ont pas fourni des Exemplaires desdits Livres et Estampes pour la Bibliothèque de Sa Majesté seront tenus de fournir au Garde de ladite Bibliotheque lesdits Exemplaires quinze jours après la signification du présent Arrêt faite aux Syndics de leurs Communautés, sous peine de confiscation de tous lesdits Livres et Estampes, et de l'amende de quinze cens livres. Le Roi en son Conseil ayant été informé que bien que par divers Arrêts du Conseil d'Etat et de ses Cours Supérieures, rendus en conséquence des Déclarations de Sa Majesté même par celui dudit Conseil du 17 Mai 1672, il ait été ordonné que tous les Auteurs, Libraires, Imprimeurs et Graveurs, qui auroient obtenu depuis vingt ans auparavant des Priviléges de Sa Majesté pour faire imprimer des Livres, ou graver des Estampes, seroient tenus quinze jours après la signification dudit Arrêt aux Syndics de leurs Communautés, de rapporter et mettre ès mains du Garde de la Bibliothèque de Sa Majesté ou du Commis à ladite Garde, deux Exemplaires de tous les Livres imprimés ou Estampes gravées depuis ledit tems, dont les Exemplaires n'auroient été fournis, sur les peines et ainsi qu'il est plus particulièrement porté par ledit Arrêt : néanmoins la plûpart desdits Auteurs, Libraires, Imprimeurs et Graveurs n'ont tenu compte d'y satisfaire, et Sa Majesté voulant que ce qui a été ordonné en cela par ledit Arrêt du Conseil d'Etat soit exécuté : Sa Majesté étant en son Conseil, conformément à l'Arrêt d'icelui dudit jour 17 Mai 1672, a ordonné et ordonne que tous les Auteurs, Libraires, Imprimeurs et Graveurs, qui ont obtenu des Priviléges de Sa Majesté pour faire imprimer des Livres ou graver des Estampes, et qui depuis le tems prescrit par ledit Arrêt, n'ont pas fourni des Exemplaires des Livres et Estampes qu'ils ont imprimés et tirés, seront tenus, quinze jours après la signification qui sera faite du présent Arrêt aux Syndics de leurs Communautés, de rapporter et remettre ès mains du Sieur Camille le Tellier, Abbé de Bourgueil, et Garde de la Bibliotheque de Sa Majesté ou du Sieur Thevenot son Commis à ladite Garde, deux Exemplaires de tous les Livres imprimés ou Estampes gravées depuis ledit tems, dont lesdits Exemplaires n'auront été fournis. Autrement, et à faute de ce faire dans ledit délai de quinzaine, et icelui passé, Sa Majesté a déclaré et déclare tous lesdits Livres et Estampes à elle acquis et confisqués; et pour cet effet elle a permis et permet audit Garde de la Bibliotheque ou au Commis d'icelle, de les faire saisir et vendre, pour être les deniers en provenans délivrés aux Administrateurs de l'Hôpital Général des Villes où lesdits Exemplaires auront été saisis : et lesdits Auteurs, Imprimeurs, Libraires ou Graveurs qui ont obtenu lesdits Priviléges, condamnés en l'amende de quinze cens livres, applicable un tiers à Sa Majesté, un tiers au Dénonciateur, et l'autre tiers audit Hôpital général. Enjoint Sa Majesté, aux Syndics desdits Libraires, Imprimeurs et Graveurs de satisfaire auxdits Réglemens et Arrêts; ce faisant de délivrer lesdits Exemplaires des livres qui seront ci après imprimés, et Estampes gravées, au Garde de la Bibliotheque de Sa Majesté ou autres personnes préposées à cet effet, sous les mêmes peines que dessus, et de leur délivrer des Extraits de leurs Régistres. A quoi faire ils seront contraints par toutes voies dûes et raisonnables, et à leur refus, comme pour les affaires de Sa Majesté en vertu du présent Arrêt; à l'exécution duquel elle enjoint à tous ses Justiciers et Officiers qu'il appartiendra, de tenir la main. Fait au Conseil d'Etat du Roi, Sa Majesté y étant, tenu à Versailles le 31 Janvier 1665. Signé Colbert.

Ordre de M. Pontchartrain, Secrétaire d'Etat, du 21 Mai 1698, portant que quand on visitera à la Chambre Syndicale des Libraires, les livres imprimés avec Privilége, on retienne trois Exemplaires pour le Roi, même ceux imprimés dans les Provinces.

Arrêt du Conseil du 11 Octobre 1720, Article V, ordonne que les Auteurs, Libraires, Graveurs et autres, qui ont obtenu des Permissions ou Priviléges généraux ou particuliers, pour faire imprimer des Ouvrages, ou graver des Estampes, et qui n'ont pas fourni les Exemplaires de tout ce qu'ils ont imprimé ou réimprimé, en quelque Province ou Ville qu'aient été faites lesdites impressions ou réimpressions, seront tenus un mois après la signification qui sera faite du présent Arrêt à leur personne ou domicile, ou au Syndic de leur Communauté, de faire apporter et remettre à la Bibliotheque de Sa Majesté et au Cabinet du Louvre, le nombre desdits Exemplaires porté par les Réglemens; autrement, et à faute de ce faire dans ledit délai d'un mois, et icelui passé, tous les Exemplaires imprimés et les Estampes gravées en conséquence desdits Priviléges et Permissions, seront saisis, confisqués et vendus, pour être les deniers en provenans délivrés aux Administrateurs des Hôpitaux généraux les plus prochains des lieux où les Exemplaires auront été saisis : seront en outre les Auteurs, Imprimeurs, Graveurs, Libraires et autres, qui ont imprimé, réimprimé ou gravé, en vertu desdits Priviléges où Permissions, sans avoir fourni lesdits Exemplaires, condamnés en quinze cents livres d'amende, applicable un tiers au Dénonciateur, un tiers auxdits Hôpitaux Généraux, suivant les Arrêts du Conseil, des 17 Mai 1672, et 31 Janvier 1685.

Idem, Art. 8. Au lieu de trois Exemplaires que les Réglemens obligent de fournir, savoir, deux à la Bibliotheque de Sa Majesté, et un au Cabinet du Louvre, il n'en sera fourni que deux, dont l'un sera en grand papier, ce qui s'exécutera à l'égard de toutes sortes d'impressions, par tous ceux qui les feront faire, en quelque lieu du Royaume que ce puisse être, et en vertu de quelques Permissions ou Priviléges généraux ou particuliers qu'ils prétendent en avoir, excepté dans les cas où ledit Sieur Bibliothécaire de Sa Majesté jugera que les Ouvrages ne méritent pas d'être mis en grand papier; et seront lesdits Exemplaires remis avant l'exposition en vente, à peine de confiscation et d'amende, et les Reçus d'iceux donnés par le Bibliothécaire, ou par tel autre fondé de son pouvoir spécial.

---

## EXEMPLAIRES DE TOUT CE QUI S'IMPRIME POUR LE CLERGÉ, DONNÉS A LA BIBLIOTHEQUE DU ROI.

*Assemblée générale du Clergé de France, tenue extraordinairement à Paris, au couvent des Grands-Augustins, en l'année 1748.*

### ARTICLE VII. — LIVRES ET IMPRESSIONS.

Le 7 juin M. l'Abbé de Breteuil ayant représenté à la Compagnie qu'il seroit convenable de mettre dans la Bibliothèque du Roi les Exemplaires de tout ce que le Clergé fait imprimer, et qu'il ne pouvoit être qu'honorable au Clergé de contribuer à remplir un dépôt aussi précieux ; l'Assemblée a approuvé les réflexions de M de Breteuil, et en conséquence a arrêté qu'il seroit envoyé dorénavant, à la Bibliotheque du Roi, des Exemplaires de tout ce qui s'imprimeroit pour le Clergé.

*Voyez* la collection des Procès-verbaux des Assemblées générales du Clergé de France, Paris, Desprez, 1778, tome 7, page 211.

LETTRE DE MONSIEUR BIGNON, BIBLIOTHÉCAIRE DU ROI, AUX SYNDIC ET ADJOINTS DE LA LIBRAIRIE ET IMPRIMERIE DE PARIS.

Le devoir de ma place, Messieurs, étant de veiller aux intérêts de la Bibliotheque du Roi, je ne saurois me dispenser de vous adresser mes plaintes sur le grand nombre d'Ouvrages que Messieurs les Libraires et les Graveurs ne fournissent pas. Comme je n'aime pas à user des voies de contrainte, vous me ferez plaisir de les engager à se conformer volontairement aux Ordonnances, en remettant avec exactitude à votre Chambre Syndicale les plus belles éditions.

1º Des ouvrages anciens qu'ils ont imprimés et gravés, et qu'ils n'ont pas fournis.

2º Les suites des Ouvrages qu'ils ont commencé à fournir.

3º Les Ouvrages nouveaux qu'ils impriment, qu'ils gravent, qu'ils débitent, et qu'ils ne devroient mettre en vente qu'après les avoir fournis.

Tout rentrera par ce moyen dans l'ordre : le Public trouvera à la Bibliotheque les ressources qu'il vient y chercher; Messieurs les Libraires et les Graveurs rempliront les engagemens sous lesquels ils ont obtenu des Priviléges et des Permissions; et je ne me verrai pas dans la dure nécessité de les y contraindre par les voies de rigueur prescrite par les Ordonnances.

Je me flatte, Messieurs, que votre zèle pour le bien des Lettres vous portera à entrer dans mes vues, et à presser l'exécution de ce que j'ai l'honneur de vous demander pour la Bibliotheque du Roi. J'en conserverai la plus vive reconnoissance.

Je suis avec une parfaite estime, Messieurs, votre très-humble et très-obéissant serviteur.

BIGNON.

À l'Hôtel de la Bibliotheque du Roi le 5 Mars 1773.

---

Vous êtes avertis de la part de vos Syndic et Adjoints, de fournir plus exactement que par le passé à la Chambre

Syndicale les sept Exemplaires prescrits par les Réglemens, de tous les Ouvrages que vous imprimerez, soit en vertu de Priviléges, soit en vertu de Permissions simples ou tacites, avant de les mettre en vente; comme aussi d'y joindre les reçus de Messieurs les Censeurs ; et d'y faire porter également, le plutôt possible, tous ceux que vous auriez pu oublier de fournir jusqu'à ce jour, sans quoi ils se trouveroient forcés de retenir les Balles ou Ballots de livres qui pourroient venir à votre adresse, jusqu'à ce que vous eussiez satisfait aux Réglemens, en fournissant tous les Articles qu'ils seront dans le cas de vous demander.

22 Mars 1773.

### NOTE DU NOUVEL ÉDITEUR.

Tout en conservant pour la seconde partie qui suit le texte à peu près complet de le Prince, nous avons dû donner, en tête de chaque département, l'indication du personnel tel qu'il est aujourd'hui et non point tel que le donne l'auteur de l'*Essai,* dont le travail se termine à l'année 1775. Quant aux modifications survenues dans le service, aux changements dans la disposition des salles, aux décorations et acquisitions de tout genre faites depuis cette époque, on les trouvera classées à leur date respective dans le travail du nouvel Éditeur, qui fait suite à celui de le Prince, sous le titre d'*Annales de la Bibliothèque.*

# DEUXIÈME PARTIE.

BATIMENTS ET SERVICE DE LA BIBLIOTHEQUE.

*Administrateurs generaux :* MM. NAUDET, membre de l'Institut.— J. TASCHEREAU, directeur des Catalogues.

*Trésorier :* M. BARBIER.

Les Bâtimens qui composent aujourd'hui la Bibliotheque du Roi, faisoient anciennement partie de l'Hôtel Mazarin, échu en partage au Duc de Nevers; ils en porterent le nom pendant long-tems; dans la suite, le Roi en fit l'acquisition, et on y plaça la Banque. En 1721, Sa Majesté ordonna par un Arrêt de son Conseil, qu'on transportât sa Bibliotheque dans cet Hôtel, de sorte qu'aujourd'hui on le nomme *Bibliotheque du Roi.*

Cette porte, dont l'entrée est majestueuse et de la plus belle apparence, donne sur la rue de Richelieu. La cour de cet édifice est assez considérable.

Tout le rez de chaussée est composé de différentes pieces servant à des Bureaux, Magasins, Atteliers et à d'autres usages du ressort d'un Bâtiment de cette espece. Dans l'une de ces pieces on a vu pendant long-tems les modeles des différens bâtimens, *faisant l'objet de l'architecture navale,* exécutés sous la conduite de M. Duhamel, et qui ont été transportés au Louvre, de là à l'Hôtel Royal des Invalides.

Il y avoit aussi, à gauche de l'entrée principale et en face du logement du concierge, une Chapelle où l'on disoit la Messe seulement les Dimanches et Fêtes; la décoration en etoit simple : elle etoit, ainsi que toute cette aile de bâtimens, voûtée en ceintre surbaissé avec des arcs doubleaux, soutenus à leur naissance par de fortes corniches d'un profil très-pesant, mais correct. Dans la même partie il y a deux très-grandes pieces, que l'on nomme ordinairement le Secrétariat; c'est là que l'on dépose les livres imprimés à leur entrée dans la Bibliotheque.

## PREMIÈRE SECTION DE LA BIBLIOTHÈQUE.

### LIVRES IMPRIMÉS.

*Conservateurs* : MM. MAGNIN. — RAVENEL.

*Conserv.-adj.* : MM. PILLON. — RICHARD. — DE MANNE.

*Employés* : MM. BAUDEMENT. — VINTRE. — KLEIN. — MAITREJEAN. — DOQUIN. — COMBETTE. — DAURIAC, etc.

La section des livres imprimés est ouverte aux lecteurs tous les jours de la semaine, depuis dix heures jusqu'à trois heures : et aux curieux, les mardis et vendredis, excepté les jours de fête et le tems des vacances, qui sont les mêmes dans tous les dépôts qui constituent ce riche trésor.

Deux grands escaliers précédés de vestibules conduisent au premier étage, et sont situés de manière que chacun communique à l'extrémité des galeries : ces deux escaliers sont très-bien éclairés; celui qui est adossé à la rue de Richelieu est remarquable par le grand espace qu'il occupe, et par sa hardiesse : la rampe de fer de cet escalier mérite attention ; le travail en est admirable, et elle passe pour un chef-d'œuvre de l'aveu des plus grands Artistes en ce genre. Le plafond, aujourd'hui recouvert, avoit été peint du tems du Cardinal Mazarin : on y voit du génie et de l'invention, mais beaucoup de confusion dans l'ordonnance, par la trop grande multiplicité d'objets. De cet escalier on entre dans une premiere grande salle de neuf croisées de face, d'environ 17 toises de longueur, de là dans un sallon de quatre croisées, de 7 toises et demie de long, et enfin dans une autre galerie (1) formant deux retours d'équerre d'environ 91 toises de longueur, sur 4 toises et demie de largeur, qui se trouve

(1) Une partie de cette galerie a été plafonnée en ceintre surbaissé en 1720, lorsqu'on plaça la banque dans cet hôtel. Pelegrini, peintre Vénitien, qui avoit beaucoup travaillé en Italie, en Allemagne et en Angleterre, fut chargé de représenter dans ce plafond la félicité de la France, par divers tableaux allégoriques, les succès de cette banque et de la compagnie des Indes; mais cet ouvrage ne fut que commencé. Comme dans la suite cette galerie fut destinée à un autre usage, et qu'elle n'avoit que huit croisées, on fut obligé de l'agrandir; alors on blanchit le tout, et les peintures allégoriques furent effacées. Quoiqu'on y pût beaucoup désirer (dit *Germain Brice, Histoire de Paris*, tome 1, p. 363), « il est toujours fâcheux qu'on ait détruit dans la » suite ce morceau où il paroissoit bien du génie. » Les changemens et augmentations considérables qui eurent lieu dans cet hôtel vers l'année 1719, pour y établir la banque royale et tous les bureaux qui en dépendoient, furent faits sous les ordres de *Jean Law*, Ecossois d'origine, dont la fortune sans exemple et le crédit extraordinaire ont été de si peu de durée. Il mourut à Venise en 1729, après avoir été contrôleur-général des Finances.

C'est dans cette même galerie qu'étoit placée la fameuse bibliotheque Mazarine, formée par Gabriel Naudé: elle étoit composée de plus de quarante mille volumes et passoit au rapport de Naudé pour la plus belle qu'il y eût alors en Europe.

la même partout; elle est éclairée par trente-trois croisées : toutes ces ouvertures donnant sur la cour. Sur les murs opposés sont distribués, dans toute la hauteur du plancher, des corps d'armoires, d'une menuiserie très-riche et supérieurement bien travaillée : cette hauteur est divisée par un balcon en saillie, soutenu en voussure avec beaucoup d'art, lequel continue horisontalement dans toute la longueur de cette Bibliotheque; et par le moyen de plusieurs petits escaliers ménagés derriere la boiserie, l'on est à portée de tous les livres qui y sont rangés dans un ordre admirable et conformément au catalogue qu'on en a fait.

### DESCRIPTION DU PARNASSE FRANÇOIS (1).

Dans la principale galerie les amateurs des beaux arts, étrangers ou citoyens, verront avec plaisir un monument fameux élevé aux arts par feu M. Titon du Tillet, et dont il a été lui-même l'Architecte. C'est un Parnasse François, exécuté en bronze à la gloire de Louis le Grand, et des plus célèbres Poëtes et Musiciens depuis François I*er*. Ce Parnasse est représenté par une montagne isolée, un peu escarpée, d'une belle forme, dont tous les aspects sont riches et agréables, sur laquelle sont dispersés quelques lauriers, palmiers, myrthes, et troncs de chênes entourés de lierre.

Louis le Grand, Protecteur des Sciences et des beaux Arts, qui a animé le génie des Poëtes et des Musiciens à célébrer et à chanter les merveilles de son regne, y paroît sous la figure d'Apollon. *La Nymphe de la Seine* est

---

(1) Voyez *Description du Parnasse François par M. Titon du Tillet*, in-f°, page 49.

placée un peu plus bas. On voit sur une terrasse au-dessous de l'Apollon les trois Graces du Parnasse François, Mesdames de la *Suze* et *Deshoullieres*, et Mademoiselle de *Scuderi*, connues par la beauté de leur génie, et par l'élégance de leurs ouvrages en vers et en prose. Onze Poëtes célebres et un Musicien occupent une grande terrasse, qui regne autour du Parnasse. Ces Poëtes célebres sont *Pierre Corneille, Moliere, Racan, Segrais, Lafontaine, Chapelle, Racine, Despreaux, Crebillon, Voltaire, Rousseau*, et le Musicien est *Lulli*. On a pris avec exactitude la ressemblance de toutes les personnes qu'on vient de nommer sur les portraits qui en sont restés, et on leur a donné les symboles convenables au caractere de leur génie, et au genre de Poésie qu'ils ont traité. Toutes ces figures (1) sont dans des attitudes nobles et bien contrastées. Vingt-deux Génies sous la forme d'enfans ailés sont répandus sur ce Parnasse; ils y font une diversité agréable, et y forment divers groupes avec les principales figures, et avec les arbres qui y sont dispersés. Ces Génies ont différentes occupations; quelques-uns soutiennent des médaillons de Poëtes et de Musiciens. Comme le nombre de ces médaillons est assez considérable, ils ne sont pas tous portés par des Génies, la plûpart sont suspendus à des branches de laurier ou de palmier.

Sur un terrein moins élevé, au milieu de cette face, est *Voltaire* : il est représenté debout, couronné de laurier, tenant d'une main un poignard, et de l'autre une trompette ; à côté de lui et à sa droite sont les attributs

---

(1) Les principales figures ont depuis douze jusqu'à seize pouces de hauteur ou de proportion.

qui désignent les différens genres dans lesquels cet Historien, Poëte et Philosophe célebre, a excellé ; il est vêtu à la maniere des Généraux d'Armée Grecs et Romains, et richement drapé.

À l'angle de la face à droite, au pied de la montagne, on voit la figure de feu M. *Titon du Tillet,* Auteur de ce Parnasse : il est représenté debout, il soutient de ses deux mains une lame de cuivre, où est écrit, *le Parnasse François par M. Titon du Tillet, dédié au Roi :* il regarde Apollon, et le conjure d'accepter la dédicace du Parnasse François, qu'il a élevé à la gloire de son regne et de la nation : une longue draperie, jetée négligemment et avec goût, lui couvre une partie du corps.

Tout le grouppe de bronze est de trois pieds quatre pouces de haut, sur une base de deux pieds et demi de long, et de deux pieds deux pouces de large ; il est soutenu sur une terrasse de bois couverte de rochers, d'où sortent des lauriers, des roseaux et des troncs de chênes entourés de lierre, de quatre pieds deux pouces d'élévation pour le mettre à une juste distance de la vue, afin d'en découvrir toutes les parties : le grouppe et la terrasse ont ensemble huit pieds de haut, et forment une figure pyramidale. *Louis Garnier,* sculpteur habile dans les ouvrages de fonte, a été chargé de l'exécution de ce Parnasse, où il a mis tous ses soins, et l'a terminé en 1718, comme on le voit par l'inscription et par la dédicace au Roi (1). Ce monument a été gravé par Gérard Audran et autres.

(1) Les figures de Rousseau, Crebillon, Voltaire et Titon ont été placées successivement l'une après l'autre.

M. Evrard Titon du Tillet, ancien Maître-d'Hôtel de Madame la

DESCRIPTION DE DEUX TABLEAUX PEINTS PAR TOUZÉ (1).

Dans les trumeaux presque vis-à-vis le Parnasse étoient placés deux tableaux représentant un monument à ériger dans une place publique, projetté à la gloire de Louis XVI et de la France, par M. l'Abbé de Lubersac, Vicaire-Général de Narbonne, Abbé de Noirlac et Prieur de Brive. — « Ils n'ont pas survécu, comme on le pense bien, à la Révolution françoise. »

Dans cette même galerie sont placés deux bustes en marbre des célèbres Jérôme Bignon et l'Abbé du même nom, tous deux Bibliothécaires du Roi.

---

**ORDRE ET ARRANGEMENT DES LIVRES IMPRIMÉS.**

Ce dépôt, que l'on peut regarder comme unique dans le monde, est composé d'environ huit cent mille volumes, sans compter un nombre considérable de pieces précieuses sur toutes les matieres possibles, conservées avec soin dans des porte-feuilles, la plupart couverts en maroquin. Les livres y sont placés dans des corps d'armoires fermés de fil de laiton, de dix pieds et demi de

Dauphine, mere de Louis XV, a donné la description de ce Parnasse, avec une liste rangée par ordre chronologique et historique des poëtes et des musiciens qui y sont rassemblés : la première édition est de 1727, *in-12*; la seconde, de 1732, *in-f°* avec figures; il y a ajouté deux supplémens, l'un de 1743, et l'autre de 1755, trois petits volumes *in-f°* et le troisième en 1761, aussi *in-f°*.

(1) Voyez *Discours sur les monumens publics, par M. l'Abbé de Lubersac*, page 223.

largeur sur sept pieds trois pouces de hauteur seulement. L'ordre admirable dans lequel ces livres sont rangés, est digne des plus grands éloges : le catalogue, que l'on peut regarder comme unique (tant la partie manuscrite que celle qui est imprimée), devient par le travail immense qu'il a couté et par les notes historiques dont il est enrichi, un monument précieux pour la littérature, et d'un grand secours pour les Gens de Lettres qui travaillent à la recherche d'ouvrages sur une même matiere. Les auteurs de ce catalogue ont pris soin (dans les volumes déjà imprimés) de confondre les formats, en suivant un ordre chronologique dans la distribution des matieres de cette immensité d'ouvrages, et de former insensiblement par ce travail l'histoire, non-seulement des Auteurs et de leurs découvertes, mais encore de leurs ouvrages mêmes. On y a adopté la division générale d'une grande Bibliotheque dans les cinq classes auxquelles elle se peut rapporter (1), et qui sont :

1° LA THÉOLOGIE ; 2° LA JURISPRUDENCE ; 3° L'HISTOIRE ; 4° LA PHILOSOPHIE ; 5° LES BELLES-LETTRES.

Tous les Bibliographes ne s'accordent pas sur l'ordre que l'on a donné à ces cinq classes ou chefs. Plusieurs mettent l'histoire à la fin, d'autres changent l'ordre des

---

(1) Pour se mettre au fait de l'arrangement particulier que l'on a suivi dans le dépôt des livres imprimés, il faut consulter la table des matieres ou divisions qui se trouve à la tête de chaque volume du catalogue, soit la partie imprimée ou manuscrite. Cette table est un exposé fidele de la disposition des matieres, placées dans chaque volume à la fin duquel est une autre table alphabétique de tous les Auteurs qu'il renferme.

autres chefs; mais les auteurs de l'arrangement de la Bibliotheque du Roi ont pensé qu'il seroit plus convenable de leur donner l'ordre dans lequel on vient de les nommer.

Il paroît que leur intention a été de les ranger selon leur dignité et leur rapport et convenance la plus intime : en effet la Théologie qui regarde Dieu et la Religion est placée la premiere, à cause de la majesté de son objet. La Jurisprudence qui donne les loix pour le gouvernement de l'Eglise et des différens états, ayant un rapport naturel avec la Religion, se trouve fort bien placée après la Théologie. L'Histoire qui conserve à la postérité la maniere dont la Religion et les Loix ont causé, par leur exécution ou infraction, les différentes révolutions qui ont changé la face de la terre, ne peut avoir de place plus convenable que celle qu'elle tient ici.

Après ces trois chefs, qui se suivent si naturellement, on a placé ce qui concerne les Sciences, et les Arts sous le nom de Philosophie, et on les a fait suivre par les Belles-Lettres, comme la partie la moins éminente, et celle qui donne les regles nécessaires pour traiter des autres, soit en vers, soit en prose.

Chaque chef a demandé de nouvelles divisions, et des subdivisions que la nature des livres a présentées, pour ainsi dire, à l'esprit; il a donc fallu diviser ces cinq chefs en vingt-trois parties à chacune desquelles on a assigné une lettre de l'alphabet, et à chaque lettre des numéros relatifs à ceux que les livres portent dans les tablettes.

A la Théologie on a affecté les lettres A. B. C. D.
A la Jurisprudence E. F.
A l'Histoire, G. H. J. K. L. M. N. O. P. Q.
A la Philosophie, R. S. T. V.

Et aux Belles-Lettres, X. Y. Z.

Il y a quelques-unes de ces lettres que l'on a doublées pour distinguer quelques matieres particulieres, comme D$^2$. E*. Y$^2$. et Z *anc.*

En voici le détail sommaire.

### THÉOLOGIE.

Cette partie comprend sous les lettres
A. L'Ecriture Sainte, les Interprêtes Juifs et Chrétiens, et les critiques sacrés.
B. Les Liturgies et les Conciles, tant généraux, que nationaux, provinciaux, et Synodes diocésains.
C. Les Peres de l'Eglise, Grecs et Latins.
D. Les Théologiens de l'Eglise Grecque et de l'Eglise Romaine.
D$^2$. Les Théologiens Hétérodoxes, et les Auteurs d'erreurs particulieres.

### JURISPRUDENCE.

Cette partie comprend sous les lettres
E. Le Droit Canon.
E*. Le Droit de la nature et des Gens.
F. Le Droit Civil, tant ancien que moderne, divisé par Nations, et le Droit National de France.

### L'HISTOIRE.

Cette partie comprend sous les lettres
G. La Géographie, la Chronologie, l'Histoire Universelle, l'Histoire Ancienne et l'Histoire Générale.
H. L'Histoire Ecclésiastique, tant de l'ancien que du nouveau Testament, l'Histoire des Ordres Religieux

et Militaires, et l'Histoire des Hérésies et des Inquisitions.
J. L'Histoire ancienne, l'Histoire Grecque, Byzantine et des Turcs, l'Histoire Romaine ancienne et antiquités.
K. L'Histoire d'Italie, l'Histoire de Rome moderne, et des différens Etats d'Italie et des Iles adjacentes.
L. L'Histoire de France et des différentes Provinces de ce Royaume.
M. L'Histoire d'Allemagne et de l'Empire des Pays de l'Europe orientale, des Pays du Nord et de Hollande.
N. Histoire des trois Royaumes d'Angleterre, Ecosse et Irlande.
O. Histoire d'Espagne et de Portugal, des Pays hors de l'Europe, et des voyages en Asie, Afrique et Amérique.
P. Histoires mêlées, Histoires des Personnes illustres, tant hommes que femmes, dans les Arts et les Sciences.
Q. Histoire littéraire, Journaux et Bibliographes.

### PHILOSOPHIE.

Cette partie comprend sous les lettres
R. Les Philosophes anciens, Grecs et Latins, les philosophes modernes, les Traités de Logique, de Métaphysique, Morale et Physique.
S. L'Histoire Naturelle en général, et en particulier celle des Animaux, des Végétaux et des Minéraux.
T. Les Médecins anciens, Arabes et Latins; les Modernes rangés par Nations, les Anatomistes et Chirurgiens, les Chymistes et les Alchymistes.

V: Les Mathématiques et leurs différentes parties.

### LES BELLES-LETTRES.

Cette partie comprend sous les lettres
X. Les Grammairiens et les Orateurs.
Y². La Mythologie, les Poëtes et les Fabulistes rangés par Nations, et suivant l'ordre chronologique.
Y. Les Romans, Contes et Nouvelles.
Z. Les Philologues, les Epistolaires et les Polygraphes.
Z. *anc.* Le Commerce, quelques Arts dépendant des Belles-Lettres, et les Pompes et Tournois.

*Salon des Globes.*

Ce salon, dont la hauteur est divisée par un plancher, forme deux pièces, éclairées à leurs extrémités par des fenêtres qui donnent sur des cours particulières, dont les murs peu élevés procurent un jour favorable : il fut construit en 1731, pour y placer les magnifiques Globes de Coronelli (1), présentés à Louis XIV, par le Cardinal

---

(1) Vincent Coronelli, Frere Mineur conventuel, né à Venise; se fit Religieux dès sa premiere jeunesse, et fut reçu Docteur à l'âge de vingt-trois ans. Sa science dans les Mathématiques l'ayant fait connoître au Cardinal d'Estrées, cette Eminence se servit de lui pour faire les Globes dont il est ici question. Coronelli fit dans ce dessein quelque séjour à Paris. En 1685, la République de Venise le nomma son Cosmographe, et quatre ans après, son Professeur public de Géographie. Le pape Innocent XII le fit Définiteur de son Ordre, dont il fut élu Général le 14 Mai 1702. Cet homme célebre mourut à Venise en 1718, au mois de Décembre; il a fondé une Académie Cosmographique dont les Membres prirent le nom d'Argonautes; il a aussi composé plusieurs Ouvrages très-estimés.

d'Estrées, que Louis XV fit, en 1722, mettre dans sa Bibliotheque, et qui, quelques années auparavant, avoient été apportés de Marly (1), dans une des Salles du Louvre.

Chacun de ces Globes est placé de manière que les pieds et un des hémispheres sont vus dans la hauteur de la piece d'en-bas, et l'autre hémisphere dans la piece au-dessus, les planchers étant percés circulairement, afin de procurer plus de facilité à ceux qui veulent les examiner.

La piece d'en-bas a son entrée par la cour à droite; elle est précédée d'un beau péron et d'une belle et grande piece éclairée par trois portes vitrées : cette première piece est décorée, également comme le Salon, d'objets relatifs à la Géographie et à l'Astronomie.

La piece d'en-haut est de plein pied à la Bibliotheque, et a son entrée par trois ouvertures pratiquées dans la

(1) Au commencement de l'année 1704, Louis XIV avoit fait placer ces Globes dans les deux derniers pavillons du jardin de son Château de Marly. Ces pavillons de forme quarrée, de six toises par chaque face ou côtés, étoient décorés de onze paneaux ou lambris, enrichis de divers ornemens analogues aux Globes qu'on venoit d'y placer. Dans celui où étoit le Globe terrestre, on avoit placé des Cartes choisies. Celui du Globe céleste, étoit rempli de figures astronomiques, peintes sur ces paneaux; on y voyoit, 1º les trois principaux systèmes du mouvement des Cieux, de Ptolemée, de Copernic et de Tycho-Brahé; 2º les différentes figures des éclipses de lune et de soleil; 3º la figure de la lune avec ses différentes phases; 4º les systèmes particuliers de Saturne et de Jupiter avec leurs Satellites; 5º deux planispheres célestes, de la composition de M. de la Hire, et une machine des éclipses aussi de M. de la Hire, où l'on voyoit d'un coup d'œil les éclipses de chaque année, et par le mouvement de quelques platines de cette machine on appercevoit les éclipses d'une autre année, et ainsi de suite pour les années à venir et passées.

galerie formant retour d'équerre : sur les murs de ce cabinet sont distribués des corps d'armoires dans toute la hauteur du plancher. Cette hauteur est divisée, comme dans les grandes galeries, par un balcon en saillie, qui, au moyen d'une porte de communication pratiquée dans la boiserie, va se joindre à celui qui regne dans tout le pourtour de cette magnifique Bibliotheque.

On peut assurer, sans crainte d'être contredit, qu'il n'a jamais existé et n'existe rien dans le monde en ce genre, qui soit exécuté avec autant de magnificence.

Ces deux Globes ont été faits par le P. Coronelli, Vénitien, par ordre du Cardinal d'Estrées, et présentés, en 1683, par cette Eminence, à Louis le Grand, à qui il les avoit dédiés.

Quoique ces Globes fussent entièrement achevés, il y manquoit cependant une des plus considérables et des plus difficiles parties de l'ouvrage; c'étoit de faire les horisons et les méridiens : cette entreprise demandoit un homme habile dans cet art; M. Mansard, Sur-Intendant des Bâtiments de S. M., jetta les yeux sur Butterfield pour ce travail, et lui ordonna de s'en charger.

Butterfield, qui par la beauté et la perfection de ses ouvrages surpassoit alors tous ceux qui se mêloient de fabriquer des instruments de Mathématiques, encouragé par cet ordre qui étoit pour lui une marque de distinction, et aidé des conseils et des lumieres de M. de la Hire, termina avec succès les cercles de bronze qui en sont les horisons et les méridiens, et qui ont plus de treize pieds de diametre.

Ces Globes ont précisément onze pieds onze pouces et environ six lignes de diametre; ce qui donne trente-quatre pieds six pouces et six lignes de circonference, et selon M. de la Hire trente-sept pieds huit pouces et demi, à raison du diametre qu'il met à douze pieds pour avoir une mesure juste.

Les horisons et les méridiens ont de diametre pris en dedans douze pieds deux pouces trois lignes : ainsi la différence du diametre intérieur des cercles et du diametre des Globes est de deux pouces neuf lignes, dont la moitié, savoir, un pouce quatre lignes et demie, est ce qu'il y a de jeu, c'est-à-dire ce qu'il y a de distance entre la surface des Globes et la surface du bord intérieur des cercles. La largeur des horisons est de huit pouces, et par conséquent le diametre extérieur de treize pieds six pouces trois lignes ; l'épaisseur est de deux pouces deux lignes et demie ; la largeur des méridiens est de quatre pouces onze lignes, et par conséquent le diametre extérieur de treize pieds une ligne ; l'épaisseur de deux pouces huit lignes.

Ces horisons sont soutenus par huit colonnes de bronze placées sur des dez de marbre, et enrichis de tous les ornemens qui y ont du rapport.

Quatre consoles forment les pieds des méridiens, entre lesquelles est placée sous chaque Globe, une grande Boussole enrichie de marbre et de bronze : ces Boussoles, divisées par degrés avec les trente-deux vents, marquent la déclinaison de l'aiguille aimantée (qui étoit au commencement de 1704 de neuf degrés six minutes du septentrion vers le couchant). Ces ouvrages sont aussi enrichis de tous les ornemens dont ils sont susceptibles, et ont été exécutés par les plus habiles Ouvriers de ce temps, sous les ordres du célebre Mansard, Sur-Intendant des Bâtimens du Roi.

Sur le Globe céleste sont placées toutes les étoiles fixes,

qui sont visibles à la vue simple, et les constellations qui les comprennent, suivant les anciens Astronomes et les modernes, avec la route que quelques cometes ont tenue ; on y voit aussi le lieu de toutes les planetes au temps de la naissance de Louis le Grand. Toute la peinture de ce Globe est de couleur bleue, les étoiles et les principaux cercles y sont de bronze doré et en relief, ce qui leur donne beaucoup d'éclat.

M. le Cardinal d'Estrées a fait graver dans un cartouche sur une lame de cuivre doré, la dédicace qu'il a faite de ce Globe au Roi Louis le Grand.

Elle est conçue en ces termes :

A L'AUGUSTE MAJESTÉ DE LOUIS LE GRAND,
L'INVINCIBLE, L'HEUREUX, LE SAGE, LE CONQUÉRANT,

CÉSAR, CARDINAL D'ESTRÉES, a consacré ce Globe céleste, où toutes les étoiles du firmament et les planetes sont placées au lieu même où elles étoient à la naissance de ce fameux Monarque; afin de consacrer à l'éternité une image fixe de cette heureuse disposition, sous laquelle la France a reçu le plus grand présent que le Ciel ait jamais fait à la Terre. M. DC. LXXXIII.

On voit encore sur ce Globe, en quelques endroits, des cadres, où il y a des remarques sur les nouvelles constellations et sur l'obliquité de l'écliptique. Sur la ligne écliptique est une coulisse ajoutée après coup, portant l'image du soleil, de la grandeur dont il paroît, étant vu de la terre, en sorte qu'on peut la placer dans tous les endroits du firmament où il se trouve dans le cours d'une année, ce qui met à portée de reconnoître son mouvement, et de voir comme il s'approche et s'éloigne des étoiles fixes qui se rencontrent dans son chemin.

Ce Soleil mobile sert aussi à faire connoître pourquoi le Soleil est plus élevé à midi dans un tems que dans un autre, ce qui est la cause des différentes saisons.

On a peint sur le globe terrestre toutes les mers d'une couleur de bleu obscur ; les terres y sont blanches, afin de faire paroître l'écriture plus distinctement.

Au-dessus du cartouche qui renferme la dédicace de ce Globe, se voit le portrait de Louis le Grand ; d'un côté la Victoire le couronne, et de l'autre la Renommée l'accompagne. Les Sciences et les Arts que ce Monarque faisoit fleurir entourent ce cartouche ; des trophées d'armes en font les ornemens.

Cette dédicace est conçue en ces termes :

A L'AUGUSTE MAJESTÉ DE LOUIS LE GRAND,

L'INVINCIBLE, L'HEUREUX, LE SAGE, LE CONQUÉRANT,

CÉSAR, CARDINAL D'ESTRÉES, a consacré ce Globe terrestre, pour rendre un continuel hommage à sa gloire et à ses héroïques vertus, en montrant les Pays où mille actions ont été exécutées, et par lui-même et par ses ordres, à l'étonnement de tant de nations, qu'il auroit pu soumettre à son Empire, si sa modération n'eût arrêté le cours de ses conquêtes, et prescrit des bornes à sa valeur plus grande encore que sa fortune, M. DC. LXXXIII.

Il y a encore en plusieurs endroits de ce Globe d'autres cartouches décorés de figures et d'ornemens, qui conviennent au sujet des inscriptions qui y sont, comme sur les sources du Nil, sur la pêche des perles, sur les diverses manieres de vivre de quelques peuples, et sur la nature des vents qui règnent en quelques endroits de la mer.

Les méridiens sont divisés en degrés, mais l'horison du Globe céleste porte les degrés des douze signes ; et vis-à-vis des degrés sont marqués les jours des mois qui leur répondent ; en sorte que le premier point du Bélier, où commence l'équinoxe du printems, se trouve au milieu du 21 Mars, qui est le midi de ce jour-là ; car les jours y commencent à minuit, suivant l'usage ordinaire de les compter. Sur l'horison du Globe terrestre on a ajouté aux degrés les trente-deux vents que l'on met toujours sur cet horison ; les cercles horaires sont divisés par heures et par quarts d'heure (1).

## MANUSCRITS.

*Conservateurs :* MM. HASE. — N. DE WAILLY. — REINAUD, Membres de l'Académie des Inscriptions.

*Conserv.-adj.:* MM. STAN. JULIEN. — PAULIN PARIS. — BERGER DE XIVREY, membres de l'Académie des Inscriptions, Et LÉON LACABANE, professeur à l'école des Chartes.

*Employés:* MM. CLAUDE.—MICHELANT.—A. RENAN.— LÉOP. DELISLE, etc.

Ce dépôt est public tous les jours pour les travailleurs; et pour les curieux, les Mardis et Vendredis seulement. — On ne communique pas indistinctement toutes sortes de manuscrits.

### DESCRIPTION DES BATIMENS DE CE DÉPOT.

La galerie destinée pour les Manuscrits, est de vingt-trois toises deux pieds de longueur, sur trois toises quatre

---

(1) Les globes de Coronelli ne sont point les plus grands qui aient été exécutés. Les Houd, les Blaeuw, se sont rendus célèbres en Hollande par les leurs. Un de ceux de Blaeuw, de 7 pieds de diamètre, construit en 1664, se trouve à Pétersbourg. Mais celui de Long, de Cambridge, en Angleterre, surpasse en dimension tous les autres : son diamètre s'élève à 18 pieds. Parmi les meilleurs globes de moindre dimension, on cite ceux de Poirson, mort en 1831, qui a fait, pour l'instruction du roi de Rome, un globe de 3 pieds et 3 pouces de diamètre, que l'on trouve aujourd'hui dans la galerie d'Apollon, au Louvre. Nous citerons encore au nombre des monumens de ce genre dignes d'être mentionnés le Géorama, de M. de Langlois, établissement formé à Paris en 1825 : c'est un globe de 120 pieds de diamètre. Le spectateur introduit dans son intérieur jouit de la vue de toutes les parties du monde que lui présente la matière transparente dont on s'est servi pour construire cette énorme machine. — Ed.

pieds de largeur; on l'appelle communément Galerie Mazarine (1), parce qu'elle faisoit anciennement partie de l'Hôtel Mazarin : elle est éclairée par huit croisées en vousure, lesquelles sont ornées de coquilles dorées; en face de chaque croisée est une niche aussi ornée de coquilles, dont la surface est décorée de paysages peints par Grimaldi Bolognèse, mais qui sont masqués par les corps des tablettes qui reçoivent les manuscrits

Le plafond de cette galerie est de la plus grande beauté; il fut peint à fresque l'an 1651 par Romanelli, qui y a représenté divers sujets de la Fable, avec un goût de dessein exquis et une vigueur peu commune. Au-dessus de la porte se voyent Apollon et Daphné, puis Vénus dans son char; le Parnasse, le Jugement de Pâris vis-à-vis, Vénus éveillée (2) par l'Amour, Narcisse de l'autre

---

(1) Cette galerie et les pieces qui la précèdent faisoient partie des bâtimens de l'hôtel de la Compagnie des Indes. C'est M. Durel de Chevry président à la Chambre des Comptes, qui avoit commencé à faire bâtir cet hôtel; M. de Tubeuf l'avoit continué, et le Cardinal Mazarin ne s'étoit pas contenté de l'orner de tout ce qu'il y avoit de plus rare, il l'avoit encore aggrandi, au point de lui faire comprendre tout l'espace que nous voyons aujourd'hui renfermé entre les rues Neuve-des-Petits-Champs, de Richelieu, Vivienne et de Colbert. Après la mort de ce Ministre, ce Palais, (comme nous l'avons déjà dit) fut partagé en deux parties: l'une fut donnée au Marquis de Mancini, l'autre au Duc de la Meilleraie, qui avoit épousé une niece de ce Cardinal, à la charge de porter son nom et ses armes; il devint l'Hôtel Mazarin et conserva ce nom jusqu'en 1719, que le Roi en fit l'acquisition et le donna à la Compagnie des Indes. Une partie en a été démembrée pour y placer la Bourse, en vertu d'un arrêt du Conseil du 24 Septembre 1724, mais le Roi accorda pour la Bibliotheque la galerie de dessus la Bourse, pour y placer une partie des Manuscrits qu'elle renferme.

(2) Romanelli étoit d'une humeur enjouée, le Roi, la Reine et

côté, au milieu Jupiter qui foudroie les Géans (1), l'Embrasement de Troie, l'Enlèvement d'Hélène en face, celui de Ganymède, Rémus et Romulus alaités par une Louve, et deux autres petits morceaux. Ces sujets sont distribués dans différens compartimens très-bien entendus, mêlés de médaillons ornés de camayeux et soutenus par des figures et des ornemens feints de stuc, d'une beauté, d'une entente et d'une vérité qui n'ont de comparable que le plafond du Château de Vincennes, que l'on prétend avoir été peint aussi par Romanelli. En un mot, on ne peut trop inviter les amateurs à visiter ce chef-d'œuvre de peinture; et quoiqu'il y ait plus d'un siècle qu'il soit exécuté, il conserve encore toute sa fraîcheur, et nous donne la plus haute idée du Peintre célèbre à qui nous en sommes redevables.

Cette magnifique galerie est précédée de quatre grandes pieces destinées de même aux Manuscrits; les plafonds de ces différentes pieces sont aussi peints à fresque, et représentent divers sujets distribués par compartimens, dont la plupart représentent des fleurs et des oiseaux, etc. Ces différens morceaux ont été exécutés, à ce que l'on prétend, par les éleves de Romanelli, d'après les car-

---

les principaux Seigneurs de la Cour l'honoroient quelquefois de leur présence, autant pour l'entendre parler que pour le voir peindre: les Figures représentées dans le Parnasse et le Jugement de Paris, ont été peintes d'après les Femmes de la Cour, qui se plaisoient à se faire peindre ainsi.

(1) Nous avons remarqué que la Figure de Jupiter n'est ni assez noble, ni assez bien proportionnée, et qu'elle n'a pas cette majesté terrible que doit avoir le Maître du Tonnerre: en général cette figure est trop petite, et ne se fait pas assez remarquer; il la faut chercher, rien ne l'indique.

tons de ce grand Maître ; mais ils ne sont ni assez bien peints, ni assez bien dessinés, pour avoir été faits d'après lui ; la partie des fleurs, oiseaux, ornemens, n'est cependant pas sans mérite, non plus que plusieurs marines représentées avec beaucoup de vérité.

### ORDRE ET ARRANGEMENT DES MANUSCRITS.

*Manuscrits de diverses langues, orientaux et autres.*

De toutes les Bibliotheques du monde, il est constant qu'il n'y en a point de plus riche en Manuscrits que celle du Roi, par rapport à l'Histoire de France, sur-tout depuis le commencement du règne de Louis XI, jusqu'à nos jours ; cette belle suite a été formée de plusieurs recueils de manuscrits mis de tems-en-tems dans cette nombreuse et magnifique Bibliotheque : ces recueils ou dépôts sont divisés par fonds, et portent les noms de ceux qui les ont légués ou vendus au Roi. Entre les Manuscrits en langues étrangeres, les Hébreux y tiennent le premier rang : viennent ensuite les Syriaques, Samaritains, Coptes, Éthiopiens, Arméniens, Arabes, Persans, Turcs, Chinois, Indiens, Siamois, Grecs, Latins, et autres. On peut assurer qu'il n'y a point dans le monde de Bibliotheque aussi riche en Manuscrit dans ces différentes langues, tant par le nombre qui monte à plus de 25,000 vol., que par la beauté et la rareté dont ils sont. Dans le catalogue imprimé de ces manuscrits, la diversité des langues a réglé les divisions : lorsque les volumes d'une même langue ont été en assez grand nombre, on les a placés suivant les cinq grandes classes, et l'on y a distingué les volumes par forme. On a mis à tous les volumes des chiffres qui se rapportent aux numéros que les ouvrages portent sur les catalogues : comme ces numéros sont subordonnés aux divisions principales, on les a désignées par leurs noms mis en abrégé, Heb. pour Hebreux, Ar. pour Arabe, etc.

ESSAI HISTORIQUE SUR LES DIFFÉRENS FONDS CONSERVÉS SÉPARÉMENT DANS CE DÉPOT.

*Manuscrits François, Italiens et autres.*

Outre les Manuscrits de différentes langues dont nous venons de donner l'énumération, et dont les notices contiennent quatre volumes imprimés de forme *in-fol.* il nous reste encore à parler des Manuscrits François, Italiens, Anglois, Espagnols et autres, divisés par fonds, comme nous l'avons déjà dit ; on en a seulement tiré ceux qui étant écrits en langues anciennes ou étrangères, étoient susceptibles d'être insérés dans les quatre volumes du nouveau catalogue. Mais en les élaguant, on a pris soin de faire mention, soit à la fin, soit au commencement de chaque notice, du fonds d'où on les a tirés, et si ces Manuscrits ont été donnés ou achetés aux dépens du Roi dans les pays étrangers : au moyen d'une concordance, faite avec exactitude, des anciens numéros que les premiers possesseurs leur avoient donnés, il est très-facile de se procurer le numéro nouveau qui leur a été assigné lors de l'impression du catalogue. Les différens fonds qui composent ce précieux trésor, à commencer depuis son origine jusqu'à nos jours, et y comprenant ceux de nouvelle acquisition rentrés depuis l'impression du catalogue, se montent à plus de cinquante mille volumes. Comme les bornes que nous nous sommes prescrites dans ce petit ouvrage, ne permettent pas de nous étendre davantage, nous nous contenterons de dire en passant qu'il en existe d'un prix inestimable sur l'Histoire de France, que cette partie y est dominante, et que celle des Romans de chevalerie et autres est d'un très grand prix, et peut être unique en Europe.

Il sera aisé de se former une juste idée de cette superbe et immense collection, par le détail particulier que nous donnons des différens fonds qui la composent.

### ANCIENS FONDS DU ROI.

Les Manuscrits compris dans ce qu'on appelle Anciens fonds du Roi, consistent en Manuscrits acquis, etc., depuis l'origine de cette Bibliotheque jusqu'au régne de Louis XIV ; ensuite, pour ne pas multiplier à l'infini les différens fonds, on a incorporé dans celui du Roi ceux qu'il n'étoit guere possible de conserver séparément, soit par leur peu d'importance, soit par le petit nombre de volumes qui les composoient : on a, de même que pour le catalogue imprimé, établi des concordances où se trouve le rapport des anciens numéros avec ceux du fonds du Roi. On s'est toujours fait un devoir, dans l'insertion des Manuscrits de ces différens fonds, de nommer le premier possesseur de ces livres, et d'y observer, s'ils ont été donnés ou vendus au Roi.

### FONDS DE DUPUY.

Jacques et Pierre Dupuy, d'une famille distinguée

dans la robe, furent tous deux Gardes de la Bibliotheque
du Roi ; leur amour pour les livres étoit extrême, et les
différens emplois qu'ils eurent dans la Littérature forti-
fierent cet amour, qui s'accrut encore par le besoin qu'ils
en avoient pour les différents travaux dont ils étoient
chargés. Ces deux freres amasserent en commun une
Bibliotheque précieuse en manuscrits, et nombreuse en
livres imprimés. Tous deux également célebres, et d'une
humeur affable, ils aimoient à obliger les Gens de Lettres
qui travailloient ; ils leur communiquoient ce qu'il y
avoit de plus curieux dans le vaste recueil qu'ils avoient
amassé durant l'espace de quarante ans. Pierre Dupuy
étant mort en 1651, Jacques resta seul possesseur de
cette précieuse Bibliotheque, dont il ne jouit que cinq
ans, étant mort le 17 Novembre 1656, en rendant sa
mémoire immortelle dans la Bibliotheque du Roi, par le
legs qu'il lui fit des livres que lui et son frere avoient rassemblés, au nombre de neuf mille volumes imprimés, et
d'environ 300 volumes d'anciens manuscrits.

Louis XIV ayant accepté par lettres-patentes régis-
trées au Parlement, le 7 Avril 1657, le legs que Jacques
Dupuy venoit de faire de sa Bibliotheque, les Gens du
Roi MM. Talon, Fouquet et Bignon, dont le dernier
étoit en même tems Bibliothécaire du Roi, se transpor-
terent avec le Lieutenant-Civil dans l'endroit où étoit
cette Bibliotheque : le recollement qu'ils en firent, dura
jusqu'au premier Octobre, et fut fait de l'ordre des Gens
du Roi, par un Substitut du Procureur-général, sur un
catalogue alphabétique en deux volumes, écrit de la main
de Jacques Dupuy ; après quoi tous ces livres manuscrits
et autres furent délivrés à M. l'Abbé Colbert, qui avoit
remplacé Jacques-Dupuy dans la place de Garde de la

Bibliotheque du Roi, à qui on enjoignit de faire transcrire ce catalogue, dont l'original devoit être remis au Trésor des Chartes.

Ces 300 manuscrits sont aujourd'hui réunis à l'ancien fonds du Roi, mais il est très-facile de les reconnoître encore, tant par les armes et le chiffre de Dupuy, sur les couvertures en demi-reliure, que sur les signatures qu'on lit sur le premier feuillet de chaque volume.

A ces differens manuscrits, il faut joindre ceux que le Roi Louis XVI a acquis de M. de Fleury, et qui ont également appartenu à Messieurs Dupuy. Ils traitent de toutes les matieres possibles, mais l'Histoire politique est la partie qui domine, celle de France sur-tout, pour ce qui concerne les Offices et dignités, les droits et prérogatives de la Couronne, et particuliérement les Traités de Paix, d'Alliances, Treves, etc.

Faits, 1° entre les Rois de France et les rois de Castille, les Ducs de Bourgogne, les Empereurs d'Allemagne, les Rois des Romains, les Archiducs d'Autriche, les Rois d'Espagne, d'Angleterre, les Ducs de Savoie, les anciens Comtes de Hollande et les Hollandois, les Rois de Navarre, la Lorraine, les Républiques ensemble, et chacune d'elles séparément, et les Cantons Suisses, les Rois d'Arragon, de Hongrie, d'Ecosse, le Pape, le Turc, Alger, Salé et plusieurs autres Traités de diverses Puissances entre elles, etc.

2° Contrats de Mariage des Rois et enfans de France; Contrats de Mariage de la Maison de Lorraine.

3° Testamens des Rois, Reines de France, Princes et Princesses du Sang; Testamens de diverses Personnes illustres, comme Ministres, Maréchaux de France, Ducs et Pairs, etc.

4° États des maisons des Rois, Reines, Princes, Princesses de France et autres.

5° Titres, Droits et prérogatives des différentes Cours, Jurisdictions, Tribunaux, etc., du Royaume et de leurs Officiers.

6° Recueils de Lettres Grecques, Latines, Françoises, Italiennes, etc., des plus Grands Hommes du xviie siècle sur différens points importants de Littérature.

7° Titres et Généalogies des Rois, Reines, Princes, Princesses, Seigneurs de France et autres.

La Bibliotheque du Roi eût long-tems à regretter de n'avoir pas hérité de toutes ces pieces originales ou copies, concernant notre Histoire et le Droit public, dont Pierre Dupuy avoit fait un si prodigieux amas. Une bonne partie de cette collection avoit été formée des recherches de Pierre Pithou, et l'autre des papiers originaux que lui avoit abandonnés M. de Loménie; ce curieux recueil étoit toujours resté chez MM. de Thou, à l'usage de qui on assure que M. Dupuy l'avoit composé. En 1680, M. le Président de Menars l'acheta à la vente de Messieurs de Thou; il passa ensuite dans la Bibliotheque de M. le Procureur-Général, Joly-de-Fleury, et de là dans celle du Roi, où il est maintenant depuis environ cinquante ans. Ce recueil, qu'on regarde avec raison comme une des plus précieuses portions de la Bibliotheque du Roi, est placé dans la seconde salle, et contient environ neuf cens volumes recouverts, depuis quelques années, d'un cartonnage trop peu solide, *in-fol.* et *in-4°.* Voici ce que plusieurs Auteurs rapportent au sujet de ces Manuscrits.

« Le beau recueil des Manuscrits de Messieurs Dupuy, dit l'Auteur de la nouvelle édition *de la Bibliothe-*

*que de la France*, tom. II, pag. 71, semble avoir été composé de plusieurs autres recueils; ce qui n'est pourtant qu'une conjecture. Le premier (ajoute le même Auteur) pourroit être celui de Nicolas le Fevre, Parisien, Précepteur de Louis XIII. Scévole de Sainte-Marthe, dans l'éloge qu'il en a fait, rapporte : « Qu'il avoit un » grand nombre de Manuscrits et des plus curieux ; que » comme il avoit plus d'inclination pour Auguste de Thou, » que pour aucun autre de ses amis, ce fut aussi à lui » qu'en mourant, il laissa par testament tous ses livres » manuscrits. » Je ne saurois dire comment ils passerent à Messieurs Dupuy ; mais on peut croire qu'à la mort de M. de Thou, ses manuscrits se trouvant en leur possession, il leur en laissa, comme à ses bons parents et amis, la jouissance pendant leur vie. Ce qui fortifie cette conjecture, est que Messieurs Dupuy donnerent à la Bibliotheque du Roi tous les livres imprimés qu'ils avoient et environ trois cents anciens Manuscrits, mais Jacques Dupuy, qui mourut le dernier ( le 17 Novembre 1656, ordonna par son testament, qu'on rendit à François-Auguste de Thou, second fils de Jacques Auguste, les livres que celui-ci lui avoit confiés. Le second recueil est celui d'Antoine de Lomenie, sieur de la Ville-aux-Clercs, qui avoit amassé avec soin beaucoup de pieces originales ; il les confia à Messieurs Dupuy, qui les mirent en ordre, et en firent mettre une copie au net, dont se contenta M. de Lomenie qui leur laissa les originaux.

M. Boivin, dans la vie du célebre Pithou, indique un troisieme recueil qui fut d'un grand secours à Messieurs Dupuy. Après la mort de M. Pithou (dit M. Boivin), « arrivée en 1722, Messieurs Dupuy travaillerent à for-

» mer le grand recueil de Traités et de Manuscrits de
» toute espece, qui a disparu depuis quelques années.
» Il paroît, par le Catalogue qu'on en a, qu'une bonne
» partie de ce grand recueil a été composée des extraits
» de Pierre Pithou et de beaucoup de pieces dont il avoit
» recouvré les originaux, ou fait faire des copies. »
Après en avoir rapporté quelques preuves, M. Boivin
ajoute : « On ne peut donc douter que le grand recueil
» de Messieurs Dupuy n'ait été formé en partie des ex-
» traits et des recueils de Pierre Pithou, originaux ou
» copies. »

La collection de Messieurs Dupuy fut aussi augmentée
de quelques Manuscrits copiés sur ceux de M. de Peyresc,
Jacques Dupuy l'avoue lui-même, dans une de ses lettres,
et dit que ce fut Pierre son frere qui les fit copier.

Entre les manuscrits légués au Roi par Jacques Dupuy,
il s'en trouve plusieurs d'une très-grande antiquité, surtout le fameux manuscrit des Epîtres de Saint-Paul, en
Grèc et en Latin (1), écrit à deux colonnes en lettres ma-

---

(1) Quoique D. Bernard de Montfaucon n'ait placé ce précieux Manuscrit qu'à la tête de ceux du septieme siècle, il semble qu'on peut, sans rien craindre, le placer au moins un siècle plus haut. Les proportions et la netteté des caracteres sont dignes des siècles les plus brillans de l'Empire. Le bon goût regne également dans le La-tin comme dans le Grec. Ces deux Langues réunies annoncent un Manuscrit fait en Occident, dans des tems antérieurs au septieme siècle, où la barbarie s'étoit déja répandue de toutes parts. Quand les esprits et les accens qu'on y voit auroient été marqués de la premiere main, ce ne seroit pas une raison pour reculer si tard une écriture de cette élégance; mais ceux du Manuscrit du Roi sont non seulement d'une autre main, ils sont encore postérieurs à l'écriture. Ce précieux Manuscrit réunit à tous ces avantages celui d'être su-périeurement bien écrit. La hauteur et la largeur des lettres s'y

juscules. Il avoit appartenu à Claude Dupuy, pere de Messieurs Dupuy, comme on le voit par sa signature, laquelle se trouve encore sur quelques autres Manuscrits presque aussi estimables.

### FONDS DE BETHUNE.

Philippe, Comte de Bethune, pere d'Hippolyte et frere de Maximilien, Duc de Sully, fut employé, sous Henri IV et sous Louis XIII, à diverses négociations importantes, à Rome, en Italie, en Ecosse et en Allemagne. Dans ces différentes ambassades, il eut grand soin de recueillir les lettres originales et les Pieces historiques qu'il trouva sous sa main dans les endroits où il passa : son fils conserva le même goût pour cette sorte de recherches, et grossit considérablement le recueil que Philippe lui avoit laissé. Sa curiosité ne se borna pas aux seuls manuscrits d'Affaires, de Politique et d'Histoire; il y joignit des livres de Piété, de Droit, de Philosophie, de Mathématiques, de Médecine et de Belles-Lettres. Michel de Marolles, Abbé de Villeloin, contribua aussi à l'enrichissement de la collection de M. le Comte de Bethune ; voici ce qu'il dit à ce sujet à l'article du Catalogue de ses Ouvrages : « J'avois, dit-il, recueilli
» avec grand soin, plusieurs lettres, Négociations, avec
» divers extraits, copies et mémoires concernant les
» curiosités de l'Histoire de France, qui ont passé de-
» puis dans le Cabinet du Roi par les mains du feu

---

trouvent admirablement bien ménagées et dégagées d'ornemens superflus. Il est de forme *in-4º*, écrit sur de très-beau vélin, relié en maroquin vert doré sur tranches. *Voyez* Diplomatique, tome I, page 691.

» Comte de Béthune qui les avoit passionnément sou-
» haités. » Ce recueil, dont toutes les parties ne sont
pas d'une égale valeur, est compris en 1,923 vol. (1),
dont plus de douze cens regardent l'Histoire de France.
Parmi ces vol. il y en a environ mille de lettres originales de la plupart des Rois, Reines, Princes et Princesses, et Républiques de l'Europe; et de leurs grands
Officiers et Ministres d'Etat, des Négociations, des Traités de Paix, d'Alliances, d'Instructions et d'Ambassades;
et d'autres pieces curieuses dont on peut tirer de grandes
connoissances pour l'Histoire, depuis l'an 1300, jusqu'au dix-septieme siècle. Hippolyte, Comte de Bethune,
vers l'année 1658, supplia le Roi d'accepter ce précieux
recueil, pour être déposé dans la Bibliotheque de Sa
Majesté; cette collection, que l'on peut regarder comme
unique, fait une des principales richesses de cette immense Bibliotheque, et rendra célebre à jamais le nom
de Bethune (2).

FONDS DE BRIENNE.

Après la mort du Cardinal Mazarin, vers 1661 ou
1662, le Roi fit l'acquisition du fameux recueil de Pieces
concernant les affaires du Royaume qu'Antoine de Lomenie, Secretaire d'Etat, avoit rassemblées avec beau-

(1) On en a séparé les volumes de Médecine, de Philosophie, de
Droit, de Belles-Lettres, etc., pour les confondre dans l'ancien
fonds du Roi, et les ranger à leurs matieres.

(2) Presque tous ces volumes sont reliés en maroquin rouge aux
armes de Béthune; sur la couverture, les lettres P P. jointes ensemble, et marquées sur le dos, sont le chiffre de Philippe de Béthune à qui la plupart de ses Manuscrits ont d'abord appartenu.

coup de soins ; il avoit engagé Pierre Dupuy à les mettre en ordre, et à les faire transcrire, pour avoir le tout dans une suite de vol. Celui-ci, les ayant rangés sous des titres généraux, en composa un corps de trois cent quarante vol. y compris celui du Catalogue abrégé qu'il en fit : M. de Lomenie, à ce que l'on prétend, lui laissa les originaux pour le recompenser de la peine qu'il s'étoit donnée.

En 1627, le même M. de Lomenie fit don de ces Manuscrits à Henri Auguste son fils, pourvu dès l'année 1615, en survivance de sa charge de Secrétaire d'Etat. Dans la suite Pierre Dupuy augmenta ce recueil de dix-neuf autres vol. contenant des Pieces et des Mémoires du même genre. On croit que le Cardinal de Richelieu acheta tous ces Manuscrits pour le Roi, et que le Cardinal Mazarin, en entrant dans le ministere, en voulut avoir la communication ; ce qu'il y a de certain, c'est qu'ils étoient dans la Bibliotheque de ce ministre au commencement de 1652, lorsque le Parlement rendit un Arrêt pour la faire vendre. Le Roi en ayant eu avis, écrivit de Poitiers, le 7 Janvier de cette année, au Procureur-général M. Fouquet, « qu'attendu qu'il y avoit
» dans cette Bibl. plusieurs Cartes géographiques et en-
» viron 400 volumes manusc. marqués à l'écu des ar-
» mes du Comte de Brienne, Secrétaire d'Etat, qui ap-
» partenoient à Sa Majesté, il eût à les faire retirer, et
» à les faire transporter chez M. le Comte de Brienne,
» à qui il en confioit la garde, jusqu'à ce qu'il en eût
» autrement ordonné. »

L'ordre du Roi empêcha bien que les Manuscrits de Brienne ne fussent confondus avec les autres livres du Cardinal Mazarin, mais il ne les fit pas remettre à

M. de Lomenie; ils resterent en dépôt chez le Procureur-général, et en 1656, il en fit faire un nouvel inventaire par Denis Godefroy : le Cardinal Mazarin les retira ensuite d'entre les mains de M. Fouquet; mais après la mort de cette Eminence, M. Colbert les fit remettre à la Bibliotheque de Sa Majesté.

Les Manuscrits de M. de Lomenie, qu'on regarde avec raison comme très-précieux, seroient d'une toute autre valeur, s'il n'en existoit ailleurs des copies, et s'ils n'étoient pas eux-mêmes des copies mises en ordre de ceux de M. Dupuy. Messieurs de Brienne en avoient fait executer plusieurs qu'ils conserverent long-tems; il les donnerent, en 1685, à M. le Chancelier Bouchera, d'où elles ont passé dans le cabinet de la Marquise de Vieux-Bourg; M. Colbert en avoit aussi une copie, faite dans le tems que la Bibl. du Roi étoit encore dans la rue de la Harpe; M. de Fontette, dans sa *Bibl. de la France*, s'est trompé quand il a dit qu'il y en avoit aussi une autre dans le recueil des manuscrits de M. Fontanieu, et qu'elle étoit aujourd'hui à la Bibl. du Roi (1).

Les Manuscrits de Brienne étoient plutôt une restitution faite au Roi, qu'une acquisition nouvelle. Ils sont placés dans la seconde salle, en face des fenêtres et au-dessous du fonds de M. Dupuy.

---

(1) M. de Fontanieu n'a point fait faire une copie exacte ou complette des Manuscrits de M. de Lomenie, il s'est seulement contenté d'en faire copier ou extraire beaucoup de pieces détachées pour les classer à leur matiere dans son recueil des titres sur l'Histoire de France (ce recueil est actuellement à la Bibliotheque du Roi. *Voyez* Fonds de Fontanieu). Comme il a toujours eu soin de citer les sources où il a puisé, il est très-facile de se convaincre de la vérité du fait.

### FONDS DE GAIGNIERES.

On a peine à comprendre comment un seul homme, dont la fortune étoit bornée, avoit pu rassembler chez lui et mettre en ordre tant de pieces différentes, Imprimés, Manuscrits, Estampes, Dessins, Tableaux, Cartes géographiques, etc., et se former un cabinet rare et précieux, qui fut pendant long-tems l'admiration des Curieux.

François Roger de Gaignieres en fit don au Roi en 1711, par Acte passé en présence de M. le Marquis de Torci, acceptant pour Sa Majesté et par son ordre ; par cet Acte le donateur s'en réserva la jouissance, sa vie durant. Le Roi, pour indemniser M. de Gaignieres de ce que ses recherches lui avoient couté, lui constitua un contrat de rente viagere, avec une somme en argent comptant, et de plus une autre somme payable après sa mort à ses héritiers ou à ses légataires : la propriété de ce riche cabinet ayant été dès lors acquise à Sa Majesté, M. de Clairambault, Généalogiste des Ordres du Roi, fut chargé d'en dresser les inventaires nécessaires, et de veiller à sa conservation.

M. de Gaignieres étant mort au mois de mars 1715, tout ce qu'il y avoit de Manuscrits anciens et modernes, lettres, Titres originaux, Copies, Extraits, Estampes, Cartes, Plans, etc., fut porté à la Bibliotheque du Roi ; et les différentes portions de ce cabinet furent partagées selon leurs matieres. Les livres imprimés furent réunis au dépôt des Imprimés, les Manuscrits au dépôt des Manuscrits, les Estampes, Cartes, Plans, Dessins, etc., au cabinet des Estampes, la partie des Généalogies fut placée dans le cabinet généalogique, et tout ce qui concernoit le dépôt des affaires étrangères fut déposé dans le cabinet du Louvre. Ce fonds, l'un des plus précieux de la Bibliotheque dans tous les genres, renferme un nombre considérable de Manuscrits précieux sur différentes matieres, entre lesquels on distingue :

1° Plus de 80 vol. reliés en carton, dans lesquels sont renfermés des titres originaux avec les sceaux, et des copies et extraits de titres originaux avec les sceaux dessinés, et monumens concernant les Archevêques et Evêques, rangés par ordre alphabét. savoir : d'Agde, Aix, Angers, Arras, Avranches, Bayeux, Bazas, Beauvais, Beziers, Bordeaux, Cahors, Carcassone, Châlons, Chartres, Clermont, Coutances, Digne, Embrun, Evreux, St. Flour, Gap, Langres, Dinan, Lectoure, Limoges, Lizieux, Lombez, Maguelonne, Maillezais, Le Mans, Meaux, Mirepoix, Nantes, Narbonne, Nevers, Noyon, Pamiers, Rieux, Rouen, Rodez, St. Brieux, Séez, Senlis, Tarbes, Therouenne, Toulouse, Tours, Treguier, Valence, Viviers, Xaintes, etc.

2° Plus de 20 vol. de Titres originaux et Extraits, Armes et Tombeaux, concernant diverses Abbayes, Abbés, Abbesses et Prieurs, de plusieurs Provinces de France, etc.

3° Environ 160 vol. à dos rouge, et d'autres reliés en bazane, contenant des lettres originales des Rois, Reines, Princes, Princesses, Ministres, Ambassadeurs, tant de France que des autres Royaumes de l'Europe, depuis Charles VII jusqu'au Régne de Louis le Grand ; et plusieurs Mémoires de ces différens Régnes, avec des Etats des Maisons de plusieurs Rois, Princes et Princesses de France et autres.

4° Environ 110 volumes de Mémoires, Dépêches, lettres, etc., concernant plusieurs Ambassades de France dans les Pays étrangers, et les Ambassades des Pays étrangers en France;

5° Un recueil considérable de Chartres et Cartulaires de plusieurs Eglises et Monasteres du Royaume; ces Chartres sont en original, avec les sceaux, et conservées dans des porte-feuilles.

En donnant ici une liste des Eglises dont ces Chartes et Cartulaires font mention, nous y joignons le numéro qui leur est actuellement assigné dans la Bibliotheque du Roi, afin de trouver sur le champ ces différens recueils. Cette liste contient non-seulement les notices des Chartes et Cartulaires tirés du fonds de Gaignières, mais encore celles des autres fonds du Roi. Nous avons suivi l'ordre des numéros et celui des Evêchés, Abbayes, et Monasteres, dans lesquels ils sont rangés. Nous y avons joint aussi les notices de quelques Chartes, Cartulaires et Titres de plusieurs de nos Rois. Ceux des articles qui n'ont point de numéros, et qui se trouvent placés à la suite des autres, sont ceux de nouvelle acquisition ou ceux conservés séparément dans les différents fonds.

Nous avons eu soin de les citer et d'y joindre les numéros ou lettres qui leur sont assignés dans ces fonds particuliers.

## NOTICES

DES CHARTES, CARTULAIRES, ETC., DES EGLISES DE FRANCE ET AUTRES, TIRÉES DES DIFFÉRENS FONDS QUI COMPOSENT LE DÉPÔT DES MANUSCRITS (1).

### MANUSCRITS LATINS.

5149. Bulle de Sixte IV, pour la réformation de l'Ordre de Fontevrauld, de l'an 1474 et 1475.—Projet de la réformation des Feuillans, dressé le 20 mars 1589.

5185. Cartulaire des archevêques de Paris, copié au xviii<sup>e</sup> siècle.

5185. A. B. C. Cartulaires de l'église de Paris, copiés au xviii<sup>e</sup> siècle.

5185. D. Copie du cartulaire de l'église collégiale de Saint-Cloud, dans le diocèse de Paris.

5185. F. Cartulaire de Meaux, copié au xviii<sup>e</sup> siècle.

5185. H. Cartulaire des évêques de Chartres, copié au xviii<sup>e</sup> siècle.

5185. J. Cartulaire du chapitre de Chartres, copié au xviii<sup>e</sup> siècle.

5186. Actes de l'église de Lyon, depuis l'année 1331, jusqu'en 1436.

5187. Registre de certains usages touchant l'administration du siége archiépiscopal de Lyon, depuis l'an 1365, jusqu'en 1373.

5188-5189. Cartulaires de l'église de Chartres, de l'an 1329 et suiv., écrit aux xiv<sup>e</sup> et xvi<sup>e</sup> siècles.

5190. Registre de l'official de Langres, environ de l'an 1330, jusqu'en 1343, écrit au xiv<sup>e</sup> siècle.

5195. Epoques de la fondation des différentes abbayes de Normandie, écriture du xv<sup>e</sup> siècle.

---

(1) Nous avons préféré l'ordre des Fonds à tout autre, afin d'éviter de répéter à chaque article l'indication particulière de tel ou tel Fonds; ainsi chaque Fonds se trouve séparé, et est placé comme titre à la tête des Notices qui en dépendent.

5197. Noms des églises paroissiales du diocèse de Rouen, et combien chacune de ses paroisses doit au trésor du chapitre de l'église de Rouen, écrits en 1431.

5197. A. Chartes concernant les fondations faites à l'église de Rouen, par le pape Clément VI.

5199. Recueil de pouillés, des diocèses de Rouen, Angers, Beauvais, Paris et autres, écrit au xvi<sup>e</sup> siècle.

5201. A. Chartes de l'église d'Evreux, depuis l'année 1254, jusqu'en 1591.

5207. Copie d'un registre de l'évêché de Nevers, écrite au xiv<sup>e</sup> siècle.

5207. A. Chartes de l'église de Metz, depuis l'an 1288, jusqu'en 1516.

5208. Registre des bénéfices et de leur collation dans la ville et le diocèse de Toul, dressé en 1402, écrit au xvi<sup>e</sup> siècle.

5210. Anciens usages de l'église métropolitaine de Moutier, de l'an 1369, écrit au xiv<sup>e</sup> siècle.

5211. A. Cartulaire de l'évêché de Châlons, copié au xviii<sup>e</sup> siècle.

5211. B. Cartulaire du chapitre du Mans, copié au xviii<sup>e</sup> siècle.

5211. C. Cartulaire de l'évêché de Dol, copié au xviii<sup>e</sup> siècle.

5211. D. Chartes de Saint-Paul de Narbonne, depuis 1007, jusqu'en 1525.

5214. Recueil d'extraits de cartulaires des églises et monastères de Vienne, de Saint-Vannes de Verdun, de Cluny et de l'église cathédrale de Chartres.

5215. Cartulaire de l'évêché de Grenoble, copié au xviii<sup>e</sup> siècle.

5218. Cartulaires, ou états des bénéfices des diocèses d'Amiens, Paris, Troyes, Langres, Rouen, Beauvais, Soissons, Chartres, Laon, Lizieux, Sens, Orléans, Reims, Meaux, Angers, etc.—Dénombrement des bénéfices en l'exemption de Saint-Denis en France, étant en la collation de l'Abbé du dit lieu, etc.—Dénombrement des Bénéfices à l'exemption du monastère de Cluny, etc., manuscrit du xvi<sup>e</sup> siècle.

5219. Chartes concernant différentes églises de France.

5220. Bulles et états des dépenses faites pour les bulles des églises, monasteres, abbayes du royaume de France, écriture du xvi<sup>e</sup> siècle.

5221. Priviléges accordés par Clément VI, et autres, aux monasteres et aux comtes d'Avignon, écriture du xv^e siècle.

5411. Cartulaire de Casaure en Italie, écriture du xiv^e siècle.

5413. Cartulaire de Saint-Magloire de Paris, écrit en 1330.

5414. Autre cartulaire de Saint-Magloire, depuis l'an 1214, jusqu'en 1296, copié au xviii^e siècle.

5414. A. Lettres de Louis VII et de Philippe IV, rois de France, concernant l'église de Saint-Magloire, années 1159 et 1314.—Plusieurs autres lettres, actes, etc. des rois de France, concernant diverses églises et hôpitaux, etc.

5415. Cartulaire de l'abbaye de Saint-Denis en France, écrit au xiv^e siècle.

5416. Cartulaire de Saint-Maur-des-Fossés, ordre Saint-Benoît, copié au xviii^e siècle.

5417. Cartulaire de Saint-Pere de Chartres, ordre Saint-Benoît, copié au xviii^e siècle.

5418. Cartulaire du monastere de Sainte-Marie de Josaphat, ordre Saint-Benoît, diocèse de Chartres, copié au xvi^e siècle.

5419. Cartulaire de la Trinité de Vendôme, ordre Saint-Benoît, dans le diocèse de Chartres, aujourd'hui dans celui de Blois, copié au xviii^e siècle.

5420. Cartulaire du monastere de Saint-Mesmin de Micy, près Orléans, copié au xviii^e siècle.

5421. Cartulaire d'Ainay-les-Lyons, ordre Saint-Benoît, écrit l'an 1519.

5422. Cartulaire de Saint-Martin d'Autun, ordre Saint-Benoît, écrit en 1462.

5423. Cartulaire de Saint-Ouen de Rouen, ordre Saint-Benoît, copié au xviii^e siècle.

5423. A. Cartulaire du monastère de Saint-Georges, proche Rouen, copié au xviii^e siècle.

5424. Cartulaire du monastere de Jumiege, ordre Saint-Benoît, copié au xviii^e siècle.

5425. Cartulaire du monastere de Saint-Vandrille, ordre Saint-Benoît, diocèse de Rouen, copié au xviii^e siècle.

5429. Recueil de chartes originales, depuis 1220, jusqu'en 1479, avec leurs sceaux, concernant le monastere de Saint-Sauveur d'Evreux.

5430. Chronique de la fondation du monastere du mont Saint-Michel, écrite au xv⁰ siècle.

5430. A. Cartulaire de l'abbaye du mont Saint-Michel, diocèse d'Avranches, copié au xviii⁰ siècle.

5431. Cartulaire de Senuc, prieuré dépendant de Saint-Remi de Reims, écrit au xvi⁰ siècle.

5432. Cartulaire du monastere de Montier-Ramey, diocèse de Troyes, écrit au xiv⁰ siècle.

5433. Autre cartulaire de Montier-Ramey, ordre Saint-Benoît, diocèse de Troyes, écrit au xvii⁰ siècle.

5434. Cartulaire de l'église de Royal-Lieu, commençant en 1358, écrit au xvii⁰ siècle.

5435. Cartulaire du monastere de Saint-Vannes de Verdun, ordre Saint-Benoît, écrit au xvi⁰ siècle.

5436. Chartes copiées d'après un cartulaire du monastere de Gorze, ordre Saint-Benoît, en Lorraine, du xvii⁰ siècle.

5438. Chronique du monastere de Saint-Bertin, ordre Saint-Benoît, diocèse de Saint-Omer, commençant en 1471, écrit au xvii⁰ siècle.

5439. Cartulaire du monastere de Saint-Bertin, à Saint-Omer, transcrit au xvii⁰ siècle.

5439. A. Cartulaire du monastere de Morigny, diocèse de Sens, depuis 1112, jusqu'en 1257, transcrit au xvii⁰ siècle.

5440. Annales du monastere d'Anchin, depuis l'an 1149, jusqu'en 1288.

5441 Cartulaire du monastere de Marmoutiers de Tours, ordre Saint-Benoît, copié au xviii⁰ siècle.

5442. Autre cartulaire du monastere de Marmoutiers, écrit au xii⁰ siècle.

5443. Cartulaire du monastere de Saint-Julien de Tours, ordre Saint-Benoît, copié au xviii⁰ siècle.

5444-5445. Cartulaires du monastere de Saint-Vincent du Mans, ordre des Bénédictins, copiés au xviii⁰ siècle.

5446. Cartulaire de Saint-Serge d'Angers, ordre Saint-Benoît, copié au xviii⁰ siècle.

5447 Cartulaire du prieuré de Gouiz, dépendant de Saint-Aubin d'Angers, écrit en 1541.

5448. De l'institution, constitution et priviléges de l'abbaye de Charroux, diocèse de Poitiers, réunie en 1760 à la collégiale de Brioude, manuscrit du xvi<sup>e</sup> siècle.

5449. Cartulaire du monastere de Saint-Jouin-les-Marnes, ordre Saint-Benoit, diocèse de Poitiers, copié au xviii<sup>e</sup> siècle.

5450. Cartulaire du monastere de Noaillé, ordre Saint-Benoît, diocèse de Poitiers, copié au xviii<sup>e</sup> siècle.

5451. Cartulaire de Saint-Jean-d'Angeli, ordre Saint-Benoît, diocèse de la Rochelle, écrit au xvii<sup>e</sup> siècle.

5452. Chronique du monastere de Saint-Martin de Limoges, ordre Saint-Benoit, écrite au xiv<sup>e</sup> siècle.

5453. Cartulaire du monastere de Saint-Père-Vigeois, ordre Saint-Benoît, diocèse de Limoges, copié au xviii<sup>e</sup> siècle.

5454. Cartulaire du monastere de Soucilanges, proche Clermont, écrit au xvii<sup>e</sup> siècle.

5455. Chartes du monastere de Notre-Dame de Grasse, ordre Saint-Benoit, depuis l'an 886, jusqu'en 1431.

5456. Priviléges, testaments, concessions, etc., des rois de France, princes et autres, en faveur de diverses églises de Grenoble, Saint-Étienne de Laon et autres, copies collationnées au xvii<sup>e</sup> siècle.

5456. A. Cartulaire du monastere de Saint-Chaffre, diocèse du Puy, copié au xvii<sup>e</sup> siècle.

5457. Bulle d'Honoré II, donnée l'an 1125, pour confirmer les priviléges accordés en faveur du monastere de Psalmodi, ordre Saint-Benoit, diocèse de Beziers, transcrite au xvi<sup>e</sup> siècle.

5457. A. Bulle de Grégoire II, touchant l'abbaye de Bernay et les Frères-Mineurs, de l'an 1370.

5458. Cartulaire du monastere de Cluni dans le Maconnois, ordre de Saint-Benoît, commençant à la fondation de ce monastere, jusqu'à l'an 1300, transcrit au xiv<sup>e</sup> siècle.

5459. Autre cartulaire du monastere de Cluni, copié en 1701.

5460. Cartulaire de Saint-Pierre de Lihons, ordre de Cluni, diocèse d'Amiens, transcrit aux xiv<sup>e</sup> et xv<sup>e</sup> siècles.

5460 A. Cartulaire du monastere Saint-Jean du Mont, ordre de Cluny, écrit au xvi<sup>e</sup> siècle.

5461. Recueil de Chartes, concernant l'ordre de Cluni, depuis l'an 1221, jusqu'en 1455.

5462. Cartulaire du monastere de Notre-Dame du Val, près Pontoise, diocèse de Paris, copié au xviii⁰ siècle.

5463. Cartulaire de Sainte-Marie de la Bussiere, ordre de Citeaux, dans le diocèse d'Autun, écrit au xiv⁰ siècle.

5464. Quatre cartons contenant environ 250 chartes de l'abbaye de la Noue, avec les sceaux en cire.

5465. Cartulaire du monastere de Pontigny, ordre de Citeaux, écrit au xiv⁰ siècle.

5466. Cartulaire du monastere de Barbeaux, ordre de Citeaux, écrit au xvii⁰ siècle.

5467. Cartulaire du monastere de Joui, ordre de Citeaux, diocèse de Sens, copié au xviii⁰ siècle.

5468. Chartes de l'abbaye de Vauluisant, ordre de Citeaux, diocèse de Sens, copiées au xviii⁰ siècle.

5469. Cartulaire du monastere de Prully, diocèse de Sens, copié au xviii⁰ siècle.

5470. Cartulaire du monastere de Long-Pont, ordre de Citeaux, diocèse de Sens, copié au xviii⁰ siècle.

5471. Cartulaire du monastere de Sainte-Marie de Froidmond, ordre de Citeaux, dans le diocèse de Beauvais.

5472. Cartulaire du monastere de Royaumont, ordre de Citeaux, diocèse de Beauvais, copié au xviii⁰ siècle.

5473. Cartulaire du monastere de Ourcamp, ordre de Citeaux, diocèse de Noyon, copié au 18⁰ siècle.

5474. Cartulaire de Sainte-Marie de Perseigne, ordre de Citeaux, diocèse du Mans, copié au xviii⁰ siècle.

5475. Cartulaire du monastere de Fontaine-Daniel, ordre de Citeaux, diocèse du Mans, copié au xviii⁰ siècle.

5476. Chartes de l'abbaye de la Vieuville, diocèse de Dole, ordre de Citeaux, copiées au xviii⁰ siècle.

5477. Chartes accordées par Innocent IV et Clément VI à l'ordre de Citeaux, transcrites au xiv⁰ siècle.

5477. A. Autres chartes accordées aux moines de Morimond, ordre de Citeaux, par Blanche et Théobaldus son fils, comte de Champagne, écrites au xiv⁰ siècle.

5478. Cartulaire de l'abbaye du mont Saint-Martin, ordre de Prémontrés, diocèse de Cambrai, écrit au xiv⁰ siècle.

5479. Cartulaire de Saint-Yved de Braine, ordre de Prémontrés, diocèse de Soissons, copié au xviii⁰ siècle.

5480. Cartulaire du monastere de Fontevrauld, diocèse de Poitiers, copié au xviii<sup>e</sup> siècle.

5481. Cartulaires des monasteres de Saint-Cheron et Saint-Jean en Vallée, ordre Saint-Augustin, diocèse de Chartres, copiés au xviii<sup>e</sup> siècle.

5481. A. Chartes du monastere de Saint-Pierre de Lierru, ordre Saint-Augustin, diocèse d'Evreux, depuis l'an 1475, jusqu'en 1523, avec les sceaux.

5482. Cartulaire du monastere de Jard, ordre Saint-Augustin, diocèse de Sens, copié au xviii<sup>e</sup> siècle.

5483. Histoire des abbés du monastere de Hennin, ordre de Saint-Augustin, dans le diocèse d'Arras, écrite au xvii<sup>e</sup> siècle.

5484. Cartulaire du monastere de Saint-Laon de Thouars, ordre de Saint-Augustin, diocèse de Poitiers, copié au xviii<sup>e</sup> siècle.

5485. Diverses chartes des ordres Saint-Benoit, de Cluni, de Citeaux, de Saint-Augustin et de Prémontrés.

5486. L'origine des Freres Prêcheurs, et les fondations anciennes faites dans plusieurs couvents dudit ordre : manuscrit du xvii<sup>e</sup> siècle.

5487, 5488. Actes des chapitres des Dominicains de Provence, depuis 1220, jusqu'en 1342 : manuscrit du xvii<sup>e</sup> siècle.

5489. Constitution du pape Clément X, faite par testament, aux capucins de Paris, manuscrit copié en 1609.

5490. Chartes des chevaliers du Temple, depuis 1200, jusqu'en 1346, avec les sceaux.

5491. Chartes du prieuré de Corbeil, de l'an 1224.

5492. Chartes de l'Hôtel-Dieu d'Evreux, depuis l'an 1215, jusqu'en 1404, avec les sceaux.

5493 à 97. Manuscrits concernant la Sorbonne, la faculté de théologie, l'Université, les colléges de Paris, etc.

5494. A. Registre écrit par les prieurs du collége de Sorbonne, depuis l'année 1430, jusqu'en 1483.

5506. A. Différent des frères de la Rose-Croix.

5526. Cartulaire des archevêques de Paris, des xiii<sup>e</sup> et xiv<sup>e</sup> siècles.

5527. Histoire des fondations des églises de Chartres, du xvi<sup>e</sup> siècle.

5528. Cartulaire des églises de Meaux, du xiii<sup>e</sup> siècle.

5529. Visites des églises, monasteres, etc., de la ville et du diocèse de Lyon, de l'an 1468.

5529. A. Cartulaire de l'église de Saint-Denis de Vergy, diocèse d'Autun, du xiv<sup>e</sup> siècle.

5529. B. Les droits, héritages, coutumes de l'église paroissiale de Thoisy, au diocèse d'Autun, écrit l'an 1380.

5530. Chronique de l'église de Rouen, commençant à l'année 1380, manuscrit du xvi<sup>e</sup> siècle.

5533. Statuts de l'évêque Thomas de Toul, ou charte de la commune de Toul, donnée au mois de janvier 1330.

5533. A. Chronique d'Arras, de Cambray et des églises desdites villes, du xiv<sup>e</sup> siècle.

5525. Catalogue des bénéfices et archidiaconats de la ville d'Amiens et du comté de Ponthieu, du xvi<sup>e</sup> siècle.

5535. A. Cartulaire des doyens et du chapitre de Saint-Martin de Tours, etc., écrit au xvi<sup>e</sup> siècle.

5537. Priviléges accordés par les papes et empereurs à l'église d'Arles, des x<sup>e</sup> et xi<sup>e</sup> siècles.

5540. Cartulaire de l'église de Glascow en Ecosse, copié en 1697.

5615 et 5646. L'origine et les progrès, etc., de la congrégation de Sainte-Justine de Padoue, ordre Saint-Benoît, depuis l'an 1409, jusqu'en 1619, du xv<sup>e</sup> au xvii<sup>e</sup> siècle.

5648. Cartulaire de l'abbaye de Morigny, ordre Saint-Benoît, proche Estampes, diocèse de Sens, depuis l'année 1085, jusqu'en 1258, écrit au xiii<sup>e</sup> siècle.

5649. Cartulaire de l'abbaye de Tenailles, ordre de Saint-Benoît, diocèse de Laon, écrit au xiv<sup>e</sup> siècle.

5650. Cartulaire du monastère de la Sainte-Trinité de Caen, écrit au xiv<sup>e</sup> siècle.

5651. Chronique des abbés et des bienfaiteurs du monastère de Saint-Bénigne de Dijon, au xvi<sup>e</sup> siècle.

5652. Histoire du monastère de Condom, ordre de Saint-Benoît, écrite au xiv<sup>e</sup> siècle.

5654. Catalogue des monastères et des bénéfices dépendants de l'ordre de Cluni, du xvi<sup>e</sup> siècle.

5657. Cartulaire de l'Hôtel-Dieu de Pontoise, à 5 lieues de Paris, du xiv<sup>e</sup> siècle.

5657. A.B.C.D. Registres de la faculté de théologie de Paris, depuis l'an 1030, jusqu'en 1694.

5657. E. Priviléges accordés au titre de docteur en médecine de l'Université de Padoue, par Gabriel Naudé, en 1633.

5661. Collation et taxe des bénéfices de la ville et du diocèse de Tours, écrite au xv⁰ siècle.

5674. Catalogue des abbés et prieurs de l'ordre de Grammont, écrit au xv⁰ siècle.

5682. Catalogue de tous les monastères, et des religieux de l'ordre de Cîteaux, écrit en 1639.

5683. Cartulaire de l'église d'Acey, diocèse de Besançon, ordre de Cîteaux, au xiv⁰ siècle.

5684. Abrégé des fondations du monastère de Jonvilliers, ordre des Prémontrés, diocèse de Toul, écrit au xvi⁰ siècle.

5685 à 5689. Registre d'actes publics, etc., de la faculté de théologie de Paris, depuis l'année 1604, jusqu'en 1622.

5940. La décime des églises de tout le royaume de France; extrait du greffe de la chambre des Comptes, *fol.* 280 et suivant.

5943. A. Catalogue des monastères dépendans de Saint-Martial de Limoges.

5954. Bulle de sécularisation des religieux du monastère de Saint-Emilion, diocèse de Bordeaux, accordée par Clément V.

5956. A. Bulle d'Urbain V, contenant la fondation du prieuré de Ville-claire.—Priviléges accordés par le pape Clément V à l'église de Bordeaux.— Divers priviléges accordés au monastère de Vendôme, par les papes Alexandre II, Grégoire VII, Urbain II et Honoré II.

ANCIEN FONDS FRANÇOIS.

6765. Chartes et actes sur les monasteres de Long-Pont, de Luxeuil en Champagne, sur la fondation et la dotation de la chapelle du Palais ; (bon nombre d'actes) sur le monastere de Cluny, sur ceux de Corbie, de la Grasse, sur l'église de Beauvais, sur le monastere de Bonneval, sur le collége de Navarre de Paris, sur le monastere de Fontevrault, sur celui de Saint-Pierre des Fossés. — Tous ces actes et chartes, etc., sur ces différentes abbayes et églises se trouvent dans l'inventaire des chartes, fait par ordre de Louis XI, par Louis Louet, conseiller au grand conseil.

Cet inventaire des chartes du roi, fait par ordre de Louis XI, par Louis Louet, en 1482, indique une infinité d'autres actes, titres, fondations, hommages, etc., qui regardent les provinces, les princes, les ducs, les comtes, les villes, les évêques, les monasteres et les seigneurs particuliers.

« Ce vol., dit le pere Monfaucon doit être souvent consulté; on y fait un abregé du contenu de chaque acte et de chaque lettre, tantôt plus long, tantôt plus court. Les chartes et les lettres sont en latin. »

8357[14]. Bulles des papes en faveur des ducs et des évêques de Bretagne, tom. 1er. — Fondations de plusieurs abbayes et bénéfices de Bretagne, tom. II, savoir, aux abbayes et couvens de Buzay, de Villeneuve, de Saint-Martin de Verton, de Quimperlé, de la Joye, de Prieres, de l'hôpital de la Chaussée, de Sainte-Croix de Guingamp, de l'église de Léon, de l'abbaye de Mahé, du couvent de St-Mathieu, de l'église de Saint-Michel près Auray, des Carmes du Pont, de Notre-Dame de Folgoët, des cordeliers de Savanet, de la chapelle de Saint-Antoine de Ploërmel, de la chapelle du Champ d'Auray, de la chapelle de Saint-François, de Fontevrault, de Lilledever, du couvent des Chartreux de Nantes : du couvent du Mont-Saint-Michel, du couvent Saint-Morice, de Saint-Antoine de Pade ès fauxbourg de Nantes, de la Chartreuse d'Auray, de la Grande-Chartreuse, de l'abbaye de Saint-Gildas de Ruys, de la chapelle du fauxbourg de Château-Briant.

Toutes ces bulles, actes, titres, etc., se trouvent dans le manuscrit qui a pour titre : Registre de divers actes et titres, etc., copiés sur les originaux qui sont dans les archives du duché de Bretagne, au château de Nantes, vers 1683, in-fol. 12 v. no 8357 [2-13].

8357[15 33]. Plusieurs inventaires avec leurs tables, des chartes de Lorraine, barrois et évêchés de Metz, Toul et Verdun, 19 vol. in-fol.

8357[47]. Affaires ecclésiastiques de l'église de N.-D. de Paris, templiers, reliques et autres matieres, in-fol.

8406. Rentes que le prieuré et le couvent de la Saulçaie ont et prennent chacun en l'hôtel du roi et de la reine.—Noms des archevêques, abbés et abbesses qui ont payé ce qu'ils doivent à messire Jean d'Acre, bouteiller de France.— Noms des abbayes qui doivent charroi au roi, toutes les fois qu'il va en guerre. — Testament d'Abbon, patrice romain, par lequel il a baillé de grands biens à l'abbaye de Novalèse en la vallée de Suze.—Deux chartes des rois Clotaire et Louis, en faveur de l'église de Saint-Etienne de

Lyon, remarquables par leur ancienneté ; autre charte en faveur de la même église, de l'empereur Charles-le-Chauve.

Ces articles se trouvent dans un manuscrit qui a pour titre : registre original de la Chambre des Comptes, contenant plusieurs ordonnances et autres pieces, depuis environ 1229.

9481[2]. Dénombrement des élections et paroisses de Normandie.

9496. Registre des bénéfices du diocèse de Nevers, en 1441, et autres pieces.

9570. Fondation du prieuré de Basville, au diocèse d'Auxerre, en 1328.

9872. Registre de plusieurs chartes et priviléges pour l'église de Lyon.

9873. Copies des titres de l'église de Lyon

9879. Statuts de l'église de la Daurciade de Toulouse.

9879[3]. Constitutions des religieuses de Sainte-Magdeleine nommées Repenties, à Toulouse.

9889. Registre des droits des évêchés de Nice, de Grasse, d'Avignon et autres.

10391[5]. Registre des fondations de l'église de Saint-André, hors la porte de Rouen.

10391[6]. Antiquités et dignités du prieuré de St-Lô de Rouen, par Thomas Avice, curé dudit prieuré, en 1636.

10392[2]. Recueil de contrats de l'abbaye de Cerisy.

10392[3]. Collatéral ou pouillé de l'abbaye de la Couture.

10394[5]. Statuts et regle de l'abbaye des Moniales de Saint-Etienne près de Soissons, de l'ordre de Saint-Augustin.

FONDS DE DUPUY.

673. Extrait d'un vieux cartulaire de l'église de Paris.

FONDS DE LE TELLIER LOUVOIS.

9608[6,7]. Pouillé des bénéfices des abbayes de Doulas, Lagny, Breteuil, Saint-Benigne de Dijon, Saint-Arnould de Crepy, de l'abbaye de Saint-Etienne de Caen, Cluny, Moissac; St-Vaast d'Arras, Vauluisant et Bonnecombé, *in-fol.* 2 *vol.*

9608⁸. Registre contenant en détail les revenus et pouillés des abbayes de Saint-Bénigne de Dijon, Saint-Pierre de Lagny, Notre-Dame de Doulas, Saint-Etienne de Caen, Notre-Dame de Bréteuil ; et du prieuré de Saint-Arnould de Crespy. — Etat des gages et revenus de la charge de grand maître de la chapelle du roi.

10413¹¹⁻¹²⁻¹³⁻¹⁴. Dénombrement des curés et des cures de tout le diocèse de Rheims, *in-4°*. 4 *vol.*

### FONDS DE DE BOZE.

9597⁸. Chartes de fondation de l'abbaye de N.-D. de Bonport et de Saint-Désir de Lizieux. — Charte de fondation de l'abbaye de N.-D. de Lépiney et de Saint-Pierre-sur-Dive. — Cartulaire de l'abbaye de Fontenelle près Honfleur, diocèse de Rouen. — Cartulaire de l'abbaye de Taillefontaine, diocèse de Châlons-en-Champagne. — Monumens de l'abbaye de Saint-Taurin d'Evreux. — Mémoires concernant le prieuré de Saint-Lo de Rouen. — Mémoires, antiquités et choses plus mémorables de l'abbaye de Saint-Pierre de Jumiéges, ordre de Saint-Benoit, congrégation de Saint-Maur, diocèse de Rouen.

9597⁹. Cartulaire de l'abbaye de Blanche-lande, ordre de Prémontré, diocèse de Coutances. — Monumens de l'abbaye de Montebourg, et mémoires pour l'histoire de cette abbaye, diocèse de Coutances. — Mémoires de la fondation de l'abbaye de la Bloutière, diocèse de Coutances. — Monumens dessinés au crayon, du monastère de la Perrine, même diocèse. — Monumens de l'église cathédrale de Coutances, et mémoires sur quelques paroisses dudit diocèse.

9597¹⁰. Recueil de pièces et extraits de divers cartulaires des principales églises de Normandie. — Cartulaire de l'église de Langres. — Titres et monumens de N.-D. de Silly, ordre de Prémontré, diocèse de Seez. — Chartrier de la terre et seigneurie du Grippon, diocèse d'Avranches, avec des monumens enluminés. — Monumens des églises de N.-D. de Savigny et de N.-D. de Cherbourg, diocèse de Coutances et d'Avranches. — Monumens de l'abbaye de Saint-Sauveur le Vicomte, diocèse de Coutances. — Anciennes épitaphes et armoiries enluminées, avec le plan et élévation du frontispice de l'église paroissiale et collégiale de Saint-Malo de Valogne en Basse-Normandie, et des Cordeliers de la même ville, diocèse de Coutances. — Noms des seigneurs et évêques, qui ont occupé le siége de Coutances, tirés du livre noir des archives du chapitre.

9597 11. Cartulaire, monumens et tombeaux de l'abbaye de Fontenay, diocèse de Bayeux.—Titres concernant l'abbaye d'Aulnay, même diocèse.—Monumens et armes enluminées de l'abbaye du Mont-Saint-Michel, diocèse d'Avranches, avec des mémoires pour servir à l'histoire du même monastere.—Monumens de l'abbaye de la Luzerne, ordre de Prémontrés, même diocèse. — Monumens, tombeaux et titres de l'abbaye de Troarn, diocèse de Bayeux.—Armes enluminées telles qu'on les voit dans l'église paroissiale de Ver, avec un extrait d'un des comptes du trésor de ladite église, même diocèse.—Monumens et tombeaux de l'abbaye d'Ardennes près de Caen, même diocèse, avec un règlement de ladite abbaye. — Titres concernant l'abbaye de Barbery, même diocèse.

### FONDS DE LAMARRE.

4283 4. Taxe des bénéfices de France, tant consistoriaux qu'autres.

9364 3. Inventaire des archevêchés, évêchés, bénéfices de France, ordre religieux et taxes en cour de Rome.

9433. A. Inventaire des Chartes de la Sainte-Chapelle de Paris.

9496 4. Mémoires de l'abbaye de la Charte-Dieu, contenant des pieces originales.

9852 5. Cartulaire du prieuré de Belleval, ordre de Saint-Benoît, diocèse de Toul.

10396 3. Mémoires de l'abbaye de Rosoy, ordre de Saint-Benoît, diocèse de Sens.

### FONDS DE BALUZE.

8408 2. Extrait du cartulaire de l'église de Pont-Audemer.— Dans le même volume se trouvent des extraits d'un registre du roi Charles-le-Bel, et de Philippe de Valois, dont l'original est à la chambre des Comptes de Paris, et des extraits d'un registre de Louis XI, qui se trouve à la même chambre.

9496³. Papier terrier et livres de cens et redevances du prieuré de Lieu-Dieu, diocèse de Bourges, dépendant de l'abbaye de N.-D. de Font-Doule, diocèse de Xaintes, en 1549.

10394⁴⁻⁴. Histoire de l'église et du diocèse de Verdun, composée en l'année 1663.

### FONDS DE COLBERT.

7840³⁻³. Les constitutions des sœurs religieuses hospitalieres de Sainte-Elisabeth, princesse de Hongrie, sous la régle de Saint-François.

7841³. Le livre de dubitations et définitions de l'ordre de Citeaux.

8191³⁻³. Constitutions des religieuses de l'ordre de Fontevrault.

8316⁷. Histoire des évêques de Rhodez, par Antoine Bonal.

8353²⁻². Cartulaire du monastere de Saint-Jean du Jard, près Melun, écrit au XIIIᵉ siècle.

8380³. Chronique de la cité et des évêques de Liége, jusqu'en 1575, écrite au XVIᵉ siècle.

9481²². Pouillé des bénéfices de la province de Normandie. — Roolle de la cotisation d'une décime sur tous les bénéfices du diocèse de Limoges, en l'an 1556.

9493⁵ ⁵. A. Cartulaire de la chapelle de Mielville en Hes, du XIVᵉ siècle. Ce cartulaire se trouve dans un manuscrit qui a pour titre : *Registre des fiefs et arrière-fiefs de la comté de Clermont en Beauvoisis.*

9822⁵. Ordonnances touchant les marguilliers laïcs de l'église de Paris, du XVᵉ et du XVIᵉ siècle.

9852³⁻³. Cartulaire de l'église de Langres, du XIVᵉ siècle et suiv.

9861²⁻². Reprises des fiefs de l'évêché de Metz.

9897³. Procès-verbal de la saisie du temporel de l'évêché de Pamiers, en l'année 1547, après la mort de Bernard de Lordat.

10392⁴⁻⁴. Histoire des évêques de Metz jusqu'en l'an 1483, *in-fol.*

MANUSCRITS DE FLANDRES.

*Notices des copies collationnées des titres, chartes, etc., de Languedoc et de Flandres, concernant les églises, monasteres, etc., de cette province.*

44-45. Inventaire de diverses pieces, titres, bulles des papes, etc., concernant les affaires ecclésiastiques dans les Pays-Bas, depuis 1343 jusqu'en 1595.

47. Priviléges et amortissemens des églises et hôpitaux de Flandres, etc.

48-49. Recueil de plusieurs lettres d'amortissement, des quittances de finances, etc., des années 1515 et 1516, au sujet de diverses fondations acquises en faveur de plusieurs églises paroissiales et abbayes situées dans les pays et places cédées au roi par le traité d'Aix-la-Chapelle en 1668.

49. Subsides ecclésiastiques des Pays-Bas, depuis l'an 1436, jusqu'en 1659.

63. Amortissement des églises et beguinages de Lille, exemption du clergé du diocèse de Tournay, en 1537.

64. Temporel de l'evêché de Tournay, de l'église cathédrale et des couvents de la même ville.

65-66-67-68. Recueil historique ecclésiastique de plusieurs pieces et actes concernant les evêques et l'evêché de Tournay, transcrites sur les originaux gardés parmi les archives du trésor des chartes de l'évêché de Tournay, depuis l'an 1077, jusqu'en 1672.

69-70. Fondations faites dans les douze doyennés de l'ancien diocèse de Tournay, depuis le xIIIe siècle, etc.

71. Amortissement des églises du diocèse de Tournay, église de Seclin et autres du même diocèse.

72. Recueil concernant les preuves de la juridiction des evêques de Tournay sur l'abbaye de Saint-Amand.

73. Recueil des titres de l'abbaye de Cisoin, depuis le IXe siècle, jusqu'au XVe inclusivement.

85. Amortissement des églises d'Arras, depuis 1423.

86. Priviléges et amortissemens du diocèse d'Arras, depuis 1265, jusqu'en 1621.

## FONDS DES 500 DE COLBERT.

77. Minute de l'inventaire des papiers et titres de l'evêché de Metz, fait à Vic, l'an 1634, par un commissaire du roi, *in-fol.*
78. Mémoires concernant les evêchés de Metz, Toul et Verdun, *in-fol.*
164. Mémoires touchant l'Université de Paris, et les colléges qui en dépendent, les universités de Rheims, Richelieu et Leyden, *in-fol.*
181. Pouillé des bénéfices de l'archevêché de Rouen — A la fin de ce volume, se lit un dénombrement des archevêchés, évêchés, abbaye et bénélices qui sont à la disposition du roi, avec leur valeur.
190. Inventaire général des titres de l'abbaye du Bec en Normandie, dressé en l'an 1670, avec une table alphabétique des titres.
191. Inventaire général des titres du prieuré de N.-D. de la Charité sur Loire, ordre de Clugny, contenant les droits, tant au spirituel qu'au temporel, dressé par ordre de M. Nicolas Colbert, archevêque de Rouen.
287. Table des choses ecclésiastiques contenues dans les titres de Nevers.— Les titres de Nevers sont nos 281, 282, 283, 284, 285, 286.
314. Actes de la conférence faite en l'abbaye de Saint-André-aux-Bois, en 1579, entre les députés des rois très-chrétien et catholique, touchant la propriété et la feudalité de la châtellenie de Beaurain, etc.
425. Mémoires d'Alsace et des evêchés de Metz, Toul et Verdun, par M. Charles Colbert, depuis l'année 1656, jusqu'en 1663.
440-441. Mémoires concernant les evêchés de Metz, Toul et Verdun, et des bénélices qui en dépendent, depuis 1184, jusqu'en 1654.
500. Recueil de diverses pieces, dont quelques-unes très anciennes et originales. Bulle du pape Alexandre IV, de 1259, aux religieux de l'abbaye de Saint-Denis en France. Fondation du collége des Jésuites à la Fleche, par Henri IV, etc.

### FONDS DE CANGÉ.

8316⁷. Pouillé royal de l'archevêché de Tours, avec les onze évêchés qui en sont suffragans.

### FONDS DE LANCELOT.

E. 2621. Diverses pieces sur les ordres religieux de France. Voy. Portef. de Fontanieu, 526-531.

8316⁷. Usages et coutumes de l'église de Saint-Pierre de Remiremont.

9481²⁻². Histoire de l'abbaye de Saint-Etienne de Caen, ses abbés et leurs blazons enluminés, des Moines et leurs blazons, et des monumens qui y sont, le tout dessiné par Jacques Destouches, sous les ordres de M. Foucault.

9483⁵. Epoque de l'église et des évêques d'Avranches, etc.

9495³. Déclaration du temporel de l'abbaye de N.-D. du Pont-aux-Dames, diocèse de Meaux, depuis 1226.—Extrait original des registres de la chambre des comptes, en 1673.

9368²·². Histoire de l'église de Chartres, par le sieur Duparc.

### FONDS DE DUCHESNE.

9612. A. A. Mémoires concernant les évêques et abbayes de France, commençant par un extrait d'un manuscrit de l'abbaye de Saint-Benoît d'Origny, etc.

9642. L. Anciens statuts et autres pieces concernant l'église et les chanoines de l'église cathédrale de Saint-Pierre de Rennes.

9612. V. Extraits de cartulaires de l'abbaye de Longuay. —Dans le même volume sont des titres de plusieurs maisons de Champagne, et des titres de l'échange fait entre Thibaut, comte de Champagne, et Hugues, comte de Rhetel.

9612. X. Extrait des divers titres, cartulaires des églises de France, et autres titres parmi lesquels est l'extrait du cartulaire de l'église de Marchiennes.

## FONDS DE DUCHESNE ET D'OYENART (1).

Les volumes qui composent ces deux fonds sont au nombre de 61 volumes ou porte-feuilles; ils contiennent une grande quantité de pieces tirées de différens cartulaires des églises et abbayes de France, des chartes entieres ou des extraits d'anciens manuscrits sur l'histoire de France, sur les églises particulieres du royaume, avec plusieurs généalogies de nos rois et de quelques grandes maisons du royaume.

Une partie de ces extraits et pieces se trouvent dans la collection des cinq premiers volumes des Historiens de France, publiés par Duchesne, et dans les différens volumes de généalogies qu'il a aussi publiés.

4. Extraits de cartulaires de diverses abbayes de Bourgogne, dont plusieurs écrits de la main de Duchesne.

7. Porte-feuille contenant des copies de beaucoup de pieces anciennes et de chartes tirées des anciens monasteres de France, comme de Corbie et autres.

8. Extraits de cartulaires de l'église d'Amiens et des Archives de la comté d'Artois, avec un recueil de plusieurs pieces concernant l'histoire de France.

12. Porte-feuille contenant des copies d'anciens titres des églises de Champagne et d'Artois, tome II.

13. Volume contenant des copies des titres de la fondation de plusieurs monasteres, et des donations faites à différentes églises et abbayes.

14. Porte-feuille contenant quelques copies de bulles et autres pieces concernant l'église de Tours.

15. Un volume contenant des extraits de plusieurs cartulaires et martyrologes des églises de Champagne, et en

---

(1) Ce Recueil de manuscrits se trouve dans le cabinet des Titres et Généalogies; il y a été placé comme étant purement généalogique, quoiqu'il contienne quantité de pièces historiques; mais on a préféré de le placer dans ce cabinet, à cause que cette partie y est dominante; on trouve dans ce recueil une infinité de pièces qui n'ont pas encore été employées et qui peuvent servir utilement à ceux qui travaillent à l'histoire de France et à celle des églises du royaume.

La plus grande partie des extraits faits par Oyenart, regardent le royaume de Navarre et le pays de Pau : il est aisé de voir, par le livre qu'a publié ce savant auteur *(Vasconia illustrata)*, combien il avoit fait de recherches sur notre histoire, et en particulier sur celle de ces provinces.

particulier l'extrait du cartulaire de l'abbaye d'Andecy proche Epernay. diocèse de Chalons. Autre extrait du cartulaire de l'Hôtel-Dieu de Rheims : autre extrait du cartulaire du prieuré de Senuc, diocèse de Rheims. Catalogue des évêques d'Amiens, etc.

16. Catalogue des évêques d'Angers, extrait d'un cartulaire de l'église du Mans. Fondation du monastere de Chassagne au fauxbourg de Poitiers. Fondation du prieuré de Mirebeau. Copie d'une charte de 942 en faveur de l'église de Saint-Hilaire de Poitiers.

17. Extraits des cartulaires de Saint-Denys en France, et de celui de Saint-Loup de Troyes.

18. Extraits de divers cartulaires, entr'autres de l'abbaye de Saint-Jean du Jard, de celui de Sainte-Marie de Barbeau, et beaucoup d'autres pieces anciennes.

21. Extraits de quelques cartulaires, savoir, du cartulaire de Saint-Benigne de Dijon, etc.

60. Volume intitulé sur le dos, Actes ecclésiastiques : Recueil de plusieurs extraits de différens cartulaires, comme de Moissac, Bolbonne, Mas d'Azil, etc.

### FONDS DE NOTRE-DAME DE PARIS.

D. 5. Pouillé de bénéfices de Marmoutiers.

E. 5. Cartulaire de l'église de Meaux, écrit sur velin, dans le XIV<sup>e</sup> siècle. In-fol.

E. 5. Cartulaire du monastere de Foigny, dans le diocèse de Laon, ordre de Citeaux, depuis l'an 1221, jusqu'en l'année 1300, au mois de mai, écrit sur velin en différens tems, in-4º.

E. 8. Cartulaire du monastere de Saint-Crepin en Chaye, diocèse de Soissons, depuis 1142, jusqu'en 1266, écrit sur velin, dans le XIII<sup>e</sup> siècle, in-4º. — Il y a un acte à la fin concernant Chauni, de l'an 1166.

H. 2. Cartulaire du monastere de Foigny, diocèse de Laon, ordre de Citeaux, in-8º.

### NOUVELLES ACQUISITIONS.

Archevêques et évêques de France.

Liasse contenant des papiers concernant l'abbaye de Saint-Benigne de Dijon, etc.

Titres et papiers concernant les abbayes de Saint-Bénigne de Dijon, du grand vicariat d'Este, de l'abbaye de Notre-Dame de Breteuil, de Notre-Dame Doulas, de Saint-Pierre de Lagny, de Saint-Etienne de Caen, de l'archevêché de Rheims, de l'abbaye de la même ville et de celle de Bonnefontaine.

Plusieurs volumes et pièces des actes du Consistoire de l'église réformée de Nismès, depuis 1560, jusqu'en 1663, in-fol.

Mémoire concernant le prieuré de Poissy.

Plusieurs titres, etc., des chapitres, etc., de Saint-Severin de Bordeaux, prieuré de Sainte-Livrade, diocèse d'Agen, cure de Bordeaux, cure de Boureze, Sarlat, etc.

Porte-feuille concernant les communautés religieuses et les paroisses de la ville et du diocèse de Rheims.

Deux liasses de parchemins, contenant, l'une, des titres et papiers de l'archevêché de Rheims, depuis 1642, jusqu'en 1701; l'autre, trente-trois pièces et plus sur le diocèse et les doyennés de Rheims, des années 1681, 1682, 1633, 1684 et 1685.

Collection de chartes concernant la ville de Perpignan, etc., partie du xiiie siècle, partie du xive, vol. in-4°, parchemin relié en bazane marbrée.

### FONDS DE DOAT (1).

Notices des copies collationnées des Titres, Chartes et Cartulaires, faites par ordre de M. Colbert, par le président Doat, d'après les titres originaux trouvés dans les Chambres des Comptes et Archives des archevêchés, évêchés, abbayes, prieurés, etc., des provinces de Guyenne, Languedoc et pays de Foix.

1, 2. Inventaire des titres des archives du château de Pau, 2 vol.
3. Inventaire des titres des diocèses de Narbonne et Béziers, 1 vol.
4. Inventaire des titres de Carcassonne, 1 vol.

(1) Tous les volumes qui composent le Fonds de Doat, sont de forme *in-folio* et presque tous reliés en maroquin aux armes de Colbert. *V.* Fonds de Doat.

5. Inventaire des titres des diocèses de Toulouse, Montauban, Lavaur, Mirepoix, Auch et Tarbes, 1 vol.
6. Inventaire des titres des diocèses d'Alby et Cahors, 1 vol.

### AFFAIRES GÉNÉRALES DE FRANCE.

7-10. Affaires de France, depuis 811 jusqu'en 1585, 4 vol.

### AFFAIRES ECCLÉSIASTIQUES EN GÉNÉRAL.

11-15. Affaires ecclésiastiques de France, depuis 1170, jusqu'en 1584, 5 volumes.

### CROISADES ET ORDRES RELIGIEUX.

16. Croisades, depuis 1245, jusqu'en 1405. — Ordres religieux en général, depuis 1321, jusqu'en 1553, 1 volume.
17. Ordres de Cîteaux et Clairvaux, depuis 1088, jusqu'en 1488. — Ordre de Cluny, en 1182, 1262 et 1289. — Ordre de Grammont, en 1092 et 1317, 1 volume.
18-19. Ordre des Freres-Prêcheurs, depuis 1225, jusqu'en 1629. — Ordre des Freres-Mineurs, depuis 1265, jusqu'en 1523. — Ordre des religieuses de l'Annonciade de Bourges et d'Alby, en 1514, 2 volumes.
20. Ordre des Augustins, depuis 1243 jusqu'en 1565. — Ordre des Carmes, depuis 1267 jusqu'en 1533, 1 volume.

### MÉMOIRES, ETC., CONCERNANT LES HÉRÉTIQUES ALBIGEOIS.

21-26. Interrogatoires et sentences, depuis 1165 jusqu'en 1278, 6 volumes.
27-28. Sentences des Inquisiteurs, depuis 1318, jusqu'en 1329, 2 volumes.
29-30. Formules des lettres, sentences et autres actes de l'Inquisition, 2 volumes.
31-35. Diverses pieces concernant les hérétiques Albigeois, depuis 1209, jusqu'en 1635, 5 volumes.

### DIVERS TRAITÉS CONTRE LES ALBIGEOIS.

36-37. Pieces concernant les Juifs, depuis 1242, jusqu'en 1315, 2 volumes.

CONTRATS DE MARIAGES ET TESTAMENTS.

38, 39. Contrats de mariages, depuis 1157, jusqu'en 1489, 2 volumes.

40-46. Testamens, depuis 930, jusqu'en 1634, 7 volumes.

PROVINCES ECCLÉSIASTIQUES.

*Narbonne.*

47. Vicomté de Narbonne, hommages et sermens de fidélité de Narbonne, depuis 1110, jusqu'en 1432, 1 volume.

48, 49. Vicomté de Narbonne, ventes et échanges, depuis 1035 jusqu'en 1655, 2 volumes.

50-54. Ville de Narbonne, depuis 1166 jusqu'en 1561, 5 volumes.

55-56. Cathédrale de Narbonne, depuis 816, jusqu'en 1547, 2 volumes.

57. Eglise collégiale de Saint-Paul de Narbonne, depuis 868, jusqu'en 1616, 1 volume.

58. Religieuses de la ville de Narbonne. — Prieuré de Saint-Benoît, Freres-Prêcheurs, Cordeliers, Augustins, abbaye de Caunes, ordre de Saint-Benoît, depuis 787 jusqu'en 1468 : ville de Limoux, en 1226, 1318 et 1369. — Religieux de la milice du Temple, du diocèse de Narbonne, années 1258, 1259, 1260, 1261 et 1292, 1 volume.

59. Abbaye de Fontfroide, ordre de Citeaux, depuis 1114, jusqu'en 1546, 1 volume.

*Beziers.*

60. Ville de Beziers, abbaye et église collégiale de Saint-Ambroise, depuis 1175 jusqu'en 1651. — Abbaye de Saint-Pierre de Joncels, ordre de Saint-Benoît, en 1135, 1321 et 1503. — Abbaye de Villemagne, en 1205 et 1210. — Freres-Prêcheurs, Carmes, Augustins et Cordeliers de Beziers, religieuses de Sainte-Claire, en 1260, 1 volume.

61-63. Evêché et cathédrale de Beziers, depuis 878, jusqu'en 1616, 3 volumes.

## Carcassonne.

64. Ville de Carcassone, depuis 876; jusqu'en 1608. Frères Prêcheurs, Carmes et Augustins de Carcassone. Acte sur la possession du Saint-Suaire; 1 volume.
65. Evêché et cathédrale de Carcassonne, depuis 926 jusqu'en 1607, 1 volume.
66-68. Abbaye de la Grace, ordre Saint-Benoit, depuis 802, jusqu'en 1646, 3 volumes.
69. Ville de Montolieu, diocèse de Carcassonne, depuis 1378; jusqu'en 1513. — Abbaye de Montolieu, ordre Saint-Benoît, depuis 815 jusqu'en 1565, 1 volume.
70. Abbaye de Villelongue, ordre de Citeaux, depuis 1145, jusqu'en 1428, 1 volume.
71. Abbaye de Saint-Hilaire, ordre de Saint-Benoit, depuis 850 jusqu'en 1509. — Ville de Montival, depuis 1310, jusqu'en 1602. — Frères de la Penitence de Montival, en 1264. — Collégiale de Saint-Vincent de Montival, depuis 1317, jusqu'en 1542. — Carmes de Montival, en 1294, 1362 et 1590, 1 volume.

AUTRES SUFFRAGANS DE NARBONNE.

*Agde; Aleth, Lodève; Montpellier; Nismes; Saint-Pons et Usez.*

72. Ville et évêché d'Agde depuis 1214 jusqu'en 1444. — Eglise de Saint-Jean-Baptiste et de Saint-Jean-l'Evangéliste de Pezenas, diocèse d'Agde, érigée en collégiale, en 1600. — Abbaye de Sainte-Marie d'Aleth, en 1155 et 1176. — Ville et évêché de Lodeve, en 1290, 1400 et 1430. — Ville et évêché de Montpellier, autrefois Maguelonne, depuis 1208 jusqu'en 1376. — Evêché de Nismes, en 1228. — Abbaye de Psalmodi, en 1248. — Evêché de Saint-Pons de Tommieres, depuis 1078 jusqu'en 1502. — Abbaye d'Aniane, diocèse de Montpellier, donation faite à l'évêque d'Uzès, en 1214; 1 vol.

PROVINCE DE TOULOUSE, VILLE ET RELIGIEUX.

73. Ville de Toulouse, depuis 854 jusqu'en 1553. — Prieuré

de la Daurade, ordre de Saint-Benoît, depuis 1077, jusqu'en 1535.—Maisons des Augustins, Carmes, Frères-Prêcheurs, Frères-Mineurs et Sœurs-Mineures de Toulouse, 1 vol.

74. Lettres d'Alphonse, comte de Toulouse, depuis 1229, jusqu'en 1271, 1 vol.

75. Reconnoissances des anciens comtes de Toulouse, et homages rendus depuis 1229, jusqu'en 1303, 1 vol.

76-80. Abbaye de Grand-Selve, ordre de Citeaux, depuis 1113 jusqu'en 1514. — Abbaye d'Eaunes, ordre de Citeaux, en 1270, 5 vol.

### Lavaur.

81. Ville et évêché de Lavaur, depuis 1254, jusqu'en 1526. — Abbaye de Soreze, ordre de Saint-Benoît, château de Puy-Laurens, en 1263, 1 vol.

### Mirepoix, Montauban et Castel.

82. Évêché et cathédrale de Mirepoix, depuis 1317, jusqu'en 1553.—Ville et seigneurs de Mirepoix, depuis 1207, jusqu'en 1577.—Abbaye de Saint-Michel de Cusan, ordre de Saint-Benoît, diocèse d'Elne, aujourd'hui Perpignan, jusqu'en 1263, 1 vol.

83-86. Abbaye de Bolbonne, ordre de Citeaux, depuis 962, jusqu'en 1605, 4 vol.

87-88. Ville de Montauban, depuis 1144, jusqu'en 1601, 2 vol.

89-90. Abbaye de Saint-Théodard, ordre Saint-Benoît, depuis 1121, jusqu'en 1317, qu'elle fut érigée en évêché.— Évêché et cathédrale de Montauban, depuis 1317, jusqu'en 1600.—Collégiale de Saint-Etienne de Tescon, depuis 1248, jusqu'en 1523, 2 vol.

91-92. Abbaye de Belleperche, ordre de Citeaux, depuis 1164, jusqu'en 1558.—Ville et prieuré de Castel-Sarrasins, depuis 1235, jusqu'en 1598, 2 vol.

### Pamiers, Tarascon, etc.

93 à 95. Ville de Pamiers, depuis 1232, jusqu'en 1546, 1 vol. —Abbaye de Saint-Antonin de Pamiers depuis 1111, jus-

qu'en 1294, qu'elle fut érigée en évêché. — Evêché et cathédrale de Pamiers, depuis 1294, jusqu'en 1581. — Ville de Tarascon en Foix, depuis 1282, jusqu'en 1468.—Bastide de Seron, dit Montesquieu en Foix, depuis 1252, jusqu'en 1427, 2 vol.

### *Foix, Lectoure, etc.*

96. Ville de Foix, depuis 1244, jusqu'en 1594.—Abbaye de Saint-Volusien de Foix, ordre de Saint-Augustin, depuis 1144, jusqu'en 1549, 1 vol.

97. Abbaye de Saint-Etienne du Mas d'Azil, ordre Saint-Benoît, autrefois du diocèse de Toulouse, puis de Pamiers en 1294, et à présent du diocèse de Rieux, depuis 1075, jusqu'en 1372.—Abbaye de Combelongue en Foix, ordre de Prémontré, diocèse de Couserans, en 1254, 1272 et 1302.—Abbaye de Saint-Orens de la Réole, ordre Saint-Benoît, diocèse de Tarbes, depuis 1009 jusqu'en 1494. — Abbaye des Filles de Salonques, ordre de Citeaux, diocèse de Rieux, fondée en 1353, et depuis ruinée par les hérétiques.—Ville de Lectoure, depuis 1294, jusqu'en 1447, 1 vol.

### *Saint-Papoul, Rieux.*

98 à 102. Prieuré de Proüille, religieuses de l'ordre de Saint-Dominique, autrefois du diocèse de Toulouse, puis de Pamiers, en 1294, et depuis 1317 de Saint-Papoul, depuis 1207, jusqu'en 1388.—Abbaye de Saint-Pierre de Lezat, ordre de Cluni, autrefois du diocèse de Toulouse, et depuis 1317 de celui de Rieux, depuis 726 ou environ, jusqu'en 1549, 5 vol.—Abbaye du Mas d'Azil, à présent du diocèse de Rieux. *Voyez* ci-dessus n° 97.

### PROVINCE D'ALBY.

103-104. Ville d'Alby, depuis 1220, jusqu'en 1615, 2 vol.

105-112. Evêché et cathédrale d'Alby, depuis 924, jusqu'en 1608, 8 vol.

113. Collégiale de Saint-Sauve, d'Alby, depuis 1075, jusqu'en 1591. — Freres-Prêcheurs, Cordeliers et Carmes d'Alby.—Prieuré de Notre-Dame de Fargues d'Alby, fondé en 1333, et donné en 1506, aux religieuses de l'Annon-

ciade, depuis 1333, jusqu'en 1571.—Religieuses de l'Annonciade établies à Rabasteens, diocèse d'Alby, en 1618, 1 vol.

114-115. Abbaye de Candeil, ordre de Citeaux, diocèse d'Alby, depuis 1153, jusqu'en 1586, 2 vol.

116. Ville de Gaillac, depuis 1221, jusqu'en 1517.—Abbaye de Saint-Michel de Gaillac, ordre de Saint-Benoit, depuis 972, jusqu'en 1537, 1 vol.

117. Diocèse d'Alby, Lisle et Rabasteens, jusqu'en 1434. — Ville et église de Castres, diocèse d'Alby, jusqu'en 1317, puis évêché jusqu'en 1533. — Abbaye des religieuses de Villemur, ordre de Citeaux, autrefois du diocèse d'Alby, et à présent de celui de Castres.—Evêché de Mende, transaction de l'an 1306.—Guienne et Bourdeaux, depuis 1313, jusqu'en 1515.—Evêché et église d'Agen, en 1270 et 1306. —Abbaye de Condom, ordre de Citeaux, du diocèse d'Agen, et puis évêché en 1317. — Eglise cathédrale de Saintes (province de Bourdeaux), en 1476.—Bourdeaux et Bourges se disputant la suprématie (elle est adjugée à l'archevêché de Bourges). — Eglise de Bourges, en 1289 et 1341. — Prieuré de Cabrespine, ordre de Saint-Benoit, diocèse de Rhodez, dépendant de l'abbaye de la Chaise-Dieu de Clermont, 1290.—Abbaye de la Chaise-Dieu, diocèse de Clermont, ordre de Saint-Benoit, en 1306 et 1402.— Abbaye de Manlieu, ordre de Saint-Benoit, diocèse de Clermont, jusqu'en 1226. — Evêché et église du Puy ou Velay, depuis 1080, jusqu'en 1256, 1 vol.

*Cahors, etc.*

118-119. Ville de Cahors, depuis 1203, jusqu'en 1509, 2 vol.

120. Evêché et cathédrale de Cahors, depuis 1166, jusqu'en 1621, 1 vol.

121. Eglises de Cahors, collége de Saint-Etienne de Rhodez, fondé à Cahors, par Bernard de Rhodez, archevêque de Naples, en 1371, jusqu'en 1601.—Augustins et Freres-Prêcheurs de Cahors, jusqu'en 1483, 1 vol.

122. Université de Cahors, depuis 1332, jusqu'en 1538. — Collége Pellegny, fondé à Cahors, par Raymond et Hugues Pellegrini freres, depuis 1331, jusqu'en 1530.

123. Prieuré de Carennac, ordre de Cluny, depuis 1175, jusqu'en 1442.—Abbaye de Marcillac, ordre de Saint-Be-

noît, depuis environ 1100, jusqu'en 1594. — Prieuré des Filles de l'Hôpital de Beaulieu, ordre de Saint-Jean de Jérusalem, depuis 1250, jusqu'en 1661, 1 vol.

124. Prieuré des Filles du Val de Paradis d'Espagnac, ordre de Saint-Augustin, depuis 1218, jusqu'en 1531.—Abbaye des Filles de Leime, autrement de la Grace-Dieu et du Désert, ordre de Cîteaux, depuis 1213, jusqu'en 1435. — Prieuré des Filles de l'Islac, tiré de l'abbaye de Leime, depuis 1241, jusqu'en 1493. — Prieuré de Saint-Antonin, ordre de Saint Augustin, diocèse de Rhodez, depuis le roi Pepin, jusqu'en 1521, 1 vol.

125. Ville de Figeac, depuis 1318, jusqu'en 1471.—Freres-Prêcheurs et Carmes de Figeac. — Ville de Capdneac, depuis 1214, jusqu'en 1446.— Eglise de Notre Dame-de-Roquemadour, depuis 1193, jusqu'en 1613, 1 vol.

126. Abbaye de Saint-Sauveur de Figeac, ordre de Cluny, depuis 755, jusqu'en 1556. — Prieuré de Fons, ordre de Cluny, dépendant de l'abbaye de Figeac, depuis 939, jusqu'en 1493, 1 vol.

127. Ville de Moissac, diocèse de Cahors, depuis 1197, jusqu'en 1519, 1 vol.

128 à 131. Abbaye de Saint-Pierre de Moissac, ordre de Cluny, depuis 673, jusqu'en 1618. — Titres concernant l'Abbaye de Campredon en Catalogne, dépendant de l'abbaye de Moissac, depuis 1017, jusqu'en 1202, 4 vol.— Ville de Cajarc, diocèse de Cahors. *Voy.* n° 137.

### Rodez.

132. Ville de Rodez, depuis 1290, jusqu'en 1589. — Prieuré de Saint-Aurans de Rodez, depuis 1268, jusqu'en 1489.— Hôpital du Pas, depuis 1190, jusqu'en 1447. — Freres-Prêcheurs et Cordeliers de Rodez, jusqu'en 1484.—Abbaye des Filles de Saint-Sernin de Rodez, ordre de Saint-Benoît, depuis Louis le Débonnaire, jusqu'en 1529, 1 vol.

133. Evêché et cathédrale de Rodez, depuis 1051, jusqu'en 1567, 1 vol.

134 à 136. Domerie ou hôpital de Sainte-Marie d'Aubrac, ordre de Saint-Augustin, jusqu'en 1635.—Abbaye de Loc-Dieu, ordre de Cîteaux, depuis 1124, jusqu'en 1532, 3 vol.

137. Prieuré ou église collégiale de Notre-Dame de Beaumont, ordre de Saint-Augustin, depuis 1240, jusqu'en

1607. — Prieuré des Augustins de Saint-Geniez, jusqu'en 1430. — Prieuré ou église paroissiale de Notre-Dame de Senhac. — Ville de Cajarc, diocèse de Cahors, jusqu'en 1468. 1 vol.

138-139. Abbaye de Bonne-Combe, ordre de Citeaux, depuis 1168, jusqu'en 1531, 2 vol.

140 à 142. Abbaye de Notre-Dame de Bonneval, ordre de Citeaux, depuis 1161, jusqu'en 1630, 3 vol.

143-144. Abbaye de Sainte-Foi de Conques, ordre de Saint-Benoît, diocèse de Rodez, depuis sa fondation, jusqu'en 1571. — Prieuré de Coulommiers en Brie, dépendant de l'abbaye de Conques, depuis le temps du roi Robert, jusqu'en 1488, 2 vol.

145. Ville de Millau, diocèse de Rodez, depuis 1070, jusqu'en 1587, 1 vol.

146. Ville de Najac en Rouergue, diocèse de Rodez, depuis 1255, jusqu'en 1500. — Ville de Saint-Antonin, diocèse de Rodez, depuis 1085, jusqu'en 1601, 1 vol. — Prieuré de Saint-Antonin. *Voy.* après le Prieuré d'Espagnac, n° 124. — Prieuré Cabrespine. *Voy.* après l'église de Bourges, n° 117.

147. Ville-Franche, en Rouergue, diocèse de Rodez, depuis 1256, jusqu'en 1588, 1 vol.

*Vabres.*

148. Evêché et église de Vabres, depuis sa fondation, jusqu'en 1560, 1 vol.

149. Ville de Sainte-Afrique, en Rouergue, depuis 1238, jusqu'en 1453. — Abbaye des Filles de Nonenque, ordre de Citeaux, depuis 1139, jusqu'en 1440. — Abbaye de Nant, ordre de Saint-Benoît, autrefois du diocèse de Rodez, à présent de celui de Vabres, depuis 1096, jusqu'en 1539, 1 vol.

150-151. Titres concernant l'abbaye de Salvanés, depuis l'an 1096, jusqu'en 1539, 2 vol.

PROVINCES ECCLÉSIASTIQUES

*D'Auch, d'Arles, d'Aix et d'Avignon.*

152. Abbaye de la Case-Dieu, ordre de Prémontrés, diocèse

d'Auch, depuis 1284, jusqu'en 1473. — Eglise de Saint-Pierre de Vie, diocèse d'Auch. — Abbaye de la Grace-Dieu, ordre de Prémontrés, au diocèse d'Aix. — Abbaye de Combelongue, au diocèse de Conserans.—Ville de Lectoure. *Voy.* après l'abbaye du Mas d'Azil, n° 96.—Abbaye de Saint-Sauveur de Bidasche, ordre de Prémontrés, diocèse de Bayonne, évêché et chapitre de Courevans, un acte de l'an 1256. — Abbaye de Saint-Ovens de la Réole, diocèse de Tarbes. *Voy.* après l'Abbaye du Mas d'Azil, n° 97. —Prieuré du Madiran, au diocèse de Tarbes, uni au collége des Jésuites de Toulouse.—Eglise de Sainte Quiterie, au diocèse de Tarbes, en 1324.—Freres-Prêcheurs et religieuses de Saint-Barthelemy d'Aix, en 1544.—Abbaye de Saint-Victor de Marseille, depuis 1270, jusqu'en 1533. — Don de la moitié de la justice de la ville de Saint-André-lèz-Avignon, fait au roi saint Louis, en 1226, par l'abbé de Saint-André. — Ordonnances faites par les capitaines d'armes des Florentins, sur le fait de leur milice, en 1290, 1 vol.

### HOMMAGES DE LANGUEDOC.

153 à 160. Ordonnances, hommages et reconnoissances de Languedoc, depuis 1068 jusqu'en 1569, 8 vol.

### BRETAGNE, LORRAINE, CATALOGNE.

161. Bretagne, depuis 1306, jusqu'en 1482. — Bar et Lorraine, depuis 1409, jusqu'en 1508.—Evêché, église et abbaye d'Urgel en Catalogne, depuis 969, jusqu'en 1215, 1 vol.

162. Evêché et église d'Urgel, depuis 1231, jusqu'en 1428. —Ville et évêché de Vic en Catalogne, depuis 1224, jusqu'en 1398, 1 vol.

### CASTILLE, ARAGON, MAJORQUE.

163. Castille, Aragon et Majorque, depuis 1178, jusqu'en 1527, 1 vol.

### TITRES DE FOIX.

164. Inventaires des titres du trésor de Foix et d'Armagnac, 1 vol.

165 à 240. Titres concernant les comtes de Carcassonne et

vicomtes de Beziers, les comtes de Foix, d'Armagnac et d'Albret, et les rois de Navarre, depuis 960, jusqu'en 1612, 76 vol.

241. Inventaires des titres de Périgord et de Limoges, 1 v.
242 à 246. Titres des comtes de Périgord et vicomtes de Limoges, alliés depuis aux maisons de Foix et d'Albret, depuis 1226, jusqu'en 1574, 5 vol.
247. Titres des vicomtes de Lomagne et d'Auvillar, alliés aux maisons de Foix et d'Albret, jusqu'en 1343, 1 vol.
248. Titres des vicomtes de l'Autrive, depuis 1181, jusqu'en 1557.—Titres des comtes de Dreux, depuis 1180, jusqu'en 1515, 1 vol.
249 à 251. Inventaire des titres des archives de la Trésorerie de Toulouse, 3 vol.
252 à 254. Inventaires des titres et archives de Carcassonne, 3 vol.
255 à 257. Inventaire des titres de la sénéchaussée de Nismes, 3 vol.
258. Registre des délibérations politiques de la maison consulaire de Nismes, depuis 1621, jusqu'en 1628, au mois de juillet, 1 vol.

FONDS DE DUFOURNY.

Après la mort de M. Caille Dufourny, auditeur des comptes de Lorraine, homme distingué par la parfaite connoissance qu'il avoit des anciens titres et de toutes les pieces historiques de cette Chambre, son exécuteur testamentaire apporta, à la fin de 1713, à M. l'abbé de Louvois, alors bibliothécaire du roi, l'inventaire des titres, papiers, actes et renseignemens des duchés de Lorraine et de Bar, fait et dressé en exécution des ordres de Sa Majesté par M. Dufourny lui-même, pendant les années 1697 et 1698; il étoit contenu en six grands porte-feuilles ou volumes avec deux autres pour les tables. Ce recueil joint à ceux que le roi avoit déja, et qui venoient de Chantereau le Fevre et de M. de Bretonvilliers, ne laissoient presque rien à désirer pour la connoissance des affaires de la Lorraine; mais d'abondantes moissons arrivées depuis environ trente ans, jointes à ce que la Bibliotheque avoit déja, firent connoitre qu'il n'y avoit alors plus rien à désirer sur l'histoire de cette province; et qu'on étoit parvenu à réunir en titres originaux, scellés, tout ce qui pouvoit y avoir d'intéressant sur l'histoire générale et particuliere, tant civile, politique, qu'ecclésiastique. Ce recueil inappréciable dans toutes ses parties, auquel ont travaillé MM. Lancelot, Dusuel et autres, contient en outre un bon nombre de cartulaires, et titres originaux scellés, bien intéressans pour beaucoup de familles illustres de cette province, comme fiefs, droits seigneuriaux, droits domaniaux et autres (1).

### FONDS DE LOUVOIS.

L'abbé de Louvois, mort bibliothécaire du roi, légua par son testament ses livres manuscrits à la Bibliotheque de Sa Majesté, comme une marque du désir qu'il avoit toujours eu de la perfectionner; il ordonna que l'on y remit aussi ceux d'entre ses livres imprimés qui pourroient n'y être pas. Ces manuscrits sont au nombre de 300 volumes presque tous récens; ils contiennent environ 100 volumes de dépêches, mémoires et négociations, depuis 1640 jusqu'en 1660, un bon nombre de procès-verbaux des assemblées du clergé, dix volumes de Mémoires concernant les généralités du royaume, 32 porte-feuilles ou boëtes remplis de papiers concernant les affaires d'Etat, depuis l'année 1649 jusqu'en 1699, plusieurs volumes des registres du Châtelet de Paris, originaux écrits sur velin, et plusieurs porte-feuilles et liasses où sont renfermés des papiers de famille et autres (2).

### FONDS DE LA MARE.

Les manuscrits qui composent le fonds de la Mare, sont au nombre de 600 volumes et plus; ils viennent de la suc-

---

(1) Les volumes relatifs à la Lorraine et provenant de M. de Bretonvilliers sont au nombre de vingt-huit et portent les nos 8,557, 15 à 42. Les neuf premiers volumes contiennent l'inventaire du trésor des chartes de Lorraine. Les autres touchent aux droits et reclamations du Roi sur la Lorraine, le Barrois et Metz en particulier.
Les travaux et portefeuilles de Chanterau-Lefevre sont aujourd'hui reliés sous les nos 9, 597, 2, 25, 26, 27, 28 et 29).
Pour la collection de Lancelot, sur la Lorraine, elle forme environ 600 portefeuilles in-fo et in-4o, non reliés et placés dans les salles Freret et Joly de Fleury.
Les volumes de Dufourny sont conservés à la suite de Dupuy, en 6 volumes tres-gros, reliés. Éd.
(2) Le fonds Letellier-Louvois est placé dans la galerie Mazarine, deuxième travée, entre la deuxième et la troisième fenêtre. Éd.

cession du célebre Philibert de la Mare, conseiller au parlement de Bourgogne, homme de beaucoup d'érudition et connu par quelques ouvrages historiques qu'il a donnés au public. Après sa mort, son fils, conseiller au même parlement, vendit cette bibliotheque à un libraire de Paris; celui-ci mit à part les manuscrits, et les avoit revendus à un libraire de Hollande. Le Régent en fut informé, et ne voulant pas permettre que ce recueil de manuscrits passât dans les pays étrangers, les fit arrêter par son ordre, presque dans l'instant même qu'on les alloit faire partir. Le dernier acquéreur fut remboursé de ce qu'ils lui avoient coûté, et ils furent remis à la Bibliotheque du roi en 1718. Ces différens manuscrits sont tous très-précieux pour l'histoire de France, et contiennent plusieurs traités particuliers sur l'origine des charges, offices et dignités de France (1).

### FONDS DE BALUZE.

En 1719 le roi fit l'acquisition du précieux cabinet du célebre Baluze, mort l'année précédente : ce savant avoit eu la direction de la magnifique bibliotheque de M. Colbert, dès l'an 1662. La passion que M. Baluze avoit naturellement pour les livres, s'étoit réunie en lui au besoin qu'il eut de faire de grandes recherches pour les ouvrages qui ont rendu son nom si célebre dans la république des lettres. Il s'étoit formé une bibliotheque riche en livres imprimés, rare et précieuse en manuscrits. Les imprimés furent vendus à l'enchère, et les manuscrits furent achetés pour la Bibliotheque du roi. M. l'abbé Bignon en conclut le marché suivant les intentions et les ordres du duc d'Orléans, et les engagemens que M. l'abbé de Louvois avoit pris pour les procurer au roi, après que dom Bernard de Montfaucon, bénédictin, et le père le Long de l'Oratoire, chargés de les examiner, en eurent fait l'estimation. Ces manuscrits sont au nombre de mille (2), sans compter une très-grande quantité de chartes originales, bulles et plusieurs pieces détachées, toutes très-précieuses, parmi lesquelles on distingue :

---

(1) Placés dans la galerie Mazarine, quatrième travée, du côté des fenêtres. Éd.
(2) Placés dans la galerie Mazarine, en face des fenêtres. Les chartes, titres et documens dont on parle ensuite, composent ce qu'on appelle aujourd'hui *les Armoires Baluze*. Elles sont placées dans les chambres hautes, à la suite des *Fonds Monastiques*. Éd.

1° Environ 258 bulles des papes.

2° Des chartes originales, des conciles et statuts de l'ordre de Cluni, au nombre de plus de 220. Des lettres concernant diverses autres abbayes, églises, monasteres, etc., avec des quittances des services communs du pape et des cardinaux, décimes, affaires ecclésiastiques, depuis le neuvieme siècle jusqu'au quinzième.

3° Nombre de chartes des rois de France, dont plusieurs regardent les monnoies; ces chartes commencent à Louis le Débonnaire et finissent à Louis XI.

4° Lettres, actes, titres, etc., de différens rois, comtes, ducs, abbés et autres, concernant la Catalogne, l'Arragon et Maillorque.

5° Lettres, actes, conciles, réglemens concernant le Languedoc, donnés par des rois, ducs, seigneurs, abbés et autres.

6° Titres des maisons de la Jugie, dans laquelle il y a eu deux cardinaux.

7° Un recueil de mélanges contenant lettres, décrets, ordonnances, testamens, délibérations, etc., des rois Philippe le Hardi, Louis comte de Flandres, des comtes de Forcalquier, de Charles II, roi de Sicile, de l'empereur Henri VII, de Jean, cardinal de Clermont, de Raoul, sire de Sendelay, trésorier d'Angleterre, de l'empereur Ferdinand au pape, de Galeas Marie Sforce, vicomte de Milan, des universités de Paris, d'Orléans, d'Avignon, de Guillaume d'Auvergne, évêque de Paris, et autres.

8° Plusieurs recueils d'un grand nombre de lettres originales du duc d'Orléans Gaston, des cardinaux de Richelieu et Mazarin, et de plusieurs autres ministres, agens et autres.

9° Onze grands rouleaux de pieces originales contenant :

1. Des réglemens pour l'Agennois et le Quercy, faits par Guy, Fulcod et autres commis d'Alphonse, comte de Poitiers.

2. Recette de dépense des domaines du roi, où il y a beaucoup de choses curieuses pour l'histoire de ce tems-là, en l'année 1304.

3. Mises et dépenses pour le voyage de Charles, comte de Valois, empereur de Constantinople.

4. Articles sur lesquels les chevaliers de l'Ordre du Roi doivent être interrogés par ordre du pape, année 1309.

5. Interrogatoire des chevaliers templiers en Auvergne.

6. Autre interrogatoire des Templiers, au diocèse de Nismes.

7. Lettres de Gilles, archevêque de Narbonne, de l'an 1309, touchant les biens des Templiers, qui avoient été usurpés.

8. Comptes des taxes levées sur les usuriers.

9. Inventaire des livres du roi Charles V, qui étoient au Louvre, en trois chambres, fait et dressé par Gilles Mallet, en 1373.

10. Griefs du maréchal de Boucicaut, seigneur de Bourbon, en Provence, présentés à la reine, comtesse de Provence, en l'année 1394.

10° Plusieurs gros paquets et volumes des ouvrages du célèbre de Marca, archevêque de Paris, dont quelques-uns sont écrits de la propre main de ce savant prélat.

#### FONDS DE DE MESMES.

Au mois de février 1731, les manuscrits qui avoient fait partie de la bibliotheque de M. le premier président de Mesmes, entrerent dans celle du roi; madame la duchesse de Lorge, et madame la marquise d'Ambré, filles et héritieres de M. de Mesmes, les céderent au roi pour le prix auquel ils furent estimés par M. l'abbé Sallier, alors garde de la Bibliotheque du roi. Ces manuscrits, que l'on peut ranger sous trois classes, étoient au nombre de plus de six cents volumes. Les uns contenant les traités de paix et d'alliance avec les différentes puissances de l'Europe; des mémoires sur les forces et sur l'état de chaque nation, sur les droits et les prétentions du roi, des ambassadeurs; des négociations, entr'autres celles de l'illustre comte d'Avaux, depuis 1628 jusqu'en 1650, avec quelques autres pieces qui ont rapport aux affaires étrangeres, furent aussitôt réunis au dépôt des affaires étrangeres. La seconde classe comprend des monumens historiques pour la France et pour les États voisins, et un recueil considérable de traités de jurisprudence, savoir, décisions des Cours souveraines, arrêts, réglemens, etc., pour les officiers de justice et autres; avec quelques états des maisons des rois, reines, princes et princesses de France. C'est dans cette classe, qui est la plus nombreuse, que sont les 22 volumes des mémoires originaux de la Ligue commençant en l'année 1579 jusqu'en 1595. La troisième classe comprend les manuscrits de littérature grecque et latine, d'auteurs sacrés et profanes; parmi les manuscrits de cette derniere classe, il y en a de très-précieux par leur antiquité et rareté. Tous les différens manuscrits qui composent ce fonds, sont reliés en demi-reliure avec les dos en bazane sur lesquels se voit le chiffre de M. de Mesmes : parmi ces manuscrits il y en a plusieurs qui sont écrits de la propre main de ce magistrat (1).

#### FONDS DE COLBERT.

En 1732, la Bibliothèque du roi fut enrichie du fameux recueil des manuscrits anciens et modernes de M. Colbert. Le comte de Seignelay, petit-fils de ce ministre, les avoit soigneusement conservés depuis sa mort; il avoit aussi conservé les imprimés de la même bibliothèque, mais il s'en défit, et ils furent vendus à l'enchere en 1728 : quelque tems après, M. de Seignelay voulant se défaire aussi des manuscrits, Sa Majesté fit prendre les mesures convenables pour s'en assurer la possession.

Dès le mois d'août 1728, suivant les lettres que M le comte de Maurepas écrivit à M. l'abbé Bignon, pour l'instruire des intentions du roi, et des mesures convenables qu'il falloit prendre pour s'assurer la possession d'un si riche trésor; M. l'abbé de Targny et M. Falconnet, médecin, furent choisis par Sa Majesté pour faire l'estimation de ces manuscrits. M. l'abbé Sallier fut subrogé à M. de Targny, en cas d'absence; M. de Seignelay nomma de son côté le R. P. de Montfaucon et M. Lancelot. Cette affaire, ainsi mise en mouvement, paroissoit devoir être incessamment terminée; il en arriva autrement, les experts nommés ne s'accordèrent pas dans leur estimation; et M. de Seignelay prit le parti de trancher toute difficulté en s'adressant directement au roi, suppliant Sa Majesté d'accepter tous les manuscrits, tant anciens que modernes, de feu M de Colbert, et de vouloir régler elle-même la somme qu'elle jugeroit à propos de lui donner. Le roi, pour répondre aux vœux des gens de lettres, qui depuis longtemps souhaitoient qu'un trésor si digne de la Bibliotheque royale, y fût enfin réuni, se détermina à en donner cent mille écus, sans s'arrêter à l'estimation de ses experts : les manuscrits furent apportés à la Bibliotheque le 11 et 12 septembre 1732, et le récollement en fut fait sur le catalogue que M. Baluze en avoit dressé.

On peut diviser la collection de ces manuscrits en trois parties : la premiere est celle des manuscrits qu'on appelle

---

(1) Ils sont aujourd'hui placés dans la salle B, en face des croisées.
Ed.

de sciences, au nombre de 6,117 volumes, dont 3,310 in-fol., parmi lesquels il s'en trouve environ 650 d'orientaux et 1,000 grecs, dont la plupart sont d'une grande antiquité. Parmi les latins, françois et ceux des autres langues, il y en a d'uniques, et qu'on peut dire sans prix. Dans la seconde classe sont contenus les manuscrits modernes, non moins précieux pour notre histoire, au nombre de 7,601 volumes et plus, y compris 462 volumes du ministere du cardinal Mazarin (1); le recueil de Doat (2); le recueil formé par les soins de M. Colbert lui-même; des titres, mémoires, instructions, lettres, etc., concernant le royaume et les affaires étrangeres en 524 vol. in-fol, et d'autres (3). La troisième partie comprend, outre 60 porte-feuilles de pieces originales sur diverses matieres, des diplômes de nos rois, en très-grand nombre, depuis Philippe-Auguste jusqu'à François Ier, et une grande quantité d'autres chartes originales que M. Colbert avoit tirées des provinces, et principalement de Flandres.

### ORIGINE DES MANUSCRITS QUI COMPOSENT LE FONDS DE COLBERT.

M. Colbert n'épargna rien pour se former une bibliotheque recommandable par la rareté des livres dont il fit l'acquisition, il en eut aussi beaucoup qui lui furent donnés. Vers l'année 1673, les consuls d'Alep et de Cypre, pour faire leur cour à ce ministre, s'empresserent à lui envoyer, du Levant, divers manuscrits grecs et orientaux : le pere Besson, jésuite, alors missionnaire dans ces quartiers, fut chargé par ce ministre, de faire la recherche des manuscrits pour la Bibliotheque du roi et la sienne ; ce missionnaire, homme intelligent, fit les plus heureuses découvertes pour ces deux dépôts, et les enrichit par d'importantes acquisitions.

En 1674, M. Colbert fit acheter les manuscrits de M. Chandelier, et il reçut, en 1675, ceux dont Duchesne, fils du célèbre André Duchesne, lui fit présent : on acheta pour lui, au mois de juillet de la même année, tous les manuscrits qui se trouverent à l'inventaire de Claude Hardy, célebre avocat,

---

(1) Ce recueil, appelé communément le Ministere du Cardinal Mazarin, a été porté au Louvre dans le dépôt des affaires étrangeres.
(2) Voyez ci-après à son article.
(3) Ce recueil est conservé séparément dans la Bibliotheque du Roi, et porte le nom *des cinq cens de Colbert*.

ensuite conseiller au Châtelet ; il y en avoit d'hébreux et des grecs, d'autres en langues orientales, d'autres en latin, et plusieurs originaux en langue françoise.

Cette même année (1675), la bibliotheque de ce ministre fut encore enrichie des manuscrits du chapitre de Metz, en petit nombre à la vérité, mais infiniment précieux, n'y eût-il que la Bible originale de Charles le Chauve (1) et les Heu-

---

(1) Les chanoines de Saint-Martin de Tours donnerent en 850 ou 851, cette fameuse bible à Charles le Chauve. Ce fut Vivien, abbé commendataire de cette abbaye, qui lui offrit ce livre, accompagné de plusieurs chanoines de la même abbaye. Le P. Longueval *(Histoire de l'eglise Gallicane,* t. 6, p. 17), dom Calmet *(Bibliotheque de Lorraine, pref.,* no 35, p. 9.) et le fameux Baluze *(Capit. Reg. Fr.,* t. 2, p. 1572 et suiv.), ont prétendu que cette bible avoit été présentée à ce prince par les moines de Saint-Martin de Metz ; mais c'est une méprise corrigée par D. Mabillon *(de re diplomaticâ,* lib. 5, p. 364), et par D. Rivet *(Histoire littéraire,* t. 5, p. 127.)

A la tête de ce précieux Manuscrit, au milieu de la seconde page et dans les suivantes, on voit deux médailles en or avec leurs bustes. La premiere porte cette inscription : *David Rex Imperator,* et la seconde : *Karolus Rex Franco. (Francorum).* On voit ensuite quatre pages divisées en deux colonnes renfermées dans des bandes dont le fond est pourpre, et les caracteres sont en or. L'écriture présente un discours en vers adressé au roi Charlemagne, pour qui ce livre avoit été probablement fait.

La premiere page de la Genese est à deux colonnes, et les sept premieres lignes sont sur un fond pourpre. Avant l'exode, le mont Sinaï est représenté. Il y a des peintures à la tête des Psaumes, du Nouveau-Testament, de l'Apocalypse, et un tableau représentant l'empereur (Charles le Chauve) sur son trône, qui reçoit d'un air affable le livre qu'on lui offre : il tient un sceptre ou une haste ; à ses deux côtés sont deux seigneurs de sa cour ou deux comtes, qui portent un diadême, revêtus d'une courte tunique, et par dessus, d'une chlamyde attachée à l'épaule droite, et chaussés à l'antique. Celui qui est à droite est Vivien, qui tend la main vers le livre qu'il présente au roi. Deux ecuyers viennent après, et sont placés un de chaque côté du trône, remarquables par la forme de leurs casques. L'un d'eux soutient la haste du roi, et son écu ; l'autre, sa grande épée dans le fourreau. Chacun a sous sa chlamyde l'ancien habit militaire qui avoit passé des Grecs aux Romains. Au haut du tableau on voit une main ouverte et étendue qui sort d'un nuage, les doigts de laquelle jettent des rayons de lumiere vers la tête de Charles. Aux deux angles d'en haut on voit deux dames voilées, qui tiennent d'une main une palme, et de l'autre, une couronne qu'elles présentent au roi.

Les titres, les premieres pages, les initiales de chaque alinea sont en lettres d'or. Il est à présumer que cette bible avoit été faite pour Charlemagne, mais ce prince étant mort, l'abbé Vivien l'aura voulu offrir à Charles le Chauve, comme il est facile d'en juger par sa dédicace qu'il se trouva obligé de placer à la fin du volume, parce qu'il y en avoit une autre au commencement. Ce qu'il y a de certain, c'est qu'en général l'écriture et sur-tout la minuscule convient mieux au tems de Charlemagne qu'à celui de Charles le Chauve ; elle sent plus la fin du huitieme siècle, ou le commencement du suivant que son milieu.

res (1) mêmes dont se servoit cet empereur; monuments précieux de la piété de nos princes de la premiere race. Je crois qu'on ne sera pas fâché de voir ici la lettre que ce chapitre écrivit à ce ministre, en envoyant le livre d'Heures; la voici:

Monseigneur,

Le profond respect que nous avons pour Votre Excellence, et la considération du rang qu'elle tient dans le royaume, nous ont fait recevoir avec joie la demande qui nous a été faite de sa part des Heures de Saint-Charlemagne, par M. de Morangis, intendant en cette province; nous vous l'offrons, Monseigneur, d'autant plus volontiers, que cette piece est un des plus précieux joyaux de notre trésor, et qui a son éloge particulier dans l'histoire des évêques, composée par M. de Madaure. Agréez donc, Monseigneur, ce présent que nous faisons à Votre Excellence de tous nos cœurs, et permettez-nous d'y joindre nos vœux pour sa prospérité et sa conservation, etc.

GODEFFROY, *secrétaire*.

A Metz, le 24 octobre 1674.

Après la mort de M. Balesdens, de l'Académie Françoise (en 1676), on acheta pour la bibliotheque de M. Colbert, tous

---

(1) Ce Manuscrit unique est sans prix : la couverture est enrichie de pierreries et de deux bas-reliefs taillés dans l'ivoire, d'un beau travail et d'un fini précieux. Il y a grande apparence que Charles le Chauve l'avoit donné à ce chapitre : ce qu'il y a de certain, c'est que ce Manuscrit a été fait par ordre de ce prince et pour son usage. Dans des litanies qui s'y trouvent, parlant à la premiere personne, il prie Dieu de le conserver lui Charles et sa femme Hirmindrude; preuve incontestable que ce Manuscrit fut fait avant l'an 869 où mourut cette princesse. La figure de Charles le Chauve est à la tête du livre, il est sur une espece de trône fort large, ayant sous lui un coussin qui excéde cette largeur; il tient de la main droite un sceptre qui est orné d'une fleur de lys au bout; il tient de la gauche un casque marqué d'une croix sur le devant. Il porte une chlamyde ou manteau, attachée à l'épaule. Sa couronne n'est qu'un cercle surhaussé de quelques fleurs de lys. Une main ouverte descend du ciel, sur sa tête. (On prétend que de là pourroit venir cette main de justice que nos rois prennent à leur couronnement; ces mains se voient aussi quelquefois sur les médailles des empereurs de Constantinople.) Au haut de la figure sont deux vers latins, qui marquent que Charles, couronné de gloire, est semblable à Josias, et comparable à Théodose. Toutes les lettres de ce beau Manuscrit sont en or, et parfaitement bien conservées. Ce Manuscrit est de forme in-4o, il est renfermé dans un étui doublé de velours cramoisi, et couvert de maroquin rouge, aux armes et avec le chiffre de Colbert.

les manuscrits que ce savant avoit ramassés pendant toute sa vie.

L'année suivante, il vint encore à M. Colbert des manuscrits de toutes les sortes; ceux de l'abbaye de Mortemer; ceux que lui vendirent Villery et Aubouyn, libraires, et ceux de M. Mareste d'Alge, qui lui furent envoyés de Rouen par M. Pelot, premier président du parlement de Normandie.

L'année 1678 vit entrer dans la bibliotheque du ministre, les manuscrits tirés des archives de l'abbaye de Moissac, par M. Foucault, commissaire départi en la généralité de Montauban, et envoyés à Paris par le même intendant.

L'année suivante, madame la duchesse de Vironne donna à M. Colbert un nombre considérable de manuscrits précieux, parmi lesquels il y avoit deux cent quarante-deux volumes grecs. Cette même année M. Bouchu, intendant du Dauphiné, et l'evêque de Saint-Malo en envoyerent un assez bon nombre, qui lui furent également donnés.

Le sieur Boudon, secrétaire de M. d'Aguesseau, intendant de Languedoc, fit remettre en 1680, dans cette même bibliotheque, cent quarante manuscrits, et M. d'Aguesseau lui-même y envoya de Toulouse, ceux de la bibliotheque de Foix, au nombre d'environ trois cent cinquante.

Parmi ces manuscrits remis dans la bibliotheque de ce ministre, pendant les années 1682 et 1683, on compte ceux qui ont été donnés par M. de Rignac, conseiller de la cour des aydes de Montpellier; ceux qui arrivent de Lille en Flandres, envoyés par M. Godefroy; ceux qui furent achetés des moines de l'abbaye de Foucarmont, quelques autres tirés de l'hôtel de ville de Rouen et donnés au ministre; ceux qui furent achetés de la bibliotheque de M. de Montmort, maitre des requêtes; ceux que le sieur Boudon envoya encore; ceux de M. Puget, envoyés aussi en 1682 par M. d'Aguesseau; et enfin ceux de l'abbaye de Bonport, au nombre de vingt-sept manuscrits, qui y furent reunis l'année suivante.

Ce sont là les sources d'où s'est formé cet amas précieux de manuscrits, l'un des plus beaux recueils qu'on ait encore vus, et qui a tout d'un coup augmenté si considérablement la Bibliotheque de Sa Majesté.

FONDS DE DOAT.

M. Colbert ayant conçu le dessein de faire faire des copies authentiques des titres et autres monuments historiques, conservés dans les archives des provinces de France, n'épargna rien pour mettre à exécution un si beau dessein. M. Doat, président de la chambre des Comptes de Navarre, fut chargé en son nom (vers l'an 1667), de lui faire copier les anciens titres qu'il trouveroit en Bearn. Celui-ci s'étant acquitté avec zele de sa commission, et ayant envoyé à Paris plusieurs ballots remplis de pieces curieuses et singulières, le ministre voulut autoriser, du nom du roi les opérations du président, non-seulement en Languedoc et au pays de Foix, mais encore dans la province de Guyenne; il fit expédier à cet effet des lettres patentes (1), par lesquelles M. Doat fut autorisé de se transporter dans tous les trésors de Chartes desdites provinces, ainsi que dans les archives des villes, dans les communautés, couvents, abbayes, prieuré, etc., etc., et généralement partout où il le jugeroit convenable, pour le bien de son travail, et de se faire représenter et délivrer tous les titres qu'il croiroit nécessaire, pour la conservation des droits de la couronne et pour l'histoire, de les faire copier, collationner et signer, ensuite d'envoyer lesdites copies au garde de la bibliotheque du roi.

Outre ces lettres qui regardent le président Doat, il y en eut encore pour d'autres provinces. Le sieur Alland, président à l'election de Grenoble, fut chargé de visiter de Dauphiné : M. Godefroy, garde des archives de Flandres, ayant reçu des ordres pareils, ne se borna pas à envoyer des copies, mais il y joignit encore un nombre considérable de titres originaux de cette province. Cette abondante récolte fait un des plus importants recueils manuscrits de la Bibliotheque

---

(1) Ces lettres-patentes parurent imprimées dans le tems. Voici en abrégé ce qu'elles contiennent.

« Nous vous commettons, est-il dit dans ces lettres, en parlant de
» M. Doat, ordonnons et députons, pour vous transporter dans tous
» les trésors de nos chartes, et dans toutes les archives des villes et
» lieux, archevéchés, evêchés, abbayes, prieurés, commanderies et
» autres communautés ecclésiastiques et séculieres..... et dans les
» archives des archevêques, evêques, abbés, prieurs, commandeurs,
» qui en pourroient avoir de séparées de celles de leurs chapitres, vous
» faire représenter et délivrer tous les titres que vous jugerez néces-
» saires *pour la conservation des droits de notre couronne, et pour ser-*
» *vir à l'histoire*, pour en faire des copies, que vous ferez collationner
» en votre présence, par votre greffier, dont vous signerez les actes....
» Voulons qu'à cet effet les gardes des trésors de nos chartes et des
» archives de nos provinces de *Guyenne*, et de *Languedoc et pays*
» *de Foix*, et tous autres qui seront chargés desdits titres, et qui les
» auront en leur pouvoir, soient tenus de vous les représenter, et vous
» délivrer ceux que vous aurez choisis pour en faire des copies... *pour*
» *ce fait*, est-il expressément ajouté, *être les copies ainsi par vous*
» *extraites, envoyées au garde de notre Bibliotheque Royale.* »

de Sa Majesté, il contient environ trois cents volumes. Une collection si précieuse devient pour les familles, les communautés et abbayes des provinces de Béarn, de Languedoc, et autres, une source abondante, où il leur est facile de retrouver une infinité de titres qui peuvent avoir été égarés, perdus ou incendiés. Ces copies faites et collationnées, en vertu de lettres-patentes, tiennent lieu, au besoin, des titres mêmes sur lesquels ces copies ont été faites.

#### FONDS DE CANGÉ.

Par un travail assidu d'un grand nombre d'années; M. de Cangé s'étoit formé depuis long-tems un cabinet, où il avoit tâché de rassembler avec choix, presque tout ce que notre histoire et notre poésie, notre littérature et nos aménités françoises ont de plus singulier. Il fut assez heureux pour y réussir, et de réunir ces différentes parties à un tel point que personne avant lui ne l'avoit encore égalé : il en avoit fait imprimer le catalogue, dans le tems même que le roi avoit ordonné de vendre les livres doubles de la bibliotheque. La cour crut devoir profiter de cette circonstance, pour mettre dans la Bibliotheque de Sa Majesté une infinité de volumes imprimés rares, et qu'on ne pouvoit plus trouver, et environ deux cens volumes manuscrits également rares et précieux sur notre histoire et notre poésie; on traita avec M. de Cangé, et le roi acquit ce précieux recueil. Le marché en fut conclu au mois de juillet 1733, et eut son exécution dans le mois d'août suivant, que les livres imprimés et manuscrits de M. de Cangé furent transportés dans la Bibliotheque royale. Ces manuscrits, tant anciens que modernes, sont tous très-bien conservés et proprement reliés.

#### FONDS DE LANCELOT.

La capacité et les talens de M. Lancelot lui mériterent la place qu'il remplissoit avec honneur dans l'Académie des belles-lettres, et la confiance du ministre dans les emplois importans dont il étoit chargé. M. Lancelot aimoit les livres et avoit amassé une riche bibliotheque : l'histoire de France fut l'objet principal et le triomphe de ses recherches; il parvint à se former sur cette seule partie d'histoire, la plus riche collection qu'on eût encore vue. Quelque chere que dût être à M. Lancelot une collection aussi précieuse et qui lui avoit coûté tant d'années de travail, de recherches et de dépenses, il ne balança pas à l'offrir au roi, dès qu'il sut que Sa Majesté vouloit bien l'accepter; elle fut remise à la bibliotheque du roi, au mois de mai 1738. Ce recueil consiste en deux cens manuscrits ou environ, presque tous modernes, et en plus de cinq cens portefeuilles remplis d'une prodigieuse quantité de pieces détachées, concernant les droits du roi, les universités, les chartes et offices, cours et jurisdictions, les généalogies, les ordres militaires et autres, et sur l'histoire de France en général et en particulier. Les portefeuilles sont conservés dans le dépôt des livres imprimés, et distribués à leurs matieres à la fin de chaque lettre.

#### FONDS DE DU CANGE.

Après la mort de M. du Cange, arrivée le 23 octobre 1688, ses livres et manuscrits, même ses autographes, passerent à Philippe du Fresne, son fils aîné, homme instruit, et qui mourut quatre ans après, le 22 juin 1692, sans avoir é é marié. François du Fresne son frere, et deux sœurs recueillirent sa succession : la bibliotheque fut alors vendue, et les manuscrits furent achetés par M. l'abbé de Camps qui n'en fit aucun usage. François du Fresne s'étoit réservé un exemplaire du Ville-Hardouin, préparé pour une seconde édition, le manuscrit des comptes d'Amiens et des comtes de Ponthieu; un porte-feuille contenant les titres de l'histoire de Picardie, et nombre de papiers regardés comme inutiles, et qui resterent dans l'oubli jusqu'à sa mort arrivée le 15 janvier 1736.

La mémoire de M. du Cange étoit réduite à la célébrité si justement méritée par ses ouvrages imprimés, lorsque Jean-Charles du Fresne d'Aubigny, son arrière-neveu, parcourant (vers 1735), la bibliotheque des historiens de France du P. le Long, n° 16236, et la bibliotheque ecclesiastique de Dupin, tom. III, p. 42, y trouva l'indication de plusieurs manuscrits de du Cange, conservés dans la bibliotheque de M. l'abbé de Camps et autres.

Ces deux indications lui firent penser qu'il restoit encore des ouvrages inconnus; il apprit que les manuscrits de M. du Cange avoient été vendus à deux reprises. Vers 1715 ou 1716, M. l'abbé de Camps, alors vivant, vendit à M. Miette, libraire, sa bibliotheque, avec une portion des manuscrits de M. du Cange, lesquels furent achetés dans le moment même, par ordre de M. le baron de Hohendorff, pour le prince Eugene. Après la mort de M. l'abbé de Camps, arrivée le 15 d'août 1723, M. l'abbé Denison son neveu, chanoine de Notre-Dame, trouva dans la maison les restes de ces manuscrits : il en proposa l'acquisition au même M. Mariette, qui les revendit à M. d'Hozier. M. d'Aubigni s'adressa d'abord à M. d'Hozier, et après plusieurs conversations, il comprit que sa politesse et sa générosité l'auroient porté à lui remettre le tout, ou partie de ce qu'il possédoit de ces manuscrits s'ils n'eussent été employés sur l'inventaire fait après le décès de son épouse dont il devoit compte à ses enfans. M. d'Aubigni obtint alors par l'intervention de M. le Chancelier, à qui M. d'Hozier remit trois volumes du recueil de du Cange, marqués sur le dos des lettres C, D, E, un portefeuille, valeur de deux volumes contenant une grande partie d'un ouvrage que M. du Cange nommoit *Catalogues historiques*; plusieurs pieces détachées, et enfin le précieux manuscrit des Familles d'Orient. M. le Chancelier eut la bonté de remettre tous ces volumes à M. d'Aubigni, l'assurant, avec cette affabilité qui lui étoit familiere, qu'il pouvoit l'employer sur ce sujet en toute occasion.

L'année suivante 1736, François du Fresne étant décédé le 15 janvier, M. d'Aubigni acquit à son inventaire, parmi les livres et les manuscrits qui s'y trouverent, tous ceux où il aperçut de l'écriture de M. du Cange. Il eut tout lieu de se féliciter de ses soins : car ayant emporté quantité de choses qui ne sembloient mériter que le rebut, il en a tiré, après un long examen le fond d'un nobiliaire historique de la France, d'un traité du droit des armoiries, et d'autres ouvrages importans; même les titres domestiques de la famille de du Cange, et ceux de la famille de Rely, qui étoit le nom de sa mere.

Le manuscrit des comtes d'Amiens, avec le porte-feuille des titres, demeura encore entre les mains du fils de François du Fresne. M. d'Aubigni informé qu'il écoutoit des propositions que lui faisoient des Anglois pour l'acquisition de ce manuscrit, lui offrit beaucoup plus, et en argent comptant, que ce que les Anglois lui proposoient, sous condition expresse et absolue de lui remettre tout ce qu'il auroit de manuscrits et d'imprimés où se trouveroit de l'écriture de son grand oncle. La proposition fut acceptée, M. du Cange remit le volume en question, des comtes d'Amiens, de Ponthieu, le portefeuille contenant les titres pour l'histoire de Picardie, de plus, une histoire des evêques d'Amiens jusqu'en 1354, une histoire de la ville d'Amiens par la Morliere, chargée de notes et corrections de M. du Cange; deux volumes du recueil alphabétique marqués des lettres M et P, plusieurs pieces détachées de toute nature, et enfin des paquets de velin séparés et en fort mauvais ordre, mais dont la réunion a produit cette grande carte généalogique dont a parlé M. Dupin le jeune. M. du Cange étant mort l'année suivante 1741, le 8 septembre, l'on trouva chez lui un exemplaire d'une nouvelle édition du Villehardouin, inconnue jusqu'alors. M. d'Aubigni en fit l'acquisition à son inventaire. Tous ces manuscrits furent augmentés de trois volumes sur le Blason, donnés par M. Guerin, libraire, et de plusieurs morceaux donnés aussi par M. du Cange, chanoine régulier de Saint-Victor, frere du défunt; il les tenoit de M. l'abbé Denison, et de M. Perruquier, sous-bibliothécaire de Saint-Victor. Enfin les manuscrits de M. du Cange ont souffert une telle dispersion, que M. d'Aubigni en a recouvré des lambeaux dans presque toute sa famille, tant à Paris qu'à Amiens; et malgré les recherches les plus exactes et les soins qu'il a pris pour réunir, soit à force d'argent ou autrement, tous les manuscrits de M. du Cange, il est à présumer qu'on n'est pas sans espérance d'en recouvrer encore.

Il manquoit à cette collection la réunion de ce qui avoit été acquis pour le prince Eugène : M. d'Aubigni fit sur cela, même durant la guerre, des perquisitions qui ne furent pas inutiles; il apprit que cette portion de manuscrits contenant 11 vol. étoit passée dans la bibliotheque impériale. Il obtint d'abord différentes notices et quelques catalogues, par M. Lauger, médecin de Sa Majesté impériale la reine de Hongrie et de Bohême, ensuite par M. le comte de Richecourt, son ministre en différentes cours, et enfin par Son Eminence Mgr le cardinal Passionei, et par M. Duval, bibliothécaire de Sa Majesté impériale à Florence, lequel étant allé à Vienne depuis la paix, pour répondre à l'empressement de M. d'Aubigni, voulut bien prendre la peine d'examiner ces manuscrits, et eut la bonté d'en envoyer un catalogue circonstancié. Ce fut d'après la lecture de ce catalogue, que M. le chancelier d'Aguesseau se détermina de faire imprimer dans le journal des Savans (mois de déc. 1750 et janv. 1751), une notice des manuscrits de M. du Cange, dont on a tiré séparément nombre d'exemplaires.

M. Duval ayant reconnu, par l'examen de ces manuscrits, qu'ils ne pouvoient être dans la bibliotheque impériale qu'un objet de pure curiosité, et que réunis à leur tout, ils en pouvoient devenir un d'utilité universelle, M. d'Aubigni en prit occasion de recourir à Mgr le Chancelier, pour engager par son entremise une négociation. Ce grand magistrat chargea M. Langlois d'en conférer au plus tôt, en son nom, avec M. le marquis de Puisieulx, et cette conférence eut son effet. Ce ministre écrivit à M. le marquis de Stainville (connu depuis sous le nom du duc de Choiseul) au nom du roi, pour obtenir au moins la communication de ces manuscrits. M. le marquis de Stainville en instruisit la cour de Vienne, et reçut en réponse à peu près ce qui suit : *Leurs majestés impériales, qui sont charmées de toutes les occasions qui se peuvent présenter d'obliger la cour où vous êtes, ont donné ordre que les manuscrits du célebre du Cange fussent envoyés incessamment : la caisse est préparée, et ils doivent partir*, etc. Lorsque ces manuscrits furent arrivés, M. le marquis de Puisieulx et M. le comte d'Argenson en rendirent compte au roi ; Sa Majesté entendit avec plaisir le rapport qu'ils lui en firent, les chargea de faire passer par le même canal ses remercîmens à leurs majestés impériales et consentit que la caisse fût remise au neveu de M. du Cange. Celui-ci, après avoir examiné à loisir ce que contenoient ces onze manuscrits et satisfait d'avoir presque tout réuni, signala sa reconnoissance, en les offrant au roi qui voulut bien les accepter pour sa bibliotheque ; en conséquence, le 11 février 1756, ces différens manuscrits, au nombre de cinquante vol., furent remis à la bibliotheque du roi par M. du Fresne d'Aubigni, à qui Sa Majesté accorda 3000 livres de rente viagere, dont 1000 livres réversibles à un neveu, officier dans les gardes françoises, pour le récompenser et le dédommager de ce que lui avoit coûté la réunion de ces précieux manuscrits et des soins qu'il avoit pris pour y parvenir.

Ces manuscrits peuvent être divisés en trois classes : la premiere concerne l'histoire de France en général ; la seconde, l'histoire générale de la Picardie ; la troisieme, tout ce qui se trouve n'avoir aucun rapport ni à l'histoire de France, ni à l'histoire de Picardie. L'importance de ce beau recueil nous a engagés à entrer dans ces détails, peut-être trop longs, mais nécessaires pour connoitre tout le prix des différens manuscrits d'un des hommes les plus célebres que la France ait jamais eus.

Par une lettre de M. Bigot, du 14 septembre 1685, on apprend que M. du Cange a travaillé sur les manuscrits grecs de la bibliotheque du roi ; M. Bigot lui en parle en ces termes : *Avez-vous achevé le catalogue de tous les manuscrits grecs de la bibliotheque du roi ?* En effet, presque tous les manuscrits grecs de ce vaste dépôt sont enrichis de notices écrites de la main du célebre du Cange.

#### FONDS DE SERILLY.

Ces manuscrits, au nombre de plus de 400 vol., furent apportés à la bibliotheque du roi vers l'année 1756 ; c'est le plus beau recueil de jurisprudence qu'il y ait peut-être en Europe, en raison des différentes collections qu'il renferme, parmi lesquelles sont :

1° Soixante-six volumes extraits des registres du trésor des chartes, qui sont à la Sainte-Chapelle du Palais, faits par ordre de M. Colbert. Les pieces de ce recueil sont extraites en entier : à l'égard du choix il a été fait relativement aux vues de ce ministre : on en a extrait par préférence les statuts des communautés, les priviléges et exemptions accordées aux particuliers aux communautés et aux villes. Ces actes commencent au regne de Philippe-Auguste, et à l'année 1202, et finissent au regne de Charles IX, et à l'an 1566 : à la suite de ce recueil est l'inventaire en sept volumes de toutes les pieces qui y sont comprises. Cet inventaire a été fait par MM. Dupuy et Godefroy, et suit l'ordre des registres. Une copie de l'inventaire général des chartes dudit trésor, dressé par M. Godefroy, écrit de sa main en neuf volumes à la suite desquels est un volume contenant la table générale, par ordre alphabétique, de toutes les charges comprises dans ledit inventaire.

2° Plusieurs recueils des ordonnances des rois de France, de la premiere, seconde et troisieme race, avec des commentaires aux édits, ordonnances qui avoient besoin d'être commentés. Ces édits, ordonnances, etc., ne sont pas rapportés simplement, on y a joint des tables chronologiques et des tables des matières.

3° Une copie exacte des registres de la cour des Aydes, depuis 1514 jusqu'en 1717, avec l'inventaire et la table chronologique desdits registres (1).

4° Plusieurs recueils de mémoires, arrêts, réglemens, etc. concernant ladite cour des Aydes et les chambres des comptes

---

(1) Lors de l'incendie du palais, les originaux sur lesquels avoient été faites ces copies ont été en partie brûlés ou très endommagés ; de sorte que cette copie tient lieu maintenant des originaux ; et devient, par ce funeste accident, d'un prix inestimable. Il seroit à desirer qu'on fût encore dans l'usage de faire comme autrefois des copies, de les déposer dans un dépôt sûr, afin d'y avoir recours en cas d'accident : on éviteroit par-là bien des inconvéniens funestes.

de Paris, de Montpellier, Provence, Dijon, Guyenne, Rouen et autres.

5° Des copies des registres du conseil, des parlemens, chambres des comptes, présidiaux et trésoriers de France, ensemble les provisions des officiers desdites cours, et différens survenus entre lesdites cours et les parlemens, et autres cours pour droits de préséances et autres. Ces mémoires, arrêts et réglemens sont rangés par ordre chronologique avec des tables des matieres.

6° Copies des registres du conseil, du parlement de Paris par ordre chronologique et de matieres depuis 1364 jusqu'en 1664, et plusieurs recueils d'arrêts, édits, réglemens, qui concernent ledit parlement, et qui y ont été enregistrés.

7° Copies et extraits des registres secrets et autres, avec les arrêts, édits, réglemens, etc., des parlemens de Bordeaux, Provence, Rouen, et autres parlemens du royaume, depuis leur origine jusqu'en 1660.

8° Plusieurs traités de jurisprudence, soit sur diverses matieres en général ou en particulier; avec plusieurs autres traités aussi de jurisprudence, propres ou à l'usage de quelques tribunaux du royaume, soit pour l'administration de la justice, soit pour les droits, priviléges et fonctions des magistrats qui les composent.

9° Plusieurs mémoires et autres ouvrages concernant les conseils du roi, et les magistrats qui les composent, comme conseillers d'Etat, maîtres des requêtes, etc.

10° Quelques autres ouvrages sur différentes matieres, savoir : les mémoires du célebre Talon, en quatre vol. *in-fol.*, divers traités sur les finances des anciens et des modernes, sur les monnoies en général, et sur celles de France en particulier ; sur l'histoire de France en général et en particulier. Ce fonds est sans contredit un des plus précieux et des plus complets qu'il y ait dans cette bibliotheque pour l'histoire de la jurisprudence, et de la magistrature du royaume de France.

### MANUSCRITS DE HUET.

Les manuscrits que M. Huet, évêque d'Avranches, avoit légués (avec les livres imprimés) aux jésuites de la rue Saint-Antoine, et qui depuis ont passé dans la bibliotheque du roi, sont au nombre de deux cents, presque tous précieux par leur objet ; entre lesquels il y en a près de moitié en langues Arabe, Turque et Grecque : une bonne partie de manuscrits Grecs sont de la main de ce savant prélat, et contiennent divers fragmens d'ouvrages de sa composition, ou variantes, commentaires et annotations d'auteurs grecs. Parmi ceux écrits en latin, il y en a aussi plusieurs de sa propre main, et qui sont de sa composition. Entre ces différens ouvrages sont : 1˚ l'original du fameux livre intitulé *Demonstratio Evangelica*, imprimé à Paris, en 1690, *in-fol.* ; 2˚ l'original d'un recueil de poésies, intitulé *Petri-Danielis Huetii Carmina*, imprimé plusieurs fois ; et plusieurs autres ouvrages tant en prose qu'en vers. Les manuscrits françois sont en petit nombre, ils sont presque tous du XVII˚ siècle ; il y en a qui sont aussi de la composition de ce savant prélat. Parmi les manuscrits écrits en cette langue, l'on remarque un recueil considérable de lettres adressées à cet illustre savant, sur différens points importans de littérature, entre lesquelles il y en a plus de soixante-quinze du célèbre Leibnitz au reverend pere des Fosses de la compagnie de Jésus, et de plusieurs autres savans connus.

Les manuscrits qui composent le fonds de M. Huet, seront toujours très-aisés à reconnoître parmi ceux du roi ; outre qu'ils sont presque tous reliés avec ses armes dessus la couverture, elles sont encore en dedans gravées avec cette inscription :

*Ex libris bibliothecæ quam illustr. eccl. princeps D. Pet. Daniel Huetius episcopus Abrincensis domui professæ Paris. P. P. Soc. Jesu integram vivens donavit anno* 1692.

Et sur le frontispice du livre on lit encore cette autre inscription :

*Ne extrà hanc bibliothecam efferatur ex obedientiâ.*

On remarque encore que lorsque ces livres manuscrits et autres furent, après l'expulsion des jésuites, adjugés, par arrêt du conseil d'Etat du roi, aux héritiers de M. Huet, et par conséquent remis à M. l'abbé de Fontenay, déclaré son héritier, on eut soin d'écrire sur le premier feuillet de chaque volume manuscrit, cette disposition de l'arrêt :

*Paraphé au désir de l'arrêt du 15 juillet* 1763. *Signé*, MESNIL.

### FONDS DE FONTANIEU.

En vertu d'un arrêt du conseil d'Etat du roi, du 24 août 1765, la bibliotheque du roi fit l'acquisition des livres imprimés, manuscrits et estampes qui formoient celle de M. de

Fontanieu, conseiller d'Etat. Cette bibliotheque étoit composée d'environ 6000 vol. imprimés, et de plus de 1200 vol. manuscrits tant anciens que modernes.

M. de Fontanieu s'étoit appliqué à rendre sa bibliotheque une des plus complettes sur l'histoire de France, et y avoit réussi en partie, surtout en manuscrits: il étoit parvenu à se former un recueil de plus de 800 portefeuilles remplis de titres, sur l'histoire de France (dont quelques-uns sont originaux). M. de Fontanieu avoit joint aux titres ou pieces beaucoup de notes ou observations, et même des dissertations sur celles qui avoient besoin d'être discutées ou éclaircies; il y avoit aussi joint quelques pieces imprimées, lesquelles avoient rapport à la matiere contenue dans les portefeuilles. Ces différentes pieces ainsi réunies devenoient d'une grande valeur; mais on les a distraites de chaque portefeuille, pour les réunir au dépôt des livres imprimés, où elles doivent se trouver actuellement.

Ce précieux recueil contient plus de 60,000 titres et pieces sur l'histoire de France, et forme la premiere partie des manuscrits du fonds de Fontanieu, que l'on peut diviser en quatre parties. Ce recueil est divisé lui-même en deux parties: la premiere consiste en une collection très-nombreuse de titres et pieces, tant originales que copies, sur l'histoire générale et particuliere de France, rangées par ordre chronologique sous chaque regne de nos rois; la seconde partie contient des titres et pieces sur le droit public du royaume, rangées par ordre de matieres, et chacune des matieres par chapitres et par ordre chronologique.

La bibliotheque du roi est la source la plus abondante dans laquelle a puisé M. de Fontanieu; et quand il n'y auroit que ce qu'il en a tiré, sa collection seroit toujours précieuse, parce qu'il a mis en ordre tous les titres et pieces que lui ont fournis les manuscrits des différens fonds qui composent cette immense bibliotheque. M. de Fontanieu, plein de zele pour un travail si utile au public, ne s'est pas borné là, il a compulsé les titres de la chambre des comptes de Paris et de celle de Dauphiné, le trésor des Chartes, le cabinet de Saint-Martin des-Champs, formé par dom Pernot, les manuscrits de l'abbé de Camps, et même les archives des pays étrangers.

La seconde partie consiste en un recueil de 366 vol. de forme in-4°, composé de pieces tant manuscrites qu'imprimées sur toutes les matieres possibles, particulièrement sur ce qui peut avoir rapport à l'histoire de France: ce recueil précieux, par la réunion de tant de pieces, est relié en veau marbré et contient une table en 4 volumes in-4º, il a été réuni aux livres imprimés.

La troisième comprend tous les ouvrages manuscrits de M. de Fontanieu, tant sur l'histoire et le droit public de France, que sur diverses autres matières, formant environ 200 vol. tant in-fol. qu'in-4º, y compris les papiers de ses intendances de Dauphiné et de l'armée d'Italie. On distingue parmi ces manuscrits : 1º une histoire du Dauphiné, en 3 vol. in-fol.; 2º environ 100 vol. de lettres originales des secrétaires d'Etat et contrôleurs généraux des finances et autres concernant l'intendance de la province du Dauphiné; 3º 12 portefeuilles de forme in-4º contenant un cartulaire de la même province; 4º 5 vol. de forme in-fol. de mémoires sur l'administration des Colonies; 5º plusieurs Traités de droit public, et différens mémoires sur l'origine des charges et offices de France; 6º plusieurs Etats de la France; 7º l'histoire et origine des parlemens du royaume; 8º un recueil d'ordonnances des rois de France des trois races. (Il y a dans ce recueil plusieurs ordonnances qui ne se trouvent point dans le recueil du Louvre ni autre part.)

La quatrième est formée de tous les manuscrits particuliers de différens siecles, tant sur papier que sur vélin; plusieurs de ces manuscrits sont antérieurs à l'imprimerie, et n'ont jamais été imprimés; ils sont au nombre de plus de 266 vol. sur diverses matières, tant in-fol. qu'in-4º et in-12.

### MANUSCRITS DE SAUTEREAU.

#### INVENTAIRE DES TITRES DU DAUPHINÉ.

Le 19 juin 1688, M. Pelletier, contrôleur général, adressa les ordres du roi à M. Sautereau, premier président de la chambre des comptes de Grenoble, pour faire travailler à l'inventaire des titres de ladite chambre, qui comprennent 800 registres et plus de 2,000 chartes ou parchemins détachés les uns des autres. Le sieur Marcellier, maître de la chambre des comptes de Chamberri, et son fils, conseiller au parlement de Toulouse, furent chargés de ce travail, et ils l'entreprirent à l'aide de plusieurs commis qu'ils employerent, soit au déchiffrement, soit aux copies qu'il fut ordonné de faire.

M. de Ponchartrain, qui fut depuis contrôleur général, et ensuite chancelier de France, ne prit pas moins d'intérêt à cet ouvrage que n'en avoit pris M. Pelletier, il en pressa la continuation avec zele : l'ordre du roi portoit qu'il seroit fait deux copies de cet inventaire ; que l'une seroit déposée à la chambre des comptes de Grenoble, après avoir été vérifiée par des officiers que la chambre commettroit à cet effet, et que l'autre seroit apportée à Paris : ces deux copies ont duré vingt-deux ans à faire. La première a été remise en bonne forme et authentique à la chambre des comptes de Grenoble; la seconde fut apportée à Paris en 1714, sur un ordre de M. Desmarets; mais au lieu d'être déposée dans un dépôt du roi, où elle auroit dû être naturellement placée, elle passa, on ne sait comment, entre les mains d'un particulier, et après sa mort, entre les mains d'un autre; ce second possesseur offrit de la céder à la Bibliothèque du roi pour la somme de 1,200 livres, payable en une année ou en deux, si l'on vouloit.

La copie de la chambre des comptes de Grenoble n'est que de 34 vol., celle-ci est de 35, et le dernier volume est une instruction étendue sur les droits négligés ou usurpés par des particuliers, que le roi peut recouvrer dans cette province, à la faveur des autres titres rapportés, bailliage par bailliage, châtellenie par châtellenie ; il y a aussi beaucoup d'éclaircissemens sur le domaine du roi, et sur l'état des familles (1).

### DES AUTRES FONDS EN GÉNÉRAL.

Outre les différens fonds dont nous venons de rendre compte, il en existe encore plusieurs conservés séparément dans ce dépôt, qui sans être aussi nombreux en volumes que les précédens, sont néanmoins composés de quelques manuscrits rares et précieux : ces fonds portent le n° de l'ancien fonds du roi, et sont :

1° Celui de Versailles, composé de manuscrits originaux sur l'histoire de France et en particulier du règne de Louis XIV : presque tous ces manuscrits sont dédiés ou ont été présentés à ce monarque ; ce fonds contient aussi tous les livres de thêmes, versions, etc., de Louis XV, écrits de sa main.

2° Le fonds de l'abbé de Targny, autrefois garde de la bibliotheque, composé de manuscrits sur la théologie et sur diverses autres matières.

3° Celui de l'abbé Drouin, conseiller au parlement et doc-

---

(1) Ils forment aujourd'hui les n°s $1^1$ à $1^{35}$ du supplément françois.

teur de Sorbonne, consistant environ en 50 vol. manuscrits théologiques et historiques, presque tous récens.

4° Environ trente boëtes contenant des matériaux disposés par ordre chronologique, par M. Joly, pour un cérémonial françois, dont la table est imprimée sous le titre d'*Essai d'un cérémonial*, etc.

5° Les manuscrits de l'historien Mézerai, presque tous sur l'histoire de France; on y voit son testament écrit de sa propre main.

6° Ceux de M. de Boze, célèbre antiquaire, tous récens, sur notre histoire et notre littérature.

7° Ceux de feu Mgr le duc d'Orléans, mort à Sainte-Geneviève : ces manuscrits sont au nombre d'environ 100 vol. en liasses, conservés dans des boëtes de carton ; presque tous ces manuscrits roulent sur des matières de théologie, une bonne partie sont écrits de la main de ce prince.

8° Une partie de ceux d'Haudiquer du Chesne, tous récens, sur l'histoire de France en général.

9° Ceux de M. Fourmont sur la langue chinoise, et un recueil d'inscriptions grecques, latines et autres apportées de ses voyages.

10° Les manuscrits de M. le maréchal de Noailles.

11° Ceux de M. Secousse, contenant un recueil assez complet des ordonnances de nos rois des trois races, pour la police, etc., des différentes villes du royaume, et en particulier pour la ville de Paris.

12° Le recueil que M. Morel de Thoisy, lieutenant général du bailliage et présidial de Troyes, remit gratuitement, en 1725, à la Bibliotheque du roi, au nombre de plus de 600 volumes in-fol, in-4° et in-12. Cette collection, qu'on dit être de plus de 60,000 pièces fugitives, dont le plus grand nombre consiste en factums, mémoires, etc., tant imprimés que manuscrits, est divisée en quatre parties: la première regarde les matières de droit, et est de 385 vol., la seconde, de 172 vol., est pour les matieres ecclésiastiques; il y a 86 vol. pour les matieres historiques, ou négociations, parmi lesquelles se trouvent celles de M. de Refuge. Les belles-lettres forment la quatrieme partie, et contiennent 14 vol. Presque tous ces volumes sont conservés dans le dépôt des livres imprimés et placés à la fin des lettres relatives aux matières qu'ils renferment. Ce recueil est très-précieux et peut-être unique en ce genre.

13° Les manuscrits de l'église de Paris, au nombre de 300 et plus, acquis par le roi en 1756, et remis cette même année à la Bibliotheque du roi, par MM. Malherbe, bibliothécaire, et Thierry, chancelier de l'Université. Les manuscrits qui composent ce fonds, sont tous rares, précieux et très-anciens; plusieurs, entre autres, sont de la plus haute antiquité : tel que le fameux manuscrit de Grégoire de Tours, écrit sur vélin dans le VII$^e$ ou VIII$^e$ siècle; il est en lettres onciales et très-bien écrit. On croit que dom Ruinart s'est servi de ce manuscrit pour son édition, et que c'est celui qu'il cite sous le nom de *Codex sancti Petri Bellovacensis.* En effet on lit au bas du folio 53, verso d'une écriture du XII$^e$ siècle : (*Sancti Petri Belvacensis*).

Il y a encore un autre manuscrit de Grégoire de Tours, aussi écrit sur vélin, parfaitement bien conservé, d'une écriture du VIII$^e$ ou IX$^e$ siècle, que dom Ruinart a aussi eu en communication. On trouve à la fin de ce manuscrit des vers latins sur le *Cantique des Cantiques*, écrits à peu près dans le même temps.

Dans le même fonds se trouve le manuscrit contenant le procès de la Pucelle d'Orléans : c'est le procès fait pour parvenir à la réhabilitation de sa mémoire; la sentence de réhabilitation qui est à la fin de ce manuscrit est du 7 juil. 1456, et a été rendue par Jean, archevêque de Reims, Guillaume, évêque de Paris, Richard, archevêque de Constance, et Jehan Brehal, jacobin. L'expédition de l'instruction de ce procès est authentique et a été délivrée juridiquement par le greffier, qui a signé sur toutes les pages : ce manuscrit est en papier et d'une écriture du temps.

La plus grande partie des manuscrits qui composent ce fonds, sont presque tous aussi précieux que ceux que nous venons de citer; ils sont pour la plupart du X$^e$ ou XII$^e$ siècle, et d'une parfaite conservation.

14° Un recueil de plus de 80 vol. in-fol. et in-4° de lettres originales de plusieurs hommes illustres dans les lettres, des célèbres Gassendy, Bouillaud, Portener, Spinosa, de Thou, Lomenie, Peyresc, Dupuy et autres. Toutes ces lettres contiennent des éclaircissemens sur différens points de littérature, grecque, latine et françoise.

15° Plus de quarante boëtes et plusieurs liasses de manuscrits de M. l'abbé le Grand sur l'histoire du règne de Louis XI.

16° Les manuscrits de M. Begon cédés au roi, composés de manuscrits orientaux, grecs, latins et autres, avec plusieurs volumes d'inscriptions, poids, monnoies, et lettres sur ces matières.

17° Les manuscrits de nouvelles acquisitions, venus de

tous les pays, et sur toutes les matières possibles, lesquels sont divisés par langues, et chaque langue par ordre des matieres. Ces manuscrits, survenus depuis l'impression du catalogue, sont maintenant l'objet d'un supplément considérable, lequel est fait de manière que les ouvrages portés sur ce supplément répondent à la matière et aux numéros du catalogue imprimé.

Parmi ces acquisitions l'on distingue : 1º environ 150 vol. manuscrits Indiens, Malabares, Siamois, Arabes, etc., venus du bureau des affaires étrangères, et acquis de MM. Scherer et Leclair ; 2º plus de trois cents manuscrits Arabes, Samscretans, etc., nouvellement acquis, parmi lesquels il y en a de très-précieux. Parmi les manuscrits françois, etc., l'on distingue ceux acquis à la vente des jésuites : environ 30 vol. sur la Bretagne, achetés, en 1778, dans une vente; ceux donnés par M. de la Condamine, enfin, un grand nombre d'autres donnés ou acquis pour la Bibliotheque, mais dont l'énumération seroit trop longue à faire.

## CABINET DES TITRES ET GÉNÉALOGIES.

*On ne communique pas indistinctement à tout le monde les Titres et Généalogies.*

Ce cabinet est placé au second étage, et y occupe cinq grandes pièces, toutes garnies de tablettes propres à recevoir les cartons et boëtes dans lesquels sont renfermés les titres. Il contient environ 5000 Portefeuilles ou boëtes, etc., remplis de titres généalogiques, tous très-précieux, non-seulement pour les Familles de France, mais encore pour les plus illustres de l'Europe.

### SON ORIGINE ET SES ACCROISSEMENS.

Le Cabinet des Titres et Généalogies commença à se former d'une partie de celui qui fut donné au Roi en 1711, par M. de Gaignieres et placé après sa mort, en 1715, dans la Bibliothèque de Sa Majesté : ce cabinet, composé d'un précieux recueil de titres originaux scellés, de montres militaires, manuscrits et généalogies des Maisons et Familles nobles du Royaume, parut demander un Garde particulier; peu de tems après il fut confié aux soins de M. Guiblet, alors généalogiste de la Maison d'Orléans, et des ordres de N.-D. du Mont-Carmel et de St-Lazare.

En 1717, ce même cabinet fut augmenté de celui que M. Charles d'Hozier, Juge d'Armes, Garde de l'Armorial général de France, et Généalogiste de Sa Majesté, céda au Roi, par acte passé en présence de M. Baudry. maître des requêtes, nommé par le Roi pour l'accepter.

C'étoit en son genre le plus curieux qui fût en Europe; il consistoit en Manuscrits, Généalogies, preuves de Noblesse des Pages du Roi, et des Demoiselles de St-Cyr, Titres originaux, Armoriaux, extraits de titres, mémoires de familles, l'Armorial général, Lettres d'anoblissemens, réglemens d'armoiries, recherches de Noblesse, etc., c'étoit le fruit d'un travail continuel de plus de cent ans, auquel ce savant et le célèbre Pierre d'Hozier son père, qui avoit occupé les mêmes charges, s'étoient livrés successivement, soit pour la maison du Roi, soit pour différens princes, maisons et familles illustres, tant du Royaume que des Pays étrangers.

L'année suivante, M. de Clairembault, Généalogiste des Ordres du Roi, fit, par ordre du Régent, l'inventaire de ce cabinet, conjointement avec M. Guiblet, et sur la requisition de M. l'Abbé de Louvois, Bibliothécaire de Sa Majesté. Les Généalogies de M. de Gaignieres furent jointes à celles de M. d'Hozier dans l'ordre alphabétique; ce qui forma 217 boêtes *in-fol.*, qui sont restées depuis dans le même ordre.

Vers l'année 1720, M. l'Abbé Bignon ayant succédé à M. l'Abbé de Louvois, obtint du Régent de partager les différentes richesses qui composoient la Bibl. du Roi en plusieurs portions; en conséquence des ordres de ce Prince, il fit distraire du dépôt des livres imprimés, et de celui des manuscrits de l'ancien fonds du Roi, des fonds de Baluze, de Dupuy et autres, tout ce qui en étoit purement généalogique, pour être joint aux Titres et Généalogies de Messieurs de Gaignieres et d'Hozier, et la garde en fut de nouveau confiée à M. Guiblet : en même tems l'on y joignit les Titres généalogiques amassés par Jean Haudiquer de Blancour, gendre de François Duchesne, qui, suivant l'exemple de son beau-pere, s'étoit appliqué à l'étude des Généalogies. Il fut accusé d'avoir fabriqué de faux titres, et condamné en 1701, à une prison perpétuelle. Le Roi, par Arrêt du Conseil, du 10 juillet 1708, disposa en faveur de sa Bibliotheque, des Titres et autres pieces précieuses que l'on trouva chez Haudiquer, lors de la levée du scellé : en 1716, en vertu d'un autre Arrêt, le Roi disposa également en faveur de sa Bibliotheque, de cinq grands coffres remplis de Titres et Papiers, venant du même Haudiquer, mais qu'on avoit fait mettre en dépôt au Louvre jusqu'à nouvel ordre.

Le Roi agréa par la suite d'unir à son cabinet des Généalogies celui que M. Guiblet s'étoit formé ; il étoit composé de liasses, pourte-feuilles et cartons, et entr'autres de 105 boëtes remplies de Généalogies et mémoires rangés alphabétiquement.

Le sieur Blondeau céda à Sa Majesté, en 1754, une collection de 12700 Titres originaux et copies collationnées ; et quatre ans après, il céda également au Roi un autre recueil de 4800 Titres.

En 1762 et 1763, M. l'Abbé de Gevigney remit à M. le Duc de la Vrilliere, pour être déposées à la Bibliotheque du Roi, deux collections choisies ; l'une de Testamens originaux de Gentilshommes des Duchés et Comtés de Bourgogne, des XIII, XIV, et XV<sup>e</sup> siècles ; l'autre de Titres concernant les Duchés et la Noblesse de Lorraine et de Bar.

Cette derniere année, M. de la Cour, successeur de M. Guiblet dans les places de Garde des Titres et Généalogies, et de Généalogiste de la Maison d'Orléans, voulant s'occuper entierement du travail immense et de l'ordre qu'exigeoit le dépôt qui venoit de lui être confié, traita pour l'augmenter d'une collection de plus de

129600 tant Titres originaux que Généalogies et Mémoires, qu'il s'étoit procurés par ses soins et par un travail assidu, dont il a jusqu'à sa mort conservé l'amour et la louable habitude. Il se fit un devoir de contribuer gratuitement à l'accroissement de son dépôt, comme avoit fait M. Guiblet son prédécesseur, en y remettant ses travaux relatifs à la Maison d'Orléans, tels que les preuves de noblesse, des Officiers, des Pages, et celles des Gentilshommes admis, sur la nomination du Prince, dans les Séminaires de Joyeuse à Rouen, et dans le Collége de Beaumont en Auge.

Trois ans après (en 1766), le Cabinet du Roi reçut encore de nouveaux accroissemens par les acquisitions que fit le Roi, de la collection de Généalogies de feu M. du Rocheret, Président en l'élection d'Epernay, et de celle de feu M. le Chevalier Gougnon, composée de titres, extraits de titres et généalogies des Maisons et Familles de la Province du Berry.

En 1770, S. M. acquit du sieur du Buisson une nombreuse collection de titres, Manusc. et Généalogiques.

En 1777, ce dépôt fut beaucoup augmenté par le cabinet du sieur Jault, consistant en 142 portefeuilles de Titres, et par celui de feu M. Blondeau, composé de 649 portefeuilles et boêtes de Titres, Mémoires et Généalogies.

En Décembre 1780, le Roi acquit encore du sieur Jault plus de 8000 titres originaux en parchemin, depuis 1150 jusques à ce siècle, pour être réunis à ceux de son cabinet des titres et généalogies.

Tant de richesses jointes à ce que S. M. avoit déjà, firent bientôt connoître à M. de la Cour, de quelle importance il étoit d'incorporer ces différentes acquisitions de Titres, etc., à ceux de ce Cabinet, afin d'établir un seul et même ordre dans cette vaste collection.

Occupé depuis quelques années de ce travail pénible et désagréable, et secondé dans ses travaux par le sieur Aubron son commis, aussi intelligent que versé dans cette partie, il étoit presque parvenu au but qu'il s'étoit proposé, lorsque tourmenté des douleurs de la pierre, il se résolut à souffrir l'opération, dont il mourut le 7 Avril 1779; il eut pour lui succéder dans la place de Garde des Titres et Généalogies, M. l'Abbé de Gevigney, Généalogiste ; qui eut la survivance avec adjonction en 1773.

### CLASSEMENT DES TITRES ET GÉNÉALOGIES.

Cette immense collection est divisée en quatre classes ; la premiere comprend les titres originaux dans l'ordre alphabétique des noms de Familles, contenus dans environ 2500 boëtes, sur le dos desquelles on a eu soin de mettre les noms, surnoms, etc., des Familles dont les Titres sont renfermés dans lesdites boëtes; la seconde contient 576 boëtes de Mémoires et Généalogies rangés dans le même ordre; dans la troisieme est compris le Cabinet des Titres et Généalogies de M. d'Hozier, formant 217 boëtes in-fol. comme nous l'avons déjà dit ; et la quatrième est formée d'environ 1400 volumes manuscrits, dont entr'autres 80 porte-feuilles de Rolles originaux, de montres militaires, depuis 1344 jusqu'à la fin du XVII$^e$ siècle, et 7 volumes in-fol. forme d'Atlas, de preuves originales sur vélin, des Pages de la petite écurie du Roi, depuis 1680 jusqu'en 1765, qui, suivant l'intention de M. de Beringhen, furent déposés après sa mort dans le Cabinet des Titres et Généalogies de la Bibliothèque du Roi.

Ce précieux Cabinet, que plusieurs particuliers se font honneur d'enrichir, peut maintenant passer pour le plus riche de l'Europe, tant par l'immensité des Titres et autres Pieces qui le composent, que par leur ancienneté et originalité (1).

---

### MARQUE DISTINCTE POUR CONNOITRE LES LIVRES DE LA BIBLIOTHEQUE DU ROI.

Quoique les volumes de la Bibliotheque de Sa Majesté soient presque tous reliés aux Armes de France, et que l'on suive toujours cet usage, on applique encore en dedans des volumes sur la premiere feuille ou frontispice du livre, l'estampille (empreinte en rouge) aussi aux Armes de France, avec ces mots autour : *Bibliothecæ Regiæ*, et à d'autres *Bibliotheque Royale*. Les livres manuscrits sont ordinairement estampillés au commencement et à la fin ; et quand il y a plusieurs pieces dans un même volume, on estampille chaque piece également au commencement et à la fin.

Dans les acquisitions de parties de Bibliotheque ou de

(1) Depuis l'*Essai* de Le Prince, le Cabinet des Titres s'est enrichi des Preuves pour les ordres du Roy ou du Saint-Esprit, provenant du Cabinet Clairembault et Chérin, et que l'on a pu sauver du feu, à l'époque révolutionnaire : puis des suites du Cabinet d'Hozier, continuées par les héritiers du nom, depuis 1678 à 1790, et acquises dans les dernières années du gouvernement de Juillet. (Éd.)

Bibliotheques entieres, lorsqu'il se trouve des doubles, et que les exemplaires rendus doubles sont d'une conservation plus parfaite que ceux du Roi, alors on les échange; et au moyen d'une seconde estampille, également aux Armes de France, avec ces mots autour, *double échangé* ou *double de la Bibliotheque du Roi*, que l'on applique sur le même feuillet du livre où se trouve l'ancienne, le livre est censé avoir été examiné, il est réputé double : ces dffférens volumes rendus ainsi doubles, sont destinés (ainsi que les doubles d'une autre nature) à être vendus ou échangés pour d'autres qui peuvent manquer.

REMARQUES SUR LES DIFFÉRENTES RELIURES QUE L'ON A EMPLOYÉES DEPUIS FRANÇOIS Ier JUSQU'A PRÉSENT.

Pierre Duchastel, Grand Aumonier de France, et qui fut Bibliothécaire du Roi, fut le premier qui songea à pourvoir à la conservation des livres de la Bibliotheque du Roi, en faisant relier ceux qui étoient venus en blanc des Pays étrangers, et ceux de l'ancien fonds qui avoient besoin de nouvelles reliures.

RELIURES SOUS FRANÇOIS Ier.

Avant le Regne de François Ier la plupart des livres de la Bibliotheque du Roi étoient couverts de velours, ou d'autres étoffes précieuses, de toutes façons et de toutes couleurs. Les couvertures de cuir y étoient fort simples, et différentes selon les pays où les livres avoient été reliés : les Relieurs de François Ier n'employoient, pour couvrir ses livres, que des peaux de cuir ou de maroquin : on remarque que tous ses manuscrits latins, italiens et françois, excepté quelques livres de présent et un petit nombre de livres favoris, n'ont que des couvertures de cuir noir, peu façonnées. Quant aux manuscrits grecs, outre qu'ils sont reliés à l'orientale, ayant tous le dos uni et sans nerfs, leurs couvertures sont de maroquin de différentes couleurs ; les Armes de France avec les emblèmes de François I*er*, comme la salamandre et la lettre F y sont empreintes en or et en argent : les Dauphins ajoutés aux salamandres, marquent que le livre a été relié du tems de François I*er* non pour le Roi, mais pour le Dauphin.

### SOUS HENRI II.

Il s'en faut de beaucoup que tous les livres acquis par François I*er* ayent été reliés sous son regne. Pendant les premieres années de Henri II, il y eut, par les ordres de Pierre Duchastel, un grand nombre de volumes reliés à neuf, aux armes du fils, lesquels avoient été amassés par le pere ; c'est ce qui empêche qu'on ne démêle facilement, du moins pour les Manuscrits grecs, les acquisitions faites en ce genre par Henry II.

Les livres reliés pour ce Prince se reconnoissent à ses emblèmes, ou à ses chiffres, formés des lettres H et D entrelacées avec des croissans, des arcs, des carquois, et autres symboles de la chasse : il y a dans la Bibliotheque du Roi près de huit cens volumes reliés de cette sorte, avec beaucoup plus de *propreté* que ne le sont ceux de François I*er*.

### SOUS FRANÇOIS II.

On ne voit guères plus de 15 volumes manuscrits reliés à la marque de François II, c'est la lettre F couronnée et suivie du nombre II : elle est quelquefois sans chiffre, et quelquefois accompagnée de la marque de Charles IX, laquelle y a été ajoutée apparemment par le Relieur, chez qui le livre étoit encore lorsque François II mourut.

Les livres qui portent sur la couverture le chiffre ou l'emblème de Charles IX, sont en bien plus grand nombre : on en compte environ cent quarante de manuscrits sans les imprimés, et il est aisé de les reconnoître aux deux C renversés et entrelacés : quelques-uns ont aussi des K couronnés : mais de tous ces manuscrits il n'y en a qu'un que l'on sache certainement avoir été mis dans la Bibliotheque de Fontainebleau du tems de Charles IX ; c'est l'histoire de France de du Tillet.

### SOUS HENRI IV.

Jacques-Auguste de Thou, qui fut Maître de la Librairie sous Henri IV, signala son zele pour la Bibliotheque du Roi, en faisant relier une grande partie des livres de nouvelle acquisition, et une autre partie de ceux de l'ancien fonds, qui avoient besoin de reliure. Presque tous les livres reliés pendant le regne de Henri IV, sont en maroquin rouge, aux Armes de France, avec la lettre H aux quatre coins de la couverture, et suivie du nombre IIII ; quelquefois sans ce nombre, et même sans la lettre ; alors les Armes de France sont d'un côté et de l'autre, ou au lieu des Armes cette Inscription, *Henrici IIII Patris Patrix virtutum Restitutoris*. A quelques volumes la lettre H, le nombre IIII et l'Inscription se trouvent réunis.

### SOUS LOUIS XIII ET LES REGNES SUIVANS.

Sous Louis XIII et les regnes suivans, l'on s'occupa à faire relier les livres de nouvelle acquisition et autres ; mais on ne prit plus soin de distinguer les reliures par regnes, on se contenta seulement d'y faire mettre les Armes de France avec le chiffre du Roi et quelques fleurs de lys parsemées au hasard sur le dos des livres, quelquefois sur toute la couverture, selon la fantaisie du relieur. On a toujours suivi cette maniere, soit pour les livres de nouvelle acquisition, soit pour ceux tirés de différens fonds du Roi qui ont besoin de reliure ; de sorte qu'on ne distingue de livres reliés sous ces différens regnes que ceux qui ont été donnés ou dédiés à ces Rois, lesquels sont ornés de leurs portraits, ou richement reliés, avec leurs chiffres ou attributs.

## CABINET DES ESTAMPES

### ET DES PLANCHES GRAVÉES, SON ORIGINE ET SES ACCROISSEMENTS.

*Conservateur en chef :* M. ACHILE DEVERIA.

*Conservateurs-adjoints :* MM. DUCHESNE jeune. — DE LA BORDE.

*Employés :* MM. SERGENT, DELALANDE, MEUNIER, DUPLESSY...

Le Cabinet des Estampes est ouvert à tout le monde, les mêmes jours et aux mêmes heures que la Bibliotheque.

Ce cabinet est placé dans des entresols, et y occupe plusieurs pieces décorées d'objets relatifs à l'Art du dessein et de la gravure; c'est un des plus riches et des mieux composés qu'il y ait dans l'Europe; il doit son origine à Louis XIV. Aucun de nos Rois, avant ce Prince, n'avoit encore songé à recueillir les productions de l'Art de la gravure, inventé sous Louis XI, vers 1470 : Louis XIV fit des dépenses vraiment royales pour se procurer tout ce qui avoit paru depuis l'origine de ce bel Art jusqu'à son regne, et s'en forma un Cabinet qui devint bientôt un des plus précieux en ce genre, et qui fait aujourd'hui l'admiration de l'Europe, par les acquisitions immenses dont on l'a enrichi. C'est, sans contredit, la collection la plus vaste et la plus précieuse qu'il y ait au monde, et tous les jours elle acquiert encore de nouvelles richesses. Gaston, duc d'Orléans, oncle du Roi, avoit, comme nous l'avons déjà dit, légué à Sa Majesté, parmi le nombre des raretés de son Cabinet, une suite d'Histoire naturelle que ce Prince faisoit peindre en miniature et sur vélin, d'après les plantes de son jardin de botanique et les animaux de sa ménagerie à Blois, par le célebre Nicolas Robert; Louis XIV la fit augmenter considérablement par Jean Joubert et par Nicolas Aubriet, qui l'un et l'autre se rendirent les émules du fameux Robert : et sous Louis XV, cette collection précieuse et unique a été continuée par le même Aubriet et Magdeleine de Basseporte son éleve. L'objet du Roi est de faire peindre l'empire de la nature dans ses trois regnes, végétal, animal et minéral. Déjà soixante volumes richement reliés, in-f°, renferment ces peintures, partie en gouache et partie en miniature, dont chaque morceau a été payé dans son principe cent francs la piece : cette belle collection est composée maintenant de plus de six mille desseins (1).

C'est à l'usage de la broderie, qui sous Henri IV et Louis XIII, étoit très à la mode dans les meubles et les habits, qu'on doit le commencement de ce beau recueil. La nécessité d'avoir des modeles de belles fleurs pour les peindre en soie de diverses couleurs, avoit fait naître la curiosité de rechercher et de cultiver les plantes rares, sur les desseins desquelles les Brodeurs de ce tems-là pussent travailler.

Ce recueil fut long-tems sous la garde de M. Marchand,

---

(1) Louis XIV voulant que ce precieux trésor passât à la postérité, trois célebres Graveurs, savoir, N. Robert, le même qui en a peint une grande partie, Abr. Bosse et L. de Chatillon, graverent, par ordre du Roi, depuis 1670 jusqu'en 1682, plus de 300 planches seulement sur la Botanique, de la même grandeur que les originaux, et sur des desseins à la sanguine, qu'ils en avoient fait pour éviter tout accident; le savant M. Dodart donna la description des 27 premieres planches qui parurent sous le titre de *Mémoires pour servir à l'Histoire des Plantes*. Imprimerie R. 1678, in-f°.

de l'Académie Royale des Sciences; mais M. Fagon, premier médecin du Roi, voulant avoir ce précieux trésor sous ses yeux, engagea Louis XIV à se le faire apporter à Versailles; il y étoit resté tant que M. Fagon avoit été en place, et c'est de là que M. de Louvois, sur l'ordre qu'il en avoit obtenu du Régent, le fit retirer, et remit à la Bibliotheque ces admirables peintures : ce fut vers l'année 1717.

M. Colbert, informé du mérite de la collection des Estampes de M. l'Abbé de Marolles, en fit l'acquisition pour le Roi en 1667 ; on la fit magnifiquement relier en 224 volumes couverts de maroquin rouge, aux armes de France. M. de Marolles, Abbé de *Villeloin,* d'une Famille noble de Touraine, joignoit à un goût prononcé pour les Lettres, qu'il a cultivées avec plus ou moins de succès, la passion éclairée des beaux Arts et particulièrement de la *Gravure,* dont il recueillit, à grands frais, les productions, de 1470 à 1660. De toutes ces productions il avoit formé deux cent soixante-quatre Portefeuilles presque tous de la forme du grand Atlas, rangés sous trois divisions : la premiere contient l'origine de la Gravure, qu'il nomme Vieux-Maîtres et Petits-Maîtres, à cause de la petitesse de la planche de cuivre sur laquelle ils gravoient; la seconde renferme les Grands-Maîtres, c'est-à-dire, les œuvres de ceux qui sont les chefs de chaque école dans leur patrie, et de suite leurs successeurs, qui souvent les ont égalés ; dans la troisieme et derniere, les Estampes sont rangées méthodiquement, et subdivisées par Histoire Universelle, Sciences, Arts et Métiers (1).

---

(1) Parmi cette précieuse collection, dit M. l'Abbé de Lubersac *(Disc. sur les Mon. p. XXXIX)* « l'on remarque entre autres une

Vers l'année 1670, Louis XIV augmenta encore son Cabinet d'Estampes d'une richesse qui n'a point d'égale ; ce sont les planches gravées en taille-douce, dont sa Majesté fit exécuter la majeure partie, et fit faire acquisition de l'autre; toutes ces planches, au nombre de plus de treize cens, rappellent les événemens militaires de ce Monarque, la magnificence des fêtes, et les vues des diverses Maisons Royales qu'il avoit fait bâtir ou embellir, etc., telles sont les maisons royales, châteaux, parcs, jardins, fontaines, bassins, tableaux, plafonds, galeries, statues, vases, médailles antiques, plans de guerre, pla-

» note de la main de cet amateur et savant Abbé qui apprend qu'en
» l'année 1660, M. *l'Abbé de Marolles* acheta seize louis d'or une
» piece rare, composée et gravée par *Lucas* de *Leyde*, dite *Ules-*
» *piégle;* elle représente une scene triviale, où l'on voit une de
» ces Familles, que l'on connoît sous le nom de Bohémiens, voya-
» geant à pied, sous la sauve-garde de leur chien, d'un âne char-
» gé de bagages et de leurs petits enfans dans une hotte et sur
» l'épaule de la mere: le prix de cette Estampe (ajoute le même
» Auteur) paroîtra moins exhorbitant, lorsque l'on saura que feu
» M. Mariette possédoit une lettre du célèbre *Rembrandt*, par la-
» quelle il prie un de ses amis, vers 1630, de lui faire l'emplette
» de quatre Estampes gravées par le même *Lucas de Leyde*, et
» d'en donner jusqu'à seize cens florins (environ deux mille quatre
» cens livres) à la vente du Cabinet de M. le *Comte de Chabannes,*
» Major du Régiment des Gardes Françoises: il s'y trouva deux
» épreuves rares du portrait du Bourguemestre de Hollande, *Jean*
» *Sixte,* ami des Lettres, et Protecteur de *Rembrandt,* l'une im-
» primée sur papier de Chine, épreuve parfaite: l'autre moins
» belle d'épreuve, avec des variations: elles furent adjugées pour
» cinquante louis d'or. Deux Curieux de distinction, piqués d'avoir
» laissé adjuger ces deux morceaux à un prix si modique (car on
» leur avoit caché qu'ils étoient destinés pour le Cabinet du Roi),
» offrirent au Commissionnaire trente pistoles en sus, seulement
» pour l'épreuve la moins belle.

ces fortes, camps, campagnes militaires, sur terre et sur mer; les fêtes que sa Majesté donna, au retour de ses conquêtes, aux Tuileries, à Versailles et à Fontainebleau : ces planches sont exécutées par les plus célèbres artistes du tems, dont les principaux sont Edelink, Gerard Audran, Sébastien Leclerc et autres, et forment un recueil connu sous le titre de Cabinet du Roi, en vingt-quatre grands volumes dont Sa Majesté gratifie qui il lui plaît.

En 1699, les planches gravées de la Bibliotheque furent tout-à-coup augmentées d'un grand nombre d'autres, qui rappellant les événemens militaires de Louis XIV, faisoient un assortiment convenable avec celles que l'on avoit déjà.

Le Chevalier de Beaulieu, brave officier, bon ingénieur et excellent dessinateur, ayant perdu un bras dans le service, employa celui qui lui restoit à dessiner les batailles, les siéges des villes, et tout ce qu'il avoit vu de mémorable dans les différentes campagnes où il avoit servi le Roi; il mourut en 1674. M. des Roches, qui avoit épousé la niece de M. de Beaulieu, dessina aussi, et fit graver plusieurs autres planches dans le même goût; après sa mort, sa veuve et M. l'Abbé des Roches, son frere, voulurent continuer le même travail; mais n'en pouvant soutenir la dépense, ils prirent le parti d'offrir au Roi tout ce qu'il y avoit de fait : ils s'adressèrent à M. de Pontchartrain, alors Contrôleur-général des Finances, qui n'accepta pas toutes les planches de la Dame des Roches; il en retint seulement cent soixante-neuf, qu'il fit remettre à la Bibliotheque du Roi. Il seroit à desirer que le surplus de ces planches, et beaucoup d'autres, gravées aux dépens du Roi, fussent réunies au chef-lieu, c'est-à-dire, avec celles de ce recueil, comme viennent de l'être depuis quelques années, les trois cens soixante-quatorze planches de Botanique dont il est parlé ci-dessus.

En 1711, une autre collection unique et non moins précieuse que les planches gravées, fut léguée au Roi par M. de Gaignieres, Gentilhomme, qui avoit été l'un des Instituteurs des Enfans de France. Ce Savant, craignant que son riche cabinet, qui faisoit l'admiration des curieux, ne fût dispersé après sa mort, crut avec raison que la Bibliotheque du Roi étoit le seul lieu digne de ce qu'il avoit rassemblé avec tant de soins et de dépenses. Quoique la donation soit de 1711, la partie concernant le Cabinet des Estampes, n'y fut déposée qu'en 1715. La France n'a presque pas d'Eglises, d'anciens Edifices, de Tombeaux, Tableaux, etc., qu'il n'ait fait dessiner ou peindre en tout ou en partie, lorsqu'il y a trouvé quelque chose de remarquable par rapport à la topographie, à l'Histoire, aux anciens usages, principalement aux habillemens, et à ce que nous appellons modes : tout entroit dans son plan. Ce recueil est précieux pour notre Histoire, principalement pour ce qui concerne le costume et la maniere de s'habiller dans tous les tems de la Monarchie Françoise, depuis Clovis jusques et compris le Regne de Louis XIV. Ce sont des dessins, partie peints en miniature, à gouache, et partie coloriés ou lavés à l'encre de Chine : ils sont conservés dans 30 portefeuilles ou boëtes, couverts de maroquin rouge, aux armes de France. Tous ces dessins ont servi au savant Dom Bernard de Montfaucon, pour son grand ouvrage des Monumens de la Monarchie Françoise, préservés de l'injure des tems, publié en 1715. Le savant Falconnet avoit pris des notices de ce précieux recueil, qui ayant été communiquées à feu M. Fevret de Fontette, n'ont pas peu contribué à orner sa nouvelle édition des Historiens de France du P. le Long.

Parmi ce nombre considérable de dessins, l'on distingue un recueil en dix portefeuilles in-folio, de plus de 1250 portraits des Rois et Reines de France, des Princes et Princesses, Seigneurs et Dames, et des Personnes de toutes sortes de professions : ces portraits sont également dessinés à la main, ou peints en miniature, et pris sur les monumens, pour faire connoître les différens habillemens de chaque regne. Ce beau recueil se trouve dans le Cabinet, sous le n° 442.

M. de Gaignieres avoit ajouté à son legs un recueil de portraits, gravés par divers Auteurs, qu'il avoit rassemblés au nombre de douze mille. M. de Clairembault, Généalogiste, traita de la partie des portraits qu'il avoit aussi, montant environ à huit mille : ces deux parties se sont tellement accrues, que maintenant le nombre passe celui de cinquante mille Portraits, qui sont autant de titres honorifiques pour les familles distinguées, tant par leur naissance et leurs dignités, que par leur mérite dans les lettres et dans les arts. Ces portraits sont rangés par pays et par état, à commencer depuis le sceptre jusqu'à la houlette.

L'année suivante, M. Clément, Garde de la Bibliotheque, étant venu à mourir, légua au même Cabinet un autre recueil de portraits gravés au nombre de dix-huit mille, distribués dans un bel ordre, et renfermés dans plus de cent portefeuilles.

En 1712, le sieur Mortain, marchand imager, ayant eu à un encan les vingt-neuf planches gravées du livre intitulé, *Description des Invalides*, par le sieur de Boulancourt (1), offrit à M. de Louvois d'en accommoder la Bibliotheque du Roi: ce Ministre saisit avec empressement cette occasion d'augmenter encore le recueil des planches gravées du Cabinet du Roi et en fit payer le prix au Sieur Mortain. Ces 29 Planches n'étoient pas tout ce qui devoit composer la Description des Invalides; on s'apperçut dans la suite qu'il falloit encore les plans et profils de l'Eglise, en quatorze morceaux, dont on avoit eu à la Bibliotheque cent assortimens, en 1687, et dont il ne restoit plus rien depuis long-tems: c'est ce qui fait que tous ceux à qui le Roi a, jusqu'à cette époque, fait présent du recueil de ses Estampes, il n'y en a pas un seul qui puisse avoir eu l'assortiment entier des pieces qui appartiennent à la Description de l'Hôtel des Invalides, Sa Majesté, dans les premiers tems, n'ayant donné que les plans et profils de l'Eglise, dont on n'avoit pas les quatorze Planches, et depuis n'ayant pu donner que la partie qui vient du sieur Mortain.

En 1731, Louis XV enrichit ce cabinet en acceptant l'offre que fit M. l'Evêque du Puy, de remettre au Roi le magnifique Cabinet d'Estampes de M. de Beringhen (2) son

(1) Le sieur de Boulancourt n'est pas l'Auteur de cette Description des Invalides; il l'avoit achetée avec les Discours qui accompagnent les Estampes des héritiers du sieur de *la Porte*, Commissaire des Invalides, qui avoit fait graver les plans, les faces et les coupes de cet Hôtel, avec les explications, par ordre de M. de Louvois, et aux dépens de ce Ministre: le Commissaire en avoit fait tirer cinq cens Exemplaires, et étoit mort avant que d'avoir pu jouir du Privilége de les débiter. Boulancourt, en possession de toutes ces impressions, n'avoit fait que mettre son nom à la tête du livre, avec une Epître Dédicatoire.

(2) Franç. Ch. de Beringhen, evêque du Puy, abbé de Ste-Croix de Bordeaux, abbé de St-Giles, etc., mort en 1742, à 50 ans (il étoit fils de Henry de Beringhen, premier ecuyer du Roi, de 1645 à..).

pere. Il n'est point de curieux qui ne sache avec combien
de soin et d'attention feu M. le Premier, grand amateur
de cette sorte de curiosités, s'étoit appliqué à former ce
cabinet. Après sa mort, M. l'Evêque du Puy en fit imprimer le catalogue, qui consiste en quatre cens soixante
articles, où les matieres ne sont énoncées qu'en général,
et sans spécifier le nombre des estampes comprises dans
chaque article. Un si beau recueil ne pouvoit guere convenir qu'au Roi, et il sembloit en quelque façon que ce
Seigneur eût prévu qu'un jour sa collection feroit suite à
celle de l'Abbé de Marolles : en effet, celle de M. de Beringhen, reprend, pour ainsi dire, à l'année 1660, époque
à laquelle l'Abbé de Marolles en étoit resté ; elle renferme
principalement des Maîtres de l'Ecole de France, jusqu'à
l'année 1730. M. l'Abbé Bignon, instruit du dessein où
étoit M. l'Evêque du Puy de le vendre au Roi, et connois-
sant la conséquence dont il étoit de joindre cette acquisition à celle que M. de Colbert avoit faite autrefois de
l'Abbé de Marolles, pour faire des unes et des autres le
corps le plus complet d'Estampes qu'on eût encore vu,
sollicita vivement M. le Cardinal de Fleury et M. Orry,
Contrôleur-général, d'être auprès du Roi favorables au
succès de cette affaire ; il y réussit. M. l'Evêque du Puy
n'en demandoit à Sa Majesté que la somme à laquelle le
cabinet de M. le Premier avoit été porté dans l'inventaire qui avoit été fait de ses biens : c'étoit à la vérité
beaucoup, mais la Cour ne balança pas, et au mois de
Juillet 1731, M. le Contrôleur-général manda à M. l'Abbé
Bignon que le Roi avoit accepté la proposition que M. l'E-
vêque du Puy avoit faite ; en conséquence, le recueil de
M. le Premier fut apporté à la Bibliotheque et déposé au
Cabinet des Estampes, à la fin de Septembre de la même

année. Il consistoit en cinq cens soixante-dix-neuf volumes, *Carta maxima*, le plus grand nombre reliés aux Armes de France et en maroquin rouge, comme les livres de la Bibliotheque Royale, et surtout comme ceux de la collection des Estampes de l'Abbé de Marolles, et en cinq grands Portefeuilles, outre quatre-vingt-dix-neuf paquets, renfermant le tout ensemble, bien au-delà de quatre vingt mille Estampes de toutes grandeurs. C'est à ce précieux fonds qu'appartiennent les œuvres de Callot, d'Abr. Bosse, d'Edelinck, Masson, Nanteuil, Le Clerc, Picart, etc., et de nombreux volumes d'Architecture et d'Antiquités.

En 1753, le Cabinet fut enrichi de quatre-vingts volumes d'Estampes qui avoient appartenu au Maréchal d'Uxelles, et de là avoient passé à feu M. Lallemant de Betz, Fermier-général. Cette collection, cédée au Roi par échange, est divisée sous deux points de vue; le premier est une suite de portraits d'hommes de toutes conditions, rangés chronologiquement, ou à l'époque de leur mort, depuis les Philosophes Grecs et Latins, jusqu'au milieu du regne de Louis XIV; la seconde partie contient des pieces géographiques, topographiques, et le costume de chaque Royaume, dans les quatre parties du monde: on a ajouté à ces deux parties les éloges d'André Thevet, et la description du monde de Pierre Davity.—En 1754, on fit un échange de 30,000 doubles pour procurer au Cabinet 2,800 pieces qui n'étoient dans aucune des deux collections Marolles et Béringhen.

En 1770, M. Fevret de Fontette, Conseiller du Parlement de Bourgogne, traita pour déposer dans ce Cabinet son recueil sur l'Histoire de France, par estampes, contenu en soixante portefeuilles, *Carta maxima*, rangées par époque, commençant par le peuple Gaulois, sous Jules César, et finissant avec le Regne de Louis XV, (jusqu'en 1768). Toutes ces Estampes, bien ou mal exécutées, ont servi pour ce bel ensemble; et si quelque chose doit suppléer au manque de perfection dans le détail, ce qui n'eût pas été possible autrement, en s'assujettissant à ne vouloir choisir que des Estampes supérieurement gravées, c'est que cette défectuosité inévitable a été remplacée par des annotations de la main du rédacteur.

M. de Fontette traita également de son beau recueil de portraits de François et Françoises illustres; beaucoup de ces portraits sont dessinés à la main. M. de Fontette n'a traité que d'une partie, il a gardé presque tous ceux qui étoient dessinés.

Cette même année, Sa Majesté fit aussi l'acquisition du Cabinet d'Estampes de M. Begon, Intendant de la marine du Roi à Dunkerque: cette collection avoit été formée par son aïeul, mort en 1710, connu par ses services dans les intendances de la Rochelle et de Rochefort, et par les bienfaits qu'il aimoit à répandre sur les lettres et sur les arts. Dans le nombre considérable de volumes que contient cette estimable collection, il en est un entre autres du plus rare mérite; ce sont des oiseaux peints à gouache, d'une exécution admirable par le dessin, la couleur et la touche spirituelle : on ignore le nom de l'auteur, mais on seroit tenté de le croire de la main de la Virtuose Marie Sybille Merian, fille célèbre par l'universalité de ses talens, et par son héroïsme dans le voyage qu'elle entreprit pour Surinam, et qui nous a produit un excellent livre qu'elle a dessiné, gravé, colorié et écrit elle-même en latin. Chaque dénomination des oiseaux de ce volume est écrite par la plus belle main Hollandoise qui fut alors; il provient de l'Inventaire du sieur Aubriet, Peintre du Jardin du Roi.

Quelques années après, vers 1775, ce Cabinet s'accrut encore par l'acquisition d'une partie de celui de feu M. Mariette, qui étoit dans son genre un des plus précieux qu'il y ait jamais eu en France : on n'en acheta que les objets rares et précieux qui manquoient dans celui du Roi, et on en acquit pour plus de 50000 livres.

M. le comte de Caylus a aussi enrichi ce Cabinet, par un nombre considérable de morceaux détachés qu'il prenoit plaisir d'y déposer de tems en tems; dans ce nombre est un volume sans prix, intitulé : *Peintures antiques*, que le célèbre Pietre Sante Bartoli avoit imitées à la gouache (1), pour la Reine Christine de Suede, pendant le séjour qu'elle s'étoit choisi à Rome : ces peintures sont si précieuses, que M. le Comte de Caylus, après les avoir fait graver, voulut ne faire tirer de ces planches que trente exemplaires, ainsi que du savant Discours imprimé qu'il y joignit. Cet Ouvrage a pour titre : *Recueil des Peintures antiques, imitées fidèlement pour les couleurs et pour le trait, d'après les dessins coloriés faits par* Pierre Sante Bartoli; *par MM. le* Comte de Caylus et Mariette. *Paris*, 1757, in-f°. Chacun de ces Exemplaires est si supérieurement enluminé, qu'ils le disputent de beauté aux dessins originaux. C'est peut-être, dit M. le Beau, « le

---

(1) A la prière de M. le Comte de Lignerac, aujourd'hui Duc de Caylus, le Roi a bien voulu lui laisser la jouissance, sa vie durant, de ces magnifiques peintures, que M. le Comte de Caylus donna au Cabinet des Estampes du Roi, en 1764, ainsi qu'un portrait du Roi François I. peint en miniature par Nicolo del Abbate.

» livre d'antiquités le plus singulier qui paroîtra jamais;
» toutes les pièces en sont peintes avec une précision et
» une pureté inimitables; c'est la vivacité, les nuances,
» la fraîcheur du coloris qui charma les yeux des Ce-
» sars (1). »

(1) Il nous paroît que les opinions sont partagées sur l'origine de ces précieux dessins, et que l'on ignore encore pour qui ils étoient destinés, et même le nom du peintre qui les a faits: voici ce qu'en rapporte M. Debure l'aîné, dans le Catalogue de M. Goutard, p. 208, d'après une note écrite de la main de M. Mariette, auteur de cet ouvrage, sur l'exemplaire qui lui a appartenu, et qui a passé après sa mort dans le beau Cabinet de Livres d'antiquités et de médailles de M. d'Ennery.

« On ne sera pas sans doute fâché de savoir d'où sont venus les
» dessins originaux et coloriés dont on produit ici des copies
» exactes: ils ont été faits à Rome, et il n'y a certainement que
» Pietre Sante Bartoli à qui on puisse raisonnablement les attri-
» buer. Suivant toutes les apparences, ils ont été envoyés en
» France pour être présentés à Louis XIV, comme un essai d'ou-
» vrages qui, s'ils plaisoient, pourroient être portés plus loin. »

M. de Louvois étoit alors Sur-Intendant des Bâtimens, et ces dessins lui étant demeurés, il les oublia bientôt, sort qu'éprouve ordinairement tout ce qui passe entre les mains des Grands: un Chirurgien attaché à ce Ministre, et demeurant dans son Hôtel, profita de cette négligence, il s'en empara; et ce ne fut qu'après sa mort, arrivée en 1750, que ces dessins reparurent et coururent une seconde fois risque d'être perdus pour toujours. Ses héritiers, gens sans connoissances, alloient en effet en faire le jouet de leurs enfans, si quelqu'un, par un heureux et pur hazard, ne leur eût suggéré de venir me trouver pour en avoir mon avis; et j'étois sur le point d'en faire l'emplette, lorsque M. le Comte de Caylus, plus heureux, obtint sur moi la préférence: son intention étoit de les faire graver tout simplement, et d'en enrichir un de ses volumes d'antiquités; mais avant que de s'y déterminer, il crut devoir me consulter et aviser ensemble s'il ne seroit pas possible d'en tirer un plus grand parti.

On n'avoit absolument rien qui pût fixer les idées sur la façon

Quoique le Cabinet du Roi fût déjà porté, par tant d'acquisitions, à ce degré de magnificence qui n'a point d'égal, il y manquoit cependant un des objets les plus précieux : c'étoient les différentes estampes, ou les pre-

dont les anciens distribuoient leurs couleurs; le seul George Turnbull avoit imaginé un moyen qui, tout imparfait qu'il étoit, pouvoit en quelque façon conduire à cette connoissance ; c'étoit de donner seulement les contours des objets, et d'indiquer par des lettres de renvoi la nature des couleurs qui remplissoient ces vides sur quelques-unes des peintures antiques qu'il produisoit. Ce moyen m'en fit imaginer un autre, il me vint alors dans l'esprit de suivre le plan qu'avoit tracé Turnbull, par rapport aux traits que l'on feroit graver, et de peindre sur ce trait les épreuves que les Planches donneroient, conformément aux dessins coloriés, dont il étoit question de faire part au public.

On lui fournissoit par là le moyen de connoître plus particulièrement la méthode qu'avoient suivie les Anciens dans l'emploi et la distribution de leurs couleurs: on lui présentoit un ouvrage neuf dans son genre, et qui auroit avec cela le mérite d'être très-rare: car M. le Comte de Caylus, qui goûta ma proposition, ne voulut pas que le nombre d'exemplaires qui se repandroient, surpassât celui de *trente*; et de mon côté je ne jugeai pas à propos d'étendre plus loin mes soins, M. le Comte de Caylus ayant exigé de moi que je présidasse à cette opération, qui, j'ose le dire, ne se seroit jamais exécutée si je ne m'en fusse mêlé, et qui exigeoit un travail assidu de plus de quatre années. J'ajouterai que non-seulement les discours qui donnent l'explication de chaque sujet sont de ma composition, mais que le Discours en forme d'avertissement qui les précède, est pareillement un fruit de ma plume.

Nous observerons (dit M. Debure, Bibliogr. n° 5904) que M. le Comte de Caylus, ayant fait tirer les trente exemplaires de cet Ouvrage, fit rompre les cuivres devant lui. Il distribua ce petit nombre à des amis particuliers, et à quelques Biblioth. qui consentirent à prendre sur leur compte les frais de l'enluminure: chaque exemplaire fut enluminé par des personnes que M. le Comte de Caylus avoit choisies à cet effet, et le prix en étoit de 300 livres. Quant à la partie typographique, elle est magnifique-

miers essais de la gravure en taille-douce, trouvés, suivant quelques auteurs, par *Masso Finiguerra*, orfévre de Florence, en 1460.

L'œuvre de ce premier graveur consiste environ en soixante estampes, dont plusieurs ont été faites pour orner une édition du Dante, de 1481. Cet ouvrage a la singularité d'être le premier dans lequel l'art de la gravure en taille-douce ait été employé.

Les autres représentent les Prophètes, les Sybilles, etc.; ce qu'il y a de singulier, c'est qu'elles ont été trouvées et achetées à Constantinople par un Amateur, qui les a apportées en France; et après sa mort, ses héritiers les ont vendues au Cabinet du Roi, la somme de 500 livres. Cette acquisition est la dernière qu'on ait faite de mon temps pour ce Cabinet, elle est du mois de mars 1781. Ces estampes qui sont de la plus grande rareté, réunies, pour ainsi dire, dans leur sanctuaire, deviennent bien plus précieuses par cette réunion. Jamais M. l'Abbé de Marolles et M. de Beringhen ne purent se les procurer, malgré toutes les recherches et les dépenses qu'ils firent pour cela.

ORDRE ET ARRANGEMENT DES LIVRES D'ESTAMPES.

Ce précieux cabinet contient cinq mille volumes et plus,

---

ment exécutée, et les Imprimeurs (Messieurs L. Guerin, et L Fr. de la Tour) qui en furent chargés, n'ont rien épargné pour la rendre aussi recommandable dans son genre, que l'étoit dans le sien celle des peintures. Un de ces exemplaires a été vendu dernièrement, à l'Inventaire de M. Coutard, 2272 livres. On se dispose actuellement à donner au Public une nouvelle édition de ces belles Peintures antiques. Il existe un de ces exemplaires au dépôt des livres imprimés, lettre J. n° 835. *Voy. aussi D. Sacles, mon. p. XLII.*

rangés en douze classes, ou divisions, auxquelles on a affecté des chiffres ou numéros.

Les estampes qui composent ces différentes classes ou divisions, sont non-seulement précieuses par leur immensité, mais encore par la beauté et le choix des épreuves. On s'est aussi attaché à y réunir les eaux fortes, et quand il y a eu pour certaines estampes des marques distinctives pour les reconnoître, soit par rapport à la beauté des épreuves, soit que le graveur eût quelque prétexte pour faire ces remarques, etc., on les a toutes rassemblées, et il est très-commun de voir dans le Cabinet du Roi, cinq à six épreuves d'une même estampe, à laquelle on aperçoit des différences sensibles; c'est ce qu'on est à portée de remarquer dans plusieurs œuvres, entre autres dans l'Œuvre de Rembrant, que l'on voit dans ce Cabinet: c'est peut-être le mieux choisi et le plus complet qu'il y ait en France. Ce peintre, qui étoit d'une avarice extrême, usoit de toutes sortes de ruses pour vendre fort cher et plusieurs fois les mêmes estampes: tantôt il les faisoit débiter par son fils, comme si celui-ci les avoit dérobées; tantôt il feignoit de vouloir quitter la Hollande; il les vendoit lorsque la planche étoit à moitié terminée, en tiroit un nouveau prix après qu'elle étoit finie; enfin il la faisoit paroître une 3ᵉ fois, et quelquefois une 4ᵉ, en la retouchant. Ces petites supercheries se remarquent presque dans chaque œuvre des grands Maîtres : et c'est de la réunion de ces différentes épreuves que dépend la perfection et la rareté de l'œuvre de tel ou tel Maître. Voici la distribution des douze divisions.

La première classe comprend les Sculpteurs, Architectes, Ingénieurs, Graveurs, depuis l'origine de la gravure (en 1470) jusqu'à nos jours : ce recueil est distribué par écoles, et chaque école par œuvres de Maîtres. Les recueils d'estampes entieres ou porte-feuilles relatifs aux arts sont aussi de cette premiere classe.

Cette premiere classe ou division comprend aussi les estampes gravées sur bois. Le Cabinet des Estampes du Roi en possede environ 14000, que l'on nomme ordinaires, et plus de 600 en clair obscur ou camayeu, toutes en tailles de bois : sur quelques-unes de ces estampes on voit le nom ou la marque de ceux qui les ont faites, avec l'année; il y en a d'autres avec des marques seulement, que l'on ne peut appliquer à aucun graveur connu; enfin les plus anciennes sont sans aucunes marques quelconques, qui puissent désigner le temps, le lieu et l'artiste qui les a faites : on a été par cette raison obligé de distinguer ces graveurs en deux classes, dont l'une contient ce qu'on appelle les vieux Maîtres, les uns connus; les autres distingués par quelques lettres initiales de leurs noms, ou quelques marques particulieres, comme *une pelle, des chandeliers, une bague, une licorne, une étoile*, et autres figures semblables; l'autre classe comprend les grands Maîtres connus par leurs noms ou leurs œuvres (1).

(1) C'est dans cette même Classe que se voit l'œuvre de MM. Papillon pere et fils, célebres Graveurs en bois, morts, l'un en 1744; et l'autre en 1776 : ce dernier, digne héritier des talens de son pere, a donné une histoire de la gravure en bois, en 1766, 2 vol. in-8°; il a été long-temps attaché à l'Imprimerie Royale, en qualité de Graveur en taille de bois. M. Papillon fils, qui a donné ce recueil au Cabinet des Estampes du Roi, a joint à l'œuvre de son pere et au sien plusieurs morceaux d'une grande rareté, même uniques, et qui n'étoient pas dans le Cabinet du Roi. Parmi ces morceaux, l'on remarque entre autres une Estampe gravée en bois par Marie de Médicis, Princesse de Toscane, et ensuite femme de Henri IV. Il y a deux de ces Estampes au Cabinet

La seconde comprend les livres d'estampes, de piété, de morale, emblèmes et devises sacrées.

La troisieme comprend les livres qui traitent de la Fable et des antiquités Grecques, Romaines, etc., etc.

La quatrieme comprend les livres qui traitent de la Généalogie, de la Chronologie, du Blason, des Armoiries, des Médailles et des Monnoies.

du Roi, l'une donnée par M. Papillon avec son œuvre, l'autre qui y étoit auparavant, mais qu'on ne savoit pas y être; ces deux estampes représentent le buste d'une femme coiffée à la Romaine; ce buste a huit pouces de haut, avec ces mots au dessous, *Maria Medicis E*. 1587.

Au bord du papier de l'estampe donnée par M. Papillon, il y a ces mots: *gravé par la Reine Marie Anbouest*, qui ont été écrits d'une main ignorante. Ce buste est de profil, et le contour est assez correct; la gravure est au delà de ce qu'on pourroit raisonnablement attendre d'une personne de cette qualité; elle est chargée de contretailles et de quelques tripletailles, à la vérité un peu inégales et coupées à quelques-unes de leurs croisées, mais cependant assez bien gravées pour persuader qu'elle avoit fait plusieurs autres gravures en bois, avant que d'entreprendre cette piece.

On a douté long-temps que ce buste ait été gravé par Marie de Médicis, mais la pareille estampe trouvée depuis dans le Cabinet du Roi, et qui est placée au commencement du Recueil des Amateurs Artistes, prouve bien certainement que la planche a été gravée par cette Princesse; voici la note qui est écrite au bas:

*La Planche de cette Estampe a été gravée par la Reine Marie de Médicis, qui la donna à M. Champagne, dans le temps qu'il la peignoit, lequel Champagne a écrit derriere la Planche ce qui suit:*

*Le Vendredi 22 de Février 1629, la Reine Mere, Marie de Médicis, m'a trouvé digne de ce rare Présent fait de sa propre main. Champagne.*

*Voyez* Traité hist. de la Grav. en bois, par Papillon, *tom. premier, pag.* 261.

La cinquieme comprend les estampes représentant des fêtes publiques, entrées de villes, cavalcades, tournois et carrousels, qui se sont donnés en divers pays.

La sixieme comprend les livres et estampes qui traitent de la Géométrie, des Machines, des Mathématiques, des Exercices militaires de terre et de mer, et d'autres pieces touchant les Arts et Métiers.

La septieme comprend quelques Romans et porte-feuilles de facéties, plaisanteries et bouffoneries, etc.

La huitieme comprend la Botanique, ou l'Histoire naturelle des Plantes, Oiseaux, Quadrupedes, Poissons, Insectes, etc., etc. (on a fait un Catalogue à part, suivant le système de Tournefort, des volumes de Plantes peintes en miniature, attendu qu'ils augmentent d'année en année); l'Anatomie est comprise dans cette classe.

La neuvieme comprend une suite considérable de porte-feuilles, de cartes géographiques les plus exactes, et faites par les plus savans en ce genre si utile.

La dixieme comprend une superbe collection de plus de 300 volumes où l'on voit les plans et les élévations d'un grand nombre d'édifices anciens et modernes, sacrés et profanes, des palais gothiques de nos Rois, de leurs Châteaux, de ceux des Seigneurs contemporains, ou de riches particuliers, enfin des villes les plus célebres, gravées ou dessinées à la main : ce corps Topographique contient aussi plusieurs Monumens Grecs et Romains.

La onzieme comprend une collection immense (environ quarante mille) des portraits des hommes célebres dans l'Europe, de tous états, de tout sexe, divisée par pays, etc.; la plus grande partie a rapport à l'Histoire de France.

La douzieme et derniere comprend un recüeil très-précieux de modes ou d'habillemens, coiffures, en général pour tout ce qui concerne le costume de chaque Royaume dans les quatre parties du monde, et en particulier du fameux recueil de modes, etc., de la Monarchie Françoise, depuis Clovis jusqu'à Louis XIV.

Outre les livres et Porte-feuilles composés d'estampes seulement, ce précieux Cabinet contient encore un bon nombre de livres mixtes, c'est-à-dire, qui sont nécessaires pour l'intelligence de l'ouvrage: ces livres traitent de l'Histoire sacrée et profane, des antiques, etc., et sont placés dans les différentes classes, selon la matiere qui y est traitée.

Après ces différentes classes suivent les planches gravées, (que l'on peut regarder comme celle qui doit précéder toutes les autres): ces Planches sont au nombre de près de 2000, presque toutes gravées aux dépens du Roi; elles sont également, comme les estampes de ce Cabinet, divisées par Classes, et l'on a suivi dans leur arrangement le même ordre que celui que l'on a donné au recueil des Estampes: en voici l'énumération.

ORDRE ET ARRANGEMENT DES PLANCHES GRAVÉES DU CABINET DU ROI.

### I.—*Tableaux du Roi, 41 planches*

Représentant sept sujets de l'ancien Testament, vingt-deux du nouveau, sept de la Fable, un de l'Histoire, et quatre allégoriques, formant le tome premier de la collection du Cabinet du Roi.

### II.—*15 Planches*

Représentant cinq sujets de l'Histoire d'Alexandre le

Grand, gravées d'après M. le Brun (savoir les Batailles d'Alexandre), formant le tome II.

### III.—56 *Planches*

Des Médaillons antiques du Roi, gravées par de la Boissiere, commençant à Auguste, et finissant aux enfans de Constantin; et 48 Monnoies et Médailles, gravées en onze Planches par Séb. le Clerc, relatives à l'Histoire de France, commençant à Charles VII jusqu'à Louis XIII, inclusivement, de différentes grandeurs (1), formant le tome III.

---

(1) Nous apprenons par une note qui nous est tombée par hazard entre les mains, que cette suite de Medailles et Monnaies est improprement connue sous le titre de *Médailles* du Cabinet de *Ste-Geneviève;* on ignore (ajoute l'Auteur de cette note) sur quelle autorité cette tradition peut être fondée; ce qu'il y a de certain, c'est que bien loin que ces Médailles se trouvent dans le Cabinet de cette Bibliotheque, les Religieux qui en ont la direction, en connoissent à peine les Estampes. C'est donc à tort qu'on les a appellées Médailles de Ste-Geneviève: ce sont des Monnoies anciennes de France, qui se trouvent dans le Cabinet des Médailles du Roi, en or, en argent ou en cuivre, telles qu'elles ont été frappées; elles ont été dessinées et gravées par le célebre Sébastien le Clerc, d'après ces originaux, aux dépens de Sa Majesté, pour quelque ouvrage sur les Monnoies anciennes de France, que l'on avoit alors en vue, et qui n'a pas eu lieu; et l'on en conserve les Planches gravées au Cabinet des Estampes du Roi, avec celles de la collection de son Cabinet.

Sans révoquer en doute ce qu'avance l'Auteur de cette note, nous croyons qu'il est très-possible que ces 48 Monnoies ou Médailles soient sorties du Cabinet de Messieurs de Ste-Geneviève, et qu'on leur ait toujours conservé le nom de leurs premiers propriétaires : voici sur quoi nous nous fondons. Il est certain que Messieurs de Ste-Geneviève vinrent offrir à M. Louvois plus de 300 Médailles de petit bronze, pour les réunir à celles que le Roi avoit déjà: ne

### IV. — 40 *Planches*

Représentant les plans, élévations, vues, ornemens de peinture et de sculpture des Châteaux du Louvre et des Tuileries, formant le tome IV.

### V. — 29 *Planches*

Représentant les plans, élévations et vues du Château de Versailles, formant le tome V.

### VI. — 89 *Planches*

Représentant la Grotte, le Labyrinthe, les Fontaines et Bassins de Versailles, formant le tome VI.

*Grotte.* — Vingt Planches gravées par le Pautre et autres.

*Labyrinthe.* — Quarante-une Planches gravées par Sébastien le Clerc.

*Fontaines.* — Vingt-une Planches gravées par le Pautre et Simoneau.

*Bassins.* — Sept Planches gravées par le Pautre.

### VII. — 48 *Planches*

Des Statues antiques et modernes du Roi, gravées par

seroit-il pas possible qu'ils y ayent joint une quarantaine d'autres médailles ou monnoies sur l'Histoire de France, dont le Cabinet du Roi étoit très-peu fourni, et dont on faisoit alors une exacte recherche? Il peut aussi se faire qu'on se soit contenté de faire mention des 300 médailles de petit bronze, et qu'on ait oublié de parler des 48 autres médailles modernes, comme peu de chose en comparaison des autres, et qu'elles ayent toujours été appellées *Médailles* du *Cabinet* de *Ste-Geneviève*, sans s'embarrasser d'où on les avoit tirées.

7*

G. et J. Edelinck, G. Audran, le Pautre, Fr. Chauveau, Mellan et Baudet, formant le tome VII.

### VIII. — 51 *Planches*

Des Termes, Bustes, Sphinx et Vases du Roi, gravées par le Pautre, Mellan et Baudet, formant le tome VIII.

### IX. — 48 *Planches*

Des tapisseries du Roi, gravées d'après le Brun, par Sébastien le Clerc, formant le tome IX.

### X. — 97 *Planches*

Représentant des Carrousels, courses de têtes et de bagues, formant le tome X.

### XI. — 20 *Planches*

Représentant les fêtes données à Versailles, formant le tome XI.

### XII. — 29 *Planches*

Représentant les plans, élévations, coupes et profils de l'Hôtel Royal des Invalides, gravées par le sieur de la Porte, Commissaire des Invalides, par ordre et aux dépens de M. de Louvois; ces Planches forment le douzième volume du Cabinet.

### XIII. — 29 *Planches*

Des plans, profils, élévations et vues de différentes Maisons Royales, formant le tome XIII.

### XIV. — 29 *Planches*

Des profils et vues de quelques lieux de remarque, avec divers plans détachés des Villes, Citadelles et Châteaux, gravées par le Pautre et Audran, formant le tome XIV.

### XV. — 40 *Planches*

Des plans et profils appellés communément les petites conquêtes, servant à l'Histoire de Louis XIV, gravées par le Clerc et autres, formant le tome XV.

### XVI. — 26 *Planches*

De vues, marches, entrées, passages et autres sujets servant à l'Histoire de Louis XIV, gravées d'après Wandermeulen, formant le tome XVI.

### XVII. — 50 *Planches*

Des vues, entrées et autres sujets servant à l'Histoire de Louis XIV, gravées d'après le même, formant le tome XVII.

### XVIII. — 98 *Planches*

De paysages, morceaux d'étude, etc., gravées d'après le même, formant le tome XVIII.

### XIX. — 28 *Planches*

De plans, profils et vues de Camps, Places, Siéges et Batailles, servant à l'Histoire de Louis XIV, des années 1643 et 1644, gravées d'après Beaulieu, par F. Colignon, N. Cochin, G. Perelle et autres, formant le tome XIX.

### XX. — 32 *Planches*

Représentant aussi des plans, profils, etc, servant à l'Histoire de Louis XIV, gravées d'après le même, année 1645, formant le tome XX.

### XXI. — 32 *Planches*

Représentant les mêmes sujets, gravées d'après le même, depuis l'année 1646 jusqu'en 1648, formant le tome XXI.

### XXII. — 29 *Planches*

Représentant également divers sujets de même nature, gravées d'après le même, pour les années 1650, 1654, jusques et compris 1659.

### XXIII. — 30 *Planches*

Aussi de plans, profils et vues de Camps, Places, etc., servant à l'Histoire de Louis-le-Grand, et gravées d'après le même, pour les années 1662, 1668, 1673, 1674, 1676, 1677, 1684, 1685, 1688, 1691, 1692, 1693, 1694 et 1697.

### XXIV. — 374 *Planches*

Représentant des Plantes de Botanique, gravées par ordre du Roi, par les célèbres N. Robert, Abrah. Bosse et L. de Chatillon; cette collection forme trois gros vol. *in-fol.* forme d'Atlas.

Outre ce beau recueil de Planches, que rien n'égale et n'égalera peut-être jamais, il en existe encore un grand nombre d'autres gravées par les meilleurs Maîtres; toutes ont été (comme nous l'avons déjà dit) gravées ou acquises aux dépens de S. M.

DESCRIPTION DES DIFFÉRENTS MORCEAUX PEINTS, DESSINÉS OU GRAVÉS, CONSERVÉS SOUS VERRE ET PLACÉS DANS CE PRÉCIEUX CABINET.

*Premiere piece.*

On remarque dans la première pièce de ce riche cabinet plusieurs dessins curieux, savoir :

Une grande Carte de l'Amérique, portant ce titre :

*Americæ, sive novi orbis nova descriptio. Florentiæ Pecciolen Cosmogr: A. D. 1604.*

Un dessin précieux de la mer Caspienne, mesurée par l'ordre du Czar Pierre-le-Grand, pendant les années 1719, 1720 et 1721, déposé par S. M. Czarine, lors de son séjour en France, entre les mains de M. l'Abbé Bignon, pour le cab. du Roi. Les anciens Géographes, à commencer par Ptolémée, qui florissoit sous l'empereur Marc-Aurele, l'an 176, ensuite Ismaël Abulfeds, Prince de Syrie, et Auteur d'un Géogr. universelle, environ l'an 1300, et de nos jours Jean Struys, tous en un mot avoient tant fait varier les mesures et la forme de cette Mer, que Pierre I$^{er}$ se détermina à en prendre une connoissance exacte pour des vues savantes et utiles au commerce de son Empire. Ce grand Prince chargea de cette opération l'un de ses plus habiles Ingénieurs, M. Carl-von-Werden, lequel étant accompagné de Navigateurs intelligens, mit trois années pour remplir les intentions du Czar.

La même Mer placée à côté (à gauche) et que Gerard-van-Keulen, Hydrographe estimé, publia vers l'an 1680, prouve clairement qu'il étoit réservé à ce Prince surnommé le Grand, d'embrasser un projet si utile et si dispendieux. Guillaume de l'Isle a publié en 1721, un savant mémoire à ce sujet, que l'Académie Royale des Sciences a publié dans le recueil de ses Mémoires.

A droite est la magnifique Mosaïque de Palestrine, expliquée par M. l'Abbé Barthelemi, de l'Académie Royale des Inscriptions et Belles-Lettres, etc.

Cette Mosaïque a été trouvée dans un Temple de la Fortune, dans la ville de Palestrine, ancienne ville d'Italie, dans la campagne de Rome; elle avoit dix-huit pieds de long, sur quatorze et quelques pouces de large. Vers l'an 1660, le Cardinal Barberini voulant la soustraire aux accidens, la fit transporter dans le Palais des Princes de Palestrine, et la fit placer dans une espece de niche, au fond du vestibule, en face de la porte d'entrée. Les fragmens de marbre dont cette Mosaïque est composée, sont communément de trois à quatre lignes en quarré, ceux qui forment les fig. sont encore plus petits.

Pour faciliter à M. l'Abbé Barthelemi l'explication de cette Mosaïque, M. le Comte de Caylus en envoya prendre sur le lieu même le dessin et les couleurs.

Au-dessous est un beau dessin représentant la Maison d'Autriche en 62 figures; ce sont les premiers Souverains qui ont successivement gouverné la Baviere, pendant environ 1000 ans, depuis Norix (*Noricum*) Regens Purg, Fondateur de Ratisbonne, et Bavarus, venus de l'Armenie avant Jesus-Christ. D'autres disent dans le cinquieme siécle, jusqu'au dernier qui est Sigismond, Comte Palatin, Duc de Baviere, qui vivoit dans le quatorzieme siécle. Cette peinture à gouache a été faite vers l'an 1400, d'après un monument conservé à Ratisbonne: elle représente ces Princes dans l'habillement exact au costume du temps de Charlemagne, dont parle Eginhard son Historien, c'est-à-dire, en guerre avec l'armure de fer, le sabre, et la chaussure en brodequin, qui depuis a été remplacée par la chaussure à la Poulaine, où les bottines garnies d'éperons dorés et longs; de la cotte de maille et de l'arbalètre. L'habit de Cour consistoit en une robe à la manière des Gaulois, garnie de fourrure, moins longue et moins ample que la toge Romaine, avec le sayon sur l'épaule; le pourpoint de peau de loutre par-dessus la tunique de laine, bordée de soie, le tout recouvert d'une chappe très-riche, quand ils parvenoient au titre d'Empereur. Les épigraphies en rimes et en vieux allemand, caractérisent le génie et les mœurs de ces Princes. Ce précieux morceau a douze pieds de longueur, il a été donné, en 1756, au Cabinet des Estampes du Roi, par M. de Fontenu, Abbé Commendataire, de l'Académie Royale des Inscriptions et Belles-Lettres.

Plus bas on remarque une Estampe représentant l'une des Maisons de Campagne de l'Empereur de Chine, aux environs de Pékin, gravure Chinoise, imitant le méchanisme d'un dessin qui seroit fait à la plume, et qui n'est décélé que par les lignes motonones formant les eaux.

Cette Estampe a été donnée, en 1779, à ce même Cabinet, par M. Beguillet le Jeune, de Dijon.

*Seconde pièce.*

Dans la seconde pièce à droite en entrant, sur un des pilastres de la boiserie formant le corps d'armoires qui reçoivent les livres d'Estampes, on voit la copie gravée d'un Monument en peinture, à la gloire de François Ier dont l'original a été donné au Cabinet des Estampes du Roi en 1765, par M. le Comte Caylus; ce tableau porte, ainsi que l'Estampe, neuf pouces de haut sur six pouces de large.

François I$^{er}$ y est représenté debout et emblématiquement, peint en miniature par *Nicolo dell'Abbate*, élève du Primatice. Cet Artiste a voulu, sous cinq emblèmes différents, réunir dans une seule et même figure les principales vertus et traits de François I$^{er}$ comme dans les vers qui se lisent au bas, le Poëte *Ronsard* a tenté d'exprimer ce que le Peintre montroit aux yeux; ils ont uni leurs talens, pour mieux caractériser ce Héros, qui fut le Père des Lettres et des Arts en France; voici les vers :

> Françoys en guerre est un Mars furieux,
> En payx Minerve et Diane à la chasse,
> A bien parler, Mercure copieux,
> A bien aimer, vray amour plein de grâce.
> O France heureuse honore donc la face
> De ton grand Roy qui surpasse nature !
> Car l'honorant, tu sers en même place
> Minerve, Mars, Diane, Amour, Mercure.

Le Monarque est debout; le casque de Minerve, orné de plumes blanches, couvre sa tête : il tient du bras droit, armé de fer, son épée la pointe en haut; son bras gauche est nud, dans la forme et dans le caractère de l'adolescence, ou du Dieu de l'Eloquence, portant le Caducée, symbole qui désigne que le Héros s'occupoit des lettres, dans les momens où Mars le laissoit reposer; il a sur la poitrine l'Egide de Minerve, chargée de la tête de Méduse; son habillement, à la maniere de Diane, est négligemment agraffé sur l'épaule par un mufle de Lion, et retroussé sur la hanche par une ceinture; sur l'autre épaule il porte le carquois avec un cornet de chasseur, et s'appuie sur un arc : ces attributs rappellent le goût que ce Prince avoit pour la chasse, plaisir digne du loisir des Rois : sa parure est de couleur rouge, soyeuse et frangée d'or; elle retombe avec grace sur ses jambes chaussées de brodequins, auxquels sont attachées les talonnieres de Mercure, pour achever d'exprimer que ses qualités dominantes étoient l'activité, la valeur et l'amour des Muses.

Plus bas est un dessin à la plume, fait et donné au cabinet des Estampes, le 12 octobre 1773, par Madame Clotilde de France; ce dessin représente un ancien Château à tourelles, environné d'eau avec un pont de pierre.

Le mardi 12 octobre 1773, Madame Clotilde de France, née le 23 septembre 1759, sœur de Monseigneur le Dauphin, depuis Louis XVI, étant arrivée, vers les deux heures après midi, de Versailles à la Bibl. du Roi, où cette Princesse étoit attendue, comme l'avoit été Madame la Dauphine huit jours auparavant, accompagnée de Madame, Madame la Comtesse d'Artois et de Mesdames de France ses tantes, fut conduite par M. Bignon, Maître des Requêtes et grand maître de la Bibl., aux Manusc., aux Imprimés et aux Médailles, et ensuite au Cabinet des Estampes. Cette Princesse étoit accompagnée de Madame Elisabeth sa sœur, de Mademoiselle de Bourbon Condé, de Madame de Marsan, et d'une Cour nombreuse; M. Bignon reçut des mains de Madame ce dessin qu'elle dit être de sa composition et dessiné de sa main, et qu'elle donna comme un gage de son amour pour les Arts.

On remarque au-dessous une Estampe imprimée sur

de l'écorce d'arbre : singularité qui constate la manière d'écrire des anciens sur le papyrus, usage qui n'est plus pratiqué que parmi quelques peuples barbares, entre autres chez les Malabares. Cette Estampe, en outre, offre le sceau d'une Abbaye fondée par la Maison d'Autriche, depuis son élévation à l'empire d'Occident et au Trône d'Espagne.

On croit ce curieux morceau de la main de Mathieu Merian, aussi savant Cosmographe qu'habile Graveur, mort en 1650.

On remarque encore dans les embrasures des fenêtres qui donnent sur la Cour, plusieurs morceaux précieux, savoir :

Le Portrait de Jean, Roi de France, surnommé le Bon, mort en 1364, *Monument de peinture du 14ᵉ siècle*. Le peu d'usage où l'on étoit dans ce temps de peindre en grand, a déterminé le Peintre à représenter le Roi dans la proportion d'un buste, de profil, et sans mains : ce Prince est vêtu d'un manteau bleu foncé avec un colet d'hermine, la tête découverte et les cheveux flottans ; le champ du tableau est d'or, et le tout est peint à gouache, sur toile collée sur bois ; le vernis dont il a été couvert depuis, avoit fait penser qu'il étoit peint à l'huile.

On ne connoît rien de plus ancien en peinture moderne que ce portrait, attribué à Jean de Bruges, que Charles V, dit le Sage, fils du Roi Jean, avoit décoré du titre de son Peintre. Il a 22 pouces de hauteur sur 12 pouces de largeur ; au-dessus de la tête on lit en caractères du temps, *Jean Roi de France*. La bordure paroît être du Regne de Louis XII, environ 150 ans après le tableau.

Charles V, par amour pour la mémoire du Roi son

père, avoit placé ce Portrait parmi ses livres ; et depuis, ce tableau est demeuré dans la Bibliothequé des Rois ses successeurs : cependant M. de Gaignieres, célebre Antiquaire et possesseur d'un riche cabinet, l'avoit obtenu de M. Colbert, dont le cachet est apposé derriere, pour le placer au nombre de ses raretés ; mais M. de Gaignieres, en léguant son cabinet au Roi, fit rentrer dans la Bibliotheque Royale ce reste précieux du commencement de la Peinture en France.

Au-dessous de ce précieux portrait est celui de Jeanne d'Autriche, née à Prague en 1547, peint d'après nature ; elle étoit fille de Ferdinand I$^{er}$, Empereur, et fut mariée en 1565, à François I$^{er}$, Grand-Duc de Toscane ; cette Princesse fut mere de Marie de Medicis, femme de Henri IV, et mourut en 1578, âgé de 32 ans.

Cette belle miniature a été donnée le 10 juin 1765, au cabinet des Estampes du Roi, par M. le marquis de Toct, Chevalier de l'Ordre Royal et Militaire de St-Louis, chargé des affaires de la Cour de France en Crimée. (Il est le Vauban de la Cour Ottomane).

Dans une autre embrasure de fenêtre, l'on voit le Portrait de l'Amiral de Coligni, assassiné par le nommé Besme, en 1572 (il fut la premiere victime de la S.-Barthelemi). Catherine de Medicis voulant noircir cet Homme célebre dans l'esprit du Duc d'Alençon son fils, ce Prince lui répondit : *Madame, il est un homme très-fidèle au Roi et très-zélé pour l'Etat.* Ce précieux tableau a été tiré de la collection de M. de Thou (1).

---

(1) Toutes ces Descriptions sont les mêmes (à quelques changemens près) que celles qu'on trouve écrites en tête de ces différens morceaux.

## APPENDICE A LA NOTICE DE LE PRINCE

SUR LE CABINET D'ESTAMPES ET DE PLANCHES GRAVÉES.

L'objet principal de la présente publication étant la réimpression de l'*Essai historique* de le Prince, le nouvel éditeur n'a pas cru devoir rien modifier à ce que dit l'auteur de *l'ordre et arrangement des livres d'Estampes* du Cabinet : bien que cet ordre et cet arrangement aient subi de grandes modifications depuis 1782, date de la précédente édition. — Mais tout en respectant le travail de le Prince qui nous donne l'état ancien du Cabinet, nous reproduisons ici un extrait de l'avertissement qui figure en tête de la *Notice des Estampes*, publiée en 1837 par M. Duchesne aîné, dont les nombreux amis, les artistes et le public des salles iconographiques regrettent la mort récente (1).

(1) M. Duchesne aîné entré à la Bibliothèque du Roi en l'an 1795, a passé par tous les rangs de la hiérarchie avant d'arriver au titre de conservateur du Cabinet des Estampes : et sa vie entière s'est écoulée dans la perpétuelle préoccupation de classer, d'enrichir, d'orner le dépôt auquel il était attaché. Les journaux ont loué à l'envi les services et le dévouement de M. Duchesne, et voici en quels termes en parloit l'*Union* dans son numéro du 7 mars dernier :
« M. Duchesne aîné, conservateur du Cabinet des Estampes, vient de succomber, après quelques jours de maladie, dans sa soixante-seizième année. Tous les habitués des salles iconographiques savent avec quelle urbanité et quel affectueux empressement M. Duchesne accueilloit le public. Digne successeur de M. Joly qu'il a longtemps suppléé, c'est à lui qu'il faut faire honneur de l'ordre qui règne aujourd'hui dans cet important dépôt : ordre incomparable, qu'on peut souhaiter à d'autres départemens de la Bibliothèque, et qui permet aux employés de satisfaire à la minute aux exigences les plus diverses. Outre l'immense travail de classification et de rangement auquel M. Duchesne a consacré plus de cinquante années de sa vie (*lisez* : plus de soixante ans), on lui est redevable de nombreux ouvrages qui lui ont assigné un honorable rang dans la science. Nous n'en citerons que deux : le *Voyage d'un iconophile*, et surtout son *Essai sur les Nielles*, livre curieux qui, le premier, a ramené l'attention des artistes sur les travaux si finis des orfévres au xv$^e$ siècle. M. Duchesne aîné, qui laisse en portefeuille de précieuses recherches sur l'iconographie, n'étoit pas seulement un littérateur de science et de goût, c'étoit un homme profondément honnête et bon, d'un désintéressement rare et d'une urbanité parfaite, et dont la fin toute chrétienne a dignement couronné la longue et laborieuse carrière. »

Extrait de la *Notice des Estampes*, par M. Duchesne aîné.

« Une aussi nombreuse collection d'estampes et d'ouvrages à figures avoit nécessairement besoin, pour être classée, d'une méthode claire et précise, au moyen de laquelle il fût facile de retrouver les ouvrages existans, et qui permît d'intercaler ceux qu'on pourroit acquérir par la suite.

» M. de Heinecken avoit publié en 1771, sous le titre d'*Idée générale d'une collection complète d'estampes*, un système suivant lequel étoit rangé le cabinet de Dresde, et où les estampes et les ouvrages à figures se trouvent divisés en douze classes. En 1783, M. Joly père avoit adopté cet ordre; mais les augmentations importantes qui eurent lieu depuis, et celles plus considérables encore qui se firent depuis mon entrée à la Bibliothèque en 1795, nécessitèrent bientôt une nouvelle classification dans laquelle depuis je n'ai fait que de légers changemens.

» Le système de M. Heinecken m'a servi de base, mais les classes furent portées à 24, et rangées dans un autre ordre : une lettre majuscule fut adoptée pour chacune d'elles; une lettre minuscule indiqua les sous-classes qui sont au nombre de 122, puis chaque ouvrage reçut un numéro d'ordre pour désigner la place qu'il doit occuper dans la sous-classe à laquelle il appartient.

» Nous avons pensé qu'il pouvoit être agréable de connaître la méthode adoptée pour la classification du département des estampes de la Bibliothèque royale, puisqu'elle peut servir également à ranger une collection moins nombreuse, en supprimant seulement la lettre des sous-classes. Sans entrer dans aucun détail, nous allons donner les titres de chaque division, avec les lettres qui leur appartiennent et le nombre de volumes contenu maintenant dans chacune d'elles.

### DISPOSITION MÉTHODIQUE DU CABINET DES ESTAMPES DE LA BIBLIOTHÈQUE ROYALE.

A. *Galeries, Cabinets et Collections des Souverains et des particuliers; Singularités de l'art du Dessin et de la Gravure.*

|     |                                                                              | Vol. |
|-----|------------------------------------------------------------------------------|------|
| Aa  | Galeries et Cabinets de France.                                              | 206  |
| Ab  | — d'Italie et du midi de l'Europe.                                           | 181  |
| Ac  | — d'Allemagne du Nord.                                                       | 117  |
| Ad  | Vitraux, Tapisseries, Singularités de l'Art, et ouvrages divers exécutés par des amateurs. | 88  |

### B. *Écoles d'Italie et du Midi.*

| Ba | École florentine.                       | 69 |
| Bb | — romaine.                              | 53 |
| Bc | — vénitienne.                           | 34 |
| Bd | — lombarde.                             | 66 |
| Be | — génoise, napolitaine, espagnole.      | 22 |

### C. *Écoles germaniques.*

| Ca | Ecole allemande   | 78 |
| Cb | — hollandoise     | 84 |
| Cc | — flamande        | 78 |
| Cd | — angloise        | 73 |

### D. *Écoles françoises.*

| Da | Ecole françoise ancienne, depuis l'origine jusqu'à Rigaud, en 1660 | 98 |

|     |                                                                                                   | Vol. |
|-----|---------------------------------------------------------------------------------------------------|------|
| Db  | — françoise intermédiaire, depuis Antoine Coypel, en 1661, jusqu'à Michel Vanloo, en 1707......   | 32   |
| Dc  | — françoise moderne, depuis Joseph-Marie Vien, en 1710, jusqu'à nos jours......................   | 453  |

### E. Graveurs.

| | | |
|---|---|---|
| Ea | Graveurs anciens de divers pays, nommés *vieux-maîtres*........................................ | 62 |
| Eb | — d'Italie............................................ | 72 |
| Ec | — allemands, hollandois, flamands, anglois (*).... | 221 |
| Ed | — françois anciens, depuis l'origine jusqu'à Drevet fils en 1697.................................. | 166 |
| Ee | — français intermédiaires, depuis Daullé jusqu'à Cochin fils, en 1715............................ | 34 |
| Ef | — françois modernes, depuis Surugue, en 1717, jusqu'à nos jours................................ | 411 |

### F. Sculpture.

| | | |
|---|---|---|
| Fa | OEuvres des Sculpteurs........................... | 39 |
| Fb | Recueils de Statues.............................. | 42 |
| Fc | — de Bas-Reliefs................................ | 31 |
| Fd | — de Pierres gravées............................ | 32 |

### G. Antiquités.

| | | |
|---|---|---|
| Ga | Collections générales............................ | 87 |
| Gb | — particulières.................................. | 93 |
| Gc | — Antiquités de Rome........................... | 63 |
| Gd | — de divers pays................................ | 59 |
| Ge | — Médailles antiques............................ | 17 |

### H. Architecture.

| | | |
|---|---|---|
| Ha | OEuvres des Architectes françois................. | 160 |
| Hb | —           — étrangers.................. | 90 |
| Hc | Grands monumens d'Architecture................. | 73 |

(*) Les sous-lettres dans la classe des graveurs, rappelant la lettre des écoles auxquelles ils appartiennent, on n'a pas cru devoir diviser les pays qui se trouvent compris dans la sous-classe Ec; mais chacun d'eux forme une série séparée, rangée par ordre chronologique.

|     |                                              | Vol. |
| --- | -------------------------------------------- | ---- |
| Hd  | Mélanges et détails d'Architecture.............. | 69   |

### I. Sciences Physico-Mathématiques.

| Ia | Arithmétique, Géométrie, Perspective, Mécanique...... | 44 |
| Ib | Physique et Chimie........................ | 4 |
| Ic | Hydraulique, Navigation, Ponts-et Chaussées.......... | 50 |
| Id | Art militaire............................ | 58 |
| Ie | Histoire militaire......................... | 48 |

### J. Histoire Naturelle.

| Ja | Traités généraux......................... | 59 |
| Jb | Zoologie............................... | 121 |
| Jc | Botanique, Collections générales............... | 67 |
| Jd | — — particulières................ | 113 |
| Je | Minéralogie............................ | 16 |
| Jf | Anatomie, Monstruosités.................... | 35 |

### K. Arts Académiques.

| Ka | Education générale, Jeux instructifs, Thèses......... | 27 |
| Kb | Principes d'écriture, Caractères divers............ | 114 |
| Kc | Principes de dessin....................... | 115 |
| Kd | Danse, Musique......................... | 6 |
| Ke | Manége, équitation....................... | 38 |
| Kf | Escrime, Maniement d'armes................. | 4 |
| Kg | Course, Lutte, Natation, etc.................. | 5 |
| Kh | Jeux d'Echecs, de Cartes, etc................. | 38 |

### L. Arts et Métiers.

| La | Collection publiée par l'Académie des Sciences....... | 85 |
| Lb | Agriculture, Economie..................... | 6 |
| Lc | Métiers divers........................... | 235 |

### M. Encyclopédies.

| Ma | Encyclopédie par ordre alphabétique............. | 35 |
| Mb | Encyclopédie méthod. Sciences intellectuelles........ | 34 |
| Mc | — — — historiques.......... | 24 |
| Md | — — — exactes........... | 46 |
| Me | — — — naturelles........... | 63 |

## N. *Portraits.*

|     |     | Vol. |
|-----|-----|-----|
| Na | Portraits de France.................................................. | 102 |
| Nb | — d'Italie et du midi de l'Europe............ | 52 |
| Nc | — d'Allemagne................................. | 66 |
| Nd | — d'Angleterre, du Nord et des régions lointaines............................................. | 41 |
| Ne | — reliés, Collections générales................ | 103 |
| Nf | — — — particulières............ | 122 |

## O. *Costumes.*

| Oa | Costumes de France................................... | 184 |
|----|------|-----|
| Ob | — d'Europe........................................ | 232 |
| Oc | — d'Ordres religieux et militaires............ | 32 |
| Od | — orientaux et des régions lointaines........ | 74 |
| Oe | — chinois........................................... | 264 |
| Of | — d'Afrique, d'Amérique, d'Australie, etc..... | 7 |

## P. *Prolégomènes historiques.*

| Pa | Tables chronolog. et généalogiques, Calendriers...... | 34 |
|----|------|-----|
| Pb | Monnoies, Médailles modernes, Sceaux ............... | 56 |
| Pc | Blasons................................................ | 38 |
| Pd | Cérémonies, Fêtes publiques............................ | 111 |
| Pe | Pompes funèbres....................................... | 67 |
| Pf | Jugemens, Exécutions, etc. ............................ | 1 |

## Q. *Histoire.*

| Qa | Histoire ancienne .................................... | 3 |
|----|------|-----|
| Qb | — de France....................................... | 120 |
| Qc | — d'Italie et du midi de l'Europe............ | 16 |
| Qd | — d'Allemagne et du Nord....................... | 26 |
| Qe | Livres historiques................................... | 66 |

## R. *Hiérologie.*

| Ra | Bibles................................................ | 66 |
|----|------|-----|
| Rb | Ancien-Testament...................................... | 15 |
| Rc | Nouveau-Testament..................................... | 39 |
| Rd | Saints et Saintes..................................... | 62 |
| Re | Liturgie, Histoire-Ecclésiastique..................... | 35 |

### S. *Mythologie.*

| | | Vol. |
|---|---|---|
| Sa | Collection mythologique........................ | 66 |
| Sb | Livres mythologiques........................... | 29 |

### T. *Fictions.*

| | | |
|---|---|---|
| Ta | Poëmes........................................ | 60 |
| Tb | Théâtres, Romans .............................. | 97 |
| Tc | Fables, chansons............................... | 55 |
| Td | Allégories, Iconologie.......................... | 10 |
| Te | Emblèmes mystiques et moraux................. | 67 |
| Tf | Rébus, Calembourgs, Jeux d'Esprit, Caricatures...... | 99 |

### U. *Voyages.*

| | | |
|---|---|---|
| Ua | Voyages historiques............................ | 18 |
| Ub | — pittoresques en Europe.................... | 267 |
| Uc | — — en Asie, Afrique, etc......... | 104 |

### V. *Topographie.*

| | | |
|---|---|---|
| Va | Topographie de France......................... | 293 |
| Vb | — d'Italie et du midi de l'Europe.......... | 165 |
| Vc | — d'Angleterre, d'Allemagne et du Nord.... | 166 |
| Vd | — d'Asie, Afrique et Amérique............. | 24 |
| Ve | — reliée, de France....................... | 134 |
| Vf | — — d'Italie et du Midi............ | 75 |
| Vg | — — d'Allemagne et du Nord....... | 120 |
| Vh | — — d'Asie, etc................... | 10 |

### Y. *Bibliographie.*

| | | Vol. |
|---|---|---|
| Ya | Histoire de l'Art et Biographie des Artistes.......... | 307 |
| Yb | Catalogues raisonnés des Collections et des OEuvres d'Artistes...... ........................... | 250 |
| Yc | Catalogues divers et Inventaires du cabinet des estampes............................................ | 82 |
| Yd | Catalogues de ventes d'Estampes, Dessins, Tableaux.. | 302 |
| Ye | Catalogues de ventes de Livres .................. | 45 |
| Yf | Livres auxiliaires, Dictionnaires, etc............... | 39 |

„ On peut évaluer à treize cent mille le nombre des

estampes contenues dans plus de dix mille sept cents volumes ou portefeuilles dont nous venons de donner la classification.

» Les personnes qui désireroient voir quelques volumes pourront, suivant leur goût, demander de préférence, dans les écoles d'Italie, les œuvres de Michel-Ange Buonarroti, Raphaël d'Urbin, Jules-Romain, Tiziano Vecelli, Antoine Allegri dit le Corrège, l'Albane, le Guerchin, les Carrache, Dominique Zampieri, Guido Reni et Pinelli : en Allemagne, Albert Durer, Holbein, Lairesse, Rügendas et Reinhart; dans les Pays-Bas, Lucas de Leyde, Rembrandt, Rubens, Van Dyck, Berghem, Ostade, Wouwermans, Du Jardin et Téniers; en Angleterre, Hogarth, Reynolds et West; en France, Poussin, Le Brun, Le Sueur, Claude Lorrain, Bourdon, Mignard et Rigaud; parmi les modernes, David, Carles et Horace Vernet, Charlet, Victor Adam, etc.

» Dans la classe des graveurs on distinguera surtout, parmi les graveurs étrangers, les œuvres de Marc-Antoine Raimondi, Hollar, Crispin de Pass, Goltzius, Visscher, Bloemaert, Romain de Hoogue, Pietre-Sante, La Belle, Morghen et Volpato; parmi les François, Callot, Mellan, Silvestre, Poilly, Nanteuil, Picart, Le Clerc, Edelinck, Audran, Drevet, le Bas, Wille, Moreau, Balechou, Ingouf, Audouin, Desnoyers, et Massard.

» Dans la classe d'histoire naturelle on peut voir plusieurs ouvrages coloriés avec soin, représentant des oiseaux ou des plantes, parmi lesquels on distingue les pigeons de M$^{me}$ Knip, les oiseaux de paradis de Levaillant, les fleurs de Prévost, les liliacées et les roses de Redouté.

» Parmi les ouvrages curieux, qui pourtant ne sont

pas des gravures, on pourra remarquer avec beaucoup d'intérêt un recueil de poissons et de coquillages marins, peints d'après nature par Aubriet. Ces sujets furent réunis, sous Louis XIV, dans un vaste bassin qui portait le nom de *rivière de Marly*; chaque semaine on y apportait à grands frais un approvisionnement d'eau de mer, nécessaire pour la conservation de cette singulière ménagerie dont il n'y a pas eu d'autre exemple.

» On pourra aussi examiner un recueil fort curieux de quelques cartes faites avec autant de soin que de richesse par le peintre Jacquemin Gringonneur, pour l'amusement du malheureux roi Charles VI.

» Les portraits, au nombre de soixante mille, sont divisés dans chaque pays suivant leur état ou leur profession, et classés par ordre chronologique lorsque leur rang leur assigne une date certaine dans l'histoire, et par ordre alphabétique lorsque leur profession ne donne pas d'autre moyen de les placer.

» Une autre collection de portraits, au nombre de soixante mille, formée par MM. de Bure et acquise tout récemment, est rangée par ordre alphabétique.

» La suite des costumes de différens pays et de divers siècles ne sera certainement pas vue sans intérêt, principalement ceux de France, d'Italie, de Russie, de Turquie, de l'Inde ou de la Chine. L'histoire de France, par estampes, en cent soixante vol. ou portefeuilles, et celle des autres pays de l'Europe, sont également curieuses. Mais un autre recueil que M. Joly fils a vu beaucoup augmenter est celui d'une collection mythologique, commencée par M. de Tralage, conseiller au parlement de Paris, qui fit don de sa riche collection d'estampes à l'abbaye de Saint-Victor. A la suppression des ordres religieux, ce recueil passa à la Bibliothèque royale. On a eu soin d'y réunir tous les monumens antiques et les sujets modernes ayant rapport aux dieux de la fable, formant ainsi, en cinquante portefeuilles, une histoire du paganisme hellénique et des premiers temps de la Grèce.

» La collection topographique est également très-remarquable : elle se compose non-seulement de cartes de détail sur tous les pays, mais aussi de plans de ville, de plans de monumens et de maisons particulières; de vues géométrales et perspectives de ces mêmes monumens, ainsi que de tous les détails gravés ou lithographiés que l'on a pu se procurer sur toute espèce de constructions. Depuis quelques années elle a pris un tel accroissement, que la ville de Paris qui, dans le cabinet de M. de Gaignières, ne formoit que huit portefeuilles, en occupe maintenant cinquante-trois. La France entière divisée par départemens forme deux cent-vingt volumes, tous reliés d'une manière uniforme. La topographie des autres pays n'est pas encore terminée; mais on a déjà fait relier vingt-deux vol. pour l'Italie, le royaume de Naples et la Sicile, vingt pour l'Espagne et le Portugal, quarante-six pour l'Angleterre, vingt-trois pour la Suisse, et cinquante-trois pour la Belgique et la Hollande (1). »

(1) Pour la description et l'appréciation des estampes sous verres, magnifiques d'épreuves et d'exécution, qui décorent les nouvelles salles du Cabinet, nous renvoyons à la nouvelle édition de la *Description des Estampes exposées dans la galerie de la Bibliothèque impériale*, de feu M. DUCHESNE aîné, *Paris*, 1855.

# CABINET

### DES

## CARTES ET COLLECTIONS GÉOGRAPHIQUES

#### SON ORIGINE ET SES ACCROISSEMENTS.

---

*Conservateur* : M. JOMARD, membre de l'Institut.

*Conservateurs-adjoints* : MM. de PONGERVILLE et FRANCK.

*Employés* : MM. DE LA GARDE. — JOYAN et CORTEMBERT.

Le Cabinet est ouvert à tout le monde les mêmes jours et aux mêmes heures qu'à la Bibliothèque.

C'est à M. de Martignac, ministre de Charles X, que revient l'honneur de la création de cet important dépôt. Avant lui la Bibliothèque ne possédoit pas de cartes géographiques, ou tout au moins de division distincte, ni de fonds particuliers pour la formation et l'accroissement de collections de ce genre. Sur les instances réitérées de M. Jomard, une ordonnance royale du 30 mars 1828, consacra le principe et décida qu'un département spécial prendroit place à côté des départements *des Livres*, *des Manuscrits*, *des Antiques* et *des Estampes*. Un local lui fut assigné dans un emplacement contigu qu'occupoit à cette époque le ministère des finances, et qui ne dépendoit pas encore de la Bibliothèque. Rien ne manquoit à ces premières mesures qu'une dotation. Puis, on le voit, et dès ce début, nous nous faisons un devoir de reconnaissance de le consigner en commençant ce chapitre, près de deux siècles d'efforts, de travaux et de soins vigilants prodigués par des savants et d'habiles prédécesseurs, n'avoient pas, comme dans les autres départemens de la Bibliothèque, rendu facile la tâche du conservateur de la collection géographique; car ici tout étoit à faire, tout étoit à créer; à savoir : acquérir, classer et communiquer.

Acquérir d'abord, c'étoit le premier point ; mais pour y procéder sagement, il falloit dépouiller les catalogues françois, allemands, anglois, italiens, espagnols, russes, anglo-américains, etc., puis compulser les livres et les traités plus ou moins récents de la géographie; il falloit ouvrir une correspondance étendue, extraire les publications relatives à la matière chez toutes les nations, dans toutes les langues européennes ; il falloit surtout apprécier les diverses productions de la géographie, et en proposer l'acquisition. Puis il falloit procéder à l'enregistrement, au classement méthodique des pièces, à la tenue de toutes les écritures; puis veiller aux travaux de conservation, à la reliure, à l'insertion, par ordre, dans les enveloppes correspondantes à chaque espèce de format; mettre au courant la rédaction des bulletins de pièces, bulletins doublés par auteur et par pays (ou par matière), bulletins destinés à faire un bon catalogue: et tous ces travaux compliqués, indispensables, urgents, l'habile conservateur les fit sans retard, sans lacune, sans arriéré, et cela sans y être stimulé autrement que par son zèle ardent pour sa création, et secondé seulement par deux employés, dont un collaborateur digne des plus grands éloges pour son zèle, son dévouement infatigable et sa rare aptitude, M. Delagarde. Cependant, à peine créé, le dépôt des cartes vit son existence en péril : dès les premières années du gouvernement de juillet, sous prétexte d'abus à réformer dans l'établissement, prétexte qui ne manque jamais aux abus plus grands qui se veulent produire, on parla hautement de mettre à néant l'ordonnance du 30 mars. Par une sorte de compromis, on consentit à laisser subsister le dépôt, mais à titre secondaire, et comme annexe ou dépendance du département des Estampes, et le 14 novembre 1832, une ordonnance royale vint consacrer cette malheureuse proposition. On le demande toutefois : qu'y a-t-il de commun entre les estampes et les cartes géographiques, entre le goût des sciences mathématiques et celui des beaux arts, entre le domaine du positif et celui de l'imagination ? La première conséquence fut d'enlever à la collection le local qui lui avait été assigné comme département, et de la reléguer et confiner dans les deux pièces étroites de l'entresol où le public l'a vue durant les vingt-trois dernières années qui viennent de s'écouler.

On comprend les nombreux inconvénients d'une semblable disposition, et tout ce qu'eurent à en souffrir et le conservateur et le public sans parler du dépôt lui-même ; car on ne l'ignore pas : l'air et l'espace sont nécessaires à toutes les collections ; mais quelle collection en exige plus que celle des produits des études géographiques ? Autrefois toutes les cartes, celles d'une contrée ou d'une province étoient comme la carte du globe entier, contenues sur une seule feuille et sur une feuille de petite dimension. Leur mesure étoit limitée comme celle d'une estampe. On n'avoit pas entrepris ces grands travaux de levées géodésiques et de dessins topographiques exécutés pour la première fois dans le xviii^e siècle et qui en furent l'honneur, comme ils le sont du siècle présent ; on n'en avoit pas même conçu l'idée : alors les cartes, peu nombreuses, peu étendues, pouvoient se placer, sans grand inconvénient peut-être, à la suite des estampes. Elles étoient petites comme la science. La science a grandi et ses produits avec elle. C'est par les découvertes qu'elle s'est développée et en même temps les relations des peuples. Les connoissances géographiques, jadis dédaignées, sont devenues aujourd'hui un besoin immense : toutes les nations civilisées rivalisent d'efforts pour en reculer les limites, pour en multiplier les résultats. Ces considérations, que fit chaleureusement valoir le savant et illustre conservateur, n'arrêtèrent point l'effet de la mesure inintelligente que nous venons de rappeler. Aussi fallut-il se résigner, et c'est ce que fit M. Jomard, peiné, mais non découragé.

C'est dans ce réduit qu'aidé, comme nous l'avons dit, d'un seul employé, et secouru seulement de quelques milliers de francs qui lui étoient alloués pour les acquisitions, le savant accadémicien, animé de la plus louable persévérance, poursuivit l'œuvre à laquelle il avoit attaché l'honneur de sa carrière. A l'aide d'un travail incessant, d'une correspondance active et qui atteignoit les contrées les plus lointaines du monde civilisé, il obtenoit des dons gratuits, des hommages nombreux ; il enrichissoit la collection naissante, il établissoit un plan d'acquisition et un système de classement scientifique pour toutes les productions de la géographie. Écrivant notes sur notes, mémoires sur mémoires, il parvint à fixer l'attention des hommes parlementaires des deux chambres. La tribune nationale retentit de plaintes publiques sur l'état des collections et des études géographiques ; les commissions des finances finirent par réclamer un changement, c'est-à-dire une allocation de fonds pour les acquisitions, et le ministère fut mis en demeure de faire quelque chose. Lors du vote des chambres, qui allouoit une somme de 1,300,000 francs pour les diverses natures de dépenses de la Bibliothèque, il fut réglé que de ce fonds distribué en douze annuités, la section des cartes prélèveroit pour ses propres besoins une somme de 75,000 francs en six à huit années. Dix années se sont écoulées depuis cette époque, mille pièces sont entrées dans le cabinet par voie d'acquisition ou à titre de dons gratuits : et ce que l'on conçoit difficilement, c'est qu'un matériel aussi volumineux se soit accumulé et ait été réuni dans cet obscur et étroit espace affecté en 1834, comme nous l'avons dit, à la totalité de la collection.

Avant de jeter un coup d'œil sur les acquisitions, les dons et legs qui sont venus successivement former et enrichir le cabinet dont nous nous occupons, disons quelques mots du mode suivi par M. Jomard dans le classement du Musée géographique.

Disons d'abord que les pièces qui entrent dans la collection sont rangées par ordre d'entrée, de même que les inscriptions sur les livres registres, et que comme elles portent le même numéro que sur ces registres, rien n'est plus facile que de les trouver quand ce numéro est connu. Les bulletins descriptifs des pièces sont classés alphabétiquement, par ordre de matières ou de pays, de sorte qu'il est sans difficulté de retrouver le numéro de la pièce quand il est inconnu. Ces bulletins sont doublés par d'autres classes, par ordre d'auteur : mesure qui abrége souvent bien des recherches et ménage le temps des travailleurs.

Cinq branches principales et distinctes composent le domaine de la science et forment autant de grandes divisions : 1° La géographie-mathématique et la cosmographie ; 2° la géographie générale et la chorographie ou la géographie proprement dite ; 3° la géographie physique ; 4° la géographie sociale, c'est-à-dire politique, civile et administrative ; 5° la géographie historique et toutes ses branches.

Chacune de ces divisions se partage elle-même en cinq autres, savoir : la première ; *A*, uranographie, éclipses, planètes, pôles, horizons ; *B*, géodésie, projection des cartes ; *C*, hypsométrie ; *D*, métrologie ; *E*, gnomonique.

La deuxième : *A*, atlas généraux, mappemondes et planisphères ; *B*, parties du monde ; *C*, contrées et États ; *D*, plans et cartes topographiques ; *E*, hydrographie maritime : courants, marées, phares, etc.

La troisième : *A*, atlas et cartes physiques, météorologie, climatologie, volcans, magnétisme terrestre, boussoles, rose des vents ; *B*, cartes et coupes orographiques ; *C*, cartes et coupes géologiques, géognosie, minéralogie, pétrographie, etc. *D*, *l'habitat*, c'est-à-dire, cartes physiologiques et zoologiques, ou géographie des plantes et des animaux ; *E*, hydrographie continentale ou terrestre, c'est-à-dire les eaux intérieures du globe : eaux courantes ou stagnantes, fleuves, rivières et lacs ; parallèles de fleuves, lacs, chûtes, cataractes, etc.

La quatrième : *A*, cartes statistiques et ethnographiques, cartes judiciaires, cartes administratives, cartes agricoles, cartes commerciales et industrielles (mines, usines, etc.), cartes ecclésiastiques, des congrégations et ordres religieux ; population, langues, degré d'instruction, variété des races humaines ; *B*, cartes itinéraires, cartes des postes, cartes des chemins de fer, chemins de fer, navigation à la vapeur ; *C*, cartes d'économie politique : douanes, cadastre, impositions, cartes des forêts ; *D*, cartes des canaux ; *E*, cartes frontières.

La cinquième : *A*, géographie biblique et sacrée ; *B*, géographie ancienne et comparée (à quoi se rattache la géographie numismatique, et la géographie mythologique) ; *C*, le théâtre des guerres : les manœuvres, les batailles, les siéges, les expéditions militaires, les combats de terre et de mer ; *D*, les cartes et atlas des voyages ; *E*, enfin les cartes du moyen âge et les monumens de la géographie : cet article comprend les cartes anciennes, depuis le xe siècle jusques vers le milieu du xvie, époque où Ortelius entreprit la réforme de la géographie. La réunion de ces pièces a pour but d'éclairer et de fixer définitivement l'histoire de la science, par ses productions graphiques.

A cette dernière branche se rattachent les cartes orientales, lesquelles sont d'une époque plus ou moins ancienne, c'est-à-dire les cartes arabes, chinoises, japonoises, turques, persanes, etc.

Les autres espèces de cartes, telles que les cartes et globes en relief ; les cartes qui se distinguent par une exécution toute spéciale, comme les cartes xylographiques, typographiques, etc. ; les cartes qui ont un objet particulier, comme les cartes scolaires, murales, ou bien les cartes symboliques, allégoriques ; les collections diverses de cartes, telles, par exemple, que les isolaires ; les cartes remarquables par leur singularité, les échelles géographiques, etc., forment une branche supplémentaire qui se place à la suite des cinq grandes divisions. C'est dans cette section que prennent place les catalogues de cartes, les dictionnaires, les traités spéciaux et officiels, les principaux recueils périodiques, géographiques, accompagnés de cartes, les tableaux géographiques, les modèles topographiques pour la figure du terrain, pour l'arpentage, etc., et encore les objets matériels en métal, en bois, en pierre, qui intéressent la géographie et son histoire, tels que les anciens globes célestes et terrestres, astrolabes, armilles, cercles, boussoles, arbalestrilles, cadrans et autres instruments d'observation. Il faut y joindre les modèles des mesures linéaires de tous les peuples (bases des mesures itinéraires) et aussi quelques médailles et médaillons représentant des parties du globe.

Pour revenir au mode d'inscription ou de catalogue, nous ajouterons que chaque carte fait l'objet d'un bulletin qui contient, indiqués : 1° le sujet (contrée ou matière); 2° le format; 3° le titre de la pièce ou la description; 4° le lieu de la publication et l'année; 5° le nombre de feuilles ou de pièces; 6° le numéro d'enregistrement. Ces bulletins, ainsi que nous l'avons dit, sont rangés suivant l'ordre alphabétique et doublés par d'autres, classés par noms d'auteurs. — Les registres tenus pour l'inscription de toutes les entrées, sont : 1° le *Journal général*, composé de dix volumes et finissant au n° 115 de la série, — comprenant les articles acquis, reçus en don ou entrés par le dépôt légal, avec une description complète et leur provenance ou origine; 2° le *Registre sommaire* des dons et acquisitions, en trois volumes; 3° le Registre spécial du *dépôt légal*, composé d'après les livres tenus au ministère de l'intérieur, avec les noms des déposants.

### ACQUISITIONS.

Le progrès des sciences, le développement qu'a pris la géographie, ont fourni dès le principe d'immenses matériaux à la collection naissante, que l'intelligente et zélée direction n'a pas manqué de recueillir. Passons en revue ces richesses, et voyons d'abord ce que nous avons tiré de l'étranger :

*Grande-Bretagne :* La grande carte des comtés d'Irlande, au nombre de trente comtés et dix-sept cents feuilles, par le lieutenant Larcom et ses collaborateurs.

*Monarchie autrichienne :* Carte des Etats héréditaires, par l'état-major général autrichien : le Tyrol et le Voralberg, vingt-six feuilles ; l'Archiduché d'Autriche, trente feuilles ; les cartes du royaume Lombard-Vénitien, quarante-trois feuilles ; la carte administrative du royaume d'Italie, huit feuilles ; les Alpes autrichiennes, trente-trois feuilles ; le royaume d'Illyrie, trente-sept feuilles; le tout publié par le dépôt impérial topographique ; la carte topographique du Milanois et du Mantouan, par les astronomes de l'Observatoire de Bréra.

*Prusse :* Cartes topographiques des Etats prussiens, par l'état-major prussien ; carte administrative du royaume, publiée par le bureau du commerce, etc.

*Russie :* Carte de la Russie occidentale, publiée sous la direction du général Schubert, en cinquante-neuf feuilles; le gouvernement de St-Pétersbourg, par le dépôt militaire topographique; la partie européenne de l'empire de Russie, *idem* ; la Crimée, en dix feuilles, *idem* ; la frontière occidentale de l'empire russe, en cent soixante-trois feuilles, *idem* ; la Russie asiatique, d'après les nouvelles divisions en gouvernements et en provinces, *idem*.

*Bavière :* Carte topographique de la Bavière, par l'état-major bavarois, en cent quatre feuilles ; carte hydrographique de la Bavière, par le même.

*Saxe :* Carte topographique de la Saxe et carte géologique du pays, par la Chambre cadastrale.

*Danemark :* Cartes publiées par l'état-major danois et par les archives de la marine royale danoise (le dépôt de la marine) ; carte de l'Islande, par le même dépôt.

*Suède :* Carte de la Norvége dressée par ordre du roi.

*Hanovre :* Carte du royaume de Hanovre, par Papen, en soixante-sept feuilles.

*Wurtemberg :* Carte topographique du royaume, par le bureau topographique de Stuttgard, en trente-huit feuilles.

*Bade :* Carte topographique du royaume, par le bureau topographique badois, en cinquante-six feuilles ; le cours du Rhin, de Huningue à Lauterbourg, en dix-neuf feuilles, par le même.

*Hesse-Darmstadt :* Le grand duché de Hesse, par l'état-major hessois, vingt-une feuilles.

*Suisse :* Nouvelle carte de la Suisse, publiée par ordre de la Confédération ; carte du canton de Genève, par ordre du canton.

*Etats-Sardes :* Carte topographique des Etats de S. M. le roi de Sardaigne (terre-ferme), par l'état-major général sarde, six feuilles.

Divers Etats d'Italie : *Parme, Plaisance, et Guastalla,* par le Bureau topographique impérial, en neuf feuilles. Ajoutons ici l'île d'Elbe et la Corse, par le dépôt de la guerre de France.

*Naples :* Carte topographique et hydrographique des environs de Naples à un vingt-cinq millième, en quinze feuilles, par le bureau topographique de Naples.

*Turquie d'Europe :* La carte du bureau topographique de Saint-Pétersbourg, vingt et une feuilles; la Moldavie, la Valachie, etc., vingt et une feuilles.

A ces cartes, toutes relatives à l'Europe, on pourroit joindre un grand nombre de cartes importantes et d'une valeur presque égale à celle des cartes officielles, parce qu'elles sont l'ouvrage d'auteurs très-estimés : l'*Espagne* et le *Portugal,* de Lopez, en cent deux feuilles ; l'*Atlas maritime d'Espagne,* de Lopez, en cent deux feuilles ; l'*Atlas maritime d'Espagne*, par Tofino, quarante-cinq feuilles ; le *Portugal,* par Jefferys.

Sur l'*Autriche :* L'Atlas de Hongrie (magyar atlas), Gorog, soixante-deux feuilles ; la Bohême, par Kreybich, seize feuilles ; la Hongrie, en douze feuilles, et la Bohême, en vingt-cinq feuilles, par Muller ; la Dalmatie, par Max de Traux, neuf feuilles ; la carte générale de Hongrie, de Lipsky, douze feuilles.

Sur la *Prusse et ses régences :* la Silésie, la Poméranie, etc., par Witz-leben, Engelhardt, Gilly, le major Diebitsch.

Sur la *Russie* européenne et asiatique : la Pologne, la Finlande, la Livonie, par Piadischeff, Mellin, Danielow, Plater, Engelhardt, Erman, Wrangel, général Khatoff.

Sur l'*Allemagne :* le Hanovre, la Souabe, la Saxe, duché de Berg, la Westphalie, etc., par Muller, Amman, Michaelis, Schlieben, Oberreit, Wiebeking, général Lecoq, etc.

Sur la *Suède* et la *Norvège :* le Danemark, le Holstein,

le Slesvig, les cartes de Hermelin, Forsell, Schumacher, Schreiber, Munch.

Sur les *Pays-Bas* : l'atlas du royaume, d'après le cadastre, par Desterbecq ; les cartes chorographiques, par Debouge et Khayenhoff ; les cartes de Van Gorkum, de Wiebeking, etc.

Sur la *Belgique :* les cartes de Keyser et de Van der Maelen.

Sur la *Suisse :* les cartes de Weiss, Keller, Pfyffer.

Sur la *Sardaigne* : la carte du général la Marmora.

Sur la *Toscane* et l'*Italie* en général : les cartes d'Inghirami, de Bordiga, de Zuccagni Orlandini, de Litta, etc.

Sur la *Grèce :* outre les cartes de la Morée, par l'état-major françois, les cartes de Muller et d'Aldenhoven, en grec.

Sur la *Turquie :* l'empire ottoman en Europe, par l'Institut géographique, Munich, 1818 ; la Valachie, la Bulgarie et la Roumélie, par le général Khatoff, etc., etc.

On peut encore ajouter à ces cartes les productions qui, bien qu'un peu plus anciennes et datant du xviiie siècle, sont cependant, par leur importance, tout à fait indispensables à une collection complète.

Quant aux autres parties du monde, elles comptent fort peu de cartes officielles : on y supplée par les cartes les plus récentes, et surtout par les plus estimées. Il faut compter cependant, parmi les premières, la carte de l'Indoustan, par la compagnie des Indes, en un très-grand nombre de feuilles ; la carte anglo-américaine, publiée par l'ordre des Etats ; la carte de l'Amérique russe, de Piedischeff ; la carte du Canada, la carte de Venezuela et quelques autres, soit sur l'Amérique, soit sur l'Afrique, l'Asie et l'Océanie. La Martinique et la Guadeloupe, par le dépôt de la marine de France, sont entrées à titre gratuit ; il en est de même de l'Egypte, en cinquante-trois feuilles, et des cartes de l'Algérie et de Tunis.

Les cartes dont l'énumération précède sont purement géographiques et indépendantes de la catégorie si importante des cartes physiques, statistiques, historiques, qu'on s'est attaché à réunir, depuis l'origine ; celles-ci, jointes aux pièces du dépôt légal et à toutes les autres parties de la collection, forment environ soixante mille pièces. On comprend les cartes murales qui ne peuvent entrer dans les portefeuilles.

Celles-ci rappellent, sous un rapport, les cartes peintes dans la galerie géographique du Vatican et les cartes peintes au palais ducal de Saint-Marc, où sont retracés les excursions des grands voyageurs vénitiens et les pays conquis par la République. Sont aussi compris dans ce nombre les monuments de la géographie et de l'astronomie, la plupart *originaux*, depuis le xie siècle jusqu'à la moitié du xvie ; les *fac-simile* sont entièrement conformes aux originaux et peuvent les remplacer complétement pour l'étude.

Pour terminer cet article sur la composition du cabinet, il faut ajouter que, lors de sa formation, le département des livres imprimés livra soixante portefeuilles, provenant de Saint-Victor, quatre-vingt-huit autres portefeuilles de cartes diverses et environ deux cents volumes.

Les cartes sont placées dans des enveloppes ou portefeuilles de leur grandeur, sans aucun pli et à plat, sur des tablettes mobiles ; les atlas reliés et les volumes, sur des tablettes fixes, et les uns comme les autres sont rangés suivant l'ordre d'entrée, mais en ayant égard à la diversité des formats. Ce mode de placement a le double avantage de faciliter le travail de rapprochement et de comparaison, et de conserver les pièces ; la reliure à plusieurs plis est une cause de destruction ; les cartes pliées se coupent ou se déchirent, et ce mode nuit beaucoup aux recherches.

Il nous faut mentionner aussi quelques collections particulières d'amateurs, dont s'est encore enrichi le cabinet géographique. Voici les noms des personnes dont on s'est procuré les suites : MM. Barbié du Bocage, l'élève de d'Anville ; Gossellin, son émule ; Abel Rémusat, Klaproth, Prony, Fortia d'Urbin, de Noailles, Eyriés, Fauvel. On a réuni un grand nombre de cartes de Philippe Buache, et quelques-unes de Guillaume Delisle et d'Anville, qui étoient en la possession de Buache neveu. Elles se sont trouvées à la vente des cabinets Gossellin, Klaproth, Rémusat, Eyriès, et ont passé ainsi à la Bibliothèque royale. D'autres ventes ont amené l'acquisition des cartes de MM. Paccaroni, Monteil, de Bure et autres. Les cartes de plusieurs généraux sont venues aussi enrichir le cabinet de la Bibliothèque, savoir : celles du général Valazé, du général d'Hennin, du général Guilleminot. Toutes ces cartes forment plus de quatre-vingt-seize portefeuilles ou volumes et renferment huit à neuf mille pièces.

### DONS.

Nous ne devons pas laisser ignorer que ce qui compose ce chapitre est dû presqu'en totalité à la correspondance, aux sollicitations, aux soins incessans du conservateur, qui n'épargna ni temps, ni soins, ni voyages, ni dépenses, pour recommander en Europe le nouvel établissement et lui concilier la sympathie des savans.

Le premier don fait en 1830 à la collection a été celui de neuf grands volumes, des cartes de l'Amirauté britannique, au nombre de six cent soixante et une : la série continuée depuis tous les ans, compte aujourd'hui quinze cent vingt-neuf pièces. Elle fut bientôt suivie d'une autre également importante, également venue de la Grande-Bretagne : le don de la grande carte topographique d'Angleterre, publiée par le bureau d'artillerie et connue sous le nom de *Map of ordenance survey of great Britain*.

Vers le même temps, M. William Bald, l'un des ingénieurs qui avoient travaillé à la carte du comté de Mayo (Irlande), fit présent du relief de l'île Clare, chef-d'œuvre d'exécution comme d'exactitude, et plus tard de la suite des cartes gravées du comté. M. Cochelet, consul de France en Amérique, envoya de Guatemala un atlas maritime de l'Amérique du nord. Le prince Labanof fit don du catalogue de son cabinet géographique et d'une carte manuscrite de la Russie orientale. M. Roux de Rochelle, ministre plénipotentiaire de France aux Etats-Unis, des cartes des cinq Etats suivants : la Virginie, les deux Carolines, New-York, Pensylvanie. M. Klaproth, de plusieurs cartes chinoises ; le ministre des affaires étrangères, de l'atlas turc; M. Nunez Carvalho offrit le voyage de don Juan de Castro ; M. Wiebeking, le cours du Rhin ; le colonel Corabœuf, la chaîne des Pyrénées ; le Bureau topographique de Stuttgard, une partie du cadastre de Würtemberg ; M. Bessas-Lamégie fit don d'une planche gravée de Belida, renfermant le plan de la Mecque ; M. Prel, de trente et une cartes du xvi$^e$ siècle ; le duc de Sutherland, du comté de Sutherland, en six feuilles ; M. Berthelot, des cartes des îles Canaries ; don Ramon de la Sagra, de son ouvrage sur Cuba ; le capitaine James Ross, de son voyage aux terres polaires ; le major Poussin, de cartes sur les chemins de fer américains ; l'œuvre de la Propagation de la Foi, de ses annales ; l'Administration des postes, du dictionnaire des postes ; M. Tastu, de deux anciennes cartes sur parchemin ; M. Faure, d'une carte semblable du xvii° siècle ; M. Robinson, des plans tirés de son voyage en Orient ; la Société royale géographique de Londres, de son savant Recueil périodique, que l'on fait accompagner des cartes les plus nouvelles ; M. Mionnet, de son atlas numismatique ; M. de Caumont, de plusieurs cartes géologiques.

En 1839 et années suivantes, l'Université de Harvard (Etats-Unis) fit présent de son catalogue géographique ; le général Visconti, de plusieurs cartes sur Naples ; M. Greenough, le président de la Société géographique de Londres, de la grande carte géologique d'Angleterre ; lady Rennell Rodd, la fille du célèbre major Rennell, d'une carte autographe de son père et de plusieurs de ses ouvrages géographiques ; M. de Saluce, de la carte des Etats sardes ; M. Albert Gallatin, le savant linguiste américain, de neuf cartes sur les Etats-Unis et l'Amérique du Nord ; le colonel Sabine, de ses observations sur le magnétisme terrestre, déclinaison, intensité, etc. ; le pasteur Sédelin, de plusieurs cartes danoises ; M. Tassin, de la collection de ses cartes sur l'Indostan ; M. Delessert (Adolphe), d'un voyage dans l'Inde ; M. Cajigal, de la carte de la république de Venezuela du colonel Codazzi ; le baron Humboldt, de la carte physique de Ténériffe ; M. Hansteen, de son ouvrage et de son atlas sur le magnétisme terrestre ; M. Endlicher, de Vienne, de l'atlas de Chine ; M. Francis Lavallée, de six cartes de l'île de Cuba ; M. le comte de Dietrichstein, alors directeur de la Bibliothèque impériale de Vienne, du *fac simile* d'un atlas du xiv° siècle (1318) ; l'Institut du Brésil, du recueil intitulé : *Revista trimensal de historia e geographia* ; le général Zareo del Valle, directeur du corps du génie espagnol, d'une très-grande carte de Cuba ; M. Rafn, secrétaire de la Société royale des antiquaires du Nord, de douze pièces sur la Scandinavie ; Monsignor Rossi, de Naples, d'une ancienne carte catalane du musée Bourbonien ; enfin, Joseph Micali, Angelo Pezzana et autres savants italiens, de plusieurs ouvrages sur l'histoire de la géographie.

Le roi Louis-Philippe, en 1844, fit don de la grande carte chinoise récemment publiée. Nous citerons encore plusieurs autres dons faits à la collection par : Edouard Biot, de ses opuscules sur la Chine, etc. ; le baron de Prony, de cartes des Marais-Pontins ; le duc de Luynes, d'une grande et ancienne carte chinoise ; Reschid Pacha, de plusieurs cartes turques tirées d'une géographie turque ; le comte de Tourguéneff, d'un théâtre de la guerre de Polotzk ; M. de Santarem, de deux ouvrages sur Americ Vespuce et les découvertes des Portugais ; M. Ed. Ruppel, de son voyage en Abbyssinie avec atlas, M. Hodgson, d'une notice sur l'Afrique septentrionale ; M. Pourtalès, de la carte du fond du lac de Neufchatel ; M. Pezzana, de son ouvrage sur Formaléoni ; M. Osterwald, de Neufchatel, de ses tableaux hypsométriques sur la Suisse ; M. Everett, citoyen des Etats-Unis, d'une carte maritime ; M. S. Morse, son compatriote, de deux atlas imprimés par son procédé cérographique ; M. Mollien, de plusieurs cartes sur l'île de Cuba ; M. S. de Lœwenstern, de plusieurs pièces sur Christophe Colomb et Fernand Cortez ; M. Graberg de Hemso, d'une série de ses travaux géographiques ; enfin M. de Steinbüchel, d'une carte du moyen âge, et M. de Challaye, d'une carte du bombardement d'Alger par Charles-Quint.

Beaucoup de savants et voyageurs françois ont fait aussi à la collection des libéralités qu'il seroit trop long de décrire : ce sont MM. le marquis de Lagrange, Reinaud, Stanislas Julien, baron Walckenaer, Guérard, Bory-Saint-Vincent, Jaubert, P. Paris, le comte de Montlezun, Leblond, Vivien, Grille, Elie de Beaumont déjà cité, Viquesnel, Sedillot, d'Avezac, le général Marey-Monge, Even, Minard, Hennin, Coulier, Mauroy, Blau, Buchon, Ballin, de Laroquette, d'Orbigny, Berthelot, Vattemare, le conseiller Werlauff et cent autres donateurs dont les libéralités attestent une heureuse sympathie en faveur de notre Musée géographique.

Nous finirons cet article par le catalogue des principaux monumens offerts à la curiosité des visiteurs et qui sont exposés aujourd'hui dans les différentes salles du Musée géographique.

## NOTICE

DES OBJETS EXPOSÉS AU DÉPARTEMENT DES CARTES ET COLLECTIONS GÉOGRAPHIQUES.

Le nouveau local affecté au département des cartes géographiques est sans doute bien loin de suffire pour recevoir toutes les collections qui lui appartiennent et les développer d'une manière complètement utile pour l'étude ; il fournit cependant aux travailleurs un emplacement plus avantageux, plus commode que par le passé, sauf le jour qui est insuffisant. On regrette surtout de ne pouvoir dérouler, sous les yeux du public, les grandes cartes murales qu'on possède et qui sont d'un haut intérêt historique, avantage dont on jouit dans certaines collections étrangères. Les projets d'achèvement de la Bibliothèque, adoptés en vertu de la loi qui la maintient rue de Richelieu, permettront, sans doute, un jour, de consacrer à ce département l'espace qui lui est nécessaire; en attendant, le conservateur a fait exposer dans les différentes salles un certain nombre de pièces choisies, qui peuvent donner une idée de l'ensemble de la collection.

Parmi les cartes encadrées on distingue : 1° les anciennes cartes manuscrites du moyen âge ou plus récentes, originales ou *fac-simile*, les cartes orientales et autres manuscrites ou imprimées; — 2° les cartes en relief suspendues ou déposées sur les tables; — 3° les portraits des voyageurs et des géographes célèbres; — 4° les dessins originaux de l'expédition d'Egypte (1798) ; — 5° d'anciens instruments d'observation antérieurs à l'usage du sextant, en métal, tels que des astrolabes arabes et latins, des spères célestes, cadrans, etc.

Aux dessins originaux de l'Egypte sont joints plusieurs modèles des monumens égyptiens dont il sera parlé plus loin, exécutés d'après les originaux que l'Institut d'Egypte avoit découverts et fait transporter des bords du Nil à Alexandrie, et que le sort des armes a fait tomber aux mains des Anglois; une ancienne tunique égyptienne, rapportée des catacombes de Memphis et d'autres objets de même nature. La présence de ces derniers objets est une conséquence de l'ordonnance royale qui a créé la collection géographique. Le fondateur a voulu que la collection des dessins, manuscrits et objets divers provenant de l'expédition d'Egypte, avec les exemplaires de la description de l'Egypte publiée aux frais du Trésor, fût le noyau du dépôt de la *géographie* et des *voyages*, de manière qu'à l'avenir, tous les objets provenant des voyages de découvertes faits par ordre du gouvernement (autres que ceux qui se rapportent à l'histoire naturelle), fussent préservés de la dispersion et réunis dans ce dépôt général.

La collection ethnographique, dernière branche qui doit compléter cet ensemble, n'est encore qu'en germe et attend un local convenable pour y déposer un choix d'objets de voyages, utiles pour l'étude des races humaines, c'est-à-dire, d'ouvrages servant à apprécier le degré de civilisation qu'ont atteint les populations des régions lointaines, restées étrangères à la civilisation de l'Europe. Une telle collection ne sauroit être avantageuse pour ce genre d'études que soumise à une classification méthodique et scientifique au niveau des connaissances acquises (1).

Ces différentes branches, et d'autres subdivisions qu'il est impossible d'énumérer, sont toutes rangées sous ces

---

(1) Voir la *méthode de classement ethnographique* dans une lettre étendue adressée à M. de Siebold, le célèbre voyageur au Japon, et qui a rapporté en Hollande une magnifique collection de cette espèce (*Journal de la Société de Géographie*, année 184). Voir aussi plus loin le tableau général synoptique des branches de la géographie.

cinq classes principales qui correspondent à autant de parties de la science géographique (1).

Il nous reste à donner un aperçu des objets qui sont *exposés* dans les salles du département de la géographie, sans parler des *volumes* et *portefeuilles*, d'atlas et cartes diverses qui remplissent les casiers : nous procéderons suivant l'ordre des salles plutôt que suivant l'ordre des matières. Par exemple, la salle d'entrée renferme : 1° de grandes cartes encadrées de plusieurs espèces; 2° des cartes en relief, sous verre, posées sur les tables ou suspendues; 3° des objets provenant de l'expédition d'E-gypte.

Les reliefs sont de plusieurs espèces ; dans le relief de l'île de Ténériffe, que l'on doit à M. Berthelot, agent consulaire (et ancien secrétaire général de la société de géographie), ainsi que dans la carte de France faite par Kummer de Berlin et la plupart au tiers, l'échelle des hauteurs excède celle des distances horizontales, ce qui se justifie jusqu'à un certain point, parce qu'on a voulu rendre les hauteurs sensibles à l'œil, mais qui a l'inconvénient de déformer un peu le terrain; dans d'autres cartes de la collection, les deux échelles sont identiques ou presque pareilles, comme on le verra bientôt.

## Salle B. (pièce d'entrée.)

1° *Anciennes cartes manuscrites sur parchemin, et autres.*

On remarque : 1° la carte de la mer Caspienne, faite

---

(1) Voir dans l'encyclopédie du xixe siècle, les articles *géographie* et *cartes géographiques*, et, plus loin, le tableau général synoptique.

par le czar Pierre I<sup>er</sup>, en 1721. Cette carte est de la main même du czar ; il l'offrit en 1725 à Louis XV, qui en fit présent à la Bibliothèque. Les légendes russes ont été traduites en 1728, par l'abbé Girard.

2° Une ancienne carte allemande, xylographique, peut-être du milieu du xv<sup>e</sup> siècle, représentant l'Europe centrale. Les positions sont jointes par des lignes de points équidistants ; chaque intervalle entre deux points représente un mille.

3° Une carte de 1547, représentant la Méditerranée, par Vesconte de Marolla.

4° *La cassettina all' agemina*, du cabinet du marquis Trivulci, à Milan : c'est une boîte d'argent, sur les faces de laquelle sont tracées plusieurs petites cartes générales et particulières, au moyen de traits finement incrustés. Elles représentent l'Italie, la France, l'Espagne, etc. (1).

5° Une mappemonde chinoise, du temps de l'empereur Kang-Hi, 1674 ; on y remarque que la couleur *jaune-foncée*, attribuée à la Chine, comprend *toute l'Asie*, tous les pays au sud et nord de la Caspienne, hors l'*Arabie* seulement, etc. Cette carte fort régulière est l'ouvrage des jésuites.

6° Des cartes manuscrites portugaises.

7° De grands plans de Malthe, dessinés pendant l'occupation françoise en l'an VIII (1799).

### 2° *Cartes en relief.*

Cartes où les deux échelles, verticale et horizontale, sont égales entre elles.

---

(1) Ce curieux monument est reproduit dans l'ouvrage intitulé les *Monuments de la Géographie*.

1° La Suisse Saxonne par Schusler.

2° L'île Clare, comté de Mayo, en Irlande, relief donné à la Bibliothèque par l'auteur, M. Willian-Bald ; cette pièce est une de celles que le comte de Mayo a fait construire à ses frais, sur des relevés topographiques très-exacts, tout exprès pour exécuter le dessin et la gravure de l'*atlas du comté*. La gravure de l'atlas a été faite à Paris par d'habiles artistes. L'égalité des échelles fait de ce relief un portrait si fidèle de la nature que les géologues y pourroient reconnaître, par les formes, l'espèce des terrains.

On trouve ici les plus anciennes cartes en relief construites en France, par Lartigue, et provenant de sa fille, qui en a fait un don général, par les mains du gendre de l'auteur, M. Méchain, consul général en Chypre, ancien membre de la commission des sciences d'Egypte ; l'une d'elles est le golfe du Mexique, où le relief sous-marin est exprimé, abstraction faite des montagnes. Ce travail prouve que l'inventeur avoit, dès le premier instant, entrevu les applications les plus utiles de ce procédé qui rend sensibles les formes du terrain, plus que toutes les autres méthodes; puis le golfe de Thessalonique et plusieurs autres du même genre, enfin des dessins, ou études, propres à être exécutés pour imiter le relief du terrain.

Les cartes-reliefs de Kummer (de Berlin), doivent être citées, savoir : la France, travail d'une finesse remarquable; plusieurs grandes portions du globe, avec leur forme sphérique, représentant l'Afrique, les deux parties de l'Amérique, l'Allemagne, etc.

Les cartes de Bauerkeller, représentant la Russie, la France, l'Empire turc, l'Allemagne, la Suisse, l'Italie.

Les cartes angloises de Dobs, la Palestine et l'Arabie Pétrée, l'Angleterre géologique.

Diverses cartes allemandes telles que le Harz avec l'indication des différents minerais ; la carte de Wurtemberg et plusieurs autres sont d'un bon travail ; on distingue surtout l'île de Ténériffe, dont on a déjà parlé, carte coloriée avec soin, et où sont exprimés tous les détails topographiques de cette île, l'un des points, comme on le sait, les plus intéressants du globe.

3° *Voyage d'Egypte. — Modèles égyptiens.*

1° Tunique trouvée par le général Reynier dans les hypogées de Memphis, et par lui offerte à l'Institut.

2° Statue égyptienne trouvée à Abydus, provenant des fouilles faites par l'Institut d'Egypte, aujourd'hui déposée au Musée britannique. Ce morceau et ceux qu'on trouve dans les autres salles étoient embarqués sur des vaisseaux vénitiens, pour être portés en France, lorsque le traité d'évacuation les a fait passer au pouvoir de l'Angleterre. M. Jomard a été chargé, en 1814, d'aller à Londres pour faire faire ces modèles identiques, sauf la matière, avec les originaux.

SALLE A, DESTINÉE AUX TRAVAILLEURS.

Cette pièce est l'ancienne grande salle du cabinet des Estampes ; six grandes tables permettent d'y déployer les cartes de grands formats, sans crainte de les détériorer. D'un côté sont deux globes terrestres, des sphères célestes et des pièces uranographiques. L'un de ces globes, du XVIIe siècle, a été dédié par le constructeur, J. Senex, à Isaac Newton ; un autre globe est du cosmographe Arnold de Langren et renferme des descriptions géographiques, des détails sur les productions, les mœurs et les usages des pays, et l'histoire de découvertes, avec des figures nombreuses.

Un troisième globe terrestre est de V. Coronelli et rappelle les fameux globes gigantesques de Marly, de 1683, ouvrages du célèbre cosmographe de la république de Venise, et qui font partie du département des livres imprimés; celui-ci n'a qu'un mètre 40 centimètres de diamètre.

Les sphères célestes représentent le système de Ptolémée et celui de Copernic, et sont garnies de mouvemens destinés à faire tourner, les unes, le soleil et la lune autour de la terre; les autres, la terre et la lune autour du soleil; il y en a une qui avoit été commencée par V. Coronelli, et qui a été achevée par Deuvez et Nolin en 1693; elle est de la même dimension que le globe terrestre dont on vient de parler.

Parmi les anciennes cartes exposées dans cette salle, on distingue la carte du globe par les frères Pizigani, dessinée à Venise, l'an MCCCLXVII, aussi remarquable par la finesse de l'exécution que par l'état des connoissances géographiques à cette époque reculée. Les vaisseaux des diverses nations, vénitiens, génois, catalans, figurés sur les différentes mers, donnent des indices curieux pour éclairer l'histoire des découvertes. L'original est conservé à Parme dans la Bibliothèque grand-ducale (1).

---

(1) On doit cette belle copie *fac-simile* à l'obligeance et au savoir du célèbre auteur de l'histoire de Parme, Angelo Pezzana. La carte est publiée dans l'ouvrage intitulé les *Monuments de la Géographie*, par M. Jomard, le conservateur du département.

Les Pisans ont rivalisé avec les Vénitiens, les Génois, et les Catalans, comme navigateurs, et ils ont formé des établissements sur la côte d'Afrique, dans la mer Noire et ailleurs, mais on ne connoissoit pas de cartes qui leur aient appartenu. M. le chevalier Joseph Micali, de Florence, correspondant de l'Institut, en fit la recherche sur la demande du conservateur, et il trouva, chez une ancienne famille du pays, une vieille carte conservée de père en fils, qu'il procura à la Bibliothèque. Cette carte Pisane, peut-être unique, paroît du xiv<sup>e</sup> siècle; elle donne tout le littoral de la Méditerranée et on remarque sur la côte d'Afrique l'île des Pisans, *isula Pisani* (1).

Une carte générale, du xv<sup>e</sup> siècle, faite à Gênes, par un cosmographe appelé Bartolomeus *de Pareto*; l'île Antillia y figure comme dans le globe de Martin Behaim; on y voit aussi l'île mystérieuse de Saint-Brandan; la date est de l'an 1456.

Une carte tirée d'un manuscrit de la Bibliothèque de Leipzig, fort ancienne, car on la fait remonter au xii<sup>e</sup> siècle.

Une carte générale, analogue à toutes celles que l'on connoît sous le nom d'*Orbis tripartibus*, tirée d'un manuscrit de l'Apocalypse de la Bibliothèque royale de Turin. Les Rhumbs de vent sont indiqués par les génies des vents, faisant sortir l'air par leurs outres gonflées. On doit cette gravure au savant abbé Gazzera.

Plusieurs anciennes cartes gravées méritent d'être citées : la *vraye et entière description* du royaume de France, par Guillaume Postel, 1570.

(1) Cette carte a paru dans l'ouvrage précédemment cité: **les** *Monuments de la Géographie.*

Description des Gaules, avec les confins d'Allemagne et d'Italie, par Jollivet, 1570.

La Picardie, par Olivier Teuchet, 1570, etc.

Une petite carte allemande, de la France, *Franckreich, Franciæ accurata descriptio*, par Stumpfel, 1589, curieuse par son ancienneté.

Le planisphère connu sous le nom de Borgia, gravé d'après l'original sur cuivre, conservé au musée Borgia à Velletri ; cette carte est remarquable par de nombreuses légendes latines en caractères germaniques.

Carte gravée d'après le tableau des voyages de Marco Polo, peint dans la salle *Dello Scudo* du palais ducal à Venise, attenant à la Bibliothèque de Saint-Marc. On sait qu'il n'existe point de carte des voyages de Marco Polo ; le peintre qui les a retracés sur ce tableau a-t-il eu des matériaux authentiques, autres que la description même du grand voyageur, si bien nommé l'Hérodote du moyen âge ?

Une carte tirée d'un manuscrit de la Laurenziana, du xive siècle, représentant l'Afrique pour cette époque reculée ; ce tracé diffère entièrement de la configuration donnée à l'Afrique orientale par les Arabes et même par tous les géographes anciens, avant la découverte du cap de Bonne-Espérance ; il est toutefois évident que toute personne ayant vu une fois cette carte, en auroit conclu qu'il falloit s'avancer très-loin dans le Sud pour faire le tour de l'Afrique ; et la découverte du cap auroit pu se faire beaucoup plus tôt.

Une carte italienne représentant la France et l'Espagne, datée de 1542.

Un grand plan de Péking, carte chinoise.

Plusieurs grandes cartes du Japon, en japonois et en chinois.

Pour revenir à l'indication des cartes manuscrites (qu'on appelle vulgairement Portœlans), on peut citer une carte du globe, par Januarius Picicano, 1597, tirée d'un meuble espagnol conservé au Louvre.

Surtout une carte presque microscopique de la France, faite pour Charles IX, par Hamon Blœsien (de Blois), 1568, chef-d'œuvre pour la finesse et la pureté du dessin. Cet Hamon étoit si adroit, si habile écrivain qu'il contrefaisoit toutes les écritures, et qu'il a fait une mauvaise fin.

Une autre carte non moins curieuse est celle que Labourdonnaie a tracée à la Bastille, en 1750 : le malheureux prisonnier, privé d'encre et de papier, traça cette carte, qui devoit servir à sa défense, en employant son linge de corps, le marc de son café pour encre et une pièce de six liards recourbée pour servir de plume, (c'est sans doute la première plume de fer qu'on ait fabriquée). La carte représente l'Océan indien et elle est couverte de légendes. Elle a été offerte à la Bibliothèque par le neveu de Labourdonnaie.

Une carte de la Russie d'Asie, donnée par le prince Labanoff, le possesseur d'une riche collection de cartes dont M. Piquet a fait le catalogue.

Une ancienne carte de la Méditerranée et des côtes occidentales de l'Europe, par don Domingo de Villaroel, 1589.

Une ancienne carte marine hollandoise, de la fin du xvii<sup>e</sup> siècle.

Une carte italienne du xvi<sup>e</sup> siècle, contenant la Grèce, l'Asie mineure, etc.

Une grande carte portugaise faite à Lisbonne, en 1618,

par dom Sanches, carte d'un travail soigné, enrichi de figures.

On a aussi commencé un recueil de cartes *autographes*, ouvrage des géographes célèbres ; recueil qu'il faudroit compléter et qui déjà est utile pour faire reconnoître les auteurs de certaines cartes non signées, ni datées.

On voit exposées, dans la salle A, trois cartes autographes de Danville, l'une faite pour l'Espagne ; c'est la province de Quito, ouvrage où l'on admire la pureté du trait, la netteté et la régularité de l'écriture ; les autres, partie de la Provence et le cours du Rhône inférieur, avec une étude des embouchures, utile pour comparer l'état du fleuve, à un siècle et demi d'intervalle.

Une carte autographe de Guillaume Delisle, représentant les Antilles.

Deux cartes autographes du major Rennell (qu'on a surnommé le *D'Anville* de l'Angleterre) ; l'une est relative au cours du Tigre, l'autre à l'Asie Mineure : ces cartes se rattachent au travail de l'auteur sur la retraite des dix mille.

Il y a plusieurs reliefs exposés dans cette même salle A ; il suffit d'en indiquer ici quelques-uns : le relief du Mont Blanc et des vallées environnantes, exécuté par Bauerkeller, ainsi que la France, la Belgique, l'Allemagne et les Pays-Pas. La France, par Ober-Muller, l'Europe, par L. Erbe de Stuttgard ; l'Europe peinte sur une calotte sphérique, par Lartigue.

La collection renferme encore un choix de *portraits* de géographes et de voyageurs célèbres, que personne ne trouvera déplacés dans une galerie consacrée aux différentes branches de la géographie ; on distingue ceux de Christophe Colomb, dom Juan de Castro, Fernand

Cortez, etc. ; ceux de D'Anville, J. Rennell, Walckenaer; ceux de voyageurs récens comme John Franklin, J. Davidson, George Back et du L'. Bellot. Parmi les différents portraits de Christophe Colomb, on distingue celui que M. Jomard a trouvé dans la pinacothèque de Vicence, et qu'il a fait graver et publier dès 1845 ; c'est une peinture très-ancienne, et du temps et de l'école du Titien, que l'on suppose avoir été faite en Espagne (sur les indications de Ferdinand Colomb), par un des élèves du Titien, que Charles-Quint emmena d'Italie (1) ; les autres portraits connus semblent tous des portraits de fantaisie.

### 3° *Egypte*.

La salle A renferme aussi quelques objets venant de l'expédition d'Egypte, tels qu'une vue de la célèbre mosquée de Touloun au Caire ; les plans et coupes de la grande pyramide de Gyzels, le grand sarcophage égyptien, improprement appelé tombeau d'Alexandre, et qui est en brèche égyptienne, matière appelée aussi *breccia verde d'Egitto*, parce que le fond de cette brèche est un petrosilex verdâtre ; c'est une des plus dures et des plus belles matières que l'on connoisse ; les fragments roulés dans cette pâte verte sont de granit et de porphyre de diverses espèces ; une fois polie, cette brèche est du plus bel aspect ; malgré son extrême dureté, les Egyptiens l'ont travaillée parfaitement et y ont sculpté toutes sortes de figures. Le gisement de la roche est dans la haute Egypte, entre le Nil et la mer Rouge (2).

(1) Ce portrait est entièrement semblable, pour les traits de la physionomie, à la minutieuse description qu'en a faite Ferdinand Colomb dans la vie de son père.

(2) Toutes les empreintes en soufre de ce magnifique sarco-

## Salle C.

1° On remarque dans cette troisième salle, une table hexagone, historiée, de marbre noir, avec guirlandes de fleurs en mosaïque, sur lequel sont incrustées deux mappemondes, terrestre et céleste ; cette pièce, en deux parties réunies par une charnière, vient du château de Versailles ; elle a appartenu à Louis XVI 'et passe pour être son ouvrage ; ou sait quel goût il avoit pour la géographie et qu'il donna des instructions à Lapeyrouse pour son voyage autour du monde ; il fit faire par Buache et Mentelle un globe d'assez grande dimension ; il a dessiné de sa main plusieurs cartes qui existent encore ; ces différens ouvrages devroient tous être réunis au département des cartes de la Bibliothèque impériale.

Un cadre renfermant seize cartes manuscrites, dessinées par J. Klaproth, d'après le grand Atlas de la Chine en deux cents feuilles, renfermant les pays compris entre Pamarund et Bou.

2° *Cartes en relief.*

Plusieurs cartes reliefs de Bauerkeller, représentant le Mont-Blanc, l'Allemagne, les Iles britanniques, l'Espagne, l'Amérique du Nord et l'Europe ;

La Palestine, de L. Erbe de Stuttgard.

phage ont été relevées en 1815 par les soins du conservateur ; elles ont servi à graver la planche exposée ici ; elles pourroient servir également à refaire une copie ou modèle parfait de ce beau monument, à l'aide des matières plastiques dont on dispose aujourd'hui, c'est ce que l'on n'a cessé de réclamer.

3° *Egypte.*

Quatre portraits dessinés par Dutertre, représentant divers personnages du temps de l'expédition.

### Salle D.

Le globe de Martin Behaim, fait à Nuremberg au xv⁰ siècle. Ce globe est la copie coloriée avec les lettres en or, les navires et autres détails, en un mot le *fac-simile* complet, sous tous les rapports, du plus précieux ouvrage que l'on possède en ce genre ; il est de l'année même de la découverte de l'Amérique. Peu avant cette époque, l'auteur s'étoit rencontré en Portugal avec Christophe Colomb. Ses voyages, ses connoissances géographiques l'avoient signalé à ses compatriotes ; c'est à la demande des magistrats de Nuremberg qu'il fit ce globe remarquable ; on sait qu'il a placé l'île d'*Antillia*, à peu près dans la situation des premières terres de l'Amérique découvertes. Le diamètre de la sphère est de plus de 50 centimètres. C'est à l'intervention libérale de M. de Martius, secrétaire perpétuel de l'Académie royale des sciences de Munich, que le conservateur a obtenu, de la famille de Behaim, la faculté de faire faire ce précieux *fac-simile.*

*Egypte.*

On distingue plusieurs grandes vues anciennes et modernes de l'Egypte encadrées, des dessins faits en Egypte ; les principales vues sont originaux :

Les deux ports d'Alexandrie (peintures).

La vue de Boulâq, port du Kaire.

La vue du Memnonium, rive gauche du Nil à Thèbes.

Vue de l'obélisque de Karnak, rive droite du Nil à Thèbes.

Vue de Louqsor, rive droite.

Vue de la grande porte de Karnak.

Les harpes des tombeaux des rois de Thèbes, etc.

Deux vues du temple d'Edfou.

Deux vues des grandes pyramides de Memphis.

Vue du Sphinx des Pyramides.

Deux vues générales de Philœ.

Vue de la salle hyposhyle de Karnak à Thèbes.

Vue des carrières sculptées de Selséléh.

Vue de l'intérieur du grand temple de Philœ, avec toutes les colonnes.

Portraits faits en Egypte par Dutertre, entre autres : Mourad-Bey, Moustafa-Pacha blessé (celui qui commandoit l'armée turque à la bataille d'Aboukir), le Cheik-Sadat, chef des Ulémas du Kaire, l'évêque d'Abyssinie, les natifs de l'oasis de Syouah, etc.

Le modèle de la pierre de *Rosette*, posé sur un grand socle en forme d'autel égyptien. Cette pièce a été moulée en 1815, avec le plus grand soin, sur l'original qui fait partie du Musée britannique, à l'époque de la mission de M. Jomard.

Deux des gravures de ce célèbre monument dans la description de l'Egypte (Ant. vol. v), déjà faites sur les beaux dessins de M. Raffeneau Delile, ont été complétées d'après ce *fac-simile* et le dessin de la troisième inscription. L'inscription en hiéroglyphes gravée postérieurement, a été faite sur ce modèle. La perfection, la beauté de cette épreuve, permettent de lire les caractères aussi bien et mieux peut-être que sur la pierre, à cause de la couleur de l'une et de l'autre ; on a pris le soin de faire mouler toutes les parties de la pierre dans les trois dimensions, pour qu'on se rende bien compte des parties d'inscription qui ont disparu par l'injure du temps. Ce modèle exact dédommage presque entièrement la France de la perte qu'elle a subie, au moins sous le rapport scientifique.

## Salle E.

On y trouve : 1° Une grande montre renfermant les objets suivants :

Astrolabes entiers, ou fragmentaires, dont plusieurs appellent l'attention ; l'un d'eux est un astrolabe arabe, ouvrage exécuté par ordre d'un prince, fils du Calife, qui préféra, à la royauté, la culture de l'astronomie : la date est d'environ 1200 de l'ère chrétienne.

Une autre est remarquable comme époque de transition ; il a été exécuté en Allemagne et il porte quelques mots arabes à côté des mots latins ; il semble donc appartenir à l'époque où l'instrument passa des marins arabes aux marins européens.

Un anneau astronomique ; deux cadrans en cuivre doré avec boussole ; un autre en bois, venant du Caire ; un petit cadran cylindrique, comme on en voit encore dans nos pays de montagnes, dans les Pyrénées et les Alpes ; des boussoles chinoises ; enfin une sphère terrestre en cuivre doré faite en Espagne, vers l'année 1545.

La même montre renferme une boîte japonaise, sorte de mosaïque en nacre de perle, dont le couvercle représente un portrait exécuté d'après une gravure françoise ; cette boîte a été donnée par M. de Siebold, le célèbre voyageur au Japon, pour aider à la formation de la collection ethnographique projetée à la Bibliothèque.

On trouve aussi dans cette montre : 1° un petit livre uniquement composé de cartes maritimes anciennes, qui paroissent avoir été à l'usage des marins bretons ; 2° des cartes manuscrites sur parchemin, dont une carte arabe faite par un géographe célèbre de Tunis, d'après la carte d'Edrisi ; 3° un riche atlas portugais du XVI° siècle, provenant de la Bibliothèque de la duchesse de Berry ; plusieurs des anciennes éditions de la géographie de Ptolémée (le département possède la collection complète des éditions) ; 4° un cadre renfermant des empreintes de quelques *médailles* qui représentent des plans ou des cartes géographiques ; la plus ancienne est une médaille grecque, où est figuré un peu grossièrement, *en plan*, le port de Messine ; on remarque le grand sceau d'Angleterre, où figure la carte des îles britanniques au temps de Cromwell, avec leurs armes, les vaisseaux naviguant dans la Manche ; et enfin des plans de villes d'Allemagne et de Hollande, médailles frappées à l'occasion de la prise de ces villes.

Une sphère céleste arabe en cuivre provenant de Milan, d'une époque très-reculée et d'une entière conservation ; la position des étoiles est pour l'année 1064 ou le V° siècle de l'Hégire. Le pied sur lequel repose cette sphère a été exécuté sur le modèle du globe publié par Assemani ; elle est publiée en *fac-simile* dans les *Monuments de la Géographie* (introduction), où est rapportée la description entière de ce curieux monument de l'astronomie arabe.

#### 2° *Cartes en relief.*

Plusieurs cartes en relief par Bauerkeller, représentant les Iles britanniques et l'Empire ottoman, par Ravenstein, le Taunus et une partie du cours du Rhin, de Cologne à Coblentz; cette pièce n'est qu'une des sections du cours du Rhin, exécutée par l'auteur sur le même plan.

Le relief du Mont-Blanc et des environs, par Kummer, doit être signalé, ainsi que d'autres cartes en relief du même auteur, savoir: l'Europe, l'Asie, l'Amérique méridionale.

On doit à MM. Elie de Beaumont et Dufrenoy, le mont Etna et le mont Vésuve, petites cartes en relief géologiques.

Le relief de la principauté de Neufchâtel, par un artiste anglois qui y a longtemps résidé, M. Ibbetson, mérite d'autant plus d'être signalé que les deux échelles y sont égales. Cette pièce est renfermée dans une boite et non sous verre.

On peut encore citer l'Italie en relief, par Berg Walter, les environs de Stuttgard par Carl Rath et quelques études.

#### 3° *Voyage d'Egypte.*

Plusieurs modèles de monumens égyptiens sont ici, ainsi que dans la salle suivante, avec beaucoup de dessins originaux de l'expédition d'Egypte; on n'en citera qu'une partie.

1° La tête d'un des Sphinx gigantesques, de l'avenue des béliers de Karnak à Thèbes, dirigée sur la porte du vieux temple; l'original est à Londres (voir plus haut);

2° le poignet de la statue colossale de Philœ, de Memphis (même observation).

Les vues de le mosquée de Soultan Hassan, l'une des plus grandes de la ville du Caire ; de celle de Touloun ; des portes de Bâb-el-Fotouh et Bâb-el-Nasr ; de la ville des tombeaux du Caire ; de l'obélisque appelée aiguille de Cléopâtre et de la colonne dite de Pompée à Alexandrie.

Enfin l'on a exposé le frontispice (dessin original) de la seconde édition de l'ouvrage intitulé, *Description de l'Égypte*.

Cette salle renferme encore une plaque de cuivre trouvée à Belida (Algérie), par un voyageur orientaliste, M. Prosper Gérardin, couverte d'inscriptions arabes, où sont énumérées les quatre-vingt-dix-neuf épithètes données à Dieu, et les quatre-vingt-dix-neuf épithètes données à Mahomet ; plus la description physique de la personne du prophète, etc. Cette pièce a été donnée à la Bibliothèque par M. Bessas-Lamégie, ancien maire du 10° arrondissement.

## Salle F, Salle G.

Ces salles ne sont pas encore ouvertes au public.

La salle G, renferme : 1° Une carte murale manuscrite de Lorient et de Port-Louis, dessinée à Lorient en 1737.

2° L'uranorama de Charles Rouit ; c'est un planétaire dans lequel, à l'aide d'un mécanisme, on faisoit tourner autour du soleil tous les corps de notre système ; il a été dédié à Louis XVIII, en 1816, par M. Rouit à son retour de Russie.

3° Un cadran avec calendrier, fait en 1650, donnant les

heures du jour pour les différentes époques de l'année.

4° Un cadran en marbre blanc, par Lemaire, à peu près de la même époque; on y a gravé un hémisphère terrestre sur l'horizon de Paris.

Un artiste françois, M. Fauvel, longtemps consul à Athènes, dans le siècle dernier, s'étoit occupé du relief de l'*Attique*; il en a construit un très-grand qui est aujourd'hui déposé à la Bibliothèque, salle G du département des cartes, avec un plan relief particulier de la ville d'Athènes, et un autre plan en plâtre de l'acropole.

La salle G renferme aussi un modèle en bois de la façade du grand temple de Denderah, à grande échelle, fait par les soins de MM. Jollois et Devilliers du Terrage, et donné au département par ce dernier.

Enfin, l'on a déposé dans cette salle, sur des crochets, faute d'une élévation suffisante pour les suspendre, plus de deux cent cinquante cartes murales, la plupart collées sur toile, qui ne pouvoient être pliées dans des volumes; un grand nombre mériteroit une description spéciale, on se borne à citer ici les suivantes:

La carte d'Edrisi, formée de soixante-neuf cartes partielles, contenues dans un exemplaire de la géographie de cet auteur, qui est conservé parmi les manuscrits de la Bibliothèque. Ce manuscrit provient de M. Asselin, notre ancien consul au Caire. Par les soins de M. Jomard, ces soixante-neuf cartes ont été copiées en *fac-simile*, coloriées et réunies en une seule pièce; les noms arabes y ont été inscrits, de manière à donner un ensemble complet de la géographie d'Edrisi (1).

---

(1) Une réduction de cette carte fait partie des *Monuments de la Géographie*.

On ne peut citer ici toutes les cartes orientales, en original ou en *fac-simile*, qui font partie de la collection géographique.

La carte hydrographique de la province de Canton; cette carte chinoise a environ quatre mètres.

Deux grandes cartes chinoises de l'empire chinois.

Une mappemonde hollandoise de l'an 1600, provenant de la cathédrale de Bourges, d'un travail extrêmement soigné, enrichie de figures d'un beau dessin, de la manière italienne.

Une carte de l'Amérique, peinte sur une grande toile, or et couleurs, haute de trois mètres, avec ce titre en grandes lettres d'or : *Americæ, seu novi orbis nova descriptio*.

Une carte des environs de Corbeil, faite pour les chasses du roi Louis XV, à peu près de 1725, peinte et richement ornée de figures, haute de cinq mètres.

La carte de la côte de Coromandel, grand manuscrit *autographe*, de la main de D'Anville; le grand plan de Paris, dit de Turgot; la Catalogne d'Aparici, manuscrite; le cours du Pô, le cours du Tésin, etc., grandes cartes manuscrites du cabinet de Prony; le duché de Bourgogne; la Bavière, d'Apianus, 1566; la grande carte de l'Indostan, d'Arronsnuth; la collection des départemens de la France, tirée de la carte du Dépôt de la guerre (1), etc., etc.

Le nombre de ces rouleaux dépasse, comme on l'a dit, deux cent cinquante; il seroit impossible d'en énumérer

---

(1) Ces grandes cartes pourroient remplir, et mériteroient une galerie spéciale, pour y être posées aux yeux du public, et servir à l'examen des questions de statistique départementale.

même une petite partie ; mais on en doit signaler encore quelques-uns qui sont d'un intérêt scientifique :

1° Le *fac-simile* de la grande carte d'Haldingham, du xii° ou xiii°. siècle, conservée dans la cathédrale de Hereford (1); 2° celui de la carte du globe, de Juan de la Cosa, dessiné au port Sainte-Marie dans la dernière année du xv° siècle, où sont tracées les premières découvertes de Christophe Colomb. On sait que La Cosa étoit le pilote du grand navigateur. L'original appartenoit au baron Walckenaer : à sa vente, l'Espagne l'a fait racheter à un prix élevé ; 3° une copie de l'atlas appelé la *carte catalane*, qui a appartenu à Charles V; la présence de ce monument à Paris prouve que le duc de Bedford n'a pas emporté en Angleterre tous les manuscrits déposés au Louvre ; on fait remonter cette carte à l'an 1375 ; une autre carte conservée à la Bibliothèque Sainte-Geneviève, portant la signature de Charles V, prouve également qu'il est resté à Paris des manuscrits au temps de l'occupation angloise ; 4° une grande carte générale du globe, par Sébastien Cabot, de l'an 1544, dédiée à Charles-Quint par ce navigateur, et accompagnée de nombreuses légendes latines : on pense que cet exemplaire est unique ; il est donc aussi précieux qu'un manuscrit. Cette carte a été procurée au cabinet par M. de Martins, secrétaire perpétuel de l'Académie royale des sciences de Munich, qui l'avoit découverte chez un curé de Bavière ; 5° enfin, les cartes originales des Pyrénées, par Roussel, peintes sur cinq grandes toiles du temps, faites pour Louis XIV. On doit

---

(1) Cette carte est publiée dans les *Monuments de la Géographie*, ainsi que les suivantes.

à un singulier hasard la possession de ces cartes. Au temps de la reine Anne, elles tombèrent au pouvoir de l'Angleterre ; c'est alors que les armes royales de l'Angleterre y furent ajoutées ; depuis elles sont rentrées en France à une époque inconnue, mais qui paroît antérieure à 1793. Confisquées par mesure révolutionnaire, et, depuis, cachées jusqu'à l'année 1835, elles ont enfin revu le jour et ont été apportées à la Bibliothèque.

*Nota.* Il seroit impossible de choisir parmi les atlas et cartes géographiques contenus sur des tablettes, ou dans les enveloppes et volumes, de tout format, qui remplissent les casiers, les sujets dignes d'être cités ; c'est un objet qui peut être rempli par le catalogue manuscrit, qui n'a cessé d'être parfaitement à jour.

On trouvera dans le recueil périodique de la Société de Géographie, une suite de rapports sur les acquisitions et les progrès de la collection de la Bibliothèque depuis l'origine (1829).

# CABINET DES MÉDAILLES ET ANTIQUES,

*Conservateur :* M. Ch. Lenormant, membre de l'Institut.
*Conservateur-adjoint :* M. Chabouillet.
*Employés :* MM. Lavois, Dauban, Muret.

Ce Cabinet n'est pas public, et l'on n'y admet pas indistinctement tous ceux qui demandent à le voir, mais les savants et les artistes y trouvent toujours un accès facile.

### DESCRIPTION DU CABINET DES MÉDAILLES (1).

Ce cabinet fait aujourd'hui une des principales curiosités de la Bibliotheque du Roi; on y entre communément par l'escalier d'un bâtiment appartenant à Sa Majesté, rue Colbert : mais, pour le rendre de plain-pied avec la Bibliotheque, on a vouté un grand arc en plein ceintre dans la rue Colbert, ce qui procure une communication de niveau à ces deux bâtimens; et au moyen d'une porte percée dans la principale galerie du dépôt des livres imprimés, on passe dans ce superbe Cabinet.

Cette piece est éclairée par huit croisées, dont quatre donnent sur la rue de Richelieu, et quatre sur la rue Colbert; elle est décorée par un lambris enrichi de sculptures, d'un beau travail et dont les principaux ornemens sont dorés.

Dans les trumeaux et entre les portes, à hauteur d'appui, sont distribuées des tables de marbre en consoles, d'un plan chantourné, qui soutiennent de grands médailliers ou armoires d'une belle menuiserie, enrichies de dorures. Chaque armoire à deux cens tiroirs, dans lesquels sont rangées sur des tablettes de maroquin rouge,

(1) Nous n'avons pas besoin de dire que nous reprenons ici le récit de Le Prince.

à fleurs de lys d'or et à fond de velours verd, les différentes suites de médailles d'or, d'argent, et de bronze, qui composent cette riche collection.

Au-dessus de ces médailles et en divers endroits de ce Cabinet, sont placés de très-beaux tableaux renfermés dans la boiserie : ces tableaux sont,

1° Quatre dessus de portes peints par le célebre Boucher, représentant autant de Muses.

2° Six tableaux en hauteur sont placés dans les trumeaux, dont trois de Carle Vanloo; savoir, la Poésie amoureuse, ou Psyché conduite par l'Hymen; l'Inventrice de la flute, ou Pan et Syrinx, les trois Protecteurs des Muses, Apollon, Mercure et Hercule Musagete. —Ceux de M. Natoire sont Thalie, Muse de la Comédie, Terpsicore qui caractérise la danse, et Calliope qui préside à l'Histoire.

Aux deux extrémités de ce Cabinet, entre les portes, se voient deux copies d'après Rigault, l'une représentant Louis XIV, et l'autre Louis XV, en pied de grandeur naturelle, et avec tous les ornemens de la royauté.

### ORIGINE ET ACCROISSEMENT DE CE CABINET.

Aucun de nos Rois, avant François I$^{er}$, n'avoit encore songé à se former un Cabinet de Médailles : ce Prince, si utile aux Sciences et aux Arts, en fit remettre plusieurs dans le garde-meuble de la Couronne; ces Médailles, selon le P. du Moulinet (1), étoient renfermées dans un certain bijou de vermeil doré; il y en avoit environ vingt en or, distribuées sur les côtés, et une centaine d'autres Médailles d'argent enchâssées dans un service aussi

---

(1) Voy. *Merc. de Fr.* 1719, Mai, p. 46.

d'argent, dans des bassins, des aiguières, des salières et d'autres pièces, pour y servir d'ornement. Ce Prince en eut encore plusieurs, qu'il fit aussi remettre au Garde-meuble, excepté quelques-unes qu'il garda auprès de lui.

Le goût que François I<sup>er</sup> fit paroître pour les médailles et antiquités, devint bientôt celui de la nation entière : la France se trouva en peu d'années remplie de Curieux, et ces Curieux furent tout ce qu'il y avoit de grand et de distingué dans le Royaume ; tous à l'envi l'un de l'autre formerent des cabinets précieux en médailles et antiquités.

Ce goût fut également en vigueur, et même augmenta sous Henri II ; ce Prince acheva de perfectionner ce que son digne pere avoit commencé, il ne laissa pas long-tems sa Bibliotheque privée d'un si bel ornement, il y mit celles de François I<sup>er</sup> et les siennes, et y fit bientôt réunir la belle collection que Catherine de Médicis avoit apportée en France avec les rares Manuscrits de la Bibliotheque de Florence, qu'on regardoit comme les restes de celle de Constantinople. Cette Princesse n'avoit pas peu contribué à exciter cette émulation générale ; elle étoit d'une Maison qui s'étoit distinguée dans tous les tems par son amour pour les Sciences et pour les Arts, et il ne lui étoit pas permis de les regarder avec indifférence ; aussi n'oublia-t-elle rien pour inspirer le même goût aux Princes ses enfans.

Charles IX fut celui qui parut le mieux répondre à ses vues, il se montra partisan de l'antiquité : ayant résolu de donner une forme à ce qui avoit été déja rassemblé précédemment, et à ce qu'il avoit lui-même recueilli en médailles et antiques, il destina un lieu particulier dans le Louvre pour les y arranger et les conserver, et créa exprès une place de Garde particulier de ces médailles et antiques.

Ce Prince ayant appris que le cabinet de médailles du célebre *Groslier*, mort en 1565, avoit été transporté à Marseille pour le faire passer de là à Rome, l'acheta et en fit payer le prix à ses héritiers; il joignit ces nouvelles richesses à celles qu'il avoit déja (1).

Les troubles dont la France fut agitée durant les guerres civiles, ne permirent pas à ce Prince de finir ce qu'il avoit si heureusement commencé; ce précieux cabinet qui, au rapport du *P. Louis Jacob*, passoit pour une merveille du monde par ses *raretés* et *antiquités*, outre *ses pierreries*, fut presqu'entierement dissipé. Dans ces tems de malheur, il eut le chagrin de voir enlever, sous ses yeux et en peu de tems, presque toutes ses médailles et antiques, au moment même qu'il venoit de leur assigner un endroit fixe.

A peine restoit-il encore quelques vestiges de ce précieux cabinet, lorsque Henri IV, commençant à jouir de ses victoires, conçut le dessein, autant pour l'honneur et l'utilité de sa Nation, que pour sa propre satisfaction, de rétablir le cabinet que les Rois ses prédécesseurs avoient eu intention de former: le sieur de Bagarris, Gentilhomme provençal, le plus propre par sa science profonde dans les médailles et antiquités à seconder le projet de Henri IV, fut choisi par ce Prince pour l'exécution de ses ordres, il le fit venir à sa Cour en 1608, le prit à son service, et lui accorda dans la suite le titre de Garde de ses médailles et antiques, qu'il devoit loger dans son Château

---

(1) Selon M. de Thou, la garde en fut confiée à Jean de Chaumont, mais c'est une erreur.

de Fontainebleau proche sa Bibliotheque, et y réunir celles qu'on avoit sauvées durant les guerres civiles.

Baga ris eut plusieurs entretiens avec Henri IV, sur l'utilité des médailles : le Roi acheta presque toutes celles qu'il avoit apportées avec lui, il consentit aussi d'acheter tout ce qu'il lui présenteroit en médailles et antiques propres à enrichir son nouveau cabinet. Bagarris travailloit à l'exécution des ordres de Sa Majesté, lorsqu'une mort cruelle et fatale au bonheur de la France empêcha l'exécution d'un si beau projet.

Au commencement du Regne de Louis XIII, Bagarris fit tout ce qu'il put pour faire réussir ce que Henri IV avoit projeté; mais la grande jeunesse du Roi, son peu de goût pour l'étude des médailles, et les guerres de religion qui survinrent, ne lui permirent pas de s'en occuper. Bagarris, voyant qu'il ne pouvoit réussir, repartit pour la Provence avec les pierres gravées et une partie des médailles qu'il avoit apportées avec lui.

L'heureux rétablissement de ce cabinet étoit réservé à Louis XIV, dont le Regne devoit être marqué par des événemens glorieux en tout genre. Ce Prince fit réunir au Louvre tout ce qu'il y avoit de médailles et d'antiquités éparses çà et là dans ses Maisons Royales, et s'en forma un cabinet qui devint bientôt l'un des plus précieux de l'Europe, par le don que lui fit J. B. Gaston, Duc d'Orléans, oncle de ce Monarque, de celui qu'il s'étoit fait un plaisir de former pendant sa retraite à Blois. Ce cabinet étoit non-seulement composé de médailles précieuses, mais encore de livres tant imprimés que manuscrits, de miniatures, d'estampes et de toutes sortes de raretés. Ce Prince étant mort vers la fin de février 1660, M. de Louvois écrivit dès le 4 mars à l'Abbé Bruneau,

Bibliothécaire du Duc d'Orléans, pour lui ordonner de la part du Roi de veiller soigneusement à la conservation de tout ce qu'il avoit en sa garde, et d'en envoyer un inventaire exact. Sa fidélité et son zele lui méritèrent (1) la place d'intendant du cabinet des médailles et antiques, vacante en 1664, par la retraite de Jean de Chaumont, Conseiller d'État, qui en avoit été pourvu après que Bagarris se fut retiré.

L'Abbé Bruneau ayant été assassiné dans le Louvre par un voleur, au mois de novembre 1666, l'Intendance du cabinet des médailles fut réunie à la charge de Garde de la Librairie qu'avoit alors Nicolas Colbert, qui de l'Évêché de Luçon avoit passé à celui d'Auxerre, et les clefs furent remises à M. de Carcavi, Commis à la garde.

Le genre de mort de l'Abbé Bruneau fit penser à M. de Carcavi que le cabinet des Médailles n'étoit pas en sûreté où il étoit, et qu'il seroit mieux dans la nouvelle Bibliotheque, c'est-à-dire, dans la Bibliotheque du Roi, nouvellement transférée dans la rue Vivienne. M. Colbert à qui il en écrivit, lui répondit qu'il en avoit parlé au Roi, et que S. M. n'avoit pas voulu que ses médailles et antiquités sortissent du Louvre, mais qu'il en parleroit encore. Il paroît que Louis XIV se rendit aux raisons du Ministre, et les médailles avec le tombeau de Childeric et quelques autres antiquités qui étoient au Louvre en 1667, furent transportées dans la Bibliotheque: celles de Gaston d'Orléans, avec ses livres et raretés, y furent également placées.

M. Colbert, satisfait d'avoir réuni à la Bibliotheque le cabinet des Médailles, ne négligea rien pour le rendre di-

(1) Voy. Essai Hist. p. 51.

gne de la grandeur du Roi, qui de tems en tems se plaisoit à consulter ces restes de l'antiquité savante : ce Ministre, pour répondre et satisfaire un goût si honorable aux Lettres, l'enrichit en peu de tems par des acquisitions immenses, qui le rendirent bientôt le plus célebre de l'Europe.

M. de Monceaux fut envoyé, en 1667, dans le Levant, pour y rassembler des Manuscrits avec ordre d'y rechercher aussi des médailles. Tous ceux qui entreprirent de semblables voyages, reçurent de pareils ordres, et pas un n'en est revenu sans en apporter de rares et précieuses.

M. Colbert, informé du mérite de M. Vaillant dans la connoissance des médailles, engagea ce savant à aller en Italie, en Sicile et en Grèce, pour en faire la recherche, et y acheter toutes celles qu'il croiroit les plus propres à enrichir la suite que feu M. le Duc d'Orléans avoit donnée au Roi : M. Vaillant, ravi de pouvoir satisfaire son goût par une semblable recherche, et flatté du choix qu'on avoit fait de lui, partit et revint au bout de quelques années, chargé d'une abondante moisson; le nouveau cabinet du Roi en fut presque augmenté de moitié, et se trouva dès-lors au-dessus de tous ceux que l'on connoissoit en Europe.

Les cabinets particuliers se ressentirent aussi des soins de M. Vaillant, et se remplirent à son retour d'une infinité de médailles qu'on n'avoit pas encore vues, ou que l'on croyoit uniques.

Le Ministre, persuadé que M. Vaillant feroit toujours dans ses voyages d'importantes découvertes, le détermina une seconde fois à passer la mer; il partit de Paris en octobre 1674, et alla s'embarquer à Marseille;

mais ce célèbre Antiquaire fut moins heureux dans ce dernier, ayant été pris par des Algériens, qui ne lui rendirent la liberté qu'après quatre mois d'esclavage : il ne rapporta de ce funeste voyage qu'une vingtaine de médailles d'or qu'on lui rendit en partant, et revint à Paris après avoir couru plusieurs autres dangers, qui le portèrent à avaller les médailles qu'on lui avoit restituées, de crainte qu'elles ne lui fussent enlevées de nouveau, s'il venoit à être repris.

Après quelque séjour à Paris, ayant pris de nouvelles instructions, il en repartit et fit un voyage des plus heureux ; il pénétra dans le fond de l'Égypte et de la Perse, où il trouva tout ce qui pouvoit récompenser les peines d'un Antiquaire et le dédommager de ses fatigues.

Les nouveaux trésors qu'il en rapporta, enrichirent tellement le cabinet du Roi, qu'à voir cet amas prodigieux de médailles, on eût dit que la terre y avoit exprès restitué tous ces dépôts en faveur d'un Prince qui se plaisoit à consulter ces restes vénérables de l'antiquité savante. Parmi le nombre immense de médailles remises au cabinet du Roi par M. Vaillant, on remarque une *Titiana* femme de Pertinax, en moyen bronze, et un jetton d'argent le plus rare de la collection des jettons, c'est celui de la ligue du *Duc de Mayenne*, qui a pour inscription, *Vacante Lilio, me regit Dux optimus*.

Tandis que M. Vaillant enrichissoit ainsi par ses voyages le cabinet du Roi, Messieurs Vansleb, Petis de la Croix, Antoine Galland, de Nointel, Ambassadeur de France à Constantinople, et autres, avoient également ordre de rechercher dans leurs voyages tout ce qu'ils pourroient se procurer en médailles pour le cabinet de S. M. Le célèbre Paul Lucas, chargé des mêmes ordres, l'enrichit aussi de plusieurs médailles rares et antiquités précieuses (1).

L'attention de M. Colbert à perfectionner la collection des médailles du Roi, ne se borna pas à faire faire des recherches chez l'étranger, il donna ordre à M. de Carcavi d'en acquérir le plus qu'il pourroit ; le nouveau Garde seconda en cela le zele du Ministre, et accrut en peu de tems le cabinet de plusieurs belles suites de médailles, acquises après la mort de personnes curieuses.

1° Les premieres furent celles amassées par M. Seguin (2), Doyen de Saint-Germain-l'Auxerrois ; elles étoient au nombre de plus de 5000 médailles, et furent vendues 48000 livres. Il y en avoit beaucoup en or et en argent, de grand et moyen bronze, plusieurs grecques, et un assez bon nombre d'une grande rareté.

2° Celles qui furent trouvées après la mort de M. Tardieu, Lieutenant-général, et que M. Ferrier son beaufrere avoit amassées, entrerent dans la collection du Roi ; parmi ces médailles étoit le *Pescennius Niger* en grand bronze, et plusieurs aussi d'une grande rareté.

3° Le fameux cabinet de M. de Sere, Conseiller d'Etat, composé de médailles rares et précieuses, entre lesquelles il y en avoit beaucoup en or et de grand bronze, fut acquis pour celui du Roi après sa mort.

4° La suite de moyen bronze qu'avoit M. le Comte de Brienne, passa après sa retraite aux P. de l'Oratoire, dans le même cabinet : cette suite étoit nombreuse et très-singuliere.

(1) Voy. *Voyages de Paul Lucas*, in-12.
(2) Voy. *Merc. de France*, 1719, Mai, p. 51.

5° La suite des médailles d'argent fut tout-à-coup augmentée par celles de M. le Charron, Auditeur des Comptes : on en acquit encore d'autres de plusieurs particuliers, soit par argent ou par échange de médailles doubles.

6° Un particulier de qualité voulant bien dépouiller son cabinet d'une cinquantaine de médaillons extremement rares, les fit remettre dans celui du Roi ; et chaque médaillon lui fut payé 50 livres piece.

7° La mort de deux curieux, M. le *Charron* (dont nous venons de parler) et M. de Trouenne, Intendant de M. d'Epernon, fournirent l'occasion d'enrichir considérablement la collection des jettons et médailles modernes, que M. le Duc d'Orléans n'avoit point été curieux d'amasser. La collection de M. le Charron consistoit en une très-belle suite de médailles des Papes, et beaucoup de jettons d'argent; celle de M. de Trouenne étoit toute composée de médailles et jettons aussi d'argent, des Rois de France et d'autres Princes étrangers.

Ces deux acquisitions, que l'on peut regarder comme le premier fondement des médailles modernes du cabinet du Roi, furent par la suite augmentées par M. de Carcavi, qui avoit ordre d'en acheter à mesure qu'il s'en présentoit.

On ne négligea pas non plus l'augmentation des agathes; on réunit aux 24 boëtes de M. le Duc d'Orléans, dont la plupart étoient en relief, celles qu'avoit amassées M. le Procureur-général de Harlay, qui s'en priva volontiers pour enrichir le cabinet du Roi ; on y ajouta aussi celles de M. Oursel, premier Commis de M. de la Vrilliere, et celles de Messieurs le Comte et le Cointe.

Les guerres de Hollande et de Flandres étant survenues, M. Colbert fit suspendre pour quelques années les dépenses extraordinaires, tant de la Bibliothèque que du cabinet des Médailles, devenu par tant d'acquisitions l'admiration de la France et de l'Europe; il resta sans recevoir aucune augmentation jusqu'à la mort de ce Ministre, arrivée en septembre 1683.

M. de Louvois, ayant été pourvu de la charge de Sur-Intendant des Bâtimens, prit d'abord connoissance de l'état du cabinet des Médailles, et le fit l'année suivante, conformément aux ordres du Roi, transférer à Versailles, sous la conduite de M. Rainssant, Antiquaire, à qui on en donna la garde, à la place de M. de Carcavi que ses infirmités et son grand âge mettoient hors d'état de pouvoir la remplir : on plaça ces Médailles dans un magnifique cabinet près de l'appartement de S. M.

M. Rainssant, voyant qu'il y avoit beaucoup à travailler, tant à l'arrangement des suites de médailles dans le nouveau cabinet, que pour en faire des Catalogues, s'attacha M. Oudinet son parent, et engagea M. Vaillant à lui aider à les mettre en ordre sur les tablettes qu'on avoit faites exprès dans le nouveau cabinet.

Pendant qu'on arrangeoit ainsi ces médailles dans leurs tablettes, le Roi prenoit plaisir à venir presque tous les jours, au sortir de la Messe, dans ce cabinet, pour les voir arranger, et témoignoit la plus grande satisfaction à les étudier et à les admirer : comme autrefois Auguste, ce Monarque aimoit à contempler l'antiquité dans ces restes précieux, rassemblés par ses ordres, de de l'Italie, de la Grece et des extrémités de l'Orient.

Sa Majesté ordonna à M. Morel, Suisse de nation, qui dessinoit les médailles parfaitement bien, de dessiner toutes celles de son cabinet, sur des cartons ajustés aux tablettes ; M. Rainssant eut ordre en même tems d'en faire les explications, à quoi il travailla sans relâche avec un de ses amis, et fit tout le grand bronze, tout l'or et la plus grande partie des médailles : le Roi lut presque le tout, et témoigna à M. Rainssant et à son ami combien il étoit flatté de ce qu'ils avoient fait pour lui plaire.

M. de Louvois, voyant que le Roi prenoit plaisir à cette savante curiosité, seconda ses inclinations, et recommanda de chercher de tous côtés des médailles propres à enrichir celles du cabinet de S. M. Il écrivit même à tous les Ambassadeurs et à tous les Résidens auprès des Princes étrangers, pour les engager à en rechercher : plusieurs savans voyagerent aux dépens de ce Monarque pour en faire aussi la recherche.

Ce Ministre, pour avoir une entiere autorité sur la Bibliotheque et sur le cabinet des Médailles, traita de l'intendance de ce cabinet avec Louis Colbert, qui en avoit été revêtu après la mort de l'Evêque d'Auxerrre son oncle ; il en fit expédier les provisions en 1684, en faveur de Camille le Tellier, depuis Abbé de Louvois. alors âgé de neuf ans.

Messieurs de Ste-Geneviève, pour seconder les vues de M. de Louvois, tirerent de leur cabinet plus de 300 médailles presque toutes de petit bronze, et les lui offrirent généreusement pour être jointes à celles de Sa Majesté : on est aussi redevable à M. de *Harlay*, Procureur-général, de 200 pieces de monnoies très-rares et très-singulieres.

M. de Camps, Abbé de Signy, connu par son goût pour les médailles et antiquités, étoit dans l'usage d'offrir tous les ans au Roi des étrennes assez singulieres ; c'étoient quelques médailles qui pouvoient manquer dans le cabinet de S. M. qui les recevoit avec plaisir.

Outre les différentes moissons qui arrivoient de tems en tems des pays étrangers, toutes très-propres à enrichir le cabinet du Roi, M. de Louvois n'en saisissoit pas moins les différentes occasions qui se présentoient dans le Royaume, et ce fut par ses soins que le Roi fit les acquisitions suivantes.

1° Celle du cabinet de M. le Duc de Verneuil, composé d'une très-belle suite de médailles en bronze et en or. Mme de Verneuil voulut avoir l'honneur de présenter au Roi la plus belle et la plus rare : cette médaille étoit d'or, à quatre têtes de *Posthumes*, pesant six louis d'or.

2° D'une belle suite de 200 médailles des Rois de Syrie, estimée l'unique qui étoit alors en Europe. Cette belle suite a servi au célèbre Vaillant pour en composer l'histoire, qu'il a publiée, avec des gravures.

3° La collection des médailles d'or amassées par M. de Monjoux, la plus belle et la plus rare qui fût alors en France, fut réunie à celle du Roi. M. Vaillant fut chargé de dresser un Catalogue particulier de toutes ces belles suites.

Malgré tant d'acquisitions, et un grand nombre d'autres, que la nature de ce petit ouvrage ne nous permet pas de détailler, le cabinet ne se trouvoit que médiocrement fourni de médailles modernes : M. l'Abbé Bizot, qui se connoissoit le mieux en cette partie de médailles, et qui avoit le plus de correspondances dans les pays étrangers, fut chargé par M. de Louvois d'en faire la recherche ; les soins qu'il apporta à se conformer aux ordres du Ministre, ne furent pas infructueux, et il procura en peu de tems au Cabinet, presque tout ce qu'il étoit possible de désirer dans cette classe.

Le peu de tems que M. Rainssant eut la garde des médailles, ne lui permit pas de donner à ce cabinet tout l'ordre qu'il s'étoit proposé de lui donner : se promenant un jour dans le Parc de Versailles, le long de la piece d'eau qu'on appelle *la Piece des Suisses*, il y tomba malheureusement et s'y noya, le 7 juin 1689.

M. Oudinet, qui n'avoit point cessé de lui être attaché, alla dans le moment reporter les clefs du cabinet à M. de Louvois; mais ce Ministre, dont il etoit déja fort connu, lui dit de les garder, ajoutant qu'il savoit qu'elles étoient en de très-bonnes mains, et il ne fut pas long-tems sans lui procurer l'agrément du Roi pour cette place.

Il n'est gueres possible de rendre compte de tout ce que M. Oudinet y a fait pendant 22 ans qu'il en a eu la garde, il faudroit pour cela comparer l'état où il a trouvé le cabinet à celui où il le laissa; encore ne jugeroit-on que très-imparfaitement de l'ordre qu'il y a mis, et des découvertes qu'il y a faites. Ce fut sous sa garde qu'on fit par ordre de M. de Louvois les Inventaires ou Catalogues de ce grand amas de médailles modernes, auxquels travaillerent M. l'Abbé Bizot et le P. D. M. Ils en formèrent six volumes in-fol., contenant leurs descriptions, inscriptions et explications (1).

Le Roi, à qui le mérite, l'exactitude et l'application de M. Oudinet étoient connus, et pour recompenser ses travaux, ajouta à ses appointemens ordinaires une pension de 500 écus.

(1) Le P. D. M. fit les trois premiers vol. : savoir les médailles, 1° de la France, 2° des Papes, 3° des Cardinaux et des Princes d'Italie, et M. l'Abbé Bizot fit celles, 1° de l'Empire et de l'Espagne, des Electeurs et des Princes d'Allemagne, 2° des Rois du Nord, de la Pologne, de la Suede, du Danemarck et même des l'Angleterre, 3° des Etats de Hollande.

Un jour que S. M. faisoit voir elle-même son cabinet des Médailles à Jacques II, Roi d'Angleterre, ce Prince lui demanda si l'emploi de M. Oudinet n'étoit pas une charge des plus considérables à la Cour. Ce n'en est pas une, répondit le Roi, en montrant M. Oudinet, mais, une place distinguée qui ne se donne qu'au vrai mérite.

M. Oudinet, étant mort en janvier 1712, fut remplacé par M. Simon, habile Antiquaire, homme d'un grand mérite : cette place ne pouvoit être en de meilleures mains, mais une mort prompte ne lui laissa pas le tems de faire pour le cabinet du Roi ce que son amour pour les belles choses lui eût fait entreprendre ; il mourut au mois de décembre 1719, peu de tems après M. de Louvois son illustre Protecteur.

M. de Boze, l'un de plus grands hommes qu'il y ait eu pour la connoissance des médailles, fut choisi pour remplacer M. Simon dans ce poste important.

Le nouveau Garde, à l'exemple du célèbre Abbé Bignon, qui venoit de succéder à M. de Louvois, se défit des suites de médailles qu'il avoit formées avec tant de peines et de succès, pour se livrer tout entier au dépôt dont on venoit de lui confier la garde. Il les vendit au Maréchal d'Estrées, après la mort duquel il les fit entrer dans le cabinet du Roi : elles en sont encore aujourd'hui l'un des principaux ornemens, aussi bien que celles de grand bronze du Marquis de Beauveau, acquises vers 1746, pour le Roi, par M. le comte d'Argenson. Ce dépôt s'accrut presque du double entre les mains de ce Savant Antiquaire ; il n'a cessé pendant 34 ans de l'enrichir par des augmentations successives que lui procuroient ses correspondances, soit dans l'intérieur du Royaume, soit avec les étrangers ; quelques-unes de ces augmentations ne sont même dues qu'à l'estime personnelle dont il jouissoit. Le célebre M. Mead, premier Médecin du Roi d'Angleterre, lui ayant fait présent de plusieurs médailles singulieres, que leur rareté rendoit précieuses, entre autres, d'un *Allectus* en or, d'une *Helene* de même métal, qu'on chercheroit peut-être en vain dans les plus célebres cabinets de France, et d'un *Carausius* en argent, dont le revers paroît représenter la femme de ce Prince, médaille inconnue jusqu'alors. M. de Boze aussi désintéressé que son ami, se montra digne de pareils dons, en ne les acceptant que pour les placer dans le cabinet du Roi. L'accroissement produit par tant d'acquisitions, lui fit bientôt sentir la nécessité de travailler à un nouvel Inventaire ou Catalogue; il le commença presque aussitôt que le cabinet du Roi fut transféré, par ordre de S. M. de Versailles à Paris, pour être placé dans un salon attenant à la Bibliotheque, et il eut la satisfaction de le voir finir avant sa mort.

Ses soins n'étoient pas moindres pour la partie des antiques, et ce fut sur ses représentations réitérées qu'on acheta la nombreuse suite de figures, de bustes, de vases, d'instrumens pour les sacrifices, et d'autres monumens en tout genre, que M. Mahudel avoit rassemblés.

Ce dernier trait prouvera combien M. de Boze avoit à cœur de compléter le cabinet du Roi, et de le rendre le plus riche qu'il y eût en Europe. Ayant acheté le cabinet de M. Foucault, celui-ci excepta de la vente deux figures d'une grande rareté, l'une la Déesse *Isis*, et l'autre un *Nain d'Auguste*, et les légua par son testament à M. de Boze. Ce dernier, dans le sien, supplia le Roi de les accepter pour son cabinet, où elles sont encore aujourd'hui.

M. de Boze mourut en Septembre 1754, dans la 74ᵉ année de son âge. Il fut remplacé par M. l'Abbé Barthelemi, de l'Académie des Inscriptions, que sa grande connoissance dans la science des médailles, et une érudition profonde appelloient naturellement à une place que plusieurs années de travail dans ce cabinet lui avoient bien méritée.

M. l'Abbé Barthelemi chercha toutes les occasions de procurer au cabinet du Roi de nouvelles richesses : environ un an après sa nomination à la place de Garde, il eut ordre d'aller en Italie pour y faire des recherches sur les médailles qui manquoient au cabinet du Roi; il partit en Août 1755, et se rendit à Rome, où le crédit dont jouissoit M. le Comte d'Estainville, qui étoit alors Ambassadeur de France auprès du St-Siége, et qui prenoit le plus vif intéret à un voyage dont il avoit eu la premiere idée, et dont il avoit facilité l'exécution, lui rendit tous les cabinets accessibles, et lui procura les moyens de faire des acquisitions pour celui du Roi.

Ce savant acheta, pendant son séjour à Rome, près de trois cens médailles, la plupart précieuses par leur rareté ; de ce nombre etoient trois médaillons d'or, l'un de *Gallien*, l'autre de *Constance*, le troisieme du jeune *Constantin;* plusieurs médailles impériales en or, et entre autres celle de *Vetranio* qui manquoit non-seulement au cabinet du Roi, mais encore dans presque tous les cabinets du monde ; quantité de médailles impériales en bronze, dont les unes très-propres à éclaircir des points de Chronologie, et les autres à remplir plusieurs lacunes dans les suites du Roi : on y remarque sur-tout deux médailles d'*Annia Faustina*, troisieme femme de l'Empereur *Elagabale :* on n'avoit alors de cette Princesse, au cabinet, qu'une médaille si mal conservée, qu'on y distinguoit à peine les traits du visage.

Le Roi acquit, il y a quelques années (vers 1776), et réunit à son cabinet la collection formée par M. Pellerin, célèbre Antiquaire. Cette collection composée de plus de trente mille médailles, étoit une des plus belles que l'on connût : celle du Roi, qui étoit déjà la plus distinguée de l'Europe, a été portée par cette augmentation à un degré de perfection et de magnificence, que toutes les autres, prises ensemble, ne pourroient peut-être pas atteindre. L'attention de M. l'Abbé Barthelemi à veiller à l'enrichissement et à la conservation de ce précieux trésor, est digne des plus grands éloges.

Il n'est pas possible de voir ce superbe cabinet sans être pénétré d'admiration à la vue de tout ce que nos Rois ont fait pour le porter au degré de perfection et de magnificence où il est aujourd'hui, et sans se rappeler tout ce que le zele des Ministres leur a inspiré pour seconder de si nobles vues par des acquisitions nombreuses, et par des voyages au Levant, en Italie, en Angleterre, etc., entrepris sous les ordres des Colbert, Louvois, Fleury, Maurepas, d'Argenson, Choiseul, noms précieux aux Lettres, dont ils partageront à jamais la reconnoissance.

### ORDRE ET ARRANGEMENT DES MÉDAILLES.

Cette immense collection est divisée en deux classes principale, l'antique et la moderne. La premiere comprend plusieurs suites particulieres, celle des Rois, celle des Villes grecques, celle des Familles Romaines, celle des Empereurs, et quelques-unes de ces suites se subdivisent en d'autres relativement à la grandeur des médailles et au métal : c'est ainsi que des médailles des Empereurs on a formé deux suites de médaillons et de médailles en or ; deux autres de médaillons et de médailles en argent ; une cinquieme de médaillons en bronze, une sixieme de médailles de grand bronze, une septieme de celle de moyen bronze, une huitieme enfin de médailles de petit bronze. La moderne est distribuée en trois classes, l'une contient les médailles frappées dans les différens Etats de l'Europe, l'autre, les monnoies qui ont cours dans presque tous les Pays du monde, et la troisieme, les jettons. Chacune de ces suites, soit dans la moderne, soit dans l'antique, par la conservation, le nombre et la rareté des médailles, monnoies, etc., qu'elles contiennent, forment par leur réunion un dépôt inestimable, digne de la magnificence du Roi et de la curiosité des Amateurs. C'est dans ce précieux Trésor, ouvert à tous les savans de l'Europe, que les Vaillant, les Morel, les Spanheim et presque tout ceux qui ont travaillé sur les médailles, ont puisé la plus grande partie des connoissances répandues dans leurs ouvrages.

### CABINET DES ANTIQUES.

Au-dessus du cabinet des médailles est celui des antiques, qui, au rapport du P. Louis Jacob (comme nous l'avons déja dit) passoit, du tems de Charles IX, pour une merveille du monde, tant pour ses raretés que pour ses antiquités, outre ses pierreries. C'est dans ce cabinet que l'on voit un très-grand nombre de figures, de bustes, de vases, d'instrumens de sacrifices, de marbres chargés d'Inscriptions, et enfin tous les monumens de cette espece qu'on a pu rassembler avec choix et avec goût.

Feu M. le Comte de Caylus, si connu par son amour pour les Arts et pour le bien public, s'est plu à enrichir ce superbe cabinet d'un grand nombre d'antiquités Egyptiennes, Etrusques, Grecques et Romaines, en bronze, qu'il avoit rassemblées avec beaucoup de soin et de peine, et dont il a donné au Public un recueil contenant 26 Planches, sans les vignettes et culs de lampes. Ce recueil est accompagné de dissertations et de notes d'un style clair, et d'une érudition très-profonde.

### DESCRIPTION HISTORIQUE DE PLUSIEURS MÉDAILLES RARES ET CURIEUSES DU CABINET DU ROI.

On ne peut disconvenir que les différentes suites qui composent la collection des Médailles du Roi, ne soient également précieuses et intéressantes, en quelque genre que ce soit ; il n'est même pas possible d'en voir de plus complètes. C'est dans ce précieux trésor que se trouve exactement rassemblé ce qu'il y a de plus rare et de mieux conservé dans les différentes parties de la science numismatique. Les suites des Médailles grecques et romaines surtout, y sont aussi immenses que bien choisies : enfin les richesses que renferme ce Cabinet, sont si précieuses, qu'il n'en existe pas un dans le monde qui puisse lui être comparé.

Chez les Antiques, les Médailles des Rois, celles des Républiques et des Villes servent au développement ou au débrouillement des Arts, et aux recherches sur la Mythologie, la Géographie, la Chronologie et l'Histoire ; elles procurent des secours que la lecture seule des auteurs anciens, malgré la sagacité de leurs interprètes, ne sauroit procurer : chez les modernes, les Médailles servent à fixer ou à constater l'époque de l'établissement des Empires, leur accroissement, leurs alliances, en un mot à nous retracer d'une manière simple et ingénieuse ces événemens qui firent alors tant d'éclat, et qui servirent à distinguer du reste des hommes tant de grands personnages.

Afin de ne pas confondre ce qu'on entend par Médailles, il est essentiel de savoir en quoi elles consistoient et à quel usage on les destinoit alors; car excepté quelques pieces qui sont depuis long-tems de la plus grande rareté, et d'une grandeur remarquable, tout ce que nous appellons Médailles étoit monnoies chez les Anciens. Ces monnoies étoient également en usage de regne en regne, et jamais Prince ou Magistrat ne s'avisa d'en interrompre le cours. Comme l'on n'employoit dans ce tems-là aucun autre moyen pour transmettre à la postérité les événemens remarquables qu'en les faisant graver sur les monnoies, en arrêter le cours eût été les livrer à l'oubli; par ce moyen aucun Prince ni Magistrat n'eut garde de supprimer telle ou telle monnoie frappée sous ses prédécesseurs, de crainte qu'il n'arrivât que celui qui lui succéderoit ne fît la même chose à l'égard de celles qu'il auroit fait frapper sous son regne et à sa gloire, etc.

Il n'en est pas de même des médailles et des monnoies modernes; ces dernieres ne sont en usage que dans le commerce, on se contente seulement d'indiquer sous quel Prince et dans quel pays elles ont été fabriquées; elles reçoivent ou sont sujettes à toutes les lois qu'on leur impose, et cedent, par cette variation, l'honneur aux premieres d'instruire le monde des événemens remarquables qui peuvent l'intéresser.

Comme le plan de cet ouvrage ne nous permet pas

d'entrer dans un plus grand détail sur cette matière, nous nous contenterons de donner la description historique de plusieurs Médailles rares et singulieres, prises parmi celles appellées Médailles impériales antiques, soit en or ou en argent et autres, dont la plupart sont uniques, et ne se voient que dans le riche cabinet du Roi.

### MÉDAILLES DE CÉSAR.

Tant que la République exista, toutes les monnoies dédiées aux Dieux de la Patrie ne porterent l'effigie d'aucun de ses magistrats; mais après que César eut asservi le monde, admis au rang des Dieux, il participa à tous leurs honneurs, et entre autres à celui de faire graver sa tête sur les monnoies; s'étant apperçu de quelle conséquence il étoit pour lui de ne pas trop effaroucher ses concitoyens par cette marque de la souveraine puissance, il n'en usa qu'avec modération. Les pieces de monnoie avec la tête de César étant devenues très-rares, Trajan lui en restitua (1) quelques-unes : malgré la précaution de cet Empereur, il est très-difficile d'en trouver.

Il y a des Médailles de ce Prince en or, en argent, etc., elles sont très-rares avec la tête de Marc-Antoine au revers, ainsi que celles restituées par Trajan avec une Victoire au revers.

Celles également restituées, qui ont au revers la figure de Vénus, sont les plus rares de toutes; on les estime au-delà de 300 livres.

---

(1) Les Antiquaires appellent Médailles restituées toutes les pieces de monnoies, qui, frappées sous tel ou tel Prince, portent au revers l'empreinte de l'un de ses prédécesseurs.

### M. J. BRUTUS.

Après la mort de César, M. J. Brutus, l'un de ses assassins, fit graver sa tête sur une monnoie qui porte au revers celle de L. J. Brutus, premier Consul, faisant par-là entendre qu'à l'exemple de son aïeul il cherchoit à détruire la tyrannie.

Cette Médaille est de la plus grande rareté, sa valeur est de plus de 500 livres.

### MARC-ANTOINE PERE.

Parmi les pieces, toutes très-curieuses, frappées sous Marc-Antoine, celles qui portent la tête de Cléopâtre, sont surtout remarquables, mais on n'y distingue aucun de ces traits dignes de captiver les maîtres de l'Univers. Entre les autres Médailles ou Pieces de ce Prince qui sont au Cabinet du Roi, les plus remarquables sont celles des Légions, de la 19e, en or, une autre également en or des Cohortes Prétoriennes, et celles d'Octavie quatrieme femme de Marc-Antoine, les unes frappées à Pella, à Thessalonique, et les autres fabriquées en Afrique et à Tyr: ces dernieres et celles des Cohortes viennent du Cabinet de M. Pellerin.

### MARC-ANTOINE LE FILS ET POLEMON Ier.

Marc-Antoine le fils fit frapper des Médailles; celle qui est au revers de son pere, est de la plus grande rareté, elle est en or, on ne la voit que dans le Cabinet du Roi et dans celui de Vienne; elle est estimée plus de 600 livres : celles qui sont en argent et en bronze n'ont pas le même revers.

Les Médailles du Roi Polémon Ier sont naturellement

suite à celles d'Antoine, puisque la tête de cet Empereur se voit au revers des Médailles de ce Triumvir : le Roi en possède plusieurs en or avec des revers différens ; elles sont toutes très-rares, et viennent du Cabinet de M. Pellerin.

### AUGUSTE.

Tout le monde sait les grands avantages que recueillit Auguste de la comete qui parut à la mort de Jules-César son grand-oncle, qui l'avoit fait son héritier et adopté pour son fils ; aussi voulut-il éterniser sa reconnoissance en faisant graver sur ses Médailles ce corps lumineux et bienfaisant.

Cette Monnoie ou Médaille est très-rare ; elle porte en or : *Cæsar Augustus*. La tête d'Auguste couronnée de laurier : (au revers) *Divus Julius,* une comete.

Elle porte en argent :

*M. Sanguinius III Vir*. Une tête naturelle couronnée de laurier, au-dessus de laquelle est une Comete ou un astre ; au revers, *August. Divi F. ludos Sae.* Un Salien debout tient de la main droite un caducée ailé, et de la gauche un bouclier.

Parmi les Médailles en or frappées par Auguste, on distingue celles qui portent :

1° *Augustus Divi F.* la tête d'Auguste sans couronne, au revers, *Imp. X. Sicil.* Diane debout en habit de chasse, tenant de la droite une lance et de la gauche un arc, un chien est à ses pieds.

2° *Imp. XII Sicil.* autre Médaille à peu près du même type.

3° La tête d'Auguste couronnée de laurier, *Imp. XII. Act.* au revers, Apollon debout en habit de femme, tourné de l'autre côté tient de la main droite une panthere, et de la gauche sa lyre.

4° *Divus Augustus*. La tête d'Auguste avec une couronne rayonnée, au revers.

*Hispania*, une femme debout en habit court, tient de la main droite des épis, et de la gauche des javelots.

5° La tête d'Auguste couronnée de feuilles de chêne sans légende, au revers. *Fort. Red. Cœs. Aug. S. P. Q. R.* écrit sur un autel.

6° La même Médaille, la tête tournée de l'autre côté.

7° *Augustus Divi F.* la tête d'Auguste couronnée de laurier, au revers.

*Imp. XIIII.* Un Parthe qui offre un enfant qu'il tient de ses deux mains en l'air à Auguste, il est assis sur une tribune, et lui tend la main.

8° *Augustus.* La tête d'Auguste sans couronne.

*Armenia capta.* Une Victoire pose le genouil sur un Taureau abbatu qu'elle tient par les cornes.

Un Sphinx sans légende.

*Armenia capta.* Un Sphinx.

9° *Cæsar. Divi. F. Pat. Pat.* La tête d'Auguste sans légende, au revers.

*Vota publica.* Cinq figures pour le sacrifice ; Auguste voilé sacrifie sur un trepied ; un jeune homme est devant lui, et deux flûteurs derriere le jeune homme, à côté est le victimaire, prêt à assommer un taureau.

10° *Augustus. Divi. F.* La tête d'Auguste couronnée de laurier, au revers.

*Tr. Pot. XVII* Une Victoire assise sur un Globe.

11° *Cæsar. Augustus. Divi F. Pater Patriæ.* La tête d'Auguste couronnée de laurier, au revers.

*Ti. Cœsar Aug. F. tr. Pot. XV.* L'Empereur dans un char de triomphe tiré par quatre chevaux.

**M.** Pellerin possédoit une Médaille d'Auguste, représentant d'un côté sa tête rayonnée, avec cette légende *Divo Augusto*, et au revers la Déesse Junon dans un Temple de forme ronde, avec cette légende, *Junoni Martiali*. Cette Médaille, que l'on voit maintenant dans le cabinet du Roi, a été trouvée en Bretagne il y a quelques années.

### JULIE.

Parmi les Médailles frappées pour Julie fille d'Auguste et de Scribonie, troisieme femme de cet Empereur, on en remarque en moyen bronze, dont les légendes sont en caracteres africains.

### NÉRON, AGRIPPINE.

Les Médailles servent ordinairement à rectifier l'Histoire, mais sous l'Empereur Néron ce n'est plus cela ; elles induisent au contraire à l'erreur : presque toutes portent l'emblème de la liberté et de la libéralité, tandis que l'avarice et la cruauté de ce tyran réduisoient les peuples au plus honteux esclavage.

Quelques unes des Médailles de cet Empereur ont pour légende :

*Nero. Claud. Cœs. Drusus. Germ. Princ. Juvent.* La tête de Néron sans couronne; au revers *Sacerd. coopt. in omn. conl. suprà, num. ex. S. C.* Un trepied, une patere, une simpule, et le bâton augural.

*Nero. Cœsar. Augustus.* La tête de Néron couronnée de laurier, au revers, *Roma*; Rome casquée, assise sur une cotte d'armes, tient de la main droite une Victoire, et de la gauche le Parazonium.

*Nero Cæsar.* La tête de Néron couronnée de laurier, au revers, *Germanicus Augustus.* Néron debout vêtu de long, la tête rayonnée, tient de la main droite une branche de laurier, et de la gauche un globe, sur lequel est une Victoire qui tient de ses deux mains un trophée.

*Nero. Cæsar. Augustus.* La tête de Néron couronnée de laurier, au revers, *Augustus. Augusta.* Néron debout vêtu de long la tête rayonnée, tient de la main droite une patere, et de la gauche une haste ; à sa gauche est Agrippine debout voilée, tenant de la main droite une patere, et de la gauche une double corne d'abondance.

*Nero. Claud. Divi. F. Cæs. Aug. Germ. Imp. tr. P. Cos.* Les têtes de Néron et d'Agrippine l'une sur l'autre, au revers, *Agrip. Aug. Divi Claud. Neronis Cæs. Mater. ex. S. C.* Néron et Agrippine assis sur un char tiré par quatre éléphans.

*Agripp. Aug. Divi. Claud. Neronis Cæs. Mater.* Les têtes de Néron et d'Agrippine qui se regardent, au revers.

*Neroni. Claud. Divi. F. Cæs. Aug. Germ. Imp. tr. P.* Une couronne de feuilles de chêne, dans laquelle est écrit, *ex. S. C.*

*Nero. Claudius Cæ. Aug.* La tête de Néron couronnée de laurier, au revers *Libertas;* la tête de la Liberté.

Outre les différentes Médailles de Néron, qui portent en partie l'emblème de la Liberté, plusieurs Empereurs lui en restituèrent quelques-unes avec des légendes à sa gloire, telles sont celles d'argent frappées par Poppée au revers de Néron, etc.

Parmi les Médailles restituées à Néron, on en voit une venant du Cabinet de M. Pellerin, qui a pour légende, *Octaviæ. Aug. C. J. F. Colonia Julia felix*, au revers la tête de Néron couronnée de laurier, avec cette légende, *Nero. Claud. Cæs. Aug. ann. C. IIII,* cette Médaille est unique dans le cabinet du Roi.

Celles frappées par Poppée portent pour légende : ΠΟΠΠΑΙΑ. ΝΕΡΩΝΟϹ. ϹΕΒΑϹΤ. la tête de Poppée, au revers.

ΝΕΡΩΝ. ΚΑΙϹΑΡ. ϹΕΒΑϹΤΟϹ. La tête de Néron couronnée de laurier.

### BRITANNICUS.

*Britannicus*, victime de la basse jalousie de son frere, eut aussi ses Médailles ou Monnoies ; il est représenté sur plusieurs avec la qualité d'Auguste ; on en remarque une entre autres dans le cabinet du Roi, que l'on croit unique ; cette Médaille précieuse en petit bronze latin, vient de la collection de M. Pellerin.

### GALBA.

Après le regne de Néron, les Romains sous Galba virent quelques beaux jours, et ils s'empresserent de les constater sur les monnoies du Prince, auquel ils en étoient redevables ; elles portent presque toutes au revers *Libertas August. Libertas restituta ;* une d'entre elles a pour revers la ville personnifiée avec cette légende, *Roma renascens.* Les Provinces, à l'imitation de la Capitale, s'empresserent aussi de célébrer sur des Médailles ou Monnoies qu'ils firent frapper à la gloire de ce bon Empereur, l'époque du recouvrement de leur liberté.

Le Roi possède une Médaille grecque de Galba, avec le type de la Liberté et le mot ΕΛΕΥΘΕΡΙΑ.

Trajan et quelques autres Empereurs lui restituerent plusieurs Médailles.

### OTHON.

On sait que les Médailles de l'Empereur Othon ne sont pas très-rares, et qu'il s'en trouve dans tous les cabinets, mais qu'elles sont introuvables en bronze de coin romain. Les Empereurs et le Sénat se partageoient alors l'autorité de faire frapper la monnoie ; les premiers avoient le département des monnoies d'or et d'argent ; les seconds avoient celui du cuivre. Comme Othon ne fut pas reconnu du Sénat, il n'a jamais existé aucune monnoie de bronze de coin Romain avec la tête de cet Empereur. Celles qui nous sont parvenues en bronze avec sa tête, ont été frappées dans les colonies : on en voit de la colonie d'Antioche, d'autres frappées à Césarée, en G. B. M. et P. B. où il y a au revers le *Mont-Argée*; celles en G. B. sont estimées plus de 300 livres. Ces Médailles sont toutes difficiles à trouver, surtout celles en G. B. qui sont de la plus grande rareté.

### TITUS, JULIE SA FILLE ET DOMITIEN SON SUCCESSEUR.

Titus surnommé de son vivant l'amour et les délices du genre humain, eut aussi ses médailles ou monnoies, et médaillons ; on en voit en or, et au revers de Domitia sa femme, et d'autres aussi en or, grec, avec la tête de Rhescuporide, et en G. B. qui portent au revers cette légende ΖΕΥΣ. ΚΡΗΤΑΤΕΝΗΣ.

Trajan et quelques autres Empereurs lui restituerent des Médailles ; lui-même en restitua à ses prédécesseurs.

On conserve aussi dans le cabinet du Roi un Médaillon d'argent fort rare, de Julie fille de cet Empereur; et un autre en or, de Domitien son successeur à l'Empire.

### TRAJAN.

Le regne de Trajan est fécond en médailles, nous en rapporterons quelques-unes.

A certains jours du mois, sous les Empereurs, de même qu'encore aujourd'hui sous les Pontifes, on donnoit au Peuple Romain, de l'huile, du ris, du froment et d'autres denrées nécessaires à la vie. Un Officier avec quelques soldats présidoit à ces libéralités : les médailles étoient chargées d'en perpétuer le souvenir ; mais une d'elles au revers de Trajan, porte sous un type à peu près semblable un caractere bien différent ; l'Empereur accompagné de ses principaux Officiers, fait la distribution ; il assigne à plusieurs candidats les Royaumes qu'il vient de conquérir, et en pose lui-même les couronnes sur leurs têtes : on y lit pour légende *Regna assignata*. Cette médaille dit beaucoup ; mais celle que nous allons citer dit encore davantage.

Les Parthes, ces dangereux ennemis qui massacrerent onze légions que commandoit Crassus, et qui s'emparerent de leurs Enseignes, résisterent à l'habilité de Ventidius, et au bonheur d'Auguste, mais non pas à la puissance de Trajan ; ils se soumirent enfin l'an 115 aux loix qu'il voulut bien leur imposer. Sur une des médailles de cet Empereur, on le voit représenté, remettant au maître qu'il destinoit à ces peuples vaincus le sceptre et la couronne de Cosroès leur Roi, qu'il avoit détrôné. On y lit pour légende, *Rex Parthus*.

Pour éterniser la mémoire de ce bon Empereur, les Romains éleverent à sa gloire une colonne où sont gravés tous ses exploits. Les voyageurs et les curieux la revoient avec plaisir au revers de quelques-unes de ces médailles.

Les revers sur lesquels on voit la colonne trajane, sont autant de chefs-d'œuvre; les moindres détails qui y sont représentés, le sont également sur ces médailles, dont le fini précieux se remarque sur les plus petites comme sur les plus grandes; il y en a qui sont moindres qu'une piece de douze sols.

### HADRIEN ET ANTINOUS.

Jusqu'au regne de Trajan, il n'y avoit encore que très-peu de médaillons en bronze, ils commencerent à se multiplier sous l'Empereur Hadrien; on en voit de coin romain de ce Prince, et quelques-uns qui sont grecs. Le Roi en possede une superbe collection : c'est sans contredit ce qu'il y a en ce genre de plus beau et de plus précieux dans le monde. On en remarque plusieurs grecs de bronze, d'Antinoüs favori d'Hadrien : celui où l'on voit ce favori enlevé par un griffon est un des plus rares. On voit également dans le cabinet du Roi plusieurs Médailles ou Monnoies en or et en argent, d'Hadrien et d'Antinoüs.

### ANTONIN LE PIEUX ET FAUSTINE.

Antonin le Pieux, surnommé le Pere des vertus, jouit des mêmes honneurs qu'Auguste; ses monnoies nous le représentent avec cette légende *Divo Pio S. C. Senatu Consulto.*

On voit beaucoup de Médaillons latins, de bronze, de cet Empereur; quelques-uns grecs, d'argent, et plusieurs en G. B. de coin romain, en M. B. au revers de Faustine et au revers d'Hadrien, mais ils sont plus rares avec les têtes de Marc-Aurele et de Faustine.

Un établissement à peu près semblable à celui fondé

par Madame de Maintenon à St-Cyr, fait honneur à Galeria Faustina femme d'Antonin, si décriée d'ailleurs par ses débauches et dérèglemens. On la voit sur ses médailles d'or, faisant lecture de ses constitutions en présence des Pontifes, et sur ses médailles d'argent recevant plusieurs enfans qu'on lui présente : ces médailles portent pour légende *Puellæ Faustinianæ*.

Comme l'établissement de St-Cyr est à peu près le même que celui créé par Faustine, nous croyons ne pouvoir mieux placer qu'ici l'explication de la médaille frappée à cette occasion ; cette médaille en or porte pour légende *C. c. c. Puellæ Nobiles Sancirianæ*. La Piété devant un grand édifice est environnée des Dames et Demoiselles de St-Cyr, on lit dans l'exergue *Pietas*. M. D. C. LXXXVII.

Il y a des médaillons de Faustine, en potin, au revers d'Antonin, avec la figure de cette Princesse debout, au revers du même Prince, et en G. B. au même revers.

On en voit également en G. B. et M. B. de Colonnies, avec sa tête et celle d'Antonin, en G. B. grec, en M. et P. B. et en médailles de bronze d'Egypte.

Il y a aussi des médaillons latins de Faustine.

### COMMODE.

Les Médailles d'or de l'Empereur Commode sont extrêmement rares ; le cabinet du Roi en possède néanmoins plus de quarante, toutes différentes entre elles, malgré leur apparente conformité.

On voit dans le même cabinet plusieurs médaillons d'or du même Empereur, ils sont de la plus grande rareté ; il y en a qu'on estime plus de 800 livres la piece.

Il y a aussi des médailles grecques d'or, au revers la tête du Roi Sauromate, elles coûtent plus de 300 livres

En G. B. avec la tête de Faustine au revers de Commode, et en M. B. au revers des têtes de Marc-Aurele et de Faustine. On connoît plus de cent vingt médaillons latins et grecs de ce regne.

C'est ici le moment d'observer (par rapport au grand nombre de médailles et médaillons qui se trouvent dans le cabinet du Roi) que quelque rares que soient certaines médailles, etc., on n'en admet jamais deux semblables dans ce cabinet. La suite impériale en or, la plus belle et la plus riche qu'il y aura jamais dans le monde, a été augmentée par M. l'Abbé Barthelemy de plus de 800 médailles, depuis que ce savant et zélé antiquaire est à la tête de ce riche dépôt.

### PERTINAX.

Les Médailles de Pertinax sont très-rares ; le Roi en possede plusieurs en or, savoir, celles avec sa consécration, et au revers l'aigle, et avec le bûcher. Ces deux médailles sont estimées près de 400 livres la piece.

Celles d'argent en med. sont aussi de la plus grande rareté, telles que celles de sa consécration, *Libertas Civibus,* et celle qui a pour légende, *Menti laudandæ.*

Il y a aussi des médaillons d'argent d'Egypte, d'une extrême rareté, et en G. B. de coin romain ; celui de la liberté de plusieurs figures, et celui de ses consécrations, sont estimés plus de 200 livres la piece.

### PESCENNIUS NIGER.

De tous les Empereurs Romains du haut Empire, il n'en est aucun de qui les médailles soient plus rares que celles de Pescennius Niger; celui qui disputa l'Empire à Septime Sévere : ces médailles sont un peu moins rares en argent (1) qu'en bronze; mais elles le sont tellement en or, que le sentiment général des Antiquaires étoit qu'il n'en existoit aucune : depuis, on en a trouvé une qui est celle que l'on voit au cabinet du Roi; cette médaille est regardée comme l'unique qui soit vraie, elle a coûté 1,200 et est estimée plus de 3,000 livres. On en voit aussi en grand bronze, etc.

Elle représente d'un côté la tête de Pescennius Niger couronnée de laurier, avec cette légende abrégée, *Imperator Cæsar Caius Pescennius Niger Justus Augustus.* On voit au revers la Déesse de la Concorde, représentée sous la figure d'une femme debout, dont la tête est ceinte du diadème, et qui élevant une de ses mains vers le ciel, tient de l'autre deux cornes d'abondance. On ne lit autour que ce seul mot, *Concordia*; car les deux P. P. placés plus bas dans le champ, aux deux côtés de la figure, sont l'abrégé ordinaire de *Pater Patriæ*, et doivent être regardés comme une suite de l'inscription gravée autour de la tête de Pescennius.

Malgré le préjugé et l'opinion des plus célebres antiquaires à soutenir qu'il n'existoit aucune médaille vraie, en or, de Pescennius Niger, M. de Boze pendant plus de trente années ne cessa de rechercher des Pescenius en or, avec toute l'ardeur d'un homme persuadé qu'il n'étoit pas impossible d'en trouver; d'ailleurs, convaincu que dès qu'un Prince ou un Général étoit proclamé Empe-

---

(1) C'est néanmoins la plus rare des têtes Impériales en argent, le Roi en possédoit douze, avant que la collection de M. Pellerin, qui en avoit plusieurs, fût incorporée dans la sienne,

reur, n'importe en quel lieu ou par quel parti, le premier usage qu'il faisoit de son autorité étoit de faire frapper, dans son propre palais, de la monnoie d'or et d'argent à son coin, n'ayant besoin de l'aveu du Sénat que pour les monnoies de bronze latines qui avoient cours à Rome, et qui devoient porter l'empreinte ordinaire du Senatus-Consulte, S. C.

Dans le cours des années 1726 et 1727, on annonça à M. de Boze une même médaille d'or de Pescennius, d'abord comme venant d'Espagne, ensuite de Sicile, puis de Malthe, et enfin d'Angleterre : « Je la trouvai fausse, dit M. de Boze, et tous ceux à qui elle fut portée, en jugerent de même, elle avoit été moulée sur une médaille d'argent de ce Prince, au revers de laquelle on voit le type de l'Espérance avec cette inscription, *Bonæ Spei.* »

« Environ dix ans après, ajoute M. de Boze, un savant Anglois, qui venoit de Montpellier, m'ayant dit qu'il avoit vu dans une collection peu nombreuse, formée par M. Veissières, Conseiller à la Cour des Aides, deux Pescennius d'or dont l'un étoit visiblement faux, et l'autre méritoit d'être examiné, je m'adressai à un connoisseur qui vit les deux médailles, autant que la délicatesse du possesseur le lui permit ; car il ne vouloit pas qu'on les touchât, il craignoit qu'on n'y fît quelque tort en les regardant de trop près. Sa réponse fut qu'il les croyoit toutes deux également fausses, l'une grossièrement montée sur l'argent, l'autre réparée avec soin, et empruntant du mauvais état de la premiere un air de bonté qu'on ne lui trouveroit pas séparément ; qu'elles avoient toutes deux le revers *Bonæ Spei*, et qu'au surplus, telles qu'elles étoient, le propriétaire ne vouloit s'en défaire pour aucun prix. M. Veissières étant mort, et l'examen de ses médailles étant devenu plus facile, il ne servit qu'à confirmer le jugement qu'on en avoit porté. »

Au mois de juillet 1749, M. de Boze eut une nouvelle lueur d'espérance, et qui eut aussi une meilleure issue que les précédentes. Le pere Élisée de St-Benoît, carme déchaussé de la Maison de Paris, apporta tout naturellement à M. de Boze, une lettre que lui écrivoit de Marseille un religieux de son ordre, arrivé depuis peu du Levant, où il étoit employé dans les missions, il lui marquoit qu'il avoit une médaille d'or de Pescennius Niger; que les curieux de Marseille, à qui il l'avoit fait voir, s'empressoient de l'acquérir, et lui en offroient même une somme assez considérable; que cependant, comme il esperoit en avoir encore plus à Paris, surtout si elle manquoit au cabinet du Roi, il le prioit de s'en informer, et de savoir combien l'estimoit M. de Boze. Ce savant répondit qu'il la prendroit certainement, et à un très-bon prix si elle étoit antique, mais qu'il n'en pouvoit rien offrir qu'il ne l'eût vue. Cette réponse détermina ce religieux à venir à Paris pour y apporter sa médaille. M. de Boze l'ayant examinée, la trouva pure, nette, et n'y ayant vu rien qui pût la faire soupçonner le moins du monde, en fit l'acquisition pour le cabinet du Roi (1).

### MÉDAILLON GREC, D'ARGENT, DE PESCENNIUS.

Il y a environ 110 ans que M. Vaillant célèbre antiquaire acquit pour le cabinet du Roi, à Londres, de M. Fackner, un médaillon grec d'argent, du même Empereur, que l'on regarde aussi comme unique en son genre.

---

(1) *Voyez* Mémoires de l'Académie des Belles-Lettres tom. 24, pag. 108 et suiv. Cette médaille est gravée à la pag. 109.

Ce médaillon représente également le buste de Pescennius Niger, la tête couronnée de laurier ; l'inscription grecque abregée, qui regne autour de ce buste, est conçue en ces termes: ΑΥΤΟΚ εκαστοει ΚΑΙCΑΡΙ, Γαίω ΠΕCΚΕεννώ ΝΙΓΡω Διχαίω, *Imperatori Cæsari Pescennio Nigro Justo*. On voit au revers un aigle posé sur une massue, avec cette légende, ΠΡΟΝΟΙΑ ΘΕΩΝ *Providentia Deorum*, qui se trouve aussi sur les médailles de Pertinax son prédécesseur. Il a été frappé dans le courant de l'année 193, qui étoit la premiere du regne de Pescennius, ou dans le commencement de la suivante (1).

Ce médaillon est estimé au-delà de 600 liv., il y en a d'un coin faux, que l'on voit également dans le même cabinet, parmi la belle collection connue sous le nom des médailles, mon. jett. etc. du Padouan (2).

### DIADUMENIEN.

Parmi les médailles de l'Empereur Diadumenien, il y en a de très-rares, on en remarque une en or dans le cabinet du Roi, qui a coûté 1000 liv. On voit aussi cette médaille dans le beau cabinet de Sainte-Genevieve de Paris.

### ELAGABALE.

Les Médaillons latins de bronze de ce Prince sont de la plus grande rareté, mais moins en grec; il en existe un latin, dans le cabinet du Roi, composé de deux cui-

---

(1) La description et la gravure de ce médaillon se trouvent également dans le 24ᵉ vol. des Mém. de l'Académie des Belles-Lettres, p. 109 et suiv.

(2) Nous expliquerons à la fin de cet article ce qu'on entend par médailles du Padouan, etc.

vres, sur lequel on voit au revers de la tête de ce Prince, le triomphe de son Dieu Elagabale, représenté en forme de cône, sur un char traîné par quatre chevaux.

### SÉVÈRE ALEXANDRE.

Parmi les Médaillons de Sévère Alexandre, on voit avec plaisir celui où est la tête de ce Prince, avec celle de Mamée en regard, et au revers *Felicitas temporum*. Ce médaillon est estimé plus de 800 livres; il y en a d'autres aussi en or, avec la tête de ce Prince, où l'on voit au revers celle de Mamée, ils valent 200 livres.

### ORBIANA.

On doit à la recherche que les modernes ont faite des médailles antiques, la connoissance que nous avons de l'Impératrice *Salustia Barbia Orbiana*, et la certitude qu'elle a été la dernière femme de Sévère Alexandre. Cette Princesse est représentée sur ses médailles (principalement sur le grand bronze) comme une femme qui a la physionomie agréable, et quelque chose de fin dans le regard.

On voit dans le cabinet du Roi une médaille d'or de cette Princesse, elle est très-rare et est estimée 600 livres; on en voit aussi en argent : le revers qui a pour légende *Pudicitia*, est le plus rare.

Il y a aussi des médaillons latins de bronze d'une grande rareté.

### URANIUS SURNOMMÉ ANTONIN.

On ne connoît jusqu'à présent, dit M. de Beauvais, (*Hist. abrég. des Empereurs*, tom. 1$^{er}$, *p.* 360) qu'une médaille d'Uranius, l'un des tyrans qui prirent la pourpre sous le regne de Sévere Alexandre. Cette médaille est d'or, et a passé du cabinet du sieur de Cleves dans celui du Roi : elle représente la tête d'un jeune homme ; il est couronné de laurier et a une cotte d'armes, et pour légende *Lucius Julius Aurelius Sulpicius Uranius Antoninus*, sans aucun des titres de César, d'Auguste ou d'Empereur. La légende du revers est *Fecunditas Aug.* avec la Fortune debout, qui touche de la main droite un gouvernail, et tient de la gauche une corne d'abondance. Cette piece unique (ajoute M. de Beauvais) est une des plus rares qui soient connues, elle est estimée au moins 1500 livres.

### GALLIEN.

Gallien, au lieu de chercher à venger l'affront que les Perses faisoient à la Majesté Romaine, au lieu d'employer les moyens possibles de tirer de leurs mains son pere Valerien, qui mourut dans une dure captivité, se livra à la débauche la plus honteuse, à la tyrannie la plus cruelle, et devint par ses excès la honte de l'Empire. Tous ses généraux se souleverent contre lui, et prirent, avec le commandement absolu des troupes, le nom d'Auguste et d'Empereur : ces généraux sont connus dans l'histoire sous le nom des Trente Tyrans. Nous avons vu sous Néron des médailles flatteuses et mensongeres; celle-ci porte les livrées de la plus amere satyre. Cette médaille représente d'un côté la tête de Gallien, avec une coëffure de femme couronnée d'épis de blé; ce qui surprend, c'est que la légende contient le nom d'une femme, elle est conçue en ces termes : *Gallienæ Augustæ;* mais ce qui surprend davantage, c'est qu'elle porte au revers une Victoire ailée, qui avec un fouet conduit un char traîné par deux chevaux attelés de front, avec cette légende autour, *Ubique Pax*. Il y a toute apparence que cette médaille aussi curieuse que singulière a été frappée par les ennemis de Gallien, en dérision, par ordre de quelqu'un de ceux qui s'étoient révoltés contre lui, et pour lui reprocher sa vie molle et efféminée. La tête de Gallien couronnée d'épis de blé, désigne assez clairement un Prince plus adonné à la bonne chere qu'à l'exercice des armes, et le revers montre que cet Empereur languissoit dans une honteuse oisiveté, pendant que toutes les Provinces de l'Empire étoient désolées par une guerre cruelle.

Le Roi possede également deux médaillons latins de bronze de la plus grande rareté; l'un est avec sa tête et le nom de Gallien, sous la figure de la tête d'Hercule, l'autre sous la figure de la tête de Mercure.

M. Pellerin possedoit une médaille unique, avec la consécration d'Auguste au revers du temple de Junon Martiale; cette médaille, maintenant au cabinet du Roi, fait partie des médailles d'argent que Gallien fit frapper, pour rappeler les consécrations de ses prédécesseurs.

### CARAUSIUS ET ORIUNA SA FEMME.

Les médailles de cet Empereur sont très-rares en or; leur valeur est de 600 livres, et même davantage, avec la légende de *Virtus Carausii* du côté de la tête.

Il en existe une en argent dans le cabinet du Roi, qui est unique; cette médaille, que l'on peut également appliquer à *Oriuna* femme de cet Empereur, a été donnée (comme nous l'avons déjà dit page 279) par M. Mead, premier médecin du Roi d'Angleterre, à M. de Boze, qui l'a remise tout de suite dans le cabinet du Roi, aussi bien que deux autres médailles également rares qui faisoient partié du beau présent de M. Mead, savoir, un *Allectus* en or, et *une Helene.*

Nous nous contenterons de rapporter sur cette rare et singuliere médaille, l'article qu'en a donné M. Beauvais, dans son *Abrégé de l'Histoire des Empereurs Romains et Grecs*, tom. II, pag. 170.

« L'Histoire n'a point parlé de la femme de Carausius, et le nom de cette Princesse seroit encore dans l'oubli sans une médaille d'argent qu'on trouva il y a quelques années en Angleterre, et qui passa dans le cabinet d'un Médecin de Londres, nommé Mead. Elle représente, d'un côté, la tête de Carausius avec sa légende ordinaire : *(Carausius Augustus)*, et de l'autre, la tête d'une femme, autour de laquelle on lit : *Oriuna Augusta.* On a donc cru que cette tête étoit celle de la femme de Carausius, et qu'elle avoit eu le titre d'Auguste. La rudesse de son nom faisoit penser qu'elle n'étoit pas née d'une famille Romaine, et que Carausius l'avoit épousée dans son pays, avant qu'il se rendît en Angleterre ; l'on ignoroit tout ce qui concerne cette Princesse, et si elle avoit laissé une postérité.

» J'appris, en 1750, la découverte de cette médaille, d'un Antiquaire Romain qui me parut bon connoisseur, et qui venoit de Londres, où il avoit vu et examiné cette médaille, dont il m'assura que l'antiquité étoit sans soupçon.

» Mais je crois devoir dire (ajoute M. Beauvais) au sujet de cette tête qu'on voit au revers de Carausius, que ce pourroit bien être, comme deux antiquaires de ma connoissance l'ont pensé, celle de la Fortune à laquelle la légende seroit relative, en supposant que la premiere lettre se trouveroit manquée par la fabrique, ou détruite par le tems. Cette idée a été prise à l'inspection d'une médaille de Carausius, gravée dans son Histoire par Génébrier, où l'on voit la tête de ce Prince accolée à une autre, et au revers le type ordinaire de la Fortune, avec sa légende, dans laquelle le **T** est précisément figuré comme un **I**; en sorte qu'en retranchant la première lettre du mot *Fortuna*, il ne doit rester que celui d'*Oriuna*, dont le Docteur Mead aura jugé à propos de faire la femme de Carausius, pour rendre cette piece plus intéressante. »

Cet article a paru juste au censeur de cet Ouvrage (1), qui n'a point trouvé d'inconvénient à le laisser tel qu'il est. La médaille dont il s'agit demeure une médaille antique, singuliere et fort rare.

## MÉDAILLON D'OR DE JUSTINIEN.

Le médaillon de Justinien que possède le cabinet des Médailles, est, par son étendue, par son poids et par le relief de ses figures, le plus considérable de tous ceux qui nous restent des débris de l'Empire Romain. Il a plus de trois pouces de diametre; il pese cinq onces deux à trois gros, et le relief des figures peut être évalué à près de trois lignes dans leur plus grande élévation.

Il représente d'un côté l'Empereur Justinien, vu de face et à mi-corps, tenant de la main droite un long javelot, son bouclier passé dans le bras gauche; sa tête qui est entourée d'un nimbe ou cercle de lumiere, est ceinte d'un diadème, orné de plusieurs rangs de perles; elle est couverte d'un casque enrichi de pierres précieuses, et ombragé de plumes flottantes. On lit autour de ce mé-

---

(1) M. l'Abbé Barthelemy.

daillon, cette inscription abregée : *Dominus noster Justinianus perpetuus Augustus.*

On voit au revers le même Prince à cheval, comme revenant de quelque expédition lointaine, d'où il ramène la Victoire marchant devant lui avec un trophée d'armes sur l'épaule. L'astre qui a présidé à son entreprise, paroît l'éclairer encore dans son retour, et la légende qui est au-dessus, ajoute que ce succès fait la gloire et la sureté de l'Empire : *Salus et Gloria Romanorum.*

Les cinq lettres que l'on voit dans l'exergue, n'ont aucun rapport au type ni à la légende ; elles ne sont que l'abrégé d'une formule employée sur la plupart des médailles d'or du Bas-Empire.

Justinien est représenté sur ce médaillon dans la position la plus avantageuse ; sa physionomie y est bien caractérisée, l'habillement et les différentes parties de l'armure sont traités avec beaucoup d'intelligence. Le revers, qui paroît être d'une autre main, est d'un dessin moins correct, mais l'idée en est belle, la composition heureuse, et l'objet de l'allégorie si naturel, qu'elle pourroit se passer de la légende qui achève d'en déterminer l'application. Le relief des figures est remarquable, pour un tems où les médaillons se frappoient au marteau (1).

Les Turcs, entre les mains de qui tomba ce médaillon, l'ayant apporté à Constantinople, le proposèrent à M. le Comte Desalleurs, qui fut charmé d'en faire l'acquisition, et qui l'envoya aussitôt à M. Rouillé, Ministre et Secrétaire d'Etat, pour le présenter au Roi : Sa Majesté

(1) La machine du balancier, dont la force et la justesse sont bien supérieures à tous les efforts de la main, est une invention toute moderne, et dont on n'a commencé à faire usage pour les monnoies que sous Louis XIII.

chargea M. Rouillé (en 1751) de le faire remettre à M. de Boze, pour le placer dans son cabinet des Médailles.

Comme cette note est déjà fort longue et que ce seroit nous éloigner du but que nous nous sommes prescrit en lui donnant plus d'étendue, considérant surtout l'impossibilité de détailler toutes les médailles curieuses des suites des Empereurs, qui se trouvent dans le cabinet. du Roi (1), nous terminerons cet article par une indication pure et simple de quelques-unes des plus rares et des plus curieuses.

### ALEXANDRE.

M. Pellerin possédoit une médaille en M. B. d'Alexandre (tyran en Afrique). On la croit unique, elle est actuellement dans le cabinet du Roi.

### ARTAVASDE.

La médaille d'or d'Artavasde n'est connue que dans le cabinet du Roi: comme Artavasde est représenté au revers de Constantin Copronyme, il faut, puisqu'on a gravé leurs têtes sur une même piece de monnoie, qu'il y ait eu entre eux une treve dont l'Histoire n'a point parlé.

Cette médaille est estimée 600 livres. *Voyez* Hist. abr. des Emp. par M. B., tom. III, page 121.

---

(1) On peut consulter sur les suites des médailles impériales qui sont au Cabinet du Roi, le savant ouvrage de M. Beauvais, intitulé: *Histoire abrégée des Empereurs Romains et Grecs*, etc. 3 vol. *Paris*, de Bure, quai des Augustins.

Cette histoire offre un catalogue des médailles impériales et médaillons, avec leurs prix, soit en or, argent, bronze, etc. qui se trouvent dans les principaux cabinets de l'Europe, surtout dans celui du Roi de France. La description historique de celles que nous donnons, est en partie faite d'après cet excellent livre.

Il y a aussi dans le cabinet du Roi, des médailles fort rares de l'Empereur Nicéphore au revers d'Artavasde.

### AURÉLIEN.

Le Roi possede un petit médaillon en or de cet Empereur, un médaillon d'Egypte, où Aurelien est en regard avec la tête d'Athenodore : M. Pellerin en possédoit aussi un que l'on voit maintenant dans le cabinet du Roi.

### CONSTANCE III.

On ne connoît que trois médailles en or de cet Empereur ; celle du cabinet du Roi est estimée 400 livres.

### CONSTANT.

J'ai procuré au cabinet du Roi (dit M. Beauvais) une médaille d'or de Flavius Julius Constans, qui a pour légende au revers : *Victor omnium gentium*, avec des captifs aux pieds de l'Empereur.

Le Roi possede plusieurs médaillons d'or de ce Prince, dont deux sont plus grands que le volume ordinaire. On en voit aussi un bon nombre en argent.

### CONSTANTIN LE JEUNE.

On voit dans le cabinet du Roi un grand et un petit médaillon d'or de cet Empereur.

### CORNELIA SUPERA.

Les médailles de *Cneia Cornelia supera Augusta* sont rares, sa tête ne se voit point sur celles en or ; on en connoît plusieurs en argent : il y en a dans le Cabinet du Roi, elles valent 300 livres. Les médailles en M. B. Gr. de cette Princesse sont de la plus grande rareté. M. Pellerin en avoit une en P. B. latin, qui est unique. Cette médaille, que l'on voit à présent dans la collection du Roi, a été frappée dans la colonie de *Parsicus*.

### EMILIEN.

Les médailles en or de C. ou M. Julius Æmilius Æmilianus Augustus, sont très-rares ; on en voit dans le cabinet du Roi, il en existe de plusieurs revers.

### HELENE.

Le Roi possede une médaille unique en or, de Flavia Julia Helena Augusta mere de Constantin, envoyée d'Angleterre par M. Mead à M. de Boze ; elle est estimée plus de 1000 liv.

### HERENNIUS.

Les médailles d'Herennius sont toutes très-rares ; le Roi en possede deux en or, il y en a une qui vient du cabinet de M. Pellerin. Les médaillons grecs de ce Prince ne sont pas communs.

### HOSTILIEN.

Les médailles de Caius Valens Hostilianus Messius Quintus Augustus, sont estimées plus de 600 livres piece ; il y en a deux dans le cabinet du Roi, dont une vient de la collection de M. Pellerin.

### MAGNIA URBICA.

Les Médailles et médaillons que l'on a de cette Impératrice, nous ont appris qu'elle a été la femme de Marcus Aurelius Carus Augustus. Ces médailles nous la représentent avec un visage agréable, et un air spirituel. Le Roi en possede deux en or, estimées 800 livres.

### MARIUS.

Il y a deux médailles en or, de cet Empereur, au cabinet du Roi, dont les revers sont, *Concordia Militum*, et *Sæculi Felicitas*. Chaque médaille est estimée 400 livres.

### PHILIPPE LE FILS.

Parmi les médailles que le Roi possede de Philippe le Fils, on en remarque une grecque en P. B. où Philippe le Fils est appellé *Julius Severus Augustus*, ce qui ne se trouve sur aucune autre médaille de ce Prince. Cette médaille vient du cabinet de M. Pellerin. Les Médaillons latins et grecs de Philippe sont très-rares.

### PTOLÉMÉE.

Le Roi possede une médaille en M. B. de Colonies de Ptolémée, sa tête y manque : on lit *Rex Ptol.* au milieu d'une couronne, autour de laquelle il y a *C. Lœtilius Apalus.* II. V. Q., de l'autre côté est la tête d'Auguste, avec la légende, *Augustus Divi F.*

Cette médaille vient du cabinet de M. Pellerin.

### ROMULUS.

Un médaillon d'or de cet Empereur, il est unique et ne se voit que dans le cabinet du Roi. M. Pellerin, à qui elle appartenoit, en avoit refusé 1200 liv.

### TRANQUILLINE.

Les médailles de Tranquilline sont fort rares ; il y en a deux en argent au cabinet du Roi, avec des revers différens, l'une avec une figure assise, l'autre avec deux figures qui se donnent la main.

### TREBONIANUS GALLUS.

Les médailles en or de ce Prince sont très-rares.

M. Pellerin en possédoit une en argent, qui peut passer pour unique : on y voit la tête de Volusien en revers de Gallus. Elle est actuellement dans le Cabinet du Roi.

Les médaillons latins et grecs de Gallus sont aussi fort rares; celui en latin, où l'on voit les têtes de Gallus et de Volusien et au revers le Temple de Junon Martiale, est surtout très-rare ; il est dans le cabinet du Roi.

### VALENTINIEN II.

Parmi les médailles d'or de ce Prince, qui sont dans la collection du Roi, il y en a une de forme ordinaire, mais sans le titre de *Junior*.

### VALERIEN LE JEUNE.

Le Roi possede une médaille en G. B. de Valerien le Jeune, avec ce titre *Pietas sœculi,* et au revers *Jovi crescenti*, Jupiter encore enfant, assis sur une chevre.

Outre les belles suites des médailles antiques Impériales du Cabinet du Roi, dont nous venons de parler, on y admire également une des plus riches collections qui ayent jamais existé sur la Mythologie; savoir, les Déités ou les suites de médailles d'argent et de bronze, des Dieux du Paganisme (1). Les Padouannes ou médailles, médail-

---

(1) M. le Comte de Caylus, connu par son amour pour les Arts, non-seulement a contribué à l'enrichissement du cabinet du Roi, pour la partie des antiques, mais encore pour celle des Déités et autres. Plusieurs particuliers, animés d'un même zèle, et par un sacrifice dont des curieux seuls peuvent connoître l'étendue, se sont fait honneur de déposer volontairement dans ce dépôt, ce qu'ils avoient de plus précieux en médailles, soit antiques ou modernes.

lons, etc. de coins modernes, dont la plupart sont connues sous le nom du Padouan (1), offrent aussi soit en or, soit en argent, bronze, etc., la plus magnifique et la plus nombreuse collection qu'on ait jamais vue dans aucun cabinet de l'Europe (2); il n'est même guères possible de voir de plus belles médailles en ce genre, ni de mieux conservées; l'antique comparé peut seul effacer,

(1) Louis Léon, surnommé le Padouan, Peintre, natif de Padoue, mort âgé de 75 ans, sous le Pontificat de Paul V, se consacra au Portrait, genre dans lequel il a excellé. Il a aussi gravé sur l'acier et sur l'argent des médailles fort recherchées des curieux connoisseurs. On a gravé d'après lui. Il eut un fils qui se faisoit appeler *le Padouan*, quoique né à Rome, où il mourut âgé de 52 ans. On confond souvent les ouvrages du pere et du fils, qui sont dans le même goût et dans le même genre.

(2) Les médailles qu'on appelle médailles du Padouan, sont des pièces frappées dans des coins modernes, que les plus habiles ouvriers, soit d'Italie, soit d'ailleurs, ont gravées avec beaucoup d'art et de goût, en tâchant, autant qu'il étoit possible, d'imiter l'antique qu'ils copioient d'après les véritables médailles. Elles sont si nombreuses qu'on en peut former d'assez belles collections, soit en médaillons, soit en médailles grecques, d'or, d'argent et de bronze, soit en médailles romaines également dans les trois métaux, mais surtout dans les médailles de cuivre et dans le grand bronze. La plupart des médaillons de cuivre de l'Empire Romain, qui sont faux, ont été copiés d'après l'antique: on y a même gravé plusieurs revers nouveaux qui n'ont jamais paru sur les médailles antiques, et qu'on a fondés sur des faits historiques.

Les douze premiers Empereurs ont été contrefaits une infinité de fois en grand bronze: on s'est attaché à imiter les têtes les plus rares en ce genre, tels que le *Tibere*, *l'Othon*, qu'on ne trouve antique latin, que de la colonie d'Antioche ou de l'Afrique Egyptienne dans les trois grandeurs de bronze; le *Vitellius*, le *Pertinax*, et les deux *Gordiens d'Afrique*, l'*Agrippine* de *Claude*, la *Domitia*, qui ne se trouve presque point; les trois femmes de la famille de Trajan, l'*Annia Faustina*, la *Tranquilline* et autres.

par sa beauté et sa noblesse, cette apparente vérité qu'offre la plupart de ces médailles modernes, surtout quand elles sont d'un beau choix, telles que celles que l'on voit dans la collection du Roi.

Si les différentes suites des médailles antiques du Cabinet du Roi, soit Impériales, soit Consulaires, et autres,

### MANIERE DE DISTINGUER LES MÉDAILLES FAUSSES DU PADOUAN D'AVEC CELLES QUI SONT VRAIES.

*Médailles de grand bronze de coin moderne.*

1º Toutes les Médailles de grand bronze, qu'on appelle *du Padouan*, sont ordinairement d'un flanc bien moins épais que les antiques; 2º elles ne sont ni usées ni rognées; 3º les lettres en paroissent modernes, c'est-à-dire du même caractere que celui des médailles de notre tems; 4º elles n'ont jamais de vernis, à moins qu'il ne soit faux, et alors il est fort aisé de le reconnoître; car il est pour l'ordinaire noir, gras et luisant, et tendre à la piquure, au lieu que le vernis antique est exactement brillant, et aussi dur que la médaille même; 5º les rebords en ont toujours été limés, ce qui se reconnoît d'une façon plus ou moins sensible, pour peu qu'on y fasse attention; 6º ces médailles sont toujours fort rondes, au lieu que les antiques ne le sont jamais si régulièrement, surtout depuis le regne de Trajan.

*Médaillons de G. B.*

Les médaillons de G. B. sont également aisés à discerner, et cela par les mêmes règles; tous ceux qui se présentent depuis Jules César jusqu'à Hadrien, doivent être regardés comme infiniment suspects; on n'en trouve presque point de véritables pendant ces quatorze premiers regnes de l'Empire Romain: ainsi tous ceux de ce tems peuvent être regardés comme des pieces supposées, à un très-petit nombre près, qui ne se trouvent véritablement antiques que dans les premiers cabinets. Ceux des regnes suivans ne sont pas plus difficiles à distinguer, ils portent les mêmes marques de

en or, argent, bronze, etc. vraies ou fausses, sont regardées comme uniques et d'un prix inestimable, les suites des médailles, monnoies et jettons modernes ne le sont pas moins, et ne le cèdent en rien aux premieres ; et l'on peut assurer que la collection du Roi en ce genre de médailles, est pareillement unique, pour le nombre et pour le beau choix des différentes suites qui la composent et la rendent la plus belle de l'Europe.

Nous ne citerons aucune médaille ni monnoie moderne, quoiqu'il en existe de très-rares, d'infiniment curieuses, et même quelques-unes qui sont uniques ; mais cela nous meneroit trop loin, il suffit qu'on sache qu'il

fausseté que ceux du grand bronze : c'est la même fabrique, le même vernis, le même coup d'œil, etc.

### *Médailles d'argent et d'or, et Médailles grecques.*

Les médailles Impériales d'argent ou d'or, et les médailles grecques de coins modernes, de quelques métaux qu'elles soient, sont aussi aisées à reconnoître. Si les rebords en imposent quelquefois davantage, les lettres décelent aisément la médaille.

Outre les médailles fausses restituées par le Padouan ou autres Graveurs, on en distingue encore d'autres, savoir les médailles moulées sur celles qui sont de coins modernes, celles moulées sur les antiques, les antiques refaites, et dont on change les têtes et les types, les martelées et encastées, celles qui ont des fentes et des contremarques, les fourées et celles qui sont incuses, les moulées qui sont antiques et les médaillons composés de plusieurs cuivres ; enfin les médailles que les faussaires ont inventées, celles fabriquées dans les Colonies Romaines, les Quinaires, les Corniates et médailles antiques de plomb, contrefaites. Voy. *Maniere de discerner les médailles antiques de celles qui sont contrefaites*, par *M. Beauvais*, t. 3, p. 383 et suiv. de son *Histoire abregée des Empereurs.* Voy. aussi la *Science des Médailles*, in-f°, 1 vol.

en existe de toutes les nations, de tous les pays, pour tous les tems, et pour tous les événemens mémorables, arrivés dans les différens Etats du monde.

### NOTE DU NOUVEL ÉDITEUR.

Ici finit l'*Essai historique* de LE PRINCE. Nous eussions volontiers fait suivre cette dernière partie de la description des objets précieux du Cabinet des Médailles actuellement exposés à la curiosité des visiteurs, car la nature, le nombre et l'arrangement des pièces, depuis le Prince, ont dû subir certaines modifications, mais M. Chabouillet ayant actuellement sous presse une description complète du Cabinet, nous avons dû, pour cet objet, renvoyer le lecteur au travail autrement satisfaisant que n'eût été le nôtre, de M. le conservateur adjoint. — On trouvera d'ailleurs à leur date, dans la partie des ANNALES qui suivent, les acquisitions principales dont s'est enrichi le Cabinet, depuis l'impression de l'*Essai historique*.

# TROISIÈME PARTIE.

## ANNALES

DE LA

## BIBLIOTHÈQUE DU ROI

AUJOURD'HUI BIBLIOTHÈQUE IMPÉRIALE.

CHARLES V. — Ce prince encourage les lettres; il fait rechercher et copier les manuscrits : il fonde la Bibliothèque qu'il place dans l'une des tours du Louvre, désignée pour cette raison sous le nom de *Tour de la Librairie.*

1373. — Gilles Mallet, varlet de chambre de Charles V, et garde de la Librairie du Roi, fait l'inventaire des livres placés dans le château du Louvre. Cette librairie se trouvoit alors en trois chambres l'une sur l'autre. Un exemplaire de cet inventaire, avec des notes marginales sur la cause de l'absence de certains livres, est conservé dans le volume de Colbert, n° 8354³.— *Voy.* année 1380.

Le nombre des volumes s'élève à *quatre cent quarante-quatre.* Au bas du premier folio, Gilles Mallet fait observer que l'on ne doit pas s'arrêter à l'indication qu'il a donnée des *couvertures,* attendu que plusieurs volumes « ont esté recouverts depuis que ce present Inventaire fu fait, » c'est-à-dire de 1363 à 1410. En effet, les personnes chargées de récoler les précédens inventaires, en 1411, trouvèrent les vieilles couvertures en la plus haute des trois chambres. — *Voy. Msc.* 8354³, f° XL, v°.

Une seconde transcription du même inventaire est conservée à la Bibliothèque impériale sur un grand rouleau de d.xneuf feuilles de parchemin cousues à la suite l'une de l'autre, et longues de deux pieds et un pouce chacune, sur plus de dix pouces de largeur. Ce rouleau appartenoit à Étienne Baluze, et il est inscrit dans son Catalogue imprimé, page 102, n° 10 des Rouleaux. Je penche à croire que ce rouleau est de la main, non pas de Gilles Mallet, mais de Jean Blanchet, qui fut en 1380 chargé par le duc de Bourgogne de récoler la librairie, et qui a mis au bas du 1er f° du *Msc. de Colbert*, 8354³, la note suivante: « Les livres contenus ci-après en ce livre ont esté inventoriés par Mᵉ Jehan Blanchet, secrétaire du Roy, du commandement de monseigneur de Bourgogne, le 6 novembre 1380. Et tous y ont esté trouvés, exceptés ceulx qui sont signés et escripts sur les marges, avoir esté baillées par le Roy, dont Diex ait l'ame. Et ce fait, ledit Mᵉ Jehan a prise la clef desdites trois chambres et portée au Roy *avecques un roule* qu'il a fait de la coppie desdits livres. »

Cette note est de la main de Gilles Mallet.

CHARLES VI. 1380, 6 novembre. — Après la mort de Charles V, Jehan Blanchet, secrétaire du Roi, est chargé par Philippe le Hardi, duc de Bourgogne, de récoler l'inventaire des livres dressé en 1373, par Gilles Mallet. Il reconnoît que tous les livres qui y étoient inscrits sont encore dans la Librairie, à l'exception de ceux que le Roi avoit confiés ou donnés à certaines personnes, ou de ceux que le Roi avoit par devers lui, au moment de sa mort. Blanchet inscrit sur les marges de l'Inventaire le nom de chacun des détenteurs, auprès des livres qu'ils ont reçus. Voy. ms. de Colbert, n° 8354³. — Après ce récolement, Jehan Blanchet prend les clefs des trois chambres où les livres étoient réunis, et les porte au duc de Bourgogne avec un *roule* fait par lui contenant la copie de l'Inventaire de Gilles Mallet. Ce roule ou rouleau est conservé à la Bibliothèque du Roi. — *Le Prince* dit peu de mots de ce travail.

1397. — Les Juifs ayant été chassés de Paris, on trouve dans une de leurs maisons au faubourg Saint-Denis, cent quatorze volumes, quatre rôles et quantité de cahiers de la Bible, du Talmud et de la loi des Juifs; que les trésoriers de France font porter à la Bibliothèque du Roi, et délivrer à Gilles Mallet.

Ce fait rapporté par Sauval, *Antiq. de Paris*, tom. 2, p. 520;

est contesté par les auteurs du *Mémoire historique sur la Bibliothèque du Roi*, page 5.

1410, 7 janvier. — Gilles Mallet, *maistre d'ostel du Roy*, inscrit à la suite de son Inventaire de 1373, vingt volumes qui lui sont remis de la part de Louis duc de Guyenne, fils aîné de Charles VI, par les mains de Mᵉ Jehan d'Arssonval, confesseur et maître d'école dudit Louis. — Voy. *ms. de Colbert*, n⁰ 8354³, f⁰ XXXVII.

1411 (Janvier). — Mort de Gilles Mallet, d'abord écuyer et varlet de chambre du Roi, puis chevalier et maître d'hôtel du Roi. Il avoit épousé Nicole de Chambly, de laquelle il laissa deux fils, Jehan Mallet, chevalier et, comme son père, maître d'hôtel du Roi ; le second, Charles Mallet, licencié ès lois.

*Ib.*, 24 janvier. — Après la mort de Gilles Mallet, Antoine des Essars est appelé à lui succéder dans la charge de garde de la Librairie du Louvre. Il étoit varlet tranchant du Roi ; conseiller et garde des deniers de l'épargne. Aussitôt après sa nomination, la veuve et les deux enfans de Gilles Mallet lui remettent le compte des livres que les rois Charles V et Charles VI avoient fait sortir de la Librairie du Louvre. Le nombre de ces volumes prêtés à des personnes nommées, ou retenues dans les autres appartemens du Roi s'élevoit à *deux cent sept*. La liste exacte comprend les f⁰ˢ XL à XLIX du msc. de Colbert, 8354³.

Avant l'installation d'Antoine des Essars, trois personnes désignées par la chambre des comptes procèdent au récolement de la Librairie du Louvre. C'étoit 1⁰ sire Michiel de l'Aillier, maître des comptes, maistre Nicolas Desprez, conseiller, et Jehan Lebegue, clerc notaire, secrétaire et greffier en la chambre des comptes. Ces commissaires commencèrent leur besogne en présence de messires Guillaume de Senlis, seigneur de Praelles, exécuteur testamentaire de Gilles Mallet, et Jean Mallet, tous deux chevaliers et tous deux tenant la place dudit défunt Gilles Mallet. Les commissaires, assistés encore d'Antoine des Essars et de sire Bureau de Dammartin, bourgeois de Paris, demandent d'abord aux exécuteurs testamentaires s'ils n'avoient pas connoissance de quelque inventaire des livres que Gilles Mallet auroit dressé. Sur leur réponse qu'ils ne lui en avoient pas vu, mais que s'il en avoit un on le trouveroit sans doute dans l'une des salles du Louvre, on se met à la recherche de cet inventaire présumé, et on le trouve effectivement dans la plus basse des trois chambres. — Mais on ne crut pas nécessaire dans le nouvel inventaire que l'on fit alors, de s'astreindre à l'ordre que Gilles Mallet avoit suivi dans le sien; on prit les volumes tels qu'ils se présentoient et plusieurs avoient été déplacés et même transportés d'une chambre dans l'autre. Cet inventaire commencé le 24 janvier 1411, fut achevé par le seul Jehan Le Begue, que ne purent assister jusqu'à la fin messires de l'Aillier et des Prés, *pour leurs grandes occupations;* mais toutefois en la présence d'Antoine des Essars ou de Bureau de Dammartin. — Voy. *Msc. de Colbert*, n° 8354 [1]. f° LIII, R°.

*Ib.*, 7 juillet. — La chambre des comptes fait remettre à Antoine des Essars les clefs des trois chambres de la tour du Louvre, dans lesquelles se trouvoit la Librairie du Roi. — *Msc. de Colbert*, 8354 [1]. f° CXXXIII, v°.

1412, 11 mars. — Antoine des Essars reçoit de la chambre des comptes le double de l'inventaire des livres du Louvre, fait et terminé par maître Jehan Lebegue. — Sa signature est au bas de l'original de cet inventaire. — *Msc.* 8354 [1]. f° CXXXIII, v°.

*Ib.*, 8 mai. — Garnier de Sainct-Yon occupe la place de garde de la Librairie du Louvre. Il en fut légalement pourvu, comme l'atteste un passage des mémoriaux de la chambre des comptes cité par Jacques du Breuil, *Antiquités de Paris*, tome 3, p. 1049, et après lui par le père Jacob, *Trait. des Bibl.*, p. 444. « Garnerius de Saint-Yon, scabinus villæ Parisiensis, commissus ad custodiam Librariæ Regis in Lupara, et aliorum etiam librorum, quocumque loco fuerint, loco Antonii des Essars, causis certis ad hoc ipsum regem moventibus exonerati, per ejus litteras datas octavo maii 1412, sic signatas : *Par le Roy, présens, MM. Gérard de Graneval et autres. Calot.* Duodecimoque mensis ejusdem præstitit solitum juramentum. »

1413. — Jehan Maulin, clerc du Roy, est nommé garde de la Librairie. La chambre des comptes ordonne qu'un nouvel inventaire des livres soit dressé.

1415. — Des voleurs s'introduisent dans la Librairie du Roi et emportent cinquante-six beaux volumes. Ce vol avoit précédé l'installation de Jean Maulin. Quand il voulut prendre possession de sa charge, il fit dresser la note des volumes enlevés. Cette note est conservée à la suite de l'inventaire dressé en 1413. *Voy.* p. l'année 1418, une citation obscure du père Jacob.—*Traité des Bibl.*, *p.* 445, *in fine.*

Charles vii, 1423. — Trois commissaires dressent un nouvel inventaire des livres de la Tour du Louvre, et en font faire l'estimation par trois libraires ; cette estimation se monte à la somme de deux mille trois cent vingt-trois livres quatre sols. Ce fait est attesté par le P. Du Moulinet, dans un mémoire daté de 1686.—Voy. *Mém. hist. sur la Bibl. du Roi,* p. 6.

1425. — Le duc de Betford, se disant régent de France, se fait représenter par Garnier de Sainct-Yon, les livres dont celui-ci avoit la garde, que le régent lui conserve. Attesté par le P. Dumolinet, dans son mémoire de 1686.— Voy. *Mémoire hist. sur la Bibl. du Roi,* p. 6.

1429. — Le duc de Betford achète *douze cens livres*, les volumes de la Librairie du Roi, gardés par Garnier de Sainct-Yon, la somme est comptée à l'entrepreneur des mausolées de Charles VI et Isabeau de Bavière. Attesté par Dumolinet, *Mém. de* 1686, et par Félibien, *Hist. de Paris.*—Voy. le *Mém. hist. de la Bibl. du Roi,* p. 6.

Louis xi. — La découverte de l'imprimerie vient augmenter le domaine des sciences et des lettres, tout en portant un coup fatal à l'art de l'enluminure et à l'industrie des calligraphes et des copistes. Louis XI qui l'introduit en France, achète beaucoup de livres et les réunit aux débris de la Librairie du Louvre, épars dans les maisons royales. Il y joint ceux de son père, de son frère et du duc de Bourgogne.

1472.— Laurent Palmier est garde de la Librairie du Roi. —Voy. *Comptes de Jean Briçonnet, général des finances,* pour cette année. *Mém. hist.*, p. 7.

1480. — Robert Gaguin, bibliothécaire de Louis XI, si l'on s'en rapporte à la correction du P. Jacob sur le passage suivant d'Auber Le Mire, dans l'éloge de Gaguin : « Cumque facundia et rerum usu eximiè valeret, sæpe regem Galliarum nomine in Italia, Germania ac Britannia publicas legationes obivit. Ludovico XI in primis carus qui cum librorum studio colligendorum teneretur, ingentem ei pecuniæ vim eo nomine appendit, Regiæque suæ Bibliotecæ præfecit. » Le P Jacob croit qu'il faut lire *Ludovico XI*, au lieu de *L. XII*, qu'on lit le plus souvent dans le texte d'Auber Le Mire.

CHARLES VIII ET LOUIS XII, 1495. — Le roi Charles VIII joint aux livres qu'avoit réunis Louis XI ceux que lui-même avoit rapportés de Naples, après la conquête de ce royaume.

Les princes de la maison d'Orléans, Charles et Jean, comte d'Angoulême, rapportent d'Angleterre où ils avoient été prisonniers durant vingt-cinq années, soixante volumes parmi lesquels se retrouvent plusieurs, enlevés par le duc de Betford. Ils fondent l'un la Bibliothèque de Blois, l'autre celle d'Angoulême.

Le roi Louis XII fait transporter à Blois la Bibliothèque royale. Il l'enrichit des livres des ducs de Milan, de quelques-uns de ceux qu'avoit possédés Pétrarque et de ceux de Louis de la Gruthuse, célèbre bibliophile de la Cour des ducs de Bourgogne.

FRANÇOIS I<sup>er</sup>, 1522. — Jusqu'alors le soin de ce dépôt avoit été confié à un simple garde, auquel étoient adjoints quelques écrivains et un enlumineur. François 1<sup>er</sup> crée une charge de bibliothécaire en chef et le savant Guillaume Budé est pourvu le premier du titre de *Maître de la Librairie du Roi*. A ce Maître furent bientôt adjoints sous le titre de gardes (*custodes*), des hommes de lettres d'un vrai mérite.

1527. — Vers cette époque, la librairie des anciens ducs de Bourbon est réunie à celle du Roi. *Mém. hist.*, p. XI. François I<sup>er</sup> ordonne le rétablissement de la Bibliothèque royale de Fontainebleau, qui depuis Charles VI étoit réunie à celle du Louvre. — *Jacob, Tr. des Bibl.*, p. 450.

1529. — Jérôme Fondulfe, chargé par le Roi de faire à l'étranger la recherche des manuscrits grecs, ayant reçu quatre mille écus d'or pour cet effet, rapporte soixante manuscrits qui lui avoient coûté douze cents écus. — *Mém. hist.*, p. 10.

1536. — Déclaration de François I<sup>er</sup>, du 8 décembre, défendant de vendre, et d'envoyer à l'étranger aucun livre ou cahier, avant d'en avoir remis un exemplaire ès mains de Mellin de Saint-Gelais, garde de la Librairie de Blois.

1540. — Pierre Chastelain, évêque de Tulle, est nommé Maître de la Librairie, après la mort de Guillaume Budé, arrivée cette nuit, le 22 août. Budé avoit 73 ans. — *Mém. hist.* p. 13.

*Ib.* — Mathieu Labitte est garde de la Librairie du Roi.

1544. — Mellin de Saint-Gelais, maître de la Librairie du Roi. Il l'étoit déjà dès 1536.

*Ib.* — Ange Vergece, célèbre calligraphe grec, venu de Venise en France, copie vers la fin de cette année le catalogue des manuscrits de la Bibliothèque du Roi, dressé par Paléocappa, avec le nom de ceux qui les avoient procurés à la bibliothèque de Fontainebleau. Le nombre de ces manuscrits s'élève au-delà de 260. — *Voy.* année 1692. *Mém. hist.*, p. 11.

1545. — Jean de la Barre, garde de la Librairie de Blois, assiste avec Mellin de Saint-Gelais, conseiller du Roi et abbé commendataire d'Orchies, à l'inventaire des livres de la Librairie de Blois, dressé par Jean Gervaise, licencié ès lois, et Nicolas Dux, conseillers du Roi et maîtres des Comptes à Blois, lesquels avoient été commis par la chambre des comptes pour dresser cet inventaire, en vertu des lettres patentes de François I$^{er}$, datées du 22 mai. Cet inventaire est conservé aujourd'hui sous le n° 10279.

— Le 4 juin de la même année, Mellin de Saint-Gelais reçoit lesdits livres accompagnés de leur inventaire, et les fait transporter à Fontainebleau.

22 juin. — Remise des livres de la Librairie de Blois, entre les mains de Mathieu Labitte, garde de la Librairie de Fontainebleau.

Henri II. — Sous l'intelligente direction de Du Chastel, les manuscrits et imprimés de la Bibliothèque du Roi sont reliés au chiffre de Henri II. C'est la belle époque de la reliure.

1552. — Mort de Pierre du Chastel ou Chastelain, à Orléans. Pierre de Montdoré, habile mathématicien, est maître de la Librairie, à sa place, ou mieux suivant le P. Jacob, en 1558, d'après l'épitaphe de Michel de Lhospital.

Vers le même temps, ou suiv. le *Mém histor.*, depuis 1560 seulement, Jean Gosselin est garde de la Librairie. Voyez la note curieuse qu'il mit au commencement du *Manuscrit du Roi* 7292.

Paléocappa, copiste grec, dresse un catalogue des manuscrits grecs. (*Mém hist.* p. 15.) Ils y sont distribués en onze classes. On le conserve sous le n° 10280.

1556. — Ordonnance du Roi, enjoignant aux libraires de fournir aux bibliothèques royales un exemplaire en vélin et relié de tous les livres qu'ils imprimeront par privilége. Cette ordonnance souvent renouvelée n'a jamais été complétement observée: ce qui est regrettable. — *Mém. hist.*, p. 15.

François II. — Le règne si court de ce prince permit peu d'accroissemens. Cependant à en juger par les quelques jolis volumes qui restent au chiffre de ce prince, on juge qu'il avoit comme tous ceux de la race des Valois, le goût des bons livres et des belles reliures.

Charles IX, 1565. — Mort de Jean Groslier, célèbre par ses richesses et plus encore par ses libéralités envers les artistes et les gens de lettres ; par sa noble passion pour les beaux livres, et par l'impulsion qu'il donna à l'art de la reliure. Charles IX ayant appris que ses médailles étoient sur le point de passer de Marseille à Rome, les fait acheter et joindre à celles qu'il avoit déjà réunies. — *Voy.* J.-A. de Thou, *liv. 38 de son histoire.*

1560. — Jacques Amyot, maître de la Librairie du Roi, à la place de Pierre de Montdoré, que ses opinions religieuses avoient obligé à quitter Paris.

1570. — Mort de Pierre de Montdoré, à Sancerre; il n'étoit plus, depuis trois ans, garde de la Librairie du Roi.

Henri III, 1589, 16 août. — Inventaire des livres de la feue reine Catherine de Médicis, fait par deux maîtres ordinaires de la chambre des comptes, savoir Jacques de Pleurs et Barnabé de Cériziers, députés par leur chambre pour dresser l'inventaire général de tous les meubles de cette princesse. Ces livres étoient situés rue Plâtrière, en la maison de l'abbé de Bellebranche, premier aumônier de la feue reine. Ils étoient dans le corps d'hôtel placé au fonds du jardin. C'étoit une collection appportée de Florence et autres lieux. L'inventaire fut terminé le dix-neuvième jour, et la garde des livres fut laissée aux mains de l'abbé de Bellebranche. — *Voy.* année 1597.

Henri iv, 1593. — Jacques-Auguste de Thou est maître de la librairie, après Jacques Amyot, mort la même année, le 7 février, à l'âge de 79 ans.

1594, septembre. — Le président de Nully (Neuilly), s'empare de la Librairie du Roi, il enlève plusieurs pièces importantes, comme l'atteste la note suivante placée par Jehan Gosselin au commencement du manuscrit des *Marguerites historiales*, n° 7292 : « Memoire, que le president de Nully, durant la ligue et durant la trève, s'est saisi de la Librairie du Roi, environ la fin du mois de septembre; ayant fait rompre la muralle pour entrer en ladicte librayrie, laquelle il a possedée jusques environ la fin du mois de mars, en l'an 1594, qui sont six mois. Durant lequel temps on a couppé et emporté le premier cahier du present livre auquel cahier estoient contenues choses remarquables.—Item, durant le temps susdit, ont esté emportés de ceste dicte librayrie plusieurs livres dont le commissaire Chenault féist enqueste, bientost après que ledict president eut rendu icelle librayrie. GOSSELIN, *ita est.* » — Plus bas est encore écrit de la même main : « Item, ung docteur de Sorbonne et évesque de Senlis nommé M. Rose, familier amy du president susdit, a fait amende honorable en la cour de Parlement, par arrest de la dicte cour, pour avoir prononcé durant la Ligue et encores depuis, choses indignes de sa qualité, et il féist cette amende le 1ᵉʳ septembre 1598. — Davantage, ledict evesque et ung docteur de Sorbonne nommé Pigenac, ont faict ce qu'ils ont pu pour posséder ladicte librairie; mais feu de bonne mémoire, le president Brisson, à ma requeste et sollicitation, a empesché leur intention. Lesquels, peu après, sont allés inciter la chambre des comptes pour venir mettre-les en ladicte librairie. M. de Joelny et M. Lonpré, maistre des comptes en ladicte chambre, ont voulu entreprendre ce que lesdits autres n'avoient pu faire. Mais mondict seigneur president leur a encore rompu leur dessein, comme il avoit fait auparavant. »

1595. — La Bibliothèque du Roi est transportée de Fontainebleau à Paris, dans le collége de Clermont.—*Mém hist.* p. 17.

Abr. Golnitz dans son *Ulysses Belgico-Gallicus*, Amst. 1631, p. 174, dit que cette bibliothèque de Fontainebleau fut dévastée par le malheur des guerres civiles. « *Per assiduos bellorum civilium nimbos est multum dissipata.* » Cette assertion a été répétée en 1669, par *Jeh. Lomeier*, de Biblioth., *Liber singularis, Zutphaniæ*, pag. 192.

*Ib.*, 20 octobre. — Arrêt portant que la grande Bible de Charles le Chauve sera mise entre les mains de M. de Thou, par les religieux de l'abbaye de Saint-Denis. Elle y fut portée le 23 octobre suivant, comme l'attestent ces lignes écrites sur le r° non employé du premier feuillet :

« Cejourdhuy 23 octobre 1595, j'ai soubsigné Em. de Veelu, religieux de l'abbaye de Saint-Denis en France et garde des Chartes de ladite abbaye, ay mis ceste presente Bible entre les mains de Monsieur le President de Thou, garde de la Bibliothèque du Roi, suivant l'arrêt de la cour du 20 dudit mois ladite année. » C'est aujourd'hui le n° 2, au fonds latin.

1597, 20 mars. — Les sieurs Pellerin, Pierre Laffilé et Pithou, sont chargés de faire l'évaluation des livres de la feue reine Catherine de Médicis, laissés entre les mains de l'abbé de Bellebranche. (Voy. A° 1589.) Après avoir refait l'inventaire, ils estiment la Bibliothèque, *cinq mil quatre cens escus* ; « encore qu'elle ne se puisse assez estimer tant pour la rareté et bonté des livres qui ne se peuvent trouver ailleurs, que pour estre, une bonne partie, non imprimés. »

29 Juillet. — A la suite de cette estimation, est la note de quelques volumes qui n'étant pas alors chez l'abbé de Bellebranche, n'ont pas été évalués.

1599, 25 janvier. — Arrêt du Parlement pour la réunion des livres de Catherine de Médicis à ceux du Roi.

30 avril. — Second arrêt pour hâter l'exécution du premier. Voy. sur l'histoire de l'acquisition de ces livres, le *Mém. hist.*, p. 18 et suiv. Il en existe quatre catalogues différens.

16 mai. — Les livres de Catherine de Médicis sont transportés au collége de Clermont, par Pierre Dominique de Benciveni, neveu et héritier de l'abbé de Bellebranche. Ils y sont réunis à ceux de la Librairie du Roi, et confiés également à la garde de Jean Gosselin.

1603. — Mort de Jean Gosselin, garde de la Librairie.

Isaac Casaubon, en ce temps-là garde de la Librairie du Roi, désigné depuis 1601 par le Roi.

1604. — Par l'effet du rappel des Jésuites, la Bibliothèque du Roy est transportée du collége de Clermont, chez les Cordeliers, où elle demeura quelques années en dépôt, dans une grande salle du cloître. — *Mém. hist.* p. 21.

1608. — Le sieur Rascas de Bagarris, gentilhomme provençal, est chargé par Henry IV, de former un cabinet d'antiquités au Louvre. — *Voy.* Dumersan, *Notice*, 1836, p. 48.

1609. — Casaubon ayant la garde de la Bibliothèque du Roi, est en possession des appointemens de 3000 francs.
Le sieur de Chaumont touche 1800 fr. en 1606, 1609, 1610. — Il touche 600 fr. en 1612 — et 3000 fr. en 1616, 1618, 1634, 1640. Il touche 2250 en 1642, 1644, 1648. — *Maison, écurie et vénerie du Roi.*

Louis XIII.—1614. — Isaac Casaubon, garde de la Librairie, meurt en Angleterre.

1615. — Nicolas Rigault est garde de la Librairie du Roi.

1617, mai. — Mort de Jacques-Auguste de Thou. Son fils François de Thou lui succède dans sa charge de maître de la Librairie du Roi. Il n'avoit que neuf ans.

1617. — Louis XIII renouvelle l'ordonnance de Henry II, sur le dépôt de tous les livres que les libraires imprimeroient avec privilége. Seulement il n'exige plus les exemplaires en vélin, mais sur papier ordinaire. — *Mém. hist.*, p. 22.

1622, 8 mars. — Arrêt du conseil, relatif aux manuscrits de Philippe Hurault, évêque de Chartres. Pierre Dupuy et Nicolas Rigault sont désignés pour en faire l'estimation. Ces mss. dont la liste étoit dans la bibliothèque du président Lepelletier, consistoient en 418 vol. dont 150 grecs, provenant de Jean Hurault de Boistaillé, ancien ambassadeur de Charles IX à Venise et à Constantinople. Les autres provenoient du chancelier de Chiverny père de l'évêque de Chartres. Cette collection fut appréciée 12,000 francs, payée, et transportée à la Biblioth. roy. *Procès verbal de Nicolas Rigault et Pierre Dupuy, portant évaluation des livres. (Cinq cents Colbert, No 54, fo 146.)* P. Jacob, traité des Bibl. p. 465.

*Ib*. — Nicolas Rigault et Pierre Dupuy terminent le catalogue de la Librairie du Roi : aujourd'hui conservé sous les Nos 10281 et 10282. Il est divisé en cinq parties : 1º Manuscrits grecs, arabes et latins. 2º Mss. latins modernes. 3º Mss. françois, italiens, espagnols. 4º Imprimés hébreux, grecs et latins. 5º Imprimés françois d'ancienne date.

C'est sous la direction de Rigault, que les livres du Roi furent ôtés du Cloître des Cordeliers et placés dans une grande maison de la rue de la Harpe, appartenant aux religieux de Saint-Côme.

1623. — Arrêt du Parlement du 30 mars. Défense aux libraires et imprimeurs d'exposer en vente aucuns livres avant d'en avoir fourni deux exemplaires à la B. R. Ordre au Procureur-général de saisir les exemplaires des ouvrages non déposés.

1625. — Louis XIII fait don au cardinal de Richelieu de la bibliothèque de la ville de la Rochelle. Le Cardinal en fait transporter les livres à Paris, dans la sienne. *Le P. Jacob*, p. 480.

1635. — Nicolas Rigault se démet de la charge de garde de la Librairie, et se retire à Metz où il mourut en 1653 (ou plutôt en 1654. — *Mém. hist.*, p. 23.

*Ib*. — Les frères Du Puy (Pierre et Jacques), gardes de la Librairie du Roi. Cette place de garde étoit rétribuée 400 francs par an. *Le P. Jacob*, p. 472. On y joignit vers cette époque l'avantage du logement. On sentit, en effet, la nécessité de rapprocher du dépôt confié à leur surveillance, les hommes dont la présence continuelle étoit un gage de sécurité pour l'établissement.

1642, 25 octobre. — Hierosme Bignon est maître de la Librairie du Roi après l'exécution de François de Thou. Le Roi l'ayant fait venir à Saint-Germain-en-Laye, lui dit : « J'ai un présent à vous faire, digne de vous; je vous donne » la place de grand-maistre de ma bibliothèque. » — *Vie de J. Bignon*, 1757, p. 309.

Arrêt du conseil du 19 mars. Défense aux libraires et autres d'exposer en vente aucuns livres et figures avant d'avoir le certificat du garde de la Bibl. du Roi, attestant la remise des deux exemplaires voulus. Contrainte, par corps et par amende de 1000 livres contre les contrevenans.

4 décembre. Mort du cardinal de Richelieu. *Voy.* la partie de son testament qui concerne l'entretien de sa bibliothèque. — *Le P. Jacob*, p. 481 et suiv.

1643, 8 mai. — Jérome Bignon prête serment, entre les mains du chancelier Seguier, de la charge de maître de la Librairie du Roi, qui lui avoit été donnée l'année précédente.

M. Bignon passe trois années sans demander les appointemens de cette charge, ils ne lui furent payés que par les démarches du président de Mesmes, à raison de 1200 *livres par an.*—*Vie de Jér. Bignon*, 1757; p. 312.

Louis XIV, 1645, juin. — Les deux frères Pierre et Jacques Dupuy, gardes de la Librairie depuis la démission de Nicolas Rigault, viennent habiter la Bibliothèque du Roi, rue de Laharpe, au-dessus de Saint-Cosme. Avant de s'y installer avec leur riche Bibliothèque particulière, ils achèvent le catalogue de la Bibliothèque du Roi. On le conserve en 4 vol., le premier de la main de Pierre Dupuy, le second de celle de Jacques. — Les mss. anciens montoient alors au nombre de 2,450, et les nouvellement acquis, au nombre de 1532, ce qui faisoit en tout 3,982 manuscrits.

1651. — Mort de Pierre Dupuy, garde de la Librairie. Nicolas Rigault écrivit sa vie.—Voy. *Vie de J. Bignon.*

Cette année Romanelli peint à fresque la galerie Mazarine, pour le Cardinal Mazarin.

*Ib.* — Hierosme Bignon II, maître de la Librairie du Roi, nommé en survivance de son père à l'âge de 26 ans. Alors il se contentoit de faire, par an, deux visites officielles dans l'établissement. — *Mém. hist.*, p. 24.

*Ib.* — Découverte du tombeau de Childéric à Tournay. Les objets qui en provenoient furent donnés à l'archiduc Léopold Guillaume d'Autriche, alors gouverneur des Pays-Bas. Après sa mort, Jean Philippe de Schomberg, électeur de Mayence, l'obtint de l'Empereur et en fit présent au Roi en 1665. Ils furent déposés au Louvre, puis réunis à la Bibliothèque du Roi, puis reportés au Louvre. — *Le Prince, Ess. hist.*

« Il ne reste plus des objets trouvés dans ce tombeau, que la francisque ou hache d'armes, la monture de l'épée, une boule de cristal, deux abeilles, une dent, cinq petits bijoux dont on ignore l'usage, et une espèce d'agrafe en or. Le reste a disparu dans le vol du 5 novembre 1831. Entre autres, un cachet en or portant un buste de face, avec l'inscription *Childirici regis*. Le père Chifflet en a donné la description.—Voy. *Mémoires de l'acad. des Inscript.*, t. II, p. 637, et les *monumens de la mon. franç.*, par Montfaucon, t. I, p. 10.

1654. — Mort de Nicolas Rigault, conseiller du Roi au parlement de Metz, et garde de la B. R. Il étoit retiré à Metz, avec la charge d'intendant de cette ville, quand il y mourut. — *Vie de Jérôme Bignon*, 1757, p. 184.

Dans les *Mélanges littéraires* mss. du P. Niceron, on le fait mourir en 1653. — Mss. de Barnabites. N° 12, p. 277.

1656, 17 novembre. — Mort de Jacques Dupuy, garde de la Librairie du Roi. Il lègue au Roi sa bibliothèque, consistant en plus de 9000 vol. imprimés et plus de 200 mss., entre autres le fameux exemplaire grec et latin des épîtres de S. Paul. — *Mém. hist.*, p. 24.

On trouve dans le Rhône le fameux bouclier d'argent dit le bouclier de Scipion. Il fut acheté des pêcheurs qui le trouvèrent, comme s'il eût été de fer. Cet orfévre le coupa en quatre parties; mais un amateur de Lyon, M. Mey, ayant acheté l'une des quatre parvint à se procurer les autres et les fit resouder ensemble. Il fut acheté par le P. de la Chaise pour le Roi en 1697. — *Le Prince, Ess. hist.*

Il ne représente pas le trait de Scipion, mais Briscïs rendue, ou enlevée, par Agamemnon à Achille.—*Dumersan*, 1838, p. 14.

7 avril. Mort de Jérôme Bignon bibliothécaire, né en 1590. Son buste en marbre est dans la grande salle des imprimés de la Bibliothèque royale. Ce buste fut, à ce qu'il paroit, modelé d'après une estampe pour l'exécution de laquelle il falloit user de surprise. « On le tira, » dit Niceron (t. 23), « pendant qu'il portoit la parole à la grand-chambre; c'est pour cela que Lochon, qui l'a gravé, a mis au bas ces mots : *R. Lochon ad virum furtim delineavit.* »

Il y a pourtant un autre portrait qui devoit être, en 1757, dans la maison de Lamoignon. — *Vie de J. Bignon*, 152.

*Ib.*, 20 novembre. — Nicolas Colbert, garde de la Librairie du Roi, prête serment entre les mains de Jérôme Bignon.

1657, 13 janvier. — Le scellé mis sur la Bib. roy. par Manchon commissaire du Châtelet, le jour même de la mort de Jacques Dupuy, est levé.

*Ib.*, 7 avril. — Le Roi, par lettres patentes enregistrées au parlement, accepte le legs fait par Jacques Dupuy de sa bibliothèque. Le récolement dirigé par MM. Talon, Fouquet et Bignon, dure jusqu'au 1er octobre. Les livres sont remis à l'abbé Colbert, avec injonction de faire transcrire le catalogue, et d'en remettre l'original au trésor des Chartes. Quant aux portefeuilles Dupuy, conservés dans la maison de Thou, ils n'arrivèrent que beaucoup plus tard dans la Bibl. roy. — *Mém. hist.*, p. 25.

1657, 7 avril. — Arrêt de la cour relatif au legs fait à la Bibliothèque du Roi par Jacques Dupuy.

1661. — L'abbé Colbert nommé évêque de Luçon, ne conserve que le titre de Garde de la Librairie. J. B. Colbert son frère, la mit facilement sous son entière dépendance, comme surintendant des bâtimens du Roi. — *Mém. hist.*, p. 26.

1661 ou 1662. — Acquisition des mss. de Brienne. (Voyez en l'histoire, *Mém. hist.*, p. 26 et suiv.) Les originaux dont cette collection n'offre que la copie, d'abord restés aux mains de Pierre Dupuy qui avoit fait exécuter cette copie, furent achetés à la vente de De Thou, en 1680, par le président de Ménars. Ils tombèrent ensuite aux mains du président Joly de Fleury, — des héritiers duquel la Bibl. roy. vient dernièrement de les acheter, — si je ne me trompe.

1663. — Don fait au Roi de manuscrits, tableaux et statues par M. de Bethune. — Le comte de Bethune de Seelles et de Charost, chevalier des ordres, gouverneur de Gaston duc d'Orléans, doyen des conseillers d'État, avoit recueilli 2,000 manuscrits, « lesquels le sieur comte de Bethune son fils aîné nous a supplié vouloir accepter. Comme c'est une recherche et un travail de 70 ans, bien avancé par le père, amplifié et achevé par le fils, et que la rareté et dignité des matières dont il est remply, a donné subject aux princes étrangers de luy en faire proposer le transport hors le royaume, avec des avantages qu'un autre que luy... eust volontiers acceptez, il a cru aussi qu'un ouvrage de cette nature et de cette importance devoit être conservé en son entier, et que pour empescher qu'après sa mort, il ne fust divisé par ses héritiers..., ces manuscrits devoient estre mys et incorporez aux autres pièces rares de nostre couronne, et mys dans nostre chasteau du Louvre, pour y estre gardez à perpétuité, ensemble les tableaux originaux et crayons des plus excellens peintres d'Italie et de France, anciens et modernes, les statues et les bustes antiques de marbre et de bronze dont il a voulu augmenter son présent, pour les juger dignes de notre curiosité et d'avoir place parmi nos autres raretez. Ces nobles sentimens estans des effets du zèle qu'il a pour nous et pour perpétuer le nom qu'il porte, Nous avons cru ne pouvoir luy donner une plus particulière marque de notre bienveillance... qu'en approuvant et recevant ce qu'il desire, sans neantmoins avoir voulu consentir à la resolution qu'il a prise et dont il nous avoit instamment supplié, de faire oster de ses volumes manuscrits les armes de sa maison pour y faire mettre les notres... Nous pour ces causes... avons accepté et acceptons de bon cœur le present qu'il nous a faict des manuscrits originaux en 2000 volumes et plus, des tableaux originaux et crayons aussy des plus excellens peintres d'Italie et de France, anciens et modernes, et des statues de marbre et de bronze antiques, dont ledit sieur comte de Bethune s'est obligé de nous fournir les inventaires en forme dans un an, pour estre le tout incorporé et mis, sçavoir : les volumes manuscrits en la garde de qui il nous plaira ordonner, comme aussy des tableaux, statues, etc., au bas desquels ceux qui les auront en garde, certifieront le rceeu des choses y mentionnées pour nous repondre et pour nous les representer toutes les fois que nous leur commanderons, sans que rien en puisse estre osté, vendu ny donné par nous et nos successeurs pour quelque cause que ce puisse estre, attendu que nous les déclarons de la nature des autres meubles de nostre couronne, et que nous ne les avons acceptez qu'à cette condition... Donné à Paris au mois de décembre l'an de grâce 1663. » — *Mss.* 500 *Colbert.* N° 54, f° 322.

1663. — Carcavi est *commis à la garde de la bibliothèque du Roi*, Nicolas Colbert évêque de Luçon, conservant le titre de *Garde de la Librairie*. C'est lui qui mit en ordre et fit copier les mémoires du ministère du cardinal Mazarin en 536 volumes.

Carcavi remplaçoit *Varillas*, qui dès le temps des frères Dupuy étoit logé à la Bibliothèque roy. au même titre que Carcavi.

1666. — J. B. Colbert fait transporter la Bibl. du Roi de la rue de Laharpe, dans ses deux maisons de la rue Vivienne.

L'Académie des sciences créée cette année, tient ses séances dans la Bibliothèque du Roi.—*Mém. hist.*, p. 27.

1667. — Commencement du cabinet des estampes à la Bibliothèque du Roi. — Il se composoit du grand recueil de l'abbé de Marolles dernièrement acheté et transporté d'abord au Louvre. Avant de le réunir à la Bibliothèque du Roi, on le fit relier en 224 grands volumes, maroquin rouge. Suivant M. Duchesne, la collection se composoit de 440 volumes, renfermant près de 125,000 estampes.

*Ib.* — Commencement du cabinet des médailles à la B. R. Les médailles et antiquités recueillies par nos rois formoient un cabinet célèbre dès le temps de Charles IX. Antoine de Rascos en étoit l'intendant en 1611, sous le titre de *Maistre des cabinet, médailles et antiquités de S. M.* Elles furent ensuite confiées à Jehan de Chaumont, cons. d'état, garde de la Bibliothèque particulière du Louvre, mort cette année même le 2 août.

En 1644, le P. Jacob citoit ce cabinet comme « une merveille du monde, pour ses raretés et antiquités, outre ses pierreries. » Vers 1661, le cabinet de Gaston, duc d'Orléans, lui fut réuni; et l'un et l'autre furent confiés à l'abbé Bruneau, bibliothécaire de Gaston, en 1664 (époque de la mort de Jean de Chaumont). — L'abbé Bruneau fut assassiné dans le Louvre en 1666. Ce fut l'année suivante que Colbert, à force d'instances, obtint du Roi le transport de ce cabinet dans la bibliothèque de la rue Vivienne. — Les objets trouvés dans le tombeau de Childéric en faisoient déjà partie. — *Mém. hist.*, p. 29.

*Ib.* — Carcavi fait acheter au Roi plus de 13,000 volumes de la bibliothèque réunie par Fouquet à Saint-Mandé, outre le recueil de l'histoire d'Italie. — *Mém. hist.*, p. 30.

*Ib.*, août. — Une partie des livres de Jacq. Goluis de Leyde, et ceux de Gilbert Gaulmain, doyen des maîtres des requêtes, sont réunis à la Bibl. Roy. Parmi ceux du dernier il y avoit 461 mss. arabes, persans et turcs : 127 hébreux, 2 grecs, 615 vol. imprimés. On reconnoit les livres mss. de Gaulmin par le soin qu'on a pris de mettre en marge à côté du titre de chaque volume, le nom ou les premières lettres du nom de l'ancien possesseur. — *Mém. hist.*, p. 31.

*Ib.* — Carcavi vend au roi ses livres.

*Ib.* — Colbert envoie dans les provinces du midi, Doat président de la chambre des comptes de Navarre, pour faire copier les anciens titres historiques. Les lettres patentes qu'il remit alors portent : « Nous vous commettons... pour, vous transporter dans tous les trésors de nos Chartes et dans toutes les archives des villes et lieux, archeveschés, eveschés, abbayes, prieurés, commanderies... et dans les archives des archevesques, evesques, etc., qui en pourroient avoir de séparées de celles de leurs chapitres : vous faire representer et délivrer tous les titres que vous jugerez nécessaires pour la conservation des droits de notre couronne, et pour servir à l'histoire... : en faire des copies que vous ferez collationner en votre presence par votre greffier, dont vous signerez les actes... pour, ce fait, estre les copies ainsi par vous extraites, envoyées au garde de notre Bibliothèque royale. » — *Mém. hist.*, p. 34.

1668. — Godefroy, garde des archives de Flandres, ayant reçu pour la Flandre une mission analogue à celle de Doat et Alland pour le midi, envoie à la Bibliothèque du Roi grand nombre de copies et d'originaux et de copies de cette province. — *Mém. hist.*, p. 35.

*Ib.* — Le sieur Alland, président à l'élection de Grenoble, est chargé de visiter les archives du Dauphiné, et d'envoyer la copie des pièces importantes à la Bibl. Roy. On ignore quel fut le résultat de sa mission. — *Mém. hist.*, p. 35.

*Ib.*, 26 juin. — Les manuscrits et livres imprimés achetés du cardinal Mazarin entrent dans la Bibliothèque du Roi. — *Mém. hist.*, p. 31.

Le catalogue de ces mss. est dressé par MM. de Carcavi et de la Poterie : leur nombre s'élevoit à 2023.

1669. — Une lettre de M. de Thou ambassadeur, petit-fils de Jacques-Auguste, porte que la Bibliothèque du Roi s'élève à 30,000 volumes. — *Mém. hist.*, p. 33.

*Ib.* — Monceaux et Laisné, chargés en 1669 de rechercher en Orient des mss. grecs, arabes et persans; des médailles et antiques, enfin des peaux de maroquin pour la reliure des livres, envoient soixante-deux mss. grecs énoncés dans un catalogue de Coustelier. — La même année et la suivante, arrivent du Levant et de la manufacture de Marseille, un grand nombre de peaux de maroquin.—*Mém. hist.*, p. 32.

1670.—Verjus, ambass. en Portugal envoie 246 volumes imprimés et 4 mss. relatifs à l'histoire d'Asie, Afrique, Amérique, Espagne et Portugal. — *Mém. hist.*, p. 34.

*Ib.* — Jacques Mentel médecin de Paris, laisse à sa mort dix mille volumes que la Bibliothèque du Roi achète. — *Mém. hist.*, p. 33.

*Ib.* — Terme de la mission du président Doat. Il avoit depuis 1667 envoyé quarante-quatre ballots de copies du Béarn et du Languedoc, qui pouvoient former plus de 300 volumes. Cette collection est surtout importante pour les familles et les communautés de ces provinces; les copies ainsi faites et collationnées pouvant tenir lieu des originaux. —*Voy.* p. 159 du présent vol.

*Ib.* — Clément est nommé garde des estampes et des planches gravées. Il n'en continue pas moins l'exécution des catalogues généraux. — *Mém. hist.*, p. 38.

1671.—Le P. Michel Vansleb est envoyé dans le Levant pour y rechercher des mss. orientaux. Sa mission finit en 1675, et le résultat fut l'arrivée pour la Bibliothèque du Roi de près de 630 mss. hébraïques, syriaques, coptes, arabes, turcs, persans et grecs, ces derniers au nombre de trente environ. — *Ib.*, p. 35.

1672, 29 octobre.—Carcavi donne quittance de l'acquisition faite par le Roi de 67 volumes mss. et de 18 imprimés tirés de la bibliothèque des Carmes de la place Maubert. — *Ib.*, p. 36.

*Ib.*—Petis de la Croix et Galland sont chargés de recueillir des mss. dans le Levant. Galland, attaché à l'ambassadeur de Constantinople, M. de Nointel, traduit les Actes de foi des églises grecques, rassemblées en concile à Jérusalem, en 1672 et 1673. Ces actes d'abord déposés chez Arnaud, furent en 1697 remis au père Quesnel qui les envoya à la Bib. Roy. Ils furent volés quelques années après. — *Ib.*, p. 36.

*Ib.* — Acquisition d'une copie superbe du livre d'Enoch, apporté d'Abyssinie et offert au Roi par le célèbre voyageur Bruce.

Le 8 mars, mort de M. Bignon. Son fils, Conseiller d'État, lui succède dans la charge de bibliothécaire, dont il avoit déjà la survivance depuis plusieurs années.

Acquisition du cabinet des médailles de M. Pellerin; — d'une partie du cabinet d'estampes de M. Mariette; — de 300 volumes imprimés en langue russe; — de 100 mss. indiens, persans, apportés de Versailles et provenant du bureau des affaires étrangères; — d'un nombre assez considérable de livres chinois envoyés par le P. Amyot, missionnaire. — *Le Prince, Essai hist.*

1672. — Vingt-trois manuscrits provenant du vieux Louvre et qui faisoient autrefois partie de la librairie du cardinal de Bourbon, sont transportés à la Bibl. Roy. On les réunit au fonds de Versailles. — *Catal. msc.* du V.-Louvre.

1673. — Le roi fait choisir dans sa bibliothèque, parmi les doubles, 660 volumes imprimés, qu'il fait déposer dans le lieu des séances de l'Académie françoise au Louvre. — *Mém. hist.*, p. 36.

1675. — Arrêt du conseil du 29 mai, ordonnant à tous auteurs, libraires, imprimeurs, de fournir au sieur Lavau-Joland, pour la bibliothèque du Roi, un exemplaire de chacun des livres qui n'auront pas été fournis. *Le Prince, Essai hist.*

On trouve près de Saint-Eustache, dans les fondemens d'une tour dépendant de l'ancienne enceinte de Paris, une tête de bronze du plus beau travail, représentant Cybele ou la ville de Paris personnifiée. Elle fut d'abord achetée par Girardon célèbre sculpteur; puis elle fut acquise par M. de Crozat, d'où elle passa au duc de Valentinois qui la légua au Roi. — *Dumersan*, 1828, p. 19.

1676. — Mort de Nicolas Colbert, évêque d'Auxerre, garde de la Bibliothèque du Roi, intendant et garde du cabinet des médailles. Il a pour successeur Louis Colbert, fils de Jean-Baptiste, prieur de Nogent-le-Rotrou, et plus tard devenu comte de Linières. — *Mém. hist.*, p. 36.

1678. — Carcavi certifie que plusieurs années auparavant, le célèbre Cassini avoit donné à la Bibliothèque du Roi plus de 700 vol. presque tous imprimés, sur l'astronomie et les mathématiques. — *Mém. hist.*, p. 36.

1680, 7 octobre. — Le sieur Boudon envoie à M. Colbert, douze tonnes remplies des mss. du collége de Foix. — *Mém. hist.*, p.

M. Lantier fils, d'Aix en Provence, vend au roi la pierre précieuse, dite le cachet de Michel-Ange, que ce grand artiste avoit, dit-on, payée 800 écus. Lantier père l'avoit eue du sieur de Bagarris, qui étoit chargé par Henry IV de la garde de ses médailles. Louis XIV a porté cette pierre en bague. —*Dumersan*, 1828, p. 13.

La même année, Fesch professeur de droit à Basle, donne au roi une pierre peut-être offrant l'intaille la plus parfaite du cabinet. Le sujet est *Achille jouant de la lyre*. La matière est une superbe améthyste, et le nom de Pamphile ΠΑΜΦΙΛΟΥ ajoute encore à sa rareté. — *Dumersan*, 1828, p. 14.

1681. — Les manuscrits de l'abbaye de Moissac, offert à M. Colbert par les religieux de cette abbaye, arrivent à Paris.

*Ib.* — Visite de Louis XIV à la Bibliothèque. Le roi est accompagné de son frère, de M. le Prince et d'autres personnages illustres. Il assiste ensuite à l'une des séances de l'Académie des sciences, qui se tenoient encore dans la Biblioth. du Roi. — *Mém. hist.*, p. 36.

1682, 11 mai. — Le chapitre du Puy offre à M. Colbert, par l'entremise de Daguesseau, les mss. qu'il possédoit.

—19 et 28 nov. — Ces manuscrits arrivent à Paris. —*Ib.*

1683, septembre — Mort de J.-B. Colbert. M. de Louvois, succède à son autorité sur la Bib. du Roi, comme surintendant des bâtimens. Carcavi se retire à cause de son grand âge et est remplacé par l'abbé Gallois.

Cette même année l'abbé Gallois reçoit du lieutenant civil Girardin, les papiers et mss. trouvés chez Mezeray, après sa mort nouvellement arrivée. — *Mém. hist.*, p. 37.

1683, fin. — M. Clément met au net l'ancien catalogue peu détaillé des manuscrits. — Clément étoit entré dans la Bib. du Roi, à peu près en même temps que Carcavi, et sous ses ordres. — *Mém. hist.*, p. 38.

1684. — Expédition des provisions de Camille le Tellier, depuis abbé de Louvois, âgé de neuf ans et fils du marquis de Louvois, comme maître de la Librairie et garde de la Librairie du Roi, et intendant et garde du cabinet des médailles. Ces trois places furent réunies, la première par la cession que Louvois obtint de M. Bignon, conseiller d'État, les deux autres par la cession qu'en offrit Louis Colbert après la mort de son père. — La charge de maître de la Librairie étoit plus considérable, bien qu'elle donnât droit à des émolumens moins élevés que celle de garde et intendant de la Bibliothèque et des Médailles. — L'abbé Gallois donne sa démission et est remplacé par l'abbé Varès, ancien secrétaire de l'évêque de Meaux.

M. Rainssant, médecin de Reims et antiquaire, remplace Carcavi dans le titre de Garde du cabinet des médailles.

*Ib.* — Les médailles sont transportées de Paris à Versailles.

Les Benedictins de S. Evre de Toul offrent à Louis XIV le plus grand camée que l'on connoisse, et représentant, à ce qu'il paroît, l'apothéose de Germanicus. Ces religieux le conservoient depuis plus de 600 ans, croyant qu'il offroit la représentation de S. Jean enlevé par un aigle et couronné par un ange. On croit que le cardinal Humbert, religieux bénédictin, l'avoit apporté de Constantinople sous le pontificat de Léon IX. — *Dumersan.* 1828, p. 37.

*Ib.*, fin. — La place de l'abbé Varès reste deux mois vacante : et les dépenses sont, pendant ce temps-là, certifiées par le contrôleur des bâtimens, *La Chapelle-Bessé.*—Le 4 décembre Melchisedec Thevenot est nommé garde de la Bibliothèque du Roi. —*Mém. hist.*, p. 38.

*Ib.* — Un catalogue des Imprimés commencé en 1675, est achevé au commencement de cette année. Il comprend sept volumes in-fol. On le doit aux soins de M. Clément. A la même époque, Clément en avoit fait un autre des livres doubles. Celui des estampes de l'abbé de Marolles étoit imprimé. Les planches gravées des tableaux du Roi et les autres estampes étoient comprises dans des inventaires particuliers. L'abbé Varès, sous qui travailloit Clément, certifia et parapha l'exactitude des catalogues ; et les auteurs du mémoire historique remarquent qu'on n'agit pas alors avec les formalités qui avoient été employées dans les catalogues précédens.— Varès meurt en septembre.

1685. — A compter de cette année, on inscrit sur des

registres bien tenus toutes les acquisitions. Ces registres sont conservés au cabinet des manuscrits. Obrecht de Strasbourg (préteur royal), envoie à la B. R. 25 mss. grecs ou latins, qui ne sont payés que le 6 octobre 1698, par l'échange des 25 volumes de l histoire Bysantine.—*Reg. d'acq.*, p. 387.

*Ib.* — Arrêt du 31 janvier. Renouvellement des anciennes ordonnances contre les Libraires qui ne fournissent pas à la Bibl. Roy. les deux exemplaires exigés avant la mise en vente de chaque ouvrage.

*Ib.*, juin. — Le Pelletier, contrôleur général des finances, fait porter à la B. du R. *deux* ou plutôt douze ou treize volumes *magnifiquement reliés*, contenant les titres et actes du trésor des Chartes du Château de Nantes. *Voy.* n°s 8357[1] à 8357[13]. — *Mém. hist.*, p. 39.

1686.—Mabillon envoie d'Italie un certain nombre de mss. et grand nombre de livres imprimés.—On acquiert les mss. de Chantereau-Lefevre, intendant de Lorraine. Ces papiers concernoient surtout les duchés de Lorraine et de Bar. Cette collection comprend 42 volumes, portefeuilles ou liasses. — *Reg d'acquisit.*, p. 143.

Ces livres sont déposés à la B. R. le 29 mars.

*Voy.* dans les *histor. de Tallemant des Réaux* une note précieuse sur Lefevre-Chantereau, et fort honorable pour lui. Ce fut le premier intendant que l'on envoya en Lorraine. (Tome IV, p. 150.) La même année, le 4 mai, on achète pour la somme de 110 fr. un inventaire msc. des titres de la chancellerie de Vic, concernant l'église de Metz et l'abbaye de Gorze.

5 mai. — M. Galland envoie de Constantinople un manuscrit arabe, quatre manuscrits turcs, cinq mss. persans et un manuscrit en vers espagnols, contenant la vie de Mahomet, par Mohamed, Rabadan, Aragonnois.—*Reg. d'acquisit.*, p. 146.

1687. — Pendant les deux années précédentes et celle-ci, la Bibl. du Roi s'enrichit d'un grand nombre de volumes acquis en Hollande par les soins de MM. d'Avaux et d'Alencé; en Angleterre par ceux de M. d'Obeil; en Suède par ceux de M. de la Piquetière, résident de France à Stockholm; en Espagne et en Portugal, et enfin en Italie, par les soins du P. Mabillon, qui, lui seul, envoya plus de 4000 vol. imprimés, achetés à Rome, à Naples, à Florence, à Venise, à Milan et à Lyon. — *Mém. hist.* p. 39.

L'abbé de Louvois donne à la B. R. un manuscrit Siamois, qui lui avoit été envoyé par les Ambassadeurs de Siam.—*Acquisit.*, p. 242.

Le 25 septembre, l'archevêque de Reims remet à la B. R. le cartulaire latin de l'abbaye de Casaure, dans le royaume de Naples. Ce msc. appartenoit à la B. R., et son indication se trouvoit dans le catalogue de Rigault, daté de 1622; mais il avoit été soustrait, avant 1645, puisqu'on ne le trouvoit plus dans le catalogue de M. Du Puy fait cette année.—*Id.*, p. 243.

18 novembre.—Du Cange donne à la Bibl. roy. le premier msc. de la *Branche aux royaux lignages* de Guillaume Guyard. —*Id.*, p. 244.

1688. — Envoi de 17 mss. grecs tirés de la Bib. du Grand Seigneur à Constantinople, par le P. Besnier. « La biblioth. du Grand Seigneur, » disoit l'ambassadeur Girardin, dans une lettre du 15 septembre 1587, « est sans ordre et sans catalogue. Les mss. grecs ne consistent qu'en 200 volumes ou environ, et le P. Besnier n'a trouvé que ceux dont j'envoie le mémoire, qui méritassent d'en être tirés. »

La même année arrivent trente-cinq mss. grecs et quelques mss. orientaux, par les soins de MM. Galland et Besnier. —*Mém. hist.*, p. 40.

Acquisition de l'inventaire du trésor de S. Denis, msc. original en vélin, exécuté en 1634, payé 36 francs. — *Reg. d'acq.*, p. 280.

Durant cette année et la suivante, la Bibl. Roy. reçoit d'Italie treize volumes de copies faites à Rome sous les auspices de Dom Etiennot, procureur-général de la congrégation de S. Maur. Ce sont des copies 1° de l'inventaire des actes et titres du château S. Ange, et d'autres inventaires; 2° des *Diaria*.

*Ib.* — Clement recommence le catalogue des livres imprimés. Il le fait double par ordre de matières et par ordre alphabétique des noms d'auteurs. Celui des matières est en 13 grands volumes in-fol. Celui des noms d'auteurs en 19 volumes. D'après une note de sa main, la Bibl. du Roi renfermoit alors 43,000 vol. imprimés. « On s'est toujours servi de l'un et de l'autre jusqu'ici, principalement du dernier, en y ajoutant sur la feuille qu'on a mise en blanc, entre deux feuilles écrites, les noms des auteurs nouveaux : on a fait un catalogue à part, par ordre de matières, pour les livres entrés dans la Bibl. depuis un certain temps. »

Clement vouloit aussi dresser un catalogue des mss. en langue vulgaire, et des mss. relatifs à l'histoire moderne. Mais il ne put accomplir ce projet, qui étoit trop vaste, et qui est encore à exécuter. — *Mém. hist.* p. 40.

1689, 31 janvier. — Arrêt du conseil portant que « tous les auteurs, libraires, imprimeurs et graveurs qui auroient obtenu des priviléges du Roi depuis 1662, et qui n'auroient pas fourni à la Bibl. du Roi les exemplaires de leurs livres et estampes, seroient tenus de les fournir au garde de la Bibl. quinze jours après la signification de l'arrêt. » Pour assurer l'exécution de cette mesure, les libraires, etc., devoient fournir des extraits de leurs registres à M. l'abbé de Louvois, garde de la Bibliothèque ou à son commis, le sieur Thevenot. — *Mém. hist.*, p. 39.

Mort de Rainssant, garde des médailles du Roi à Versailles. On sait qu'il se noya le 7 juin dans la *Pièce d'eau des Suisses*. Oudinet, qui depuis longtemps travailloit sous ses ordres, le remplace. Ce fut de son temps et sous sa direction, que l'on fit, par ordre de Louvois, les inventaires ou catalogues de ce grand amas de médailles modernes, auxquels travaillèrent M. l'abbé Bizot et le P. de Montfaucon. Ils en formèrent 6 vol. in-fol. Montfaucon fit les trois premiers volumes, savoir : les médailles de France, des papes, des cardinaux et princes d'Italie. — L'abbé Bizot fit celles de l'empire, de l'Espagne, des électeurs et des princes d'Allemagne, des rois du Nord, de l'Angleterre et des Etats de Hollande. — *Le Prince, Ess. hist.*

1690. — Vers cette année s'achèvent les catalogues des manuscrits.

Les volumes hébraïques sont enregistrés par le juif Compiègne : M. l'abbé Renaudot revoit ce travail et ajoute ses notes à beaucoup de volumes. Les mss. turcs et persans sont examinés par Dipy et Paitis de la Croix. Les mss. arabes par d'Herbelot ; les grecs par du Cange, Cotelier, etc.; les latins par Mabillon, Placide, et quelques autres religieux de Saint-Germain-des-Prés, — et, de tous ces travaux, fut composé le nouveau catalogue en 8 volumes in-fol. 1 de mss. hébreux, 1 de mss. turcs et persans, 1 des mss. arabes, 3 des mss. grecs, dont le 3ᵉ par ordre alphabétique, 2 des mss. latins.—*Mém. hist.*, p. 40.

1691, 25 juillet. — Le roi, en fixant les attributions de la charge de surintendant de ses bâtimens, se réserve de donner à l'avenir ses ordres sur tout ce qui concerneroit sa Bibliothèque.

21 août. — L'abbé de Louvois confirmé dans ses fonctions de *Maître* de la Librairie, intendant et garde du cabinet des livres, mss., médailles et raretés, et garde de la Bibliothèque du Roi, sous l'autorité immédiate du Roi. « Et seront, » ajoute l'arrêt, « les dépenses qu'il conviendra faire pour la Bibliothèque, ordonnées par S. M. et les estats et ordonnances signées d'elle, et contresignées par le secrétaire d'État et des commandemens, ayant le département de sa maison. »

L'abbé de Louvois alors étoit encore sous l'autorité de son oncle, l'archevêque de Reims, qui dirigeoit tout dans la Bibliothèque. Michel Thevenot cesse en ce temps-là d'être sous-bibliothécaire. Il est remplacé par Clement, et Jean Boivin, fut nommé commis en second. Il étoit logé chez l'abbé de Louvois depuis 1689. Boivin rédigea une histoire latine des mss. grecs du Roi. Cette histoire n'a pas été consultée. C'est lui qui découvrit l'un des premiers palimpsestes, en lettres onciales sous un texte grec du xivᵉ siècle, de S. Ephrem. —*Mém. hist.*, p. 42.

On trouve dans les *Adresses de la ville de Paris, par de Pradelles*, « Paris, vᵉ Denis Nyon, 1691, in-8, l'indication » des sieurs *Bernache et Nion*, fameux relieurs et doreurs, » près S. Hilaire, qui travaillent pour la Bibliothèque du Roi. » — *Leber, catal.*, tom. III, p. 91.

*Ib.* — Projet formé par M. de Louvois, de transférer la Bibliothèque à la place Vendôme. Sa mort arrivée au mois de juillet est cause de l'abandon de ce projet. —*Mém. hist.*, p. 41.

1692. — L'abbé de Louvois relie de sa main le *catalogue* alphabétique des mss. de Fontainebleau, dressé sous Henry II, par Vergetius, calligraphe de François Iᵉʳ. Coté 2813.

*Ib.*, novembre. — L'abbé de Louvois décide que la Bibliothèque du Roi sera ouverte deux jours par semaine à tous ceux qui voudront y venir étudier. Le jour de l'ouverture il régala d'un magnifique repas plusieurs savans. — *Mercure galant de novembre* 1692, p. 320.

1694. — Pendant quelques années à compter de celle-ci, on acquiert un assez grand nombre de livres étrangers, par l'échange des doubles, en Angleterre, en Allemagne et en Hollande. — *Mém. hist.*, p. 43.

1696, janvier. — Un inconnu dépose à la Bibl. Roy. l'original de la confession de foi de Dosithée, patriarche de Jérusalem, en grec, certifiée par M. de Nointel, ambassadeur à Constantinople en 1673. Ce volume qui fit alors du bruit, fut volé en 1706 ou 1707, par Jean Aymont, puis rapporté dans la Bibl. en 1709 par le chevalier de Croissy, au nom des Hollandois. — *Reg. d'acquisition*, p. 290.

1697. — Dispute de Clément avec le danois Rostgaard, sur la meilleure manière de dresser un catalogue : Clément ne vouloit pas qu'on s'arrêtât dans cette rédaction à l'ordre des formats, qu'il consentoit néanmoins à respecter dans le placement des livres. — *Mém. hist.*, p. 41.

*Ib.*, 15 janvier. — Mort de Jérôme Bignon II.

*Ib.* — L'empereur de la Chine, par l'intermédiaire des Jésuites, envoie au Roi quarante-neuf volumes chinois qui forment le premier fonds des livres de cette espèce réunis dans la Bibliothèque du Roi. Il n'y avoit auparavant que quatre volumes chinois parmi les livres du cardinal Mazarin. — *Mém. hist.*, p. 43.

1699. — 29 juillet, achat de six manuscrits latins et de sept manuscrits françois, provenant de la bibliothèque de M. Brodeau, et payés au libraire Moitte pour la somme de 95 livres. Les volumes latins étoient : 1° Vita S. Germani Parisiensis — 2° Jo. Beleth de officiis ecclesiasticis. — 3° Phalaridis et alior. epistolæ. — 4° Isidori de astronomia, l. 1, etc. — 5° S. Virgilii Æneis, eleganter scripta sæculo XV°. — 6° Chartularium Marigniaeense. — Les françois : 1° Coutume d'Anjou. — 2° Ordonn. de l'échiquier de Rouen — 3° Recouvrement de la Normandie par Berry. — 4° Inventaire des titres de Toulouse. — 5° Anc. chronique de France jusqu'en 1399. — 6° Epitres d'Abelard anc. traduction. — 7° Anc. coutume de Metz. — *Reg. d'acq*, t. 3, p. 253.

*Ib.* — L'Académie des sciences est transportée au Louvre, et cesse par conséquent de tenir ses séances à la Bib. du Roi. — *Mém. hist.*, p. 43.

1700. — Nosrallah Gildé, médecin arabe de Damas, présente au Roi un rouleau contenant le Pentateuque en hébreu, et de plus trois mss. arabes renfermant l'histoire des Druses. L'archevêque de Reims fait, au mois de décembre, présent au Roi de 498 manuscrits, savoir : 302 volumes latins, 3 grecs, 50 françois, 16 italiens et 14 hébreux. Ces mss. avoient appartenu en général à M. de Montchal archevêque de Toulouse, puis à Fouquet. « On en a un catalogue à part, aux armes de l'archev. de Reims. »

13 septembre de la même année, pour la somme de 970 fr., on achète 35 manuscrits, reliés aux armes de Bretonvilliers, desquels 23 ne regardent que la Lorraine. Ce dépôt fut fait par le sieur Leclerc.

Le père de Fontenay remet au mois d'octobre 12 volumes tartares ou chinois. — *Mém hist.*, p. 44.

Au mois de septembre, on achète du sieur Simon de Valhebert, un ms. original de l'*Anthologie grecque*, qui n'avoit pas été consulté jusques-là. Il fut payé 78 livres.

1701, janvier. — L'abbé de Jayac, chanoine de Reims, héritier de feu M. Antoine Faure docteur en théologie, remet à la bibliothèque du Roi les manuscrits de ce dernier. Ces manuscrits, au nombre de 276, sont acquis pour la somme de 1,500 livres, qui fut payée le 10 janvier 1706. Ils furent distribués dans l'ancien fonds du Roi suivant l'ordre des matières; des sous-chiffres furent joints à cet effet aux numéros de l'ancien fonds qui leur étoient attribués. — *Reg. des acq.*; tom. 2, p. 42.

*Ib.* — L'abbé de Louvois voyage en Italie, où il achète beaucoup de livres pour la Bibliothèque; persuadé de la vérité de la maxime du marquis de Louvois son père : « Qu'il ne convient pas d'amasser pour soy ce qu'on est obligé d'amasser pour son maître. » — *Mém. hist.*, p. 44.

*Ib.* — Condamnation de Jean Haudiquer de Blancourt, gendre de François Duchesne, convaincu d'avoir fabriqué et contrefait d'anciens titres de noblesse. La chambre de l'Arsenal lui infligea la peine d'une prison perpétuelle, et la confiscation de ses biens, livres et papiers. *Mém. hist*, p. 49.

1703. — M. de Sparwenfeld, maître des cérémonies de la cour de Suède, fait présent au Roi de deux mss. rares; le premier est un très-ancien missel romain, du $x^e$ siècle, à l'usage de Cologne. N° 3865[2]; le second, une relation de voyage d'un ambassadeur suédois en Moscovie, n° 10023[2] en langue russe. Ce dernier étoit le seul qui fût à la Bib. du Roi en 1717, quand le Czar Pierre la visita. L'abbé de Louvois l'avoit fait relier aux armes du roi.

*Ib.* — Au mois de mars, Dom La Parre, procureur général de la congrégation de Saint-Maur, achète pour la Bib. Roy. à Rome avec cinq autres mss., le célèbre texte de Petrone, trouvé, dit-on, à *Trau*, en Dalmatie. Le Petrone fut payé 133 livres, et les cinq autres mss. 54 liv. — *Reg. des acquisit.*, tom. II, p. 43.

1704. — Les manuscrits achetés à Rome pour la Bibliothèque du Roi par Dom La Parre, arrivent à Paris.

1706. — François de Camps, abbé de Signy, dont l'usage étoit, depuis plusieurs années, d'offrir au roi en forme d'étrennes quelques-unes de ses médailles les plus précieuses, offre cette année à S. M. un manuscrit grec des quatre Evangiles en lettres onciales. Il est interligné de notes rouges de musique. Ce qui a fait douter de sa grande ancienneté.

Acquisition des mss. d'Emeric Bigot, mort à Rouen en 1689. Ils étoient au nombre de plus de 450 vol. — *Mém. hist.*, p 45.

Au mois d'octobre, la Bib. Roy. achète cent cinquante mss. formant le cabinet d'Emeric Bigot, pour la somme de *quinze cents livres!*

1707. — Vol fait à la Bibl. Roy. par Jean Aymont, prêtre apostat de Dauphiné. Cet homme ayant surpris la confiance de M. Clément, avoit la facilité de rester longtemps seul dans dans les salles de la Bibliothèque. Il se refugie en Hollande d'où il étoit parti et bientôt l'on apprend qu'il y a transporté un grand nombre d'objets importans enlevés de la Bibliothèque du Roi. On remarqua surtout parmi les vols, celui des Actes du concile de Jérusalem, rapporté du Levant par M. de Nointel, et déposé d'abord chez le grand Arnaud, puis en 1696, à la Bibl. du Roi (*Voy.* année 1696.) Ce ms., quand

Aymont le vola, ne portoit pas encore l'estampille de la Bibliothèque du Roi.

Les autres principaux vols étoient 1· Epîtres de saint Paul, épitres canoniques et Apocalypse, vélin en majuscules, in-f°, p°, n° 3938,

2° Evangiles en latin, vélin, lett. majusc., in-4°, n° 4582.

3° Evangiles en latin, vélin, lettres saxonnes, in 8°, n° 4583.

4° Lettres italiennes du sieur Visconti, nonce du pape, au concile de Trente, écrites en 1562, mss. de Bethune, n° 10042. (2e vol.) — La perte de ce 2e vol. est peu grave, puisque le volume de Colbert coté 9915 contient une bonne copie des deux volumes.

5° Lettres italiennes de Prospero Santa-Croce, nonce du pape Pie V en France, depuis 1561. Manuscrit de Bethune, n° 8679.

6° Ambassade de l'évêque d'Angoulême à Rome, depuis 1560 jusqu'en 1564. Mss. de Bethune, n° 8630. (C'est le second volume, le premier est resté.)

7° Registre des Taxes de la chancellerie romaine, in-f°, n° 10056.

8° Dialogo politico, sopra : tumulti di Francia, del anno 1632, ed. altri discorsi, n° 10080.

9° Deux livres chinois, l'un des entretiens familiers de Confutzée, l'autre d'arithmétique.

Aymont avoit en outre deshonoré plusieurs précieux mss., comme les Epitres de saint Paul, grec et latin, vélin en lettres d'or, dont il avoit coupé 35 feuillets; dans la bible manuscrite de Charles le Chauve, dont 14 feuillets avoient été coupés. Les feuillets des Epitres de saint Paul furent renvoyés, le premier en 1720, avec un feuillet de la Bible manuscrite de Charles le Chauve et un msc. arabe, ces trois objets pour la somme de cent florins. Les autres par lord Oxford en 1729. — *Mém. hist.*, p. 47.

1709. — La Bibliothèque reçoit une caisse de livres Tartares, déposés depuis plus de quinze ans à la Douane, sans que personne les eût encore réclamés : elles contenoient quatorze portefeuilles renfermant cent quatorze de ces volumes minces et pliés en dehors comme tous les livres chinois. Le Roi fit joindre à ces portefeuilles quelques autres volumes de la même série, qui étoient depuis longtemps renfermés dans son garde-meuble.

Les livres et papiers d'Haudiquer, gendre de François du Chesne, confisqués en 1701, et donnés à la Bib. Roy. par arrêt du 10 juillet 1708, sont inventoriés par du Buisson, intendant des Finances et conseiller d'Etat, conjointement avec l'abbé de Louvois. Ils sont réunis à la Bibl. du Roi au nombre de 79 volumes ou portefeuilles, dont 55 d'André et de François du Chesne, et 24 d'Haudiquer. C'étoit une collection de titres, généalogies, lettres et autres pièces fugitives.

Cinq autres coffres remplis de papiers provenant de la même source sont laissés en dépôt, chez le sieur Hersent greffier de la commission qui avoit jugé Haudiquer. Hersent étant mort cette année, le scellé demeura sur les coffres jusqu'en 1716; ils furent alors transportés au Louvre, mais la plupart des papiers étoient pourris; on en tira ceux qui étoient en meilleur état, et l'abbé Bignon en obtint la remise en 1725. — *Mém. hist.*, p. 49.

*Ib.* — Le chevalier de Croissy reçoit des Etats généraux de Hollande, le ms. des actes du concile de Jérusalem, volé par Aymont en 1706. Il est replacé dans la Bibliothèque du Roi.

M. de Valincourt, secrétaire général de la marine, envoie à la Bibliothèque du Roi trois grands volumes de la *Topographie de l'Irlande*. Savoir : deux de cartes à la main, et le troisième de cartes gravées.

Du temps de Cromwell, lord Petty, comte de Sherburne, de la société roy. de Londres, avoit commencé la description exacte de l'Irlande, ou du moins de la partie de cette île qui étoit devenue par l'effet de confiscations la propriété de citoyens anglois. Charles II, rentré en Angleterre, avoit donné les mains à la continuation de ce travail. Comme en 1707, on transportoit en Angleterre les deux volumes qui formoient l'ensemble des cartes levées, le vaisseau l'*Unité*, qui appartenoit à lord Sherburne fils de l'auteur, fut capturé par des armateurs françois, qui envoyèrent les deux volumes à M. de Valincourt. L'abbé de Louvois donna en échange à M. de Valincourt une suite entière des estampes gravées par les ordres du Roi.

Ce recueil fut pendant longtemps égaré. L'abbé de Louvois l'avoit envoyé en 1718 à l'abbé Dubois, depuis cardinal : à la mort de celui-ci, en 1723, on ne le retrouva pas. Il avoit été communiqué au géographe de Lisle, et comme il n'étoit pas estampillé, ce ne fut qu'en 1727, après la mort de de Lisle, que sa veuve le remit elle-même au Roi. Il fut bientôt rapporté à la Bibliothèque du Roi, d'où il n'est plus jamais sorti.

*Ib.* — Le comte de Pontchartrain envoie à la Bibliothèque du Roi 23 mss. grecs, arabes, turcs et persans, apportés en France par le célèbre Paul Lucas, qui ne revenoit pas de ses excursions dans le Levant, sans rapporter quelque manuscrit que le Roi faisoit déposer dans sa Bibliothèque. — *Mém. hist.*, p. 50.

*Ib.* — Arrêt du Conseil, ordonnant la remise des soixante-dix-neuf volumes d'Haudiquer, à la Bibliothèque du Roi.

1710. — Mort de l'archevêque de Reims. Son neveu l'abbé de Louvois réclame pour le Roi, dans sa succession, 58 mss. de liturgie, que l'archevêque avoit conservés près de lui. *Mém. hist.*, p. 44.

1711. — Acquisition du Cabinet de Gaignières, pour les départemens des estampes et des manuscrits. — *Duchesne, notice des Estampes.*

1712. — Mort de Clément, le 16 janvier, âgé de 64 ou 65 ans. Il laisse au Roi une collection de 18,000 portraits divisés en plus de 100 portefeuilles, et accompagnés de trois volumes de catalogue. La place de Clément fut laissée vacante durant deux ans.

*Ib.* — La Bibl. du Roi achète aux libraires Coustelier, Cochart et Nyon, 290 manuscrits orientaux qui provenoient de la vente après décès de la bib. de Melchisedech Thevenot. On donna en échange des livres doubles estimés 2,000 fr.

Elle avoit acheté quelques mois auparavant 850 vol. imprimés de la bibliothèque de Charles Bulteau, doyen des secrétaires du Roi.

*Ib.* — Achat de vingt-neuf planches de la *Description des Invalides*, du sieur Boulancourt.

Caille du Fourny, auditeur de la chambre des Comptes, donne au Roi un cartulaire de Langres, in-f° parchemin, commencé en 1329, par l'ordre de Jean évêque de Langres. — *Mém hist.*, p. 51.

*Ib.* — Mort d'Oudinet, garde des médailles du Roi, alors à Versailles. Il est remplacé par Simon. — *Le Prince, Ess. hist.*

*Ib.*, 22 juin. — Don fait par M. Winslow, médecin de Paris, d'un recueil in-4º de la guerre de Danemark et de Suède, avant et après 1658.

1713. — Westein, imprimeur et libraire d'Amsterdam, fait présent au Roi de 100 volumes imprimés, portant tous l'inscription :
« Augustissimi Galliarum regis Bibliothecæ augustissimæ hoc sui laboris specimen S. F. Typographus. »

*Ib.* — L'exécuteur testamentaire de Caille du Fourny, auditeur de la chambre des Comptes, apporte à l'abbé de Louvois l'inventaire des titres, papiers, actes et renseignements des duchés de Lorraine et de Bar, fait et dressé par du Fourny en 1697 et 1698. Il est contenu en 6 grands portefeuilles ou volumes, avec deux autres moins grands pour les tables; et complète les recueils de Chantereau-Lefevre et de Bretonvilliers.

*Ib.* — La reine d'Angleterre, Anne, envoie à Louis XIV, les Actes ou *Fœdera* d'Angleterre, de Rymer, et l'*Histoire céleste* de Flammesteed. — *Mém. hist.*, p. 77.

1714. — L'abbé de Targny déjà sous-bibliothécaire, en même temps que Boivin, est nommé à la place de Clément, laissée vacante depuis deux années. Peu de temps après sa nomination, il accompagne Amelot, conseiller d'État, en Italie. Il y reste toute l'année suivante, non sans recueillir un grand nombre de livres curieux que la Bibliothèque acquiert à son retour. — *Mém. hist.*, p. 52.

Découverte du *bouclier* dit d'*Annibal*, par un fermier de la terre de passage en Dauphiné, diocèse de Vienne. Le seigneur du lieu, M. Gallien de Chabons, conseiller au Parlement de Grenoble, le paye d'une quittance de l'année courante, pour son fermier, et ses héritiers l'envoyent à de Boze qui le fait acheter pour le double de sa valeur intrinsèque. On le croit d'un travail carthaginois : quelques personnes le regardent comme une imitation moderne, destinée à servir de pendant au bouclier de *Scipion*. *Le Prince, Ess. hist.*

*Ib.* — Boivin termine un catalogue par matières des manuscrits françois, italiens, espagnols, allemands, etc., de la Bibl. du Roi, petit vol. in-f° non chiffré. Portef. cart.

On estime qu'à la mort de Louis XIV, la Bibliothèque du Roi renfermoit plus de 70,000 volumes. *Mém. hist.*, p. 53.

Louis XV. — 1715. — Galland, professeur royal et membre de l'Ac. des Belles-Lettres, mort le 17 février 1715, lègue à la Bibl. du Roi ses manuscrits orientaux, ses papiers et ses portefeuilles. Ils comprenoient 23 vol. arabes, 25 turcs, 14 persans, 9 en langues diverses, 12 vocabulaires, et 30 livres, portefeuilles ou paquets généralement remplis d'autographes.

Le cabinet de M. de Gaignières entre dans la Bibliothèque du Roi. Il comprenoit imprimés, manuscrits, portraits, estampes, dessins, tableaux, cartes, etc. Il l'avoit donné au roi dès 1711, en présence de M. le marquis de Torcy, et M. de Clairambault avoit été aussitôt chargé d'en dresser les inventaires. Gaignières mourut en mars 1715, et les pièces de son cabinet furent aussitôt transportées chez M. de Clairambault, place des Victoires. — On transporte de là dans la Bib. du Roi 2896 articles, divisés en manuscrits, lettres, titres originaux, copies et extraits. Puis le recueil des cartes géographiques, les plans des villes, les profils et descriptions topographiques. On tria de la collection les estampes qui manquoient dans le recueil de M. Clément, et le reste du cabinet fut vendu aux enchères en 1717, par un huissier du conseil.

Peu de temps après on nomma un garde particulier du Cabinet de titres et généalogies, formé à l'occasion de l'acquisition du cabinet de Gaignières. Ce garde fut M. Guiblet, déjà généalogiste de la maison d'Orléans et des ordres du Mont-Carmel et de Saint-Lazare.

*Ib.*, 26 janvier. Un chanoine de Tournay, M. Wateaus, offre à la B. R. deux volumes, l'un manuscrit renfermant des romans de la Manekine, de Jean et de Blonde, de Folle-Largueu, de Han; le second, imprimé en flamand : *De wetten Costamen Kueren en de statuten vander Sale en Casselric van Ypr.* 1535, in-fol. On donna en échange à M. Wateaus, l'opéra de *Thésée,* et celui des *Nuits de Sceaux* en grand papier !!

Envoi de treize volumes mss. achetés à Rome par M. de Targny, entre autres des N°s du fonds françois 7251². (Dante) ach. 1 écu. 7740². (libro degli animali e degli uccelli.) 80 soldi. 8141². (Versi et prose volgari), acheté 20 soldi.

1716. — On commence à sentir l'insuffisance des deux hôtels de la rue Vivienne qui renfermoient la Bibliothèque du Roi. Un nouveau plan est adopté, il consistoit à transporter les livres dans la grande galerie du Louvre. Les plans et devis sont faits. — *Mém. hist.*, p. 60.

1717. — Le président Charles d'Hozier offre au Roi son cabinet généalogique, estimé le plus curieux en ce genre, de l'Europe. Il est transporté à la Bib. du Roi le 16 et le 22 novembre. M. de Clairambault est chargé d'en dresser l'inventaire.

L'abbé de Louvois fait transporter de Versailles dans la Bibl. du Roi la collection de miniatures des plantes et animaux, commencée d'abord par Nicolas Robert, et par l'ordre de Gaston d'Orléans. Le cabinet de ce dernier ayant été légué au roi en 1660, Colbert fit continuer le même travail par le même artiste, dès lors nommé Peintre du cabinet du Roi. On lui payoit, dit-on, cent francs la feuille.

Après sa mort, Joubert, peintre du cabinet du Roi, fut chargé de continuer l'œuvre de Robert, mais il s'en remit sur son élève Aubriet, qui y travailla jusqu'en 1728. Il comprend 2403 feuilles, représentant des fleurs, des oiseaux, des animaux et des papillons. — *Mém. hist.*, p. 54.

1718. — Le 5 novembre, mort de l'abbé de Louvois, âgé de 43 ans. Il est remplacé par l'abbé Bignon, qui tout en faisant les fonctions de l'abbé de Louvois dès cette année, ne reçut ses provisions et ne prêta serment que vers la fin de l'année suivante. Son premier soin fut de recueillir, suivant l'intention de l'abbé de Louvois, le petit nombre de livres imprimés et de mss. modernes qui composoient le cabinet de son prédécesseur.

L'abbé Bignon se défait également de sa Bibliothèque, en entrant en fonctions de la charge de Bibliothécaire. — *Mém. hist.*, p. 55.

En cette année fut exécuté *le Parnasse François* de Titon du Tillet, lequel décore l'une des salles de la Bibl. du Roi.

1719. — L'abbé Bignon prête serment de Bibliothécaire le 18 septembre. — Quelque temps auparavant les manuscrits de Philibert de la Mare, conseiller au parlement de Bourgogne, furent achetés à un libraire de Hollande par ordre du Régent. Ce libraire les avoit achetés de Philippe de la Mare, fils de Philibert, par l'intermédiaire d'un libraire de Paris. Ils étoient au nombre d'un peu plus de 600 volumes.

Le 19 septembre, entrée à la Bibl. du Roi des manuscrits de Baluze, au nombre de plus de mille volumes, estimés par le P. Lelong de l'oratoire, et D. Bernard de Montfaucon. Les livres imprimés avoient été vendus précédemment à l'enchère.

L'abbé Bignon, devenu bibliothécaire, adresse une requête au Roi, pour qu'il fût fait un inventaire de tout ce qui pouvoit appartenir à la Bibliothèque du Roi. En conséquence, un arrêt du conseil, sous la date du 20 septembre, ordonne que l'inventaire sera fait par le comte de Maurepas, ministre, assisté de MM. de Bozè et de Fourmont l'ainé.

Cet inventaire fut dressé depuis le 18 octobre jusqu'au 1er janvier 1721. Ce fut un récolement général de tout ce que contenoit la Bibliothèque du Roi. On mit en usage les anciens catalogues, les notes diverses qui les suppléoient, en un mot toutes les indications rapprochées de tout ce que l'examen faisoit découvrir. Les commissaires paraphèrent les pages de leur récolement, et indiquèrent tous les articles en déficit. Toutefois, cette opération si importante ne fut pas achevée; on s'en remit de ce soin à ceux entre lesquels on distribua la surveillance de chaque département. Il résulte de cet inventaire qui fut achevé pour le cabinet des manuscrits, qu'en 1719 la collection comprenoit : 1° l'ancien fonds du Roi, n° 1 à 10,555 ; 2° le fonds de Brienne; 3° les mémoires et papiers de Mézeray et Lefevre-Chantereau ; 4° une douzaine de mss. non catalogués ; 5° le fonds de Louvois et de l'archevêque de Reims ; 6° la collection des assemblées du clergé et des généralités de France.

Ne semblent pas avoir été alors inventoriés : les récentes acquisitions des fonds Gaignières, D'Hozier, Baluze, Duchesne et Haudiquer, De Fourny et Delamarre : mais ils furent catalogués pour la première fois alors, avec la signature de Bignon et le contrescing de Dubuisson.

C'est à l'abbé Bignon que la division des départemens de la Bibl. royale est due. Il forma quatre divisions : 1° manuscrits; 2° imprimés; 3° titres et généalogies; 4° planches gravées, estampes. *Le Prince. Ess. hist.* — M. Jean Boivin fut nommé garde des manuscrits, l'abbé de Targny, garde des livres imprimés (1); M. Guiblet garde des titres et généalogies, M. Le Hay garde des estampes et planches gravées; M. de Boze garde des médailles (alors à Versailles), en remplacement de M. Simon de l'acad. des inscript.; mort cette année-là.

De Boze, aussitôt sa nomination, vendit ses médailles au maréchal d'Estrées, d'où elles revinrent plus tard dans le cabinet du Roi.

Le cabinet des médailles fut, l'année suivante, transporté de Versailles au Louvre. Vers 1723, il fut placé dans le local construit pour lui dans les dépendances de la Bibl. Roy.

Maichelius cite cette année M. de Fourmont parmi les gens commis à la garde de la Bibl. du Roy.

Tels sont les cinq *Commis à la garde* de la Bibl. qui ont signé, pour ce qui regardoit chacun d'eux, au procès-verbal du récolement ou inventaire général.

Le régent donna les mains en même temps à la nomination d'autres personnes, que l'abbé Bignon attacha dès lors à la Bibliothèque, comme pouvant y rendre quelques services : les uns pour rechercher les livres spéciaux, les autres comme interprètes des langues vivantes. — *Mém. hist.*, p. 57.

*Ib.* — Embellissemens et changemens faits dans cette partie du Palais Mazarin, dans lequel Law établit sa banque. Les plafonds des salles aujourd'hui consacrées aux livres imprimés de la Bibliothèque, sont peints à fresque par Pellegrini de Venise. Il y avoit représenté la félicité publique, le succès de la banque et celui de la compagnie des Indes. Mais tout cela fut blanchi quelques années apres.

1720. — L'abbé Bignon réunit à la charge de Bibliothécaire de Roi, celle de *Garde des livres du cabinet du Louvre*, et celle de bibliothécaire de Fontainebleau.

Le garde des livres du cabinet du Louvre chargé de la surveillance des livres particuliers du Roi, se nomme d'abord *Libraire du Roi* ou *Garde des livres de la chambre*. Jusqu'en 1528, on voit ce titre donné tour à tour à Guillaume de Sauzay, à Jean de Sauzay. Jean Verdurier l'obtint de 1528 à 1533. Il fut remplacé par Claude Chappuis, qui, du moins, prend ce titre dans un poëme intitulé, *La Cour*. — Gabriel

---

(1) « Aliquam hujus bibliothecæ curam sustinet Dns *Tarnie*, doct. sorb., qui et peregrinantibus monumentum illud sepulchrale Childerici monstrat. » (Maichelius, 1723, p. 50.)

Chapuis est nommé Garde de la Librairie du cabinet, jusqu'en 1599. Guillaume Larche, sieur de Langle, soit à titre commun, soit comme ayant obtenu la survivance de Chapuis, est nommé *Garde du cabinet des livres,* de 1595 à 1609. Jean de Chaumont lui succéda, et en jouit jusqu'en 1667, et l'emploi fut donné, d'abord en surv'vance, à Paul Philippe de Chaumont, évêque d'Acqs, de 1664 à 1669. — Le brevet de Garde des livres du cabinet du Louvre fut ensuite acheté par Louis Irland de Lavau, de l'Acad. franç. Il en jouit de 1672 à 1694. Et après huit ans de vacance, le Roi en avoit gratifié M. Dacier qui s'en étoit arrangé avec l'abbé Bignon dès la fin de l'année 1719, en se réservant toute sa vie les fonctions et les appointemens.

Quant à la place de Bibliothécaire de Fontainebleau, les héritiers de M. de Sainte-Marthe en étoient en possession incontestée, et c'est d'eux que l'acquit également l'abbé Bignon. — *Mém. hist.*, p. 58.

*Ib.*— Arrêt du conseil du 11 octobre. L'article v ordonne à tous les libraires auteurs, graveurs et autres qui auroient obtenu des priviléges pour publier des ouvrages, et qui n'auroient pas fourni les exemplaires, en quelque ville ou province de France où lesdits ouvrages aient été imprimés ou publiés, de faire apporter les exemplaires dus à la B. R. un mois après la signification du présent arrêt, sous peine de confiscation de tous les exemplaires imprimés ou gravés, pour en être les deniers distribués aux hôpitaux les plus voisins du lieu de la publication. De plus, les délinquants seront condamnés en 1500 livres d'amende, applicables un tiers au dénonciateur, et un autre tiers aux hôpitaux. L'art. vIII réduit à deux au lieu de trois le nombre des exemplaires exigés : c'est-à-dire, qu'on lève l'obligation de fournir un exempl. au Bibliothécaire du cabinet du Louvre; mais on exige celui des deux que devra toujours recevoir la Bibl. Roy. en grand papier.

1720. — 11 octobre. Réglement concernant la police intérieure de la Bibliothèque du Roi émané du Conseil en forme d'arrêt, sur la requête de l'abbé Bignon.

Augmentation progressive du cabinet des livres chinois, tartares et indiens, « que leur rareté, en Europe, a fait ranger dans la classe des manuscrits, quoiqu'ils soient imprimés. » A la mort de l'abbé de Louvois ce fonds consistoit en 700 volumes environ. Les missionnaires de la Chine les avoient presque tous recueillis, et un nommé Hoang, Chinois lettré amené à Paris par l'évêque de Rosalie, en avoit dressé une notice françoise assez étendue. — L'abbé Bignon fit présent des livres de son cabinet qui s'élevoient au nombre de 350 environ. En 1720, on acheta des religieux des missions étrangères 800 nouveaux volumes ; en 1723, plus de 1800 nouveaux volumes furent acquis et envoyés de la Chine, par les directeurs de la compagnie des Indes. Plus tard encore, le Père de Premare, ancien missionnaire jésuite à Canton, remit de nouveaux volumes entre les mains de M. Fourmont l'aîné, qui en a fait le catalogue général de ce fonds, dans le premier vol. du *Catalogue des manuscrits*, imprimé en 1739. — *Mém. hist.*, p. 59.

M. le Hay est pourvu de la place de Garde du cabinet des estampes et planches gravées. A sa mort, arrivée vers 1762, il fut remplacé par Ladvenant ; — celui-ci par Coypel ; — celui-ci par de la Croix ; — celui-ci par Joly ; — celui-ci par son fils Joly, — et celui-ci par M. Du Chesne aîné, — que remplace aujourd'hui M. Achille Deveria.

1721. — On travailloit déjà dans la galerie du Louvre aux tablettes qui devoient supporter les livres de la Bibliothèque du Roi, quand l'arrivée de l'infante d'Espagne étant devenue l'occasion d'un changement de vues, l'abbé Bignon propose au Régent de placer définitivement la Bibliothèque du Roi dans l'hôtel Nevers, rue de Richelieu, où la *Banque* avoit vu naître et tomber le crédit de Law. En conséquence, on commença dès cette année le transport des livres, et leur rangement à la hâte. Maichelius dit à ce propos : « Pridem in eo laboratum fuit ut locus aliquis dignior *in arcâ regiâ* ei daretur, qui et *ei jam destinatus fuit*; quem tamen brevi non occupabit ; quin potius proximè transferetur in domum *Nevers* dictam in viâ Richeliâ, ubi locus eam capiet amplissimus atque tam pulchrâ Bibliothecâ dignissimus.» (1721, p. 49.)

*Ib.* — Construction du cabinet des Antiques tel qu'on le voit aujourd'hui. *Dumersan*, 1838.

Daniel Maichelius publie son *Introductio ad historiam litterariam de præcipuis Bibliothecis Parisiensibus*. Cantabrigiæ, in-8°. A la page 17, il assure que la Bibl. Roy. renferme 16,000 manuscrits et 80,000 vol. imprimés.

1722. — Les deux globes de Coronelli, présentés à Louis XIV en 1683, et depuis apportés de Marly dans une des salles du Louvre, sont placés dans la Bibliothèque du Roi, à l'hôtel de Nevers.

1723. — À la mort de M. Dacier, ses livres, en vertu d'un legs, sont réunis à ceux de la Bibl. roy. Ceux qui formoient le cabinet du Louvre sont également transportés dans cette dernière, après que l'inventaire eut été dressé par deux libraires de Paris. Parmi ces vol. se trouvoient 60 mss. environ, latins ou françois. Plusieurs avoient appartenu d'abord au cardinal d'Amboise, puis aux deux cardinaux de Bourbon, archevêques de Rouen, l'un après l'autre.

Les livres du Louvre restèrent longtemps enfermés à part dans la Bibliothèque du Roi, sans qu'on songeât à les distribuer à leur place définitive. — *Mém. hist.*

L'article 108 du règlement de la Librairie, en date du 28 février, ordonne à tous libraires, graveurs, et autres personnes qui obtiendront des Priviléges ou permissions du grand sceau, pour l'impression, réimpression ou gravure des livres, feuilles et estampes, de fournir avant de les exposer en vente, entre les mains des syndic et adjoints, cinq exemplaires brochés de chacun des livres, feuilles et estampes. Pour être remis, lesdits exemplaires, après huitaine, deux au Garde de la Bibliothèque publique de S. M., un au Garde du cabinet du Louvre, un au Bibliothécaire du Garde des sceaux; et un au censeur desdits ouvrages.

1724. — Lettres patentes, enregistrés au parlement le 16 mai et à la chambre des comptes le 13 juin, par lesquelles l'hôtel de Nevers est définitivement affecté à la Bib. roy. On s'occupe aussitôt de donner à cet hôtel « toute la décoration qu'elle mérite, par rapport aux embellissemens extérieurs. »

Les livres imprimés depuis plusieurs années, et dont le dépôt étoit exigé, sont réunis à la Bibl. royale, dans laquelle on avoit tardé à les incorporer à cause des embarras du changement de local. L'abbé Bignon ajoute à leur nombre celui des ouvrages dont on lui avoit fait personnellement don, entre autres le rare recueil des historiens Anglois, publié par Th. Hearne, et les *Transactions philosophiques* de la société royale de Londres.

Les mss. des actes du concile de Basle, au nombre de 30 volumes, entrent dans le même temps à la B. R. D'après les conseils de M. Iselin, de Basle, venu à Paris en 1716, le Régent à la prière de Baluze qui s'occupoit de l'histoire de ce concile, avoit chargé quelqu'un d'aller transcrire à Berne ces copies, entre autres l'histoire du concile de Basle, dont on reconnut alors que l'auteur étoit Jean de Segovie. — Toutes ces copies, confiées après la mort de Baluze, en 1718, à Laurière, avocat au parlement, ne furent remises que cette année dans la Bibliothèque du Roi.

Le 28 décembre, les 129 planches de Vander-Meulen, relatives au règne de Louis XIV, ayant été estimées par deux experts, l'un au nom du Roi, l'autre au nom des héritiers, sont acquises et réunies au cabinet des estampes.

La même année, arrive de Versailles une grande quantité de volumes qui y étoient restés depuis fort longtems. — *Mém. hist.*, p. 61.

1725. — Don fait à la Bibl. du Roi, par Morel de Thoisy, plus tard lieutenant-général à Troyes, de 600 vol. de tout format, de pièces fugitives. Cette collection passoit pour renfermer 60,000 pièces divisées en 4 parties. 1° Jurisprudence, 385 vol. 2° Théologie, 172 vol. 3° Histoire, 86 vol. 4° Belles-lettres, 14 vol. — *Mém. hist.*, p. 64.

*Ib.* — Acquisition du cabinet de musique du chanoine de Meaux, Brossart. C'étoit un ancien maître de musique, qui avoit consacré toute sa vie à réunir tout ce qu'il avoit pu trouver de livres imprimés et manuscrits sur tous les genres de musique. Cette collection, dont les volumes n'étoient, en 1739, qu'encartonnés, est accompagnée d'un excellent catalogue par ordre de matières, composé par le sieur de Brossart.

29 octobre, mort de Boivin, Commis à la garde des manuscrits. L'abbé de Targny demande à passer du département des livres imprimés à celui des manuscrits. Il est lui-même remplacé par l'abbé Sallier, professeur royal en langue hébraïque, de l'Acad. des inscriptions et, plus tard, de l'Académie françoise. — *Mém. hist.*, p. 62.

10 décembre. M. l'abbé Godinot, prêtre de Reims, et licencié en théologie de la même ville, fait présent à la Bibl. roy. de deux manuscrits par Jean Maldonat, jésuite, renfermant un traité des sacremens, et plusieurs traités de théologie scholastique. Maldonat professoit à Paris au collége de Clermont en 1567. *Notes de l'abbé de Targny.* — Port. Cart.

1727. — Sallier et Targny font, de concert, « une espèce » de récolement » des livres imprimés.

Visite du cardinal de Fleury à la Bibl. roy., le 19 mai, dans le but d'examiner les bâtimens et d'ordonner les travaux qu'on y devoit commencer.

Le P. Lebrun, de l'Oratoire, fait présent à la Bibl. roy. d'une collection de livres liturgiques, imprimés et manuscrits. Dans ce nombre étoient plusieurs livres orientaux de la même nature, destinés à la Bibl. roy par le marquis de Donnac, alors ambassadeur à Constantinople. Le même Père Lebrun fait acheter à Marseille, de M. de Montolieu, capitaine des galères, un missel de l'église de cette ville, imprimé en 1530, et regardé comme unique. — *Mém. hist.*, p. 64.

1728. — Le Comte d'Ericeira, Portugais, fait don de plusieurs ouvrages. On achète à Leipsig, à Francfort. Plus de 1000 volumes sont acquis de la vente des livres imprimés de l'ancienne bibliothèque Colbert, que le comte de Seignelay fait mettre aux enchères.

L'abbé Sevin et l'abbé Fourmont, tous deux de l'académie des Belles-lettres, sont envoyés dans le Levant pour recueillir tout ce qui y pouvoit rester des monumens de l'antiquité en manuscrits, en inscriptions, en médailles, etc. — *Mém. hist.*, p. 66.)

Le 25 août, le ministre Maurepas désigne l'abbé de Targny et Falconnet pour faire, au nom du Roi, l'estimation de la bibl. de Colbert, appartenant alors à M. de Seignelay. Ce dernier nomme de son côté Dom Bernard de Montfaucon et Lancelot pour faire en son nom la même expertise.

Les experts du Roi divisèrent toute la collection en deux classes. 1º Manuscrits anciens et scientifiques; 2º manuscrits modernes et politiques.

La 1re classe comprenoit 6117 volumes, dont 3370 in-fol, ils furent estimés 20 fr. pièce, c'est-à-dire en tout . . . . . . . . . . . . . . . . . . . . . . 120,000 liv.
Plus, en faveur des plus rares, des plus beaux et des plus anciens, une addition de   30,000
                                    Total . . . . . . . 150,000

La seconde classe ne fut pas estimée, attendu que cette estimation devoit se régler, fut-il dit, « moins sur le mérite particulier des volumes, que par d'autres égards plus essentiels. » Ils comprenoient :

1° Un recueil du ministère du cardinal Mazarin, formant . . . . . . . . . . . . . . . . . . . . 462 vol.
(Ils furent d'abord envoyés au Vieux Louvre, puis renvoyés à la Bibliothèque en 17.. (?) )

2° Recueil des copies collationnées des titres et archives de Guyenne et de Languedoc. . . . 258
(C'est la collection Doat.)

3° Un recueil des copies collationnées, des titres et archives de Flandres. . . . . . . . . . . . . 183

3° Recueil dressé par les soins de Colbert de titres, mémoires, instructions, lettres et autres pièces originales concernant l'administration du royaume et les affaires étrangères. . . . . . . . . 524

4° Recueil de Duchesne de d'Oihenard. . . . . 80

5° Recueil sur le trésor royal. . . . . . . . . . 100

6° Portefeuilles, dont vingt de Duchesne. . . . 60 por.

7° 622 Diplômes royaux, depuis Philippe-Auguste jusqu'à François I^er. — 100 Chartes originales sur la ligue de Cambray et le traité de Madrid.

Le P. Montfaucon et Lancelot estimèrent le tout à la somme de 350,000 livres.

Cette estimation contradictoire fut soumise au Roi et à M. Falconnet, sur la fin de l'année 1731.

18 décembre. Achat d'un livre anglois intitulé : Ephémérides angloises, de 1479 à 1503, bien et habilement transcrit. *Notes de l'abbé de Targny.* — Port. Cart.

1729, février. — Les manuscrits que l'on conservoit à Versailles sont remis à la Bibliothèque du Roi, au nombre de 260 volumes. On en forme un fonds particulier. Le catalogue alors dressé par l'abbé de Targny, ne contient que 232 numéros. Note de Mouchet sur la chemise du *Catalogue des Tuileries.*

*Ib.* — 9 avril, l'abbé Godinot de Reims offre à la Bibl. roy. un manuscrit renfermant 1° le livre de Pogge *de infelicitate principum*, 2° Ceremoniæ in introitu Dni Frederici, Roman. imperatorum, anno 1468. *Notes de l'abbé de Targny.* — *Port. Cart.*

Avril. Vente des livres de l'abbé Roussellet, ancien théologal de l'église collégiale et royale de Péronne. La B. R. y achète cinq manuscrits: 1° Optati, adversus Donatistos. 2° Maldonati commentationes theologicæ, 1570. 3° Mémoire de l'abbé Bizot à Colbert, sur l'histoire métallique de la France. 4° Manuscrits autographes de Baluze, commençant par les Dictamina seu Epistolæ magistri Richardi de *Pothiis*. 5° Codex Græcus, coté aujourd'hui $3330^2$, et contenant l'Agamemnon d'Achille, avec les notes et la traduction de Casaubon. Ce dernier volume avoit été volé longtemps auparavant à la Bibl. roy., et n'en fut pas moins acheté une seconde fois. *Id.*

La même année, le 17 août, M. de Targny achète deux volumes des Remontrances faites aux rois de France par le Parlement, de 1529 à 1630. Ces deux volumes furent payés 30 francs. *Id., id.*

1730. — Rouillé du Coudray, conseiller d'état ordinaire, lègue à la Bibliothèque du Roi un exemplaire du registre ou cartulaire de Philippe-Auguste. Il avoit été apporté à la Bibl. roy. en juillet : la table est de la main de M. du Coudray.

Les mss. de Saint-Martial de Limoges arrivent en dépôt à la Bibliothèque du Roi. Ils ne sont définitivement acquis qu'en 1732. Ils formoient 204 volumes, presque tous théologiques. *Mém. hist.*, p. 70.

*Ib* — M. de Targny achète du libraire Gandouin neuf manuscrits provenant de l'ancienne librairie d'Antoine Duverdier, sieur de Vauprivas. Le 1er est *de Laudibus trium liliorum Franciæ*.

Le Garde des sceaux envoie à M. de Targny (sans doute du Louvre), le 5 juillet, 3 volumes mss. de lettres et dépenses originales, de 1574 à 1586. M. de Targny en a fait le dénombrement exact, conservé avec la note présente dans le 3e *Carton-Portefeuille*.

M. Mauper de Sérilly achète du comte de Seignelay, héritier de Colbert, cinq cents volumes de mélanges, il les paye 12,000 livres. (*Note de l'abbé de Targny.*)

*Ib.* — Retour de l'abbé Sevin, de son voyage scientifique dans le Levant. Il rapporte des livres imprimés et manuscrits, syriaques, arméniens, arabes, persans et turcs; enfin, des grecs modernes. Il y avoit environ 600 manuscrits. L'abbé de Villeroy a rédigé la notice des ouvrages arméniens imprimés ou manuscrits que rapporta l'abbé Sevin. A compter de son retour, les envois de livres faits par les ambassadeurs et consuls dans les échelles du Levant n'ont pas discontinué. On y joint ordinairement la copie des textes orientaux fait à Constantinople, par les *Jeunes de langue* entretenus par le roi de France, dans le but de former des agens diplomatiques. A ces copies sont réunies, en général, des traductions faites sur les lieux par les mêmes élèves. — Peu de temps après son retour, l'abbé Sevin est nommé adjoint de l'abbé de Targny, à la garde des mss.

*Ib.* — Augmentation des mss. indiens, par l'entremise des directeurs de la compagnie des Indes, et du P. le Gac, supérieur des jésuites missionnaires dans l'Inde. Les premiers fruits de cet arrangement de l'abbé Bignon avec ces derniers ne furent, en 1729, que quelques volumes. Mais, les années suivantes, les envois devinrent beaucoup plus considérables. La collection formoit en 1739, 300 volumes, les uns en langue Tamoul, les autres en Sanscrit. — Les missionnaires accompagnoient l'envoi des volumes d'autant de courtes notices qui ont servi à en dresser le catalogue, tel qu'il est à la suite de celui des mss. chinois.

Formation définitive du cabinet des livres de Versailles. On en tire d'abord les manuscrits et les livres qui n'étoient pas dans la Bibliothèque du Roi, et on les remplace par des ouvrages conservés doubles dans celle-ci, et qui durent rester à la disposition du Roi, dans chacune de ses habitations. Le catalogue de cette nouvelle bibliothèque de Versailles fut dressé par M. Hardion qui en avoit été nommé garde *Mém. hist.*, p. 69.

1731. — Acquisition des manuscrits du président de Mesmes, après l'estimation faite par l'abbé Sallier ; ils furent payés aux deux filles de M. de Mesmes, la duchesse de Lorges et la marquise d'Ambre.

On les range sous trois classes : 1º Traités de paix et pièces diplomatiques, avec la négociation du comte d'Avaux, de 1628 à 1650. 2º Histoire de l'Europe, et de la France en particulier, entr'autres 22 vol. in-fº de *Mémoires sur la Ligue*, de 1579 à 1595. 3º Littérature ancienne. La 1re classe ne fut pas donnée à la Bibliothèque royale, mais réunie au dépôt des Affaires étrangères.

*Ib.* - L'évêque du Puy, fils du marquis de Beringhen, remet au Roi la célèbre collection d'estampes formée par son père, et divisée en 466 articles, comprenant 579 volumes très-richement reliés, 5 grands portefeuilles et 99 paquets, en tout plus de 80,000 estampes de tout genre. — *Mém. hist.*, p. 71.

On construit cette année le *Salon des Globes*, dont la hauteur est divisée par un plancher entr'ouvert: sa destination étoit de servir à placer les globes de Coronelli, transportés depuis 1722 dans les bâtimens de la Bibl. du Roi.

1732.—Acquisition du cabinet des manuscrits de J. B. Colbert, après l'estimation faite pour le Roi par l'abbé de Targny, et M. de Falconnet, médecin de Paris et membre de l'Acad. des Belles-Lettres, et pour les héritiers par Lancelot et Montfaucon. Le Roi, sans avoir égard aux estimations contraires des experts, en donna cent mille écus au marquis de Seignelay, petit-fils de Colbert. Les mss. furent apportés à la B. R. les 11 et 12 septembre, et le récolement en fut fait sur le catalogue que l'on conserve, et qui avoit été dressé par Et. Baluze, bibliothécaire de Colbert.

On divise ce cabinet en trois parties : 1° Sciences, et haute érudition, 6117 vol. dont 3170 in-f°. Dans cette classe, 645 textes orientaux et 1000 grecs, les autres latins et françois. 2° Mss. modernes 1607 vol. in-f°, dont 462 relatifs au ministère du cardinal Mazarin (portés au vieux Louvre, au dépôt des affaires étrangères. Voy. année 1734.) Recueil des copies de Doat, 258 vol. in-f°. Copies et archives de Flandres, 183 vol. in-f°. Recueil formé par Colbert lui même, de Mémoires sur les affaires du royaume, en 524 volumes. 3° Diplômes, chartes et mélanges, 60 portefeuilles de pièces originales, etc.

Les mss. de la 1<sup>re</sup> classe furent réunis : 1° vers 1673, pour les mss. grecs et orientaux, par les soins des consuls d'Alep et de Chypre, et par le jésuite Besson. Ces personnages, en les achetant pour le Roy, étoient également chargés d'acquérir pour le ministre. 2° En 1674, par l'acquisition des mss. de M. Chandelier. 3° En 1675; par ceux de Duchesne; par ceux de Claude Hardy, avocat. 4° En 1676, par ceux de Balesdens, du chapitre de Metz, parmi lesquels la Bible et les Heures de Charles le Chauve. 5° En 1677, par ceux de l'abbaye de Mortemar, vendus par les libraires Villeroy et Aubouin; par ceux de M. de Marests d'Alge, envoyés par *Pelot*, premier président du Parlement. 6° En 1678, par les mss. des archives de l'abbaye de Moissac, envoyés par l'intendant de Montauban, Foucault. 7° En 1679, par ceux qu'envoyerent M. Boucher, intendant du Dauphiné, l'évêque de Saint-Malo, et surtout par ceux que donna la duchesse de Vivonne, parmi lesquels se trouvoient 240 vol. grecs. 8° En 1680, par 140 mss. remis par le sieur Boudon, secrétaire de Daguesseau, intendant de Languedoc, et 350 vol. de la Bibliothèqqe du collège de Foix, envoyés par le même Daguesseau. 9° En 1682. par les vol., dons de M. de Rignac, conseiller à la Cour des aides de Montpellier : dons de l'hôtel-de-ville de Rouen : dons nouveaux du sieur Boudon et de M. Puget, également envoyés par Daguesseau; de Godefroy, des archives de Flandres, de l'abbaye de Foucarmont, de la bibl. de M. de Montmort, maître des requêtes. 10° En 1683, 87 mss. de l'abbaye de Bonport.— *Mém. hist.*, p. 72.

On ne lira pas sans quelque intérêt la note des *dépenses faites pour le transport et l'arrangement des mss. de Colbert,* dressée de la main de M. de Targny, et conservée dans les portefeuilles-catalogues.

16 avril 1732, 1. Acheté 14 livres de fisselle, pour mettre en paquet les mss. et en faire le récolement, à raison de 15 sols la livre, cy . . . . . . . . . . . . . . . 10 fr. 10 s.

*Id.* — Pour le déjeuner et diner d'entre MM. Malin, Heuqueville, Lebon, Joly et Carpentier, dépense. . . . . . . . . . . . . . . . . 4   13

17. — Pour le déjeuner et diner des mêmes   4   16

18. — Pour le déjeuner et diner des mêmes   5
Pour 3 livres de cartes. . . . . . . . . . .   1   1

2 avril et le 17. Pour carrosse de louage, pour M. Sallier et moy. . . . . . . . . . . .   2   44

11 sept. et 12 sept. — Payé à Carpentier, suivant son memoire. . . . . . . . . . . . .   56

*Id.* — à Michel Porche, pour les charetiers.   6

16 et 17 septembre. Pour les déjeuners et goûters des ouvriers. . . . . . . . . . . . . .   6

24 septembre. Distribué entre six employés ou facteurs de la Bibliothèque, la somme de 60 fr. pour travail extraordinaire de récolement fait au mois d'avril, et de transport des mss. Seignelay, savoir : 13 livres aux sieurs *Mahin et Carpentier*, 10 liv. au sieur *Haqueville*, 8 liv. au sieur *Gehener*, et 6 liv. à chacun des deux frotteurs *Lebon* et *Joly.*

1733. — Envoi de seize manuscrits, la plupart aux armes du P. de Mesmes, et d'abord déposés au Louvre. — *Cat. de l'ab. de Targny.*

*Ib.* — Vente de 18,432 vol. reconnus comme doubles. Ils provenoient de différentes sources : savoir, des livres fournis en vertu du privilége ; de ceux légués par M. Dacier ; de ceux de l'anc. cabinet du Louvre; de ceux qui avoient été apportés de Versailles en 1724, etc.
Acquisition du cabinet de Cangé, consistant en 7,000 vol. dont 170 manuscrits précieux. On ne revendit comme doubles que 1300 volumes imprimés.
Don fait par M. Lancelot de ses mss au Roi; ils comprenoient 200 mss. et plus de 500 portefeuilles de pièces détachées sur les droits du Roi, etc. — *Mém. hist.*, p. 75.

1734. — L'abbé Sallier fait acheter au mois de mai plus de 400 Chartes, la plupart revêtues de leur sceau, et datées des xi$^e$, xii$^e$ et surtout des xiii$^e$, xiv$^e$ et xv$^e$ siècles.
Pendant cette année et les précédentes, les rapports nombreux que l'abbé Bignon, aidé de M. de Maurepas, avoit formés avec la plupart de nos ambassadeurs, tournèrent au profit de la Bibliothèque royale. Ainsi le comte de Plelo, ambassadeur en Danemarck, consentit à réunir tout ce qui pouvoit lui manquer touchant l'histoire et la littérature des Etats du Nord. En 1732, il envoya 150 volumes dont 31 manuscrits, avec deux paquets de pièces détachées, en langue danoise. En 1733, il envoya 400 volumes. En 1734, deux ou trois cents. La mort empêcha ce diplomate littérateur de continuer ses envois.
Jusqu'en 1734, on reçut, grâce à la même sollicitude active de l'abbé Bignon, des caisses de livres de Lisbonne, de Madrid, de Londres, d'Amsterdam, de la Haye, de Pétersbourg, de Venise et des foires de Leipsick et Francfort. Pour ces deux dernières sources un libraire de Strasbourg avoit la procuration de l'abbé Bignon.
Le marquis de la Bastie, envoyé à Florence, faisoit tenir les bons livres d'Italie. — *Mém. hist.*, p. 71.

*Ib.*, 20 août. — M. Ledran, commis à la garde du dépôt des Affaires étrangères, au Louvre, sous les ordres du garde des sceaux, M. de Chauvelin, envoie à la B. R. quatre manuscrits in-f° qui renferment *La vie des grands capitaines de Brantôme*. Ces quatre volumes provenoient de la Bibliothèque du premier président de Mesmes, achetés pour le Roi par M. de Chauvelin, qui avoit retenu pour le dépôt des Affaires étrangères tout ce qui lui en avoit convenu, et avoit précédemment envoyé le reste à la Bibl. roy. — *Note de l'abbé de Targny.*

... Le même commis à la garde du dépôt du Louvre, envoie à la Bibl. roy. quarante-huit volumes, précédemment conservés dans le dépôt dont il étoit chargé. Ces volumes forment aujourd'hui un *petit fonds* appelé *de Colbert*, et placé sur la dernière tablette du fonds de la salle Colbert.

Le 11 janvier, l'abbé de Targny s'étoit transporté chez M. de Vaudreuil, trésorier de France en la généralité de Soissons, et neveu de l'abbé Drouin; lequel demeuroit dans la rue Gerard-Boquet, attenant à la rue Beautreillis. Il emporta tous les manuscrits laissés par l'abbé Drouin, et vendus l'année précédente au Roi pour la somme totale de 600 fr.

Une partie de ces manuscrits étoit sortie de la Bibliothèque du collége de Navarre, ou se rapporte à l'histoire de cette maison que vouloit continuer l'abbé Drouin, après celle du docteur de Lannoy.

Les anciens mss. reliés étoient au nombre de plus de trente. Le reste, formant 17 n°ˢ du catalogue dressé par l'abbé de Targny, étoit en portefeuilles ou cahiers, et se rapportoit soit à l'histoire du collége de Navarre, soit à celles de la maison de Sorbonne ou du collége royal.

L'abbé Drouin, docteur en théologie de la maison de Navarre, conseiller-clerc de grand-chambre au parlement de Paris, étoit mort en mars 1733.

1736. — 13 et 14 avril. Vente publique des manuscrits de M. de Coislin, évêque de Metz, et premier aumônier du Roi. La Bibl. du Roi en achète dix-huit volumes au prix le plus médiocre. — *Mémoire de l'abbé de Targny. Portefeuilles Cart.*

1737. — Le comte de Froulay, ambass. à Venise, envoie tous les livres arméniens qu'il peut découvrir dans cette ville.

Le 3 mai, mort de l'abbé de Targny, commis à la garde des manuscrits depuis 1719. Ce fut lui qui intercala dans le fonds du Roi un assez grand nombre de volumes, avec l'indication de *Nouvelles acquisitions.*

Louis de Targny étoit en même temps trésorier de l'église

de Reims; il mourut âgé de 78 ans, ayant fondé quatre bourses et ayant laissé sa bibliothèque au collége de *Daimville* (?), dont il avoit été longtemps principal. Il fut nommé abbé d'Arbasine en 1723, de Saint-Louis en 1724; se démit de la trésorerie de Reims en 1735; abbé de Saint-Barthelemy de Noy en 1829. — *Notes de Bertin du Rocheret.*

L'abbé Sevin, adjoint à la garde des manuscrits depuis 1730, succède à l'abbé de Targny.

Après la mort de ce dernier, l'abbé Bignon voulut que l'abbé Sallier et le *Secrétaire de la Bibl. du Roy* fussent présents à la levée du scellé mis sur ses effets. On ne trouva chez lui qu'un petit nombre de livres imprimés qu'il n'avoit pas eu le temps de rendre, et beaucoup de papiers relatifs à l'administration de M. Clement, qui ont été d'un grand secours pour la rédaction du *Mémoire historique.*

On acheta encore des héritiers de l'abbé de Targny 128 volumes mss. et 40 volumes imprimés. — *Mém. hist.*, p. 80.

*Ib.* — On trouva dans des fouilles exécutées à Montmartre une tête en bronze que l'on croit celle du consul Cœlius Caldus, consul l'an 94 avant J.-C. Elle est maintenant exposée au cabinet des antiques. *Dumersan,* 1828, p. 51.

1738. — Le marquis de Villeneuve, ambassadeur à Constantinople envoie de nouveaux mss. des Echelles du Levant.

Le marquis de Bonnac, ambassadeur en Suisse, envoie de son côté quelques livres imprimés, et les lettres originales en turc qui se rapportoient à sa précédente ambassade en Turquie. — *Mém. hist.*, p. 80.

1739. — Publication du premier volume du Catalogue des livres imprimés de la Bibliothèque du Roi. *Paris, Imprimerie Royale, in-f° magno.* Cette belle publication est précédée d'un excellent mémoire historique de 82 pages, auquel nous avons fait de nombreux emprunts pour le présent travail.

Le 1er volume renferme l'inventaire des livres placés dans les divisions A. B. C.

A, renferme l'Ecriture Sainte ou Bible. Il comprend 2763 articles.

B. Liturgies, ou livres ecclésiastiques; offices divins et prières de l'église. – Conciles. 1771 articles.

C. Saints-Pères, auteurs ecclésiastiques.

Le premier volume du *Catalogus codicum manuscriptorum Bibliothecæ regiæ,* paroit en même temps. Il comprend la description des textes orientaux, savoir : hébraïques, 110 art.; samaritains, 6; syriaques, 169; coptes, 51; éthiopiens, 7; arméniens, 138; arabes chrétiens et arabes mahométans, 1636; persans, 338; et turcs 396; additions, 82.

Puis celle des volumes imprimés, savoir : chinois, 1er envoi par Couplet, etc., 68; chinois, donnés par l'abbé Bignon, 46; chinois, envoyés en 1720, par les missions étrangères, 153 vol.; chinois, envoyés en 1723 par M. de La Bretesche, 85; chinois, envoyés avant 1732, par le P. Premare, 34; chinois, trouvés chez le chinois Hoang, mort à Paris, 17; tartares, 6; siamois, 9; indiens, 287. — A la suite est un appendice des msc. envoyés de 1734 à 1739 à la Bibl. roy., ils sont au nombre de 74.

1740. — Publication du second volume du *Catalogus codicum manuscriptorum Bibliothcæ Regiæ*.

Il comprend les manuscrits grecs, en 3117 articles, et se termine par un « Appendix complectens codices mss. Con-« stantinopoli paucis ab hinc mensibus in Bibliotecam re- » giam illatos. » Cet appendice comprend 79 articles.

M. de la Curne de Sainte-Palaye rapporte d'Italie quelques manuscrits, entre autres une leçon de Joinville conservée aujourd'hui dans le suppl. françois n° 206 et payée 360 liv.

Lancelot lègue à la Bibliothèque du Roi ses portefeuilles décrits dans une liasse du fonds Joly et Fleury, n° 2945.

1741. — Mort de l'abbé Sevin, commis à la garde des manuscrits.

Il est remplacé par Melot, de l'Acad. des inscriptions et belles-lettres, qui travailla beaucoup aux volumes du catalogue publiés l'année suivante.

L'abbé Bignon se retire à L'Isle-Belle, près de Meulan, et résigne à son neveu Bignon l'exercice de sa charge, dont il lui avoit fait obtenir la survivance dès 1722.

1742. — Les deuxième et troisieme volumes du catalogue des livres imprimés, paroissent. Le deuxième contient sous la lettre D, la suite de la théologie, savoir : théologiens de l'église grecque, — de l'église latine.— Moraux et casuistes.— Catéchistes et prédicateurs. — Ascétiques. — Controversistes. (8086 articles.)

Le troisième volume sous la lettre $D^2$, contient la deuxième suite de la théologie, savoir : théologiens hétérodoxes. — Supplément aux hétérodoxes. (2855 articles.)

Ce volume termine le catalogue de la théologie.

Le 14 mars, mort de l'abbé Jean-Paul Bignon. Six jours après la mort de M. Bignon, son neveu est nommé bibliothécaire en survivance. (Suivant Dumersan, en 1743 : suivant l'abbé Perau, *Vie de J. Bignon*, 1757 : la date de sa mort est le 14 mai 1743, âgé de 81 ans. — Son buste orne la grande salle des livres imprimés.)

Le frère de l'abbé Bignon, maître des Requêtes, est nommé Bibliothécaire du Roi.

1743. — 26 août. L'on transporte du dépôt du Louvre à la bibliothèque, de la part de M. Ledran, premier commis du dépôt des affaires étrangeres, neuf volumes manuscrits, relatifs à l'histoire de Bourgogne, retirés du scellé de D. Guillaume Aubré, bénédictin de S. Bénigne de Dijon. Ces volumes sont fondus aujourd'hui dans le supplément françois.

1744. — Publication des troisième et quatrième volumes du *Catalogus codicum manuscriptorum Bibliothecæ Regiæ*.

Ce sont les derniers que l'on ait imprimés. Ils comprennent l'inventaire des msc. latins.

Dans le court *Monitum* qui précède l'inventaire, l'auteur expose que l'on a dû s'attacher avant tout, ici, à bien indiquer les diverses matières, même quand on en parloit dans une section différente de celle qui leur auroit appartenu, si l'on n'avoit pas fréquemment trouvé que le même volume renfermoit des sujets entièrement divers.

Il y avoit dans ce travail un grand nombre de difficultés. Dans les manuscrits, les uns sont mutilés, les autres dépourvus de titres, plusieurs sans nom d'auteurs, plusieurs enfin discourant de toute autre chose que leur titre ne le promettoit. Il a fallu restituer les fragmens épars, rechercher, deviner, conjecturer le nom des auteurs ; réparer la perte des titres perdus, suppléer ceux qui n'ont jamais été donnés, d'après le caractère des matières traitées.

On a pris soin de donner pour chaque ouvrage la date approximative de la transcription décrite On a donné le nom de *lettres onciales* à toutes les écritures en majuscules sans avoir égard à la taille des lettres, mais à leur forme.

1746. — Acquisition pour le cabinet des médailles du Roi, des médailles de grand bronze du marquis de Beauveau.

1749. — Acquisition, par de Boze, de la médaille d'or de Piscennius Niger. Elle fut vendue par le P. Elizée de S. Benoît qui la tenoit d'un des religieux de son ordre, arrivé du Levant depuis peu.

10 octobre 1749. — Le maréchal de Noailles fait présent à la Bibliothèque-Royale de trois volumes reliés en maroquin rouge aux armes de France, renfermant les mémoires autographes de Louis XIV.

1750. — Publication du quatrième et du cinquième volume du catalogue des livres imprimés.

Ils comprennent les *Belles-Lettres*, sous les quatre divisions x. y. y². et z.

Le quatrième vol. (1er des Belles-Lettres), renferme sous x, les grammairiens et les Rheteurs (4007 articles). Sous y, la Poésie (6622 articles).

Le cinquième vol. (2e des Belles-Lettres), renferme sous y², les Romans (1453 articles). Sous z, la Philologie, et les Poligraphes (2422 articles).

On découvre à Tours, village à quatre lieues d'Abbeville, un buste de Cybèle en bronze, du plus beau travail et de la plus parfaite conservation. (*Dumersan*, 1828, p. 10.)

1751. — Le Roy envoie à de Boze pour qu'il le plaçat dans le cabinet des antiques, le médaillon d'or, de plus de trois pouces de diamètre, de Justinien. C'est le comte Dessaleurs, ambassadeur à Constantinople, qui l'avoit envoyé au ministre, M. de Rouillé.

1752. — M. Hugues Adrien Joly est nommé garde du cabinet des estampes. Son administration fut signalée par des acquisitions dirigées par un goût sûr et des connoissances très-étendues. *Duchesne*, 1837.

1753. — Publication du sixième volume du catalogue des livres imprimés. C'est le dernier que jusqu'à présent l'on ait publié. Il renferme le premier volume de la Jurisprudence, sous les lettres E et *E, savoir : E, Droit canonique (2633 art.); *E, Droit de la nature et des gens (1398 art.). Ainsi le catalogue imprimé ne renferme que les articles compris sous les lettres A. B. C. D D². E. *E. X. Y. Y² et Z, c'est-à-dire : la Théologie, les Belles-Lettres et la 1re partie de la Jurisprudence.

1754. — Mort de M. de Boze, garde du cabinet des médailles,

au mois de septembre (1). L'abbé Barthelemy, membre de l'Acad des Belles-Lettres, est choisi pour le remplacer. Il étoit adjoint à M. de Boze depuis sept ans.

Blondeau de Charnage cède au Roi, d'abord une collection de 12,700 titres originaux ou copies. En 1758 il ajoute à cette vente celle de 4,800 autres titres généalogiques.

1755. — L'abbé Barthelemy est appelé à continuer les voyages et les recherches de Vaillant et autres. Il ne falloit pas de fonds pour les acquisitions, qui devoient se faire par voie d'échange au moyen des doubles du cabinet. Il emporte avec lui les plus beaux medaillons et les plus belles medailles parmi les doubles provenant de M. de Beauveau. (*A.-L. Cointreau*. p. 5.)

1756. — Les manuscrits laissés par le célèbre du Cange, et presque tous autographes, sont achetés par le Roi le 11 janvier.

Le 3 avril, les manuscrits de l'église de Paris furent également acquis pour la Bibliothèque du Roi. Ils sont au nombre d'environ 300 volumes et remplis des pièces les plus curieuses.

Acquisition du fonds des mss. de M. de Serilly. Ils sont au nombre de plus de 400 vol. et se rapportent à des matières d'ancienne jurisprudence.

La collection d'Estampes du maréchal d'Uxelles, qui de là avoit passé à Lallemant de Betz, fermier général, est acquise pour la Bibliothèque du Roi. Elle est divisée en portraits, et en pièces de géographie et de costumes.

1757. — Retour de l'abbé Barthelemy, qui rapporte de son voyage d'Italie environ trois cents médailles, dont quelques-unes uniques et presque toutes remarquables par leur rareté. (*A.-L. Cointreau*, p. 4.)

En cette année, le cabinet s'enrichit d'une suite de medailles de Danemarck, envoyée par le président Augier;

---

(1) Il avoit accru son cabinet de près du double. C'est à ses dons que l'on doit un *Allectus* en or, une *Hélène* en or, un *Carausius* en argent avec un revers de femme. Il fit acheter la collection des figures, vases, instruments antiques, que Mahudel avoit rassemblés. Enfin, il fit le catalogue général des médailles antiques non classées dans les précédents inventaires.

d'une suite de médailles papales richement encadrées. Le vase de Lowendal, legué au Roi par le maréchal de ce nom, entre au cabinet. (*Cointreau.* p. 6.)

1758. — Acquisition, au prix de 18,000 francs, de la collection de médailles de M. de Cary, de l'Académie de Marseille, composée de trois mille trois cents pièces, dont quatre cent dix-huit en or, huit cents en argent et le reste en bronze. (*Cointreau, ib.*)

1759. — Le 8 septembre, mort de Melot, garde des manuscrits. Il est remplacé par M. Capperonnier, professeur de littérature grecque au collége de France et de l'Académie des Belles-Lettres

On trouve à Mahon une tête en bronze de Tibère qui est maintenant exposée dans le cabinet des antiques. (*Dumersan,* 1836, p. 8.)

1760. — Mort de l'abbé Sallier, garde du cabinet des manuscrits. M. Capperonnier passe à la garde des livres imprimés pour lui succéder, et M. Bejot, de l'Académie des Belles-Lettres, professeur d'éloquence au collége royal et parent de M. Carperonnier, obtient la garde des manuscrits.

Alors M. Malin étoit commis en second à la garde des livres imprimés. Il étoit attaché depuis environ 1730 à la bibliothèque du Roi.

1762. — On voit arriver dans la Bibliothèque 11,000 vol. imprimés, don de M. Falconnet, médecin et membre de l'Académie des Belles-Lettres.

Acquisition du cabinet de M. de Cleves, composé de deux suites, l'une de medailles impériales, plus de mille en or, l'autre de monnoies d'or de France. (*Cointreau, ib.*)

1763. — Cette année et l'année précédente, l'abbé de Gevigney remet au duc de la Vrillière pour la Bibliothèque royale deux collections choisies, l'une de testamens originaux des duché et comté de Bourgogne, l'autre de titres relatifs aux duchés et à la noblesse de Lorraine et de Bar.

M. de la Cour succède à M. Guiblet dans la place de garde du cabinet des titres et généalogies, et de généalogiste de la maison d'Orléans. Il fait entrer dans ce cabinet près de 130,000 titres ou copies de titres généalogiques.

1764. — Le comte de Caylus donne un grand nombre de morceaux du plus grand prix, en gravures et en dessins, au cabinet des Estampes du Roi. Dans le nombre des dons sont les *Peintures antiques*, dessinées par Pietro Santi Bartoli, pour la reine Christine de Suède. Ces dessins avoient été envoyés à Louvois qui les oublia dans ses appartemens; un chirurgien de son hôtel s'en empara, et on les avoit trouvés chez lui en 1750 quand il mourut. C'est alors que M. de Caylus les avoit acquis.

1765. — M. de Charsigné, neveu de Huet évêque d'Avranches, consent à présenter au Roi la bibliothèque fameuse de son oncle, qui d'abord léguée aux Jésuites du collége Louis-le-Grand, étoit sans doute à cause de l'expulsion des Jésuites, redevenue la propriété des héritiers de l'évêque d'Avranches. Les volumes de cette bibliothèque, presque tous chargés des premières notes autographes de Huet, faisoit plus de 8000 tomes imprimés et 200 manuscrits.

M. l'abbé Boudot, alors commis en second à la garde des livres imprimés, est chargé de vérifier le nombre des livres que les jésuites possédoient dans leur bibliothèque et que celle du Roi avoit à désirer. Plus de trente des manuscrits de ces mêmes religieux sont donnés à la Bibliothèque royale, par Meerman, savant hollandois qui avoit acheté la collection entière de ces manuscrits et qui depuis les légua à la Bibliothèque de Leyde.

1765, 3 avril — Le président de Mesnières remet entre les mains du garde de la Bibliothèque du Roi, soixante et onze cartons de titres originaux relatifs aux domaines public et privé, avec un volume relié du Terrier de Paris et trois volumes de la Table générale.

1766. — Acquisition du cabinet de M. de Fontanieu, conseiller d'Etat et intendant des meubles de la Couronne. Il se recommandoit par la beauté des livres imprimés, la curiosité des Estampes et des manuscrits, et surtout par le nombre et l'arrangement des Portefeuilles relatifs à l'histoire de France.

Capperonnier obtient en même temps l'acquisition de plusieurs précieux manuscrits réunis par le duc de la Vallière, comme le *Rationale Durandi*, l'*Hortus Sanitatis*, un recueil des traités de paix, en 2 vol. in-f°. L'exemplaire de Henry III, des statuts de l'ordre du Saint-Esprit; le traité des

Joutes et Tournois de René, roi de Sicile, que le duc de la Vallière tenoit du prince de Conty, etc.

Acquisition d'environ cent boites de titres généalogiques recueillis par M. Blondeau de Charnage qui les céda au Roi. (*Voy*. An. 1754.)

M. Bignon obtient du Roi la survivance de sa place en faveur de son fils.

Le cabinet généalogique s'enrichit de la collection de généalogies de M. Bertin du Rocheret, président en l'élection d'Epernay, et de celle du chevalier Gougnon, composée de pièces généalogiques de la province du Berry. (*Id.* p. 260.)

1770. — Ferret de Fontette, conseiller au Parlement de Bourgogne, cède au cabinet des Estampes de la Bibliothèque Royale sa grande collection de l'histoire de France par les gravures, depuis les Gaulois jusqu'en 1768.

La même année. Begon, intendant de la marine à Dunkerque, cède sa collection d'estampes et dessins qui avoit été formée par son aïeul, mort en 1710. On remarque surtout dans cette collection des oiseaux peints à la gouache, que l'on attribue à la célèbre *virtuose* Marie-Sybille Merian.

Le sieur du Buisson vend au Roi une nombreuse collection de titres et de généalogies. *Id.* p. 260.

1771. — M. Anquetil du Perron remet au cabinet des antiques nombre de monnoies et de poids orientaux décrits dans le Zend-Avesta.

1773. — MM. Barthelemy, oncle et neveu, conservateurs au cabinet des antiques, choisissent A.-L. Cointreau pour commis écrivain. Il est inscrit sur l'état des employés de la Bibliothèque à partir du 1er octobre. (*Cointreau*, p. 8.)

1774, 26 mars. — Découverte du beau vase de Rennes, en forme de soucoupe, d'or à double fond, orné de quarante médailles environ avec des revers très rares et à fleur de coin. Le sujet ciselé est le défi entre Hercule et Bacchus à qui boira davantage.

1775. — Le 30 mai et non pas le 31 mai 1774, comme le dit *la France Littéraire* (tom. 3), mort de Capperonnier, garde des livres imprimés, professeur royal pour le grec. Il est remplacé par l'abbé Desaulnays, censeur royal. Desaulnays avoit commencé par être gouverneur d'un jeune seigneur, puis desservant de paroisse ; puis Capperonnier l'avoit fait entrer à la Bibliothèque du Roi, comme l'un des derniers commis. Il avoit gagné ses grades peu à peu, et d'une façon régulière. (Voy. *Chasse aux Bibl.* de l'abbé Rive, t. 1, p. 188.) Il mourut d'une goutte remontée.

« Le public, » dit le Prince, jouiroit maintenant du deuxième volume du catalogue, c'est-à-dire, de la suite de la jurisprudence. si M. Capperonnier ne fût pas mort dans le temps même où l'on alloit commencer à imprimer la partie du droit civil *qui étoit toute prête*.

En 1782, le Prince disoit dans une note : « Cette partie du droit est actuellement sous presse : M. l'abbé Desaulnays qui a succédé à M. Capperonnier, empressé de faire jouir le public d'un ouvrage commencé par M. Melot, qui avoit été très-avancé par M. Capperonnier, travaille pour se mettre en état de la donner entièrement et sans interruption. Cet ouvrage qui *s'imprime avec célérité* en mettant le comble à la réputation de M. Capperonnier, fera honneur à M. l'abbé Desaulnays et à MM. Malin et l'abbé Capperonnier, commis en second et censeurs royaux, chargés en partie de ce travail. »

Acquisition d'une partie du cabinet Mariette : on se contenta de prendre les pièces que le cabinet du Roi ne possédoit pas.

Louis XVI (1774-1793).—1775.—Acquisition au prix de 300,000 francs, des 32,499 médailles du cabinet Pelerin, parmi lesquelles 5966 médailles de peuples et de villes en tous métaux. —2375 de rois anciens. —3193 médailles d'argent, impériales, non compris 221 médaillons d'argent, au coin des Empereurs, et une superbe suite de 1166 médailles impériales en or. (Cointreau, *Hist. abr.*).

On reçoit la même année une collection de monnoies et médailles de Russie, et divers objets d'antiquités trouvés récemment en Sibérie.

1777. — Acquisition du cabinet généalogique de Jault, consistant en 142 portefeuilles de titres ; et de celui de M. Blondeau, composé de 640 portefeuilles et boites généalogiques.

**1778.** — Acquisition d'environ 30 manuscrits sur la Bretagne, dans une vente publique.

**1779.** — Mort de M. de la Cour, garde du cabinet des titres et généalogies. L'abbé de Gevigney, qui avoit obtenu dès l'an 1773 la survivance de cette place, lui succède.

En 1780, Jault vendit au Roi plus de 8,000 titres originaux, depuis 1150 jusqu'au XVIII$^e$ siècle.

*Ib.* Juillet. — Le Résident françois à Candie envoie une suite de médailles grecques de villes et de rois et de médailles romaines, consulaires et impériales. — *Cointreau.*

**1780.** — Acquisition des portefeuilles, inscriptions, notes et cartons de Fourmont (Claude-Louis), neveu d'Etienne et Michel Fourmont, célèbres orientalistes.

M. de Fontanieu dépose au cabinet plusieurs suites de médailles dites de Louis XIV, le tout enfermé dans une commode et deux encoignures ornées de bronze aujourd'hui placées aux extrémités du grand bureau avec des tables de marbre de griotte d'Italie.

**1781.** — Acquisition de l'œuvre de Finiguerra, orfévre de Florence, vers 1460. Il consiste en soixante estampes environ. Elles ont été retrouvées à Constantinople, et vendues au cabinet de la Bibliothèque royale, 500 livres.

**1782.** — Le Prince ainé, inspecteur de la Librairie près la chambre syndicale de Paris, et attaché à la Bibliothèque du Roi, pour veiller au recouvrement des exemplaires dus à la Bibliothèque, fait paroître son *Essai historique sur la Biblio:hèque du Roi et sur chacun des dépôts qui la composent, avec la description des bâtimens et des objets les plus curieux à voir dans ces différens dépôts.*

Au temps de le Prince, la Bibliothèque étoit ouverte à tout le monde, sans distinction, le *mardi* et le *vendredi matin*, excepté les jours de fête. Cependant « on ne communiquoit pas indistinctement toutes sortes de manuscrits. »

Les vacances s'ouvroient le 8 septembre et se terminoient au 12 novembre (deux mois quatre jours). A Pâques et à Noël, elles étoient de quinze jours (en tout, trois mois quatre jours).

Les gardes des cinq sections étoient :

L'abbé Barthelemy, au cabinet des médailles et antiques.

Bejot, au dépôt des manuscrits.

L'abbé Desaulnays, aux livres imprimés.

Joly, au cabinet des planches gravées et estampes.

L'abbé de Gévigney, aux titres et généalogies.

Les autres employés secondaires étoient :

1. L'abbé Barthelemy de Courçay, adjoint à la garde des médailles.

2. L'abbé Martin, secrétaire.

3. Dufour, adjoint à la secrétairerie.

4. De Villeneuve, concierge et trésorier.

5. Le Prince.

6. Interprètes attachés à la Bibliothèque du Roi : Cardonne, Anquetil, Le Roux des Hautesrayes, de Guignes, Rufin, Venture, Tobiesen Duby, l'abbé Blanchet.

7. Saint-Aubin, graveur.

8. Lescullier, imprimeur en taille-douce.

9. Durand, relieur. — *Le Prince, Essai hist.*

*Ib.* M$^{me}$ Swimburne cède par échange quatre médaillons d'or du Bas-Empire, très-précieux par leur module et leur rareté. — *Cointreau.*

1783. — M. Joly adopte, au cabinet des estampes, l'ordre indiqué en 1771, par Heinecken, dans son livre intitulé *Idée générale d'une collection complète d'Estampes*. Cet ordre est la base de celui que l'on observe encore. *Duchesne.*

Acquisition, à la vente des antiquités du cabinet Pellerin, d'un petit Amour ailé, d'un Harpocrate, et d'un enlèvement de Ganimède, en or très-pur. — *Cointreau.*

1784. — M. Van-Praet entre dans la Bibliothèque du Roi, sous les auspices de l'abbé Desaulnays, et comme commis des livres imprimés. Il est de suite porté aux appointemens de 2,000 francs. *Rive, Chasse aux bibliographes,* t. 1, p. 188.

*Ib.* — On transporte dans le rez-de-chaussée de la Bibliothèque un autel antique trouvé dans les démolitions des bâtimens du Palais, de la hauteur d'un mètre et demi de forme quadrangulaire et représentant en relief différentes figures, entre autres celles de Mercure et d'Apollon. — *Cointreau.*

1785. — M. Lenoir, Bibliothécaire, remet au cabinet trente et une médailles en or, quatre en argent et deux en bronze, relatives à l'histoire de France. — *Cointreau.*

1786. — M. Dombey, naturaliste, envoyé au Pérou en 1776, par les soins de M. Turgot, en rapporte avec une belle collection d'objets d'histoire naturelle, diverses antiquités péruviennes. — *Cointreau.*

1787. — Mort de M. Bejot, garde des manuscrits, et membre de l'Académie des inscriptions et Belles-Lettres (31 août). Il avoit la réputation d'être paresseux. (Voy. le *Conservateur* de 1787.) Il étoit professeur d'éloquence latine au collége royal, et censeur royal. Parent de Capperonnier, il étoit entré à la Bibliothèque en 1769, aussitôt après la mort de l'abbé Sallier.

Les fonds annuels destinés à l'entretien de la Bibliothèque du Roi, au paiement de son administration et à l'achat des livres imprimés ou manuscrits est porté de 130,000 à 140,000 livres. *Rap. de Villiers.* — *Monit. du 22 oct.* 1795.

1787. — M. Cousinery, agent de France à Salonique, cède au cabinet soixante-seize médailles des plus anciens temps de la Grèce et d'Athènes, en échange de quelques doubles médailles d'or. *Ib.*

1788. — On fait l'acquisition pour la somme de 18,151 fr. d'objets rares et précieux faisant partie de la riche collection de M d'Ennery, parmi lesquels la médaille d'or à la tête d'Annibal, la médaille d'argent d'Audoléon, roi de Péonie; une suite d'as et poids romains, etc. — *Cointreau.*

1789. — Lettres patentes du 17 novembre 1789, ordonnant que les catalogues des Bibliothèques et archives des chapitres et des monastères seront déposés aux greffes.

*Ib.* — On transporte au cabinet des médailles les pierres gravées au nombre de plus de huit cents qui précédemment étoient renfermées dans les tiroirs du bureau de la chambre du conseil à Versailles, et qui ont été décrites dans les

*Mémoires de l'Académie des inscriptions* et dans le *Recueil des Antiquités de Caylus.* — *Cointreau.*

1790. — Lettres patentes du 26 mars 1790, portant art. 5, que les officiers municipaux donneront un état sommaire des Bibliothèques.

*Ib.* — M. de Beauchamps fait remettre au cabinet des antiques, onze morceaux de briques trouvés à Babylone et remarquables par leurs caractères : avec un plan et une vue des ruines de Takkesré, et deux mémoires imprimés depuis. — *Cointreau.*

Lettres patentes du 15 décembre, publiant des instructions concernant la conservation des manuscrits, chartes, livres imprimés, etc.

*Ib.* — Le citoyen Carra cède au cabinet des médailles diverses monnaies d'or et d'argent frappées en Belgique, pendant le court espace de sa liberté. — *Cointreau.*

Mercier de Saint-Léger publie son Mémoire pour la conservation des Bibliothèques des communautés séculières et régulières de Paris, in-8°. — L'abbé Barthelemy dans un mémoire présenté à l'Assemblée Constituante sous le titre de *moyens de conservation*, n'en voit pas de plus certain que celui de ne rendre jamais le cabinet public.— « Après la mort de M. de Boze qui, dit-il, s'étoit fait une règle d'en défendre l'entrée aux simples curieux, je me laissai entraîner à un zèle de novice ; mais je n'ai jamais montré le cabinet sans être pénétré de frayeur ! » etc....

L'Assemblée constituante réduit le fonds annuel de la Bibliothèque à la somme de 110,000 livres. — *Rapport de Villiers.*

1791. — Loi du 1er juin 1791, relative à la liste civile et qui par l'art 1er décrète que le Louvre et les Tuileries réunis seront destinés à l'habitation du Roi, à la réunion de tous les monumens des sciences et des arts et aux principaux établissemens de l'instruction publique.

Septembre. — L'Assemblée constituante reconnaissant l'insuffisance du fonds annuel de la Bibliothèque, récemment réduit par elle, décrète une somme extraordinaire de 100,000 fr. pour les besoins de l'établissement. — *Rapport de Villiers.*

5 novembre. — Après la sanction du décret qui déclaroit domaines nationaux les biens ecclésiastiques, les trésors des églises sont mis à la disposition du gouvernement.

On apporte du trésor de Saint-Denis, au cabinet des antiques : — 1° une agate représentant Auguste ; — 2° le calice de Suger ; — 3° une aigue-marine gravée en creux, par Evodus, représentant Julie, fille de Titus ; — 4° un vase de sardoine, représentant des cérémonies relatives au culte de Bacchus ; — 5° une grande soucoupe d'or, ornée d'émaux avec un roi parthe, gravé en creux ; — 6° un buste d'Auguste sur sardoine onyx ; — 7° une agate onyx, représentant Auguste ; — 8° deux gondoles montées en or et enrichies de pierreries, — 9° une sardoine onyx représentant la tête de Germanicus ; — 10° une urne de porphyre ayant servi de tombeau : — 11° enfin le fauteuil de Dagobert. — *Cointreau.*

Vers le même temps on acquiert par échange, de l'abbé de Tressan, vingt-neuf médailles en argent des rois parthes Arsacides ; sept médailles et une de bronze, des rois perses Sassanides ; enfin deux médailles de Judée, frappées d'après les types de l'empereur Trajan. — *Ib.*

*Ib.*—On apporte de la sainte Chapelle, la célèbre sardoine onyx représentant l'apothéose d'Auguste, vulgairement appelée l'agate de la sainte Chapelle, apportée en France sous le règne de Charles V, en 1383. — *Ib.*

*Ib.* — L'abbé Barthelemy, garde des médailles, fait placer au pied du petit escalier du cabinet des médailles le marbre dit de Choiseul, offrant une inscription grecque de certaines sommes payées par les trésoriers d'Athènes et sur laquelle il publie une dissertation. — *Cointreau.*

1792. — Loi du 4 janvier 1792, dont l'art. 1er décrète la continuation des travaux ordonnés pour la confection des catalogues, des livres provenant des maisons religieuses et autres.

*Ib.* — Le titre de Bibliothèque du Roi est changé en celui de Bibliothèque nationale.

Loi du 16 mai qui excepte de l'abolition des titres déposés aux Augustins, les pièces qui pourroient intéresser les sciences et les arts.

Mercier de Saint-Léger, membre de la commission des monumens, s'applique à sauver les Bibliothèques et adresse des instructions aux bibliothécaires de départemens sur le mode de classement, etc.

1792. — Lettre de M. Girey-Dupré, l'un des rédacteurs du *Patriote Français* (sous-garde aux manuscrits de la Bibliothèque nationale), a l'Assemblée nationale : *séance du 30 août*. Cette lettre est conçue à peu près en ces termes:

« Déjà des plaintes graves ont retenti dans le sein de l'Assemblée nationale contre la conduite des commissaires provisoires de la commune de Paris. On a réclamé contre leurs usurpations des pouvoirs du peuple qui les a choisis. On a réclamé contre leur avidité à se partager les places et recueillir les fruits de leur dictature, contre leur système d'avilissement du Corps législatif. Revêtu comme écrivain patriote d'une sorte de magistrature morale, j'ai élevé ma voix contre ces commissaires, ils ont voulu m'effrayer par l'appareil de leur puissance: ils m'ont mandé à la barre; je n'ai pas voulu avilir la qualité de citoyen en obéissant à un ordre tyrannique et je n'ai pas paru à leur barre. Je savois que la loi qui permet aux municipalités de délivrer des mandats d'arrêt ne leur permet qu'envers les personnes prévenues de complots contre la sûreté générale de l'Etat. Quelqu'accoutumé que je fusse à leurs excès, j'ai donc dû être fort surpris de leur voir délivrer un mandat d'arrêt dans leur propre cause. Il est temps que l'Assemblée fasse cesser tous les désordres, qu'elle rende au peuple ses droits, qu'elle maintienne la liberté individuelle et la liberté de la presse, contre les entreprises des usurpateurs. Le moment presse, le corps électoral va s'assembler, il importe de le soustraire à l'influence de quelques intrigans. Je joins à cette lettre l'ordre des commissaires de la commune et la réponse que je leur ai faite. »

*Extrait du registre des délibérations du conseil général des commissaires des quarante-huit sections, 28 août, l'an* iv *de la Liberté et* i$^{er}$ *de l'Egalité.*

« Le conseil général arrête que l'éditeur du *Patriote Français* sera mandé à la barre demain à onze heures, pour s'expliquer sur une imposture qu'il a imprimée dans sa feuille sur le compte du conseil général de la commune. Huguenin, *président*, Mehée, *secrétaire greffier-adjoint.* »

*Copie de la lettre écrite aux commissaires provisoires de la commune, par J.-N. Girey-Dupré.*

« Vous m'avez mandé à la barre, je ne m'y rends pas, parce

que vous n'aviez pas le droit de m'y mander; parce que je connois et que je maintiendrai mes droits. Si vous vous croyez calomniés ou insultés, il est des tribunaux où je vous attends : mais vous n'êtes pas un tribunal et encore bien moins pouvez-vous juger dans votre propre cause. Si vous avez voulu essayer votre pouvoir contre les écrivains patriotes et détourner en les effrayant la vérité qu'ils doivent au peuple, et *qu'ils lui diront*, vous avez mal choisi l'objet de votre épreuve. Je suis fermement résolu à défendre *jusqu'à la mort* la liberté individuelle et la liberté de la presse que vous attaquez, les droits de l'homme auxquels vous attentez, les droits du peuple que vous usurpez. Il ne tient qu'à vous de commencer une lutte que je ne redoute pas plus que je n'ai redouté la puissance des *réviseurs* et les mandats du juge de paix La Rivière.

» *P. S.* Comme je n'ai jamais refusé de donner des explications fraternelles aux citoyens qui ont cru avoir à se plaindre de moi, motivez l'objet de votre plainte, je suis prêt à soutenir la vérité, si je l'ai dite, ou à rétracter une erreur, si elle m'est échappée! »   *Monit. du* 1er *septembre.*

*Séance du 31 août.* — « M. Vergniaux fait un rapport relativement à un mandat d'arrêt lancé contre M. Girey-Dupré, *imprimeur* du *Patriote Français*, par le conseil des représentans de la commune. Il propose le décret suivant :

» L'Assemblée nationale considérant qu'il importe de réprimer les atteintes portées à la liberté individuelle, par quelqu'autorité constituée qu'elle soit, décrète qu'il y a urgence. » — L'Assemblée après avoir décrété l'urgence, décrète que les mandats d'amener à la barre et d'arrêt, décernés par le conseil général de la commune de Paris, le 30 août, contre le sieur Girey-Dupré, sont attentatoires à la liberté individuelle et à la liberté de la presse, et en conséquence les déclare nuls et non avenus : enjoint à la municipalité de Paris de se renfermer à l'égard des mandats d'amener et d'arrêt, dans les bornes prescrites par loi sur la police générale et sur la sûreté de l'Etat.

» *M. Thuriot.* Il faut que l'Assemblée ne précipite point sa décision, sans avoir connu les motifs qui ont dirigé le conseil général de la commune à lancer le mandat d'amener contre M. Girey-Dupré.

» *M. Marbot.* Je demande qu'un membre de l'Assemblée

qui a peur d'un représentant de la commune de Paris, laisse faire ceux qui ont du cœur et du courage.

» *M. Reboul.* Je suis bien étonné d'entendre un membre de l'Assemblée prendre la défense d'un mandat qui persécute un citoyen pour tels mots que je ne connois pas, lorsque Paris est placardé d'affiches qui appellent le fer sur l'Assemblée nationale. Elles sont signées MARAT!.. Je demande que la liberté de la presse soit vengée en la personne de M. Girey-Dupré, et que ce citoyen qui n'a pu être poursuivi que par un ressentiment particulier, et qui n'a point conspiré contre la sûreté de l'État, trouve au moins un refuge dans l'Assemblée nationale, dans l'asile de la loi. (On applaudit.)

» M. Vergniaux relit le projet de décret de la commission, il est adopté. » (*Monit.*, 2 *septembre* 1792).

1792. — L'organisation de la Bibliothèque éprouve en cette année quelques modifications. Son chef, M. Lefèvre d'Ormesson de Noyseau, ancien président à mortier, membre de l'Assemblée constituante, érudit et helleniste distingué, occupoit la charge de bibliothécaire du Roi. Il est destitué sous le ministère Rolland—et remplacé après la journée du 10 août, par les citoyens Carra et Champfort (1).

Il est décidé que le cabinet des médailles ouvert depuis deux ans trois fois par semaine, le sera désormais tous les jours. On y réunit la collection de portraits en émail de Petitot, achetés en 1788, à la vente de M. d'Ennery, pour la somme de 72,000 livres, et formant un tout de soixante pièces y compris trois miniatures de Rosalba Carriera. (Depuis transférés au Musée de peinture.)

Sur la proposition de l'abbé Barthelemy le jeune, Barbier du Boccage est attaché au cabinet des médailles pour passer quelque temps après à la division des livres imprimés.

(1) « L'abbé Desaulnays avoit pris le sage parti de fuir. Quelques mois après sa retraite dans une province éloignée de la capitale, le Bibliothécaire, M. d'Ormesson, se vit dépouillé de sa charge au profit de deux hommes qui sans doute étoient alors plus que lui frappés des avantages du système républicain : le premier, journaliste virulent, se nommoit Carra et monta bientôt sur l'échafaud; le second, Champfort, disciple ardent de la philosophie de Voltaire et de la politique de Rousseau, ne conserva pas un an les fonctions auxquelles son mérite personnel lui donnoit, après tout, de véritables droits : on le soupçonna d'appartenir à la faction de l'ancien régime... Un délateur se rencontra parmi les employés secondaires de la Bibliothèque : l'infâme Tobiesen-Duby dénonça Champfort, dénonça l'illustre et vénérable Barthelemy, le jeune et inoffensif Van Praët. » PAUL. PARIS, *Notice sur M. Van Praët.*

République.—1792.—Mort d'Hugues-Adrien Joly, garde des estampes depuis 1752.

1792. — Décret qui surseoit à la vente des livres et autres objets scientifiques.

An II, 1794. - Rapport de Coupé et adoption de son projet sur les bibliothèques.
Décret pour le rassemblement des bibliothèques éparses dans les départemens.
Nouveau rapport de Grégoire à ce sujet. Ordre donné aux districts d'envoyer le catalogue des livres qu'ils possèdent. — *Monit.*, 1792.

2 septembre — Le citoyen Barthelemy, l'un des conservateurs du cabinet des médailles, alors âgé de soixante-dix-sept ans,—et son neveu Barthelemy, premier employé; Champfort, bibliothécaire national, et deux autres employés supérieurs de la Bibliothèque, sont arrêtés et conduits aux Madelonnettes (1). Pendant l'incarcération de l'abbé Barthelemy, « le citoyen A. L. Cointreau, employé audit cabinet, dresse un état sommaire des travaux de MM. Barthelemy, oncle et neveu, tant pour répondre aux renseignemens que l'autorité pourroit demander que pour mettre les fonctionnaires de l'établissement en mesure contre les impressions étrangères des malintentionnés. » (*Préface de l'histoire abrégée du cabinet des médailles*.)

1793. — Loi du 24 octobre, qui défend d'enlever, de détruire, de mutiler (sous prétexte de faire disparoître les signes de féodalité ou de royauté) dans les bibliothèques publiques ou particulières, les livres imprimés ou manuscrits, etc.

Loi du 25 octobre, comprenant les livres au nombre des objets destinés aux établissements publics, parmi les captures faites sur mer.

---

(1) « Champfort, l'abbé Barthelemy, l'abbé de Courçay et M. Van Praët furent conduits à la prison des Madelonnettes : ils n'y restèrent que trois jours. Mais M. Van Praët, ayant trompé la vigilance des gardes, courut demander un asile à M. Théophile Barrois : ce libraire, il faut le dire, étoit alors assez avancé dans les idées républicaines ; mais, tout en reconnaissant les dangers de l'hospitalité, il n'hésita pas un instant à risquer son existence pour assurer celle d'un proscrit inoffensif. Par bonheur on ne suppsa pas que la maison de Barrois pût jamais servir d'asile à des ennemis de la patrie, et M. Van Praët y put demeurer secrètement plus de trois mois. » Paul. Paris, *ib.*

Octobre. — Isabeau et Tallien, délégués de la Convention, écrivent de Bordeaux, troisième jour du deuxième mois : « Notre présence à Bordeaux commence à produire les heureux effets que la République avoit droit d'attendre. La punition des coupables a commencé... Hier nous avons fait arrêter Biroteau et Girey-Dupré. Le premier ayant été mis hors la loi sera exécuté aujourd'hui. — Nous envoyons le second au tribunal révolutionnaire à Paris. Cet homme a été rédacteur du *Patriote Français*, ami et confident intime de Brissot. Il peut donner des éclaircissemens importans... » — *Moniteur du* 29 *octobre.*

30 octobre. — Jean-Louis Carra, conventionnel et bibliothécaire national, d'abord démagogue exalté, puis Brissotin, depuis sa brouille avec Robespierre, décrété d'accusation avec le parti de la Gironde, subit la peine capitale avec vingt et un de ses collègues.

Loi du 2 décembre, qui ordonne de rassembler dans les dépôts les parchemins, livres et manuscrits qui seroient donnés librement pour être brûlés.

28 décembre. — Elargissement du citoyen Barthelemy. Paré, ministre de l'intérieur, lui offre la place de bibliothécaire; Barthelemy refuse. A sa rentrée au cabinet des médailles il approuve le travail de A.-L. Cointreau et lui fournit plus tard les élémens du livre qu'il publie en 1800. — Champfort, également élargi, avoit conçu une telle horreur du système révolutionnaire, auquel à son début il avoit cependant adhéré, que bientôt menacé d'une nouvelle arrestation, il essaye de se suicider en se tirant un coup de pistolet à la tête, et en se portant plusieurs coups de rasoir (1).

En l'an 1er, des voleurs essayent de s'emparer du médaillier

---

(1) « Pour Champfort et Barthelemy, ils furent rendus à la Bibliothèque du Roi, mais non pas à la liberté ; car il leur fallut subir la continuelle surveillance d'un émissaire de la nation dont ils salarioient la presence importune, et qui ne les quittoit pas même la nuit. Après un mois passé dans cette pénible intimité, et comme ils achevoient un repas frugal, voilà qu'un gendarme vient leur ordonner de se disposer à le suivre. A ces mots, Champfort demande à passer dans la salle voisine, sous prétexte de quelques préparatifs : il saisit, il arme un pistolet, il se fracasse le front et se perce l'œil droit. Furieux de vivre encore, il s'empare d'un rasoir, se déchire la gorge, se couvre d'innombrables blessures : efforts impuissants ! il ne put se débarrasser de la vie, et l'on parvint même à cicatriser une partie de ses plaies; mais le chagrin fit bientôt ce que n'avoient pu consommer ses mains désespérées. » PAUL. PARIS, *ut supra.*

de Sainte-Geneviève. Une commission composée des citoyens Leblond, Barthelemy et Cointreau est chargée de vérifier l'état dudit médaillier. Il s'y trouvoit 842 médailles impériales d'or ; 1,625 médailles d'argent : médailles grand, moyen et petit bronze ; 126 coins de médailles padouanes, et un grand nombre d'autres formant ensemble 17,000 pièces, qui sont réunies au cabinet des antiques.

Le représentant Romme, président du comité d'instruction publique, visite le cabinet de médailles à cette époque. L'abbé Barthelemy, conservateur en chef, étoit retenu chez lui par ses infirmités, son neveu Barthelemy étoit prisonnier au Luxembourg ; Romme émet l'idée d'envoyer les médailles du cabinet à la fonte pour le service de la République. Cointreau, après longue conférence, obtient le délai nécessaire pour en informer l'abbé Barthelemy qui parvient à faire repousser, à la Convention, la proposition du représentant Romme. — *Cointreau.*

1793. 17 brumaire an II (18 novembre). — Lefèvre de Villebrune, professeur de langues orientales au Collége de France, est nommé bibliothécaire à la Bibliothèque nationale (en remplacement de Champfort ?). « Cette nomination est d'autant plus avantageuse, que l'on va s'occuper d'un choix immense de livres pour cette précieuse Bibliothèque, et que le citoyen Villebrune est l'homme le plus propre à éclairer dans ces opérations, vu cette multiplicité de langues anciennes et modernes qu'il entend et les connoissances qu'il a de presque toutes les sciences utiles. » — *Monit. du* 15 *novembre* (1).

1er frimaire, 21 novembre. — TRIBUNAL CRIMINEL RÉVOLUTIONNAIRE. Jean-Marie Girey-Dupré, né à Paris, sous-garde des manuscrits à la Bibliothèque nationale, et rédacteur du journal dit le *Patriote Français...*, atteint et

---

(1) « A la mort de Champfort, l'administration de la Bibliothèque fut confiée à Lefèvre de Villebrune, pédant ambitieux et lâche, qui, ne pouvant obtenir l'estime de ses collègues, prit le parti de chercher à se débarrasser de leur contrôle. Van Praët venoit de reprendre ses fonctions de commis à la garde des livres imprimés : il devint l'objet de la malveillance du délateur. Lefèvre l'accusa d'être Belge, d'être ennemi de la nation et d'entretenir des relations avec les ennemis de la République. Ces ennemis étoient l'abbé Desaulnays et l'abbé Barthelemy. L'accusateur n'eut pas à se féliciter de ses tentatives : Robespierre tomba, Van Praët conserva ses fonctions, Lefèvre se vit obligé de renoncer aux siennes. » PAUL. PARIS, *ut supra.*

convaincu d'être auteur ou complice de la conspiration qui a existé contre l'unité et l'indivisibilité de la République, la liberté et la sûreté du peuple français, est condamné à la peine de mort. — *Moniteur du 25 novembre.*

1794. — *Loi du 27 janvier.* Décret portant, art. 2, l'établissement d'une Bibliothèque publique dans chaque district : Art. 4. Le maintien de toutes les Bibliothèques alors existantes; Art. 13. L'entretien sur les deniers publics des bâtimens qui leur sont affectés.

*Loi du 15 février.* Décret portant que les Bibliothèques rassemblées dans les divers ports seront formées d'ouvrages relatifs à la théorie, la pratique et l'histoire de la navigation et des cartes et instrumens relatifs.

*Loi du 11 avril*, qui demande compte du travail relatif à la confection du catalogue de chaque Bibliothèque de district.

Champfort guéri de ses blessures, mais découragé, succombe à ses chagrins et meurt le 13 avril, à l'âge de cinquante-trois ans. Il n'avoit point repris ses fonctions de bibliothécaire depuis sa sortie de prison.

*Loi du 25 juin*, concernant les archives publiques, portant art. 12, que les chartes et manuscrits appartenant à l'histoire, aux sciences et aux arts, seront déposés dans les Bibliothèques publiques.

*Loi du 3 juillet*, donnant des instructions sur la manière d'inventorier et de conserver, dans toute l'étendue de la France, tous les objets qui peuvent servir aux arts, aux sciences et à l'enseignement.

*Rapport du 31 août*, du citoyen Grégoire, sur les destructions opérées par le vandalisme et sur les moyens de le réprimer.

Peine de deux années de détention, prononcée conformément au décret du 13 avril 1793, contre les auteurs de dilapidation des Bibliothèques, etc.

*Loi du 29 octobre*, qui rend les agens nationaux et les administrateurs de districts, responsables des destructions et dégradations commises sur les livres, etc., et leur enjoint de rendre compte de l'état des Bibliothèques.

M. Millin (Aubin-Louis), est nommé conservateur des antiques et médailles; l'abbé Barthelemy retenu par ses infirmités ne paraissoit plus au cabinet.

Le représentant Grégoire fait lecture à la Convention d'une lettre du citoyen Barthelemy le jeune, adjoint à la garde du cabinet des médailles de la Bibliothèque nationale. — « Ce citoyen envoie quelques épreuves d'une gravure, d'une médaille d'argent qui est parfaitement à l'ordre du jour. Son mauvais travail l'avoit fait reléguer parmi les médailles inutiles aux artistes. Mais l'idée et l'expression de cette pièce sont dignes des représentans d'une nation libre : elle prouve que dans le temps des troubles qui dans le XVIe siècle agitoient la France, la sève républicaine fermentoit déjà dans quelques fortes têtes. Dans ce précieux monument, dit Barthelemy, elles ont prononcé leur vœu pour la destruction de la tyrannie : la Convention nationale l'a accompli. Cette médaille représente d'un côté un bras sortant des nues moissonnant trois lys avec une épée tranchante, légende : *Talem dabit ultio messem.* Telle est la moisson qu'obtiendra la vengeance. De l'autre côté, un autre bras lançant la foudre sur une couronne et un sceptre brisé, légende : *Flamma metuenda tyrannis.* A l'aspect de ces feux, les tyrans tremblent. »

La Convention ordonne l'insertion au bulletin de cet hommage républicain (1).— *Monit.* 1794, *2 avril.*

An II, 1794. — Défense d'établir aucun magasin ou atelier dans le voisinage des Bibliothèques.

1795, 21 mars. — Motion de Chenier en faveur de la mère de Girey-Dupré. — L'orateur parle en ces termes : « Citoyens, vous voyez devant vous la mère d'un républicain dont les talens et l'énergie ont bien servi la liberté, et contre les royalistes et contre les oppresseurs du peuple qui ont gouverné par le sang. Elle vient vous recommander sa misère honorable : son fils étoit l'unique appui de sa vieillesse et maintenant il n'est plus, les tigres l'ont immolé à l'âge de vingt-quatre ans; car il étoit convaincu du crime d'avoir défendu la Convention nationale et la République contre Robespierre et ses mi-

---

(1) Cette médaille, frappée par la Ligue qui ne vouloit nullement l'abolition de la royauté, mais comme on sait la substitution de la famille de Lorraine à la famille de Bourbon, est gravée dans l'*Hist. métall. de la Révolution française*, par Hennin, n° 567, et dans le *Trésor num. révolut.*, pl. 49, n° 8.

nistres. Il a suivi à l'échafaud les glorieuses victimes de la contre-révolution du 31 mai. La gloire de Girey-Dupré est inséparable de leur gloire, il est mort comme ses amis en chantant la liberté, en maudissant la tyrannie, en faisant des vœux pour la République !... Maintenant que la Convention est rétablie dans sa puissance légitime, tout sollicite à la fois la protection nationale en faveur d'une mère infortunée qui ne possède d'autre bien, d'autre héritage que le souvenir de son fils et l'honneur d'avoir porté dans son sein un martyr de la liberté. Je vous propose le décret suivant:

» La Convention nationale décrète qu'il sera payé par la trésorerie nationale à compter du 1er vendémiaire dernier, à la mère de Girey-Dupré, auteur du *Patriote Français*, une pension annuelle de 1200 livres.» — *Monit du 24 mars.*

Cette proposition de rente est convertie en un secours de 1500 livr. payé par la trésorerie nationale sur la proposition du représentant Bernard, au nom du comité des secours: séance du 29 floréal.— *Moniteur du 21 mai* 1795.

1795 (an IV). — Jean-Adrien Joly succède à son père, mort (?) en 1792, dans la place de conservateur du cabinet des estampes. M. Duchesne entre en même temps que lui, comme employé. — *Duchesne,* 1837, p. 7.

15 juillet.— L'armure admirable de François Ier, apportée de la Hollande, est déposé au cabinet des antiques. - *Dumersan,* 1838.

30 avril 1795 — Mort de l'abbé Barthelemy. Son buste est placé dans l'une des salles du cabinet des manuscrits.—Quelque temps après, le 9 mai suivant, le représentant Dussaulx prononce à la Convention l'éloge de l'auteur du *Jeune Anacharsis*, et il finit en ces mots:

« Je me borne à vous demander une grâce propre à réjouir les mânes de l'illustre Barthelemy. L'un de ses neveux, je ne parle point de notre digne ambassadeur à Basle, mais du citoyen Courcey, son frère, qui pendant vingt-cinq ans a rempli à l'égard de son oncle tous les devoirs d'un fils tendre et respectueux, qui l'a suppléé longtemps dans les fonctions de garde des médailles et antiquités du cabinet national; je demande que ce bon citoyen soit maintenu dans cette place qu'il a exercée avec tant d'assiduité et de succès. »
— *Moniteur du 19 floréal an* III, *9 mai* 1795.

A la suite de ces propositions, le citoyen Barthelemy de

Courçay est nommé conservateur des médailles, conjointement avec A.-L. Millin.—Vers le même temps, Cointreau eut le titre de premier employé. Mionnet, qui étoit entré depuis plusieurs mois au cabinet sur la recommandation de l'abbé Barthelemy, est nommé second employé, et le jeune Marion Dumersan, troisième.

Nomination d'une commission chargée de présenter des moyens pour la conservation des Bibliothèques

Délibération du comité d'instruction publique du 13 juillet 1795, portant que les préposés aux Bibliothèques ne prêteront point à la jeunesse les livres qu'ils croiront capables de compromettre les mœurs.

22 octobre. — Rapport de Villiers à la Convention nationale touchant l'organisation de la Bibliothèque nationale. Voici quelques passages saillans de ce discours :

« Il existe une place de bibliothécaire que la loi n'a point encore atteinte, créée par un tyran que la flatterie surnomma le restaurateur des Lettres ; elle fut d'abord, il est vrai, l'apanage du mérite... Bientôt la place de bibliothécaire devint la proie de l'intrigue et le gage de la faveur. Le mérite, incapable de s'avilir en rampant, fut privé de l'emploi que les sciences, les lettres et les arts lui avoient assigné. Les droits honorifiques succédèrent à une surveillance active : on les réserva pour quelques familles priviligiées dont la Bibliothèque sembloit être l'héritage. On vit un enfant de huit ans, l'abbé de Louvois, réunir à la fois sur sa tête la place de bibliothécaire, celle de garde de la librairie, et celle de garde des médailles. Ainsi dans les Etats monarchiques tout est trafic ou prérogative... La Bibliothèque nationale est encore administrée par un chef, une telle organisation ne s'accorde point avec vos principes.... Le régime républicain ne souffre point de charge aristocratique. Un conservatoire composé de huit savans, ou hommes de lettres d'un mérite reconnu, liés entre eux par les liens de la fraternité, pourvus du même traitement, exerçant les mêmes droits, offriroient sans doute à l'Europe éclairée un spectacle digne de la Bibliothèque nationale et de la République françoise... Je n'ai pas besoin d'ajouter que le pouvoir exécutif porteroit sur cette administration républicaine un œil clairvoyant. »

Suit le projet de décret converti en loi et que nous reproduisons ici tout entier comme pièce importante pour l'histoire administrative de la Bibliothèque nationale.

1795, an v. — « I. La place de bibliothécaire de la Bibliothèque nationale est supprimée.

» II. Ledit établissement sera désormais administré par un conservatoire composé de huit membres, savoir : 1° Deux conservateurs pour les imprimés ; 2° trois pour les livres manuscrits ; 3° deux pour les antiques, les médailles et les pierres gravées ; 4° un pour les estampes.

» III. Tous les conservateurs auront les mêmes droits et recevront le même traitement qui sera de 6,000 livres.

» IV. Il sera nommé dans le sein du conservatoire et par les conservateurs eux-mêmes, un directeur temporaire dont les fonctions se borneront à surveiller l'exécution des règlemens et délibérations du conservatoire qu'il présidera. Il correspondra au nom de tous les conservateurs avec le pouvoir exécutif, pour les affaires générales qui intéresseront la Bibliothèque nationale.

» V. Le directeur sera renouvelé tous les ans : néanmoins il pourra être continué, mais pour une année seulement.

» VI. Les attributions annuelles, décrétées pour l'établissement seront remises en masse à un membre du conservatoire, nommé par ses collègues, pour être réparties sous sa responsabilité.

» VII. L'administration des différens dépôts et tous les détails relatifs à l'organisation particulière du conservatoire, seront l'objet d'un règlement que les conservateurs demeurent chargés de rédiger et de soumettre au pouvoir exécutif.

» VIII. La première nomination des membres du conservatoire sera faite par la Convention nationale, sur la présentation du comité d'instruction publique.

» IX. En cas de vacance d'une place de conservateur par mort, démission ou autrement, le conservatoire nommera le savant ou l'hommes de lettres qu'il jugera le plus propre à remplir la place vacante.

» X. Le conservatoire nommera aux autres places de l'établissement, sur la présentation du conservateur dans la partie duquel les places seront vacantes.

» XI. Il sera affecté sur les fonds de la trésorerie nationale, une somme de 192,000 livres, tant pour le traitement des conservateurs et des employés, que pour les dépenses et augmentations de la Bibliothèque. »

1795, 9 novembre. — Le général Pichegru après la conquête de la Hollande, fait parvenir au gouvernement des nombreuses caisses de monumens, de curiosités et de médailles qui, la plupart, sont envoyées au cabinet des médailles.

1796. — Le cabinet des médailles de l'abbaye de Sainte-Geneviève est réuni à celui des médailles et antiques de la Bibliothèque nationale. — *Dumersan.*

An x. — Décret sur le choix des livres pour les Bibliothèques nationales. — *Monit.*

*Loi du* 17 *septembre*, portant suspension des ventes ou échanges de livres existans dans les dépôts littéraires, jusqu'à l'entière formation des Bibliothèques. — *Ib.*

M. Martin entre comme employé au département des imprimés.

1796. — Cette année, le cabinet des médailles s'enrichit de la suite des monnoies des comtes, barons et prélats de France, acquis à la vente de M. Heaumont et qui avoit appartenu à l'abbé Boulogne. Elle avoit servi à Tobiesen-Duby pour la composition de son ouvrage intitulé *Traité des monnaies des barons*, etc.; 1790, 3 vol. in-4°.

Les matrices des assignats sont déposées au cabinet avec échantillon de chaque sorte de billets.

1797, 27 avril. — Les huit armures exposées aujourd'hui dans l'embrasure des croisées du cabinet des médailles sont transportées à la Bibliothèque royale de la galerie du prince de Condé à Chantilly. — *Dumersan*, 1838, p. 3

*Ib.* — Lefebvre de Villebrune est proscrit par le Directoire au 18 fructidor, pour avoir proclamé dans une lettre imprimée la nécessité pour la France d'être gouvernée par un seul chef. Depuis, retiré à Angoulême, après avoir successivement habité plusieurs départemens, il y mourut oublié le 7 octobre 1809. Il s'étoit attiré beaucoup d'adversaires par son caractère et quelques-uns de ses écrits.

*Loi du* 12 *septembre*, réglant la destination des livres conservés dans les dépôts littéraires, et art. 2, qu'il sera remis aux Bibliothèques établies plusieurs éditions d'un même ouvrage, lorsque ces éditions seront différentes.

Le cabinet des médailles et antiques s'enrichit cette année de nombreux objets restés au cabinet d'antiquités de Sainte-

Geneviève, et du dépôt formé à l'hôtel de Nesle et provenant des dépouilles des émigrés.

Les commissaires des arts en Italie envoient des caisses d'objets d'art et d'antiquités.

1798, 12 juin. — Le général Bonaparte envoie au Directoire l'épée des grands maîtres de Malte, dite *Epée de la Religion*. Elle est exposée aujourd'hui dans le cabinet des antiquités. On remarque encore, parmi les précieuses curiosités acquises de cette façon, la couronne d'or d'Agilufus, roi des Lombards, et celle de Theodelinde, sa femme, qui étoient conservées au trésor de Monza, le beau camée de Jupiter Ægiochus de la Bibliothèque de Saint-Marc à Venise, et la célèbre statue en bois de Notre-Dame-de-Lorette.—*Dumersan*.

An XII. — Article de Petit, dans le *Moniteur*, sur le danger de laisser subsister l'opéra près de la Bibliothèque nationale, p. 190. Arrêté du Directoire à ce sujet, p. 197. On y dépose les manuscrits de Turin, p. 206. Et celui de Pierre de Letoile, écrit sous Henri III, p. 217.— *Monit.* de l'an XII.

*Circulaire du 10 novembre* 1798. Portant établissement d'un cours de bibliographie près des Bibliothèques des écoles centrales.

*Circulaire du 20 décembre*, publiant un modèle des comptes à rendre par les administrateurs de départemens, relativement aux Bibliothèques.

1799. — *Circulaire du 3 février*. Questionnaire sur l'état des Bibliothèques et des dépôts littéraires, afin d'y faire participer tous les départemens.

*Circulaire du 7 février* 1799, portant que de tous les ouvrages imprimés aux frais du gouvernement, deux cents exemplaires seront distribués aux Bibliothèques publiques.

13 mai. — Mort de Mercier de Saint-Léger, savant bibliographe et l'un des derniers conservateurs de la Bibliothèque de Sainte-Geneviève.

An VIII, 9 brumaire (30 octobre). — André Barthelemy de Courçay, conservateur du cabinet des antiques, est frappé d'apoplexie dans le cabinet des médailles et meurt le lendemain. Il est remplacé par François Paschal Gosselin, connu par ses travaux sur la géographie ancienne et par son goût pour les médailles dont il possédoit une fort belle collection.

1800. — *Circulaire du 29 janvier*, relative aux communes auxquelles il peut être accordé une Bibliothèque ; conditions exigées, savoir : de préparer un local convenable ; de payer le bibliothécaire et les frais de l'établissement et d'entretien par une contribution volontaire que s'imposeront les habitans de la commune.

A.-L. Cointreau, quelque temps après l'entrée de Gosselin au cabinet des médailles, perd sa place de premier employé. C'est à cette époque et sans doute pour prouver les services qu'il avoit rendus au cabinet que paroit son livre de *l'Histoire abrégée du cabinet des médailles et antiques de la Bibliothèque nationale*. Il y prend le titre d'ancien employé audit cabinet durant vingt-sept ans consécutifs sous les citoyens Barthelemy oncle et neveu, conservateurs. « Il avoit eu la prétention, dit M. Dumersan, de remplacer le célèbre Barthelemy, et il fut congédié après vingt-six ans de services. Il n'eut pas de retraite, et mourut malheureusement en 1817. Il expia cruellement des erreurs qui étoient celles d'une tête foible ; et sans doute la faute des temps où il avoit vécu. »

M. Mionnet obtint alors la place de premier employé et M. Th.-Fréd. Winckler, celle de second employé.

1801. — *Décision du 19 décembre*, sur la demande de plusieurs préfets pour être autorisés à vendre les livres de liturgie existans dans les dépôts littéraires. Décision qui approuve cette mesure et en applique les produits à l'acquisition de livres classiques en éditions ordinaires.

An IX, 3 fructidor. — Rapport du ministre de l'intérieur, Chaptal, aux citoyens consuls de la République, sur la nécessité de transporter la Bibliothèque au Louvre.

On voit que la question de déplacement de la Bibliothèque tant agitée de nos jours n'est pas neuve : nous citerons les principaux points de ce rapport qui fut suivi d'un décret :

« L'espace manque au développement de tant de richesses : le vaste bâtiment où la Bibliothèque fut placée au commencement du dernier siècle est devenu trop étroit pour elle ; le peu de solidité de l'édifice nécessite des réparations ruineuses et toujours renaissantes : placé au milieu de théâtres nombreux, entouré et presque confondu dans des maisons habitées, la sûreté du riche dépôt qu'il renferme est menacée à chaque instant...

» La translation de la Bibliothèque nationale au Louvre présente tous les avantages qu'on peut désirer : 1º elle assure la conservation de ce précieux dépôt ; 2º elle réunit dans le même lieu la plus riche Bibliothèque du monde à la plus belle collection de peinture et de sculpture qu'on connoisse : Par elle, les chefs-d'œuvre de Phydias, de Raphaël et de Racine n'auront plus qu'un même temple ; 3º elle établit dans le centre de ces monumens éternels du génie le corps littéraire (l'Institut), qui en est le conservateur né ; 4º elle termine enfin le beau palais du Louvre et donne pour asile aux chefs-d'œuvre de l'esprit humain le chef-d'œuvre de l'architecture. Sans doute il en coûtera des sommes considérables pour opérer cette translation ; mais la vente des bâtimens qu'occupe en ce moment la Bibliothèque fournit en partie à la dépense ; d'ailleurs la nécessité de cette translation est tellement sentie, *si vivement sollicitée*, que la différer et exposer par le retard la Bibliothèque nationale à périr, seroit un crime de vandalisme, dont aucun motif d'économie ne pourroit absoudre !!... »

Voici maintenant l'arrêté textuel qu'on semble n'avoir pris que pour trouver un prétexte de faire déguerpir du Louvre la population d'artistes, de gens de lettres, de fonctionnaires et d'employés qui avoit trouvé le moyen de s'y faire un domicile, sinon une position.

« Les consuls de la République sur le rapport du ministre de l'intérieur, arrêtent ce qui suit :

» Art. 1$^{er}$. La Bibliothèque nationale sera transférée et placée au Louvre. — 2. Tous les particuliers logés dans l'enceinte du Louvre à quelque titre que ce soit, seront tenus d'évacuer les appartemens qu'ils occupent, avant le 1$^{er}$ frimaire an x!... — 3. Les bâtimens où se trouve actuellement la Bibliothèque nationale *seront vendus* et les fonds provenant de cette vente employés à la translation et à l'établissement de la Bibliothèque au Louvre. — 4. La Bibliothèque nationale sera entièrement établie au Louvre, dans le cours de l'an xi. — 5. A dater du 1$^{er}$ frimaire, il ne pourra être allumé, sous quelque prétexte que ce soit et sous la responsabilité des agens chargés de l'inspection des bâtimens du Louvre, aucune espèce de feu dans toutes les parties de cet édifice. Les portes et fenêtres seront fermées exactement au coucher du soleil. — 6. Le ministre de l'intérieur est chargé de l'exécution du présent arrêté.

» *Le premier Consul, signé* BONAPARTE.
» Par le premier Consul,
» *Le secrétaire d'État, signé* H.-B. MARET. »

1803. — Les consuls de la République se font livrer par les conservateurs du cabinet, des médailles antiques offrant quelques allusions aux talens, aux vertus dont ils se regardoient comme les types. Cambacérès obtient un Justinien, Lebrun un Homère et le premier Consul un Marc-Aurele, un Antonin et un Hadrien. — *Dumersan*, p. 177.

1804. — Dans la nuit du 16 au 17 février, a lieu un vol des plus audacieux. Le nommé Giraud qui avoit pour complice un cocher de fiacre dont la voiture étoit arrêtée au coin de la rue Colbert, se hisse à l'aide d'une longue perche et d'un moufle jusqu'à la hauteur de la croisée du cabinet des médailles dont les fenêtres n'étoient défendues ni par grilles, ni par volets. Introduit dans le cabinet, il enlève entre autres objets précieux, l'agate de la Sainte-Chapelle, le vase des Ptolémées, la couronne d'Agilufus, la calice de Suger, le poignard de François I$^{er}$, enrichi de camées sur coquilles, deux couvertures d'évangeliaires en vermeil, etc. — *Monit du 22 février*.

Les objets volés par Giraud sont reconnus en Hollande, et les voleurs arrêtés subissent au bagne la peine de leur crime. La plupart des objets furent restitués au Musée au mois d'avril suivant, à l'exception de la couronne d'Agilufus qui avoit été fondue ainsi que les montures des vases et celle de l'agate de la Sainte-Chapelle, le calice de Suger, vendu à M. Townley et le poignard de François I$^{er}$ dont on n'a jamais retrouvé les traces. — *Dumersan*, p. 178.

*Ib.* — Le fauteuil de Dagobert est envoyé à Boulogne au mois d'août, pour la distribution des croix de la Légion d'honneur. Une médaille frappée à cette époque représente Napoléon sur une estrade et assis sur ce célèbre fauteuil, faisant sa première distribution de croix.

NAPOLÉON I$^{er}$. — 1804. — La Bibliothèque nationale prend le titre de *Bibliothèque impériale*.

1805. — M. Hase (Charles-Benoit), entre comme employé

au département des manuscrits (grecs) de la Bibliothèque impériale.

1806. — On dépose au cabinet des médailles le *Sacro Catino*, vase hexagone qui passoit pour avoir été apporté à Jérusalem par la reine de Saba. Suivant une autre tradition, il avoit appartenu à Nicodème, chez qui J.-C. fit la Pâque. Les Génois chez qui il étoit gardé avec le plus saint respect s'en étoient emparés lors de la première croisade en 1101, à la prise de Césarée. En 1319, lorsque Gênes fut assiégé par les Gibelins, le *Sacro Catino* fut engagé pour 1200 marcs d'or. Apporté de Gênes, à la suite de la conquête françoise, le *Sacro Catino* fut brisé lors de son retour de France à Gênes, en 1815. Millin en a donné une notice descriptive dans le *Magasin encyclopédique*, janvier 1807.

1806. — M. Balin entre comme employé au département des imprimés de la Bibliothèque impériale.

1807. — Entrée de M. Duchesne jeune, comme employé au cabinet des estampes.
Mort subite de Winckler, deuxième employé au cabinet des médailles, dont Millin fait l'éloge. *Magasin encyclopédique*, 1807, t. 2. M. Dumersan est nommé à sa place et J.-Jacques Oberlin à celle de Dumersan.

1808, octobre. — Askery-Khan, ambassadeur de Perse, remet à M. Langlès, membre de l'Institut, un très-beau manuscrit persan in-f°, pour être déposé à la Bibliothèque impériale. Ce manuscrit renferme l'histoire du fameux Nadir-Châh plus connu en Europe sous le nom de Thahmas-Kouli-Khan, écrite par le Myrzâ Mehdy-Khan, en 1748. Cette histoire a été traduite et publiée en françois par sir William Jones. Dans une note persane placée à la fin du volume, et écrite sous la dictée de S. Exc. par Mohhammed-Riza, son secrétaire, Askery-Khan exprime le plaisir et l'étonnement qu'il a éprouvé en visitant la Bibliothèque impériale et surtout en examinant les nombreux et magnifiques manuscrits orientaux qu'elle renferme. Il se félicite de pouvoir y déposer un livre qui y manquoit.

1808. — Après la paix de Tilsitt, le cabinet reçoit les médailles de la collection royale de Prusse. Elle contenoit trois mille médailles romaines, en grand et moyen bronze et trois mille cinq cent trente-quatre bractéates. — *Dumersan,* p. 180.

Pierre Maulan, cultivateur à Naix (le *Nasium* des anciens) près de Commercy, fait dans cette commune la découverte d'une quantité de bijoux d'or et de médailles que le cabinet achète au prix de 1680 fr. — *Dumersan.*

1807. — Vers cette année, le cabinet des médailles acquiert du prince de Monaco le sceau d'or de Louis XII, qui pèse environ quarante louis. — *Dumersan.*

Commencement d'une exposition d'estampes au cabinet des estampes. « On peut, » dit M. Duchesne, aux instances duquel on la doit,«la considérer comme servant de base à l'histoire de la gravure depuis son origine jusqu'à nos jours. Elle étoit, en 1807, composée de quarante estampes ; elle en comprenoit, en 1837, trois cent soixante-cinq. — *Duchesne.*

An IX, 6 ventôse. — Le citoyen Poirier, sous-bibliothécaire de l'Arsenal, membre de l'Institut en remplacement du citoyen Legrand d'Aussy, est nommé conservateur de la Bibliothèque nationale.

27 août. — Projet de l'empereur Napoléon, touchant la Bibliothèque impériale, séance du conseil, du 27 août 1807.

*En mars* 1808, sur l'ordre de Napoléon, le maréchal Duroc et le sieur Nitot, joaillier de la couronne, se présentent au cabinet des médailles pour y choisir parmi les camées et les intailles, les pièces les plus propres à orner le diadème, le collier, la ceinture et les bracelets de l'Impératrice. Ils emportent quarante-six camées et trente-six intailles, en tout quatre-vingt-deux pierres parmi lesquelles le Mecène de Dioscoride, — Menelas relevant le corps de Patrocle, etc. Toutefois ces pierres ne furent point utilisées et restèrent au garde meuble, où sous la Restauration elles furent employées comme propriété de la couronne. *Dumersan*, p. 180.

1809. — Le 13 février, M. de Rémusat, maître de la garderobe de l'Empereur, autorisé par le ministre de l'intérieur, vient choisir des médailles d'or pour orner une tabatière destinée à S. M. Il prend les médailles des plus illustres conquérants et des fondateurs de dynasties : celles de Ptolémée fils de Lagus, fondateur de la monarchie grecque en Egypte, Demetrius Poliorcètes (preneur de villes), Antiochus le Grand, Mithridate I$^{er}$, conquérant de la Médie, Phraate II, vainqueur de Demetrius et d'Antiochus ; enfin celles de Marc-Aurele et d'Antonin. — *Dumersan.*

1813. — M. Charles Magnin entre comme employé au département des imprimés.

1811, septembre. — Millin entreprend son voyage d'Italie dont il ne revient qu'au moins d'avril 1813, rapportant un grand nombre de livres, d'estampes, de dessins, d'inscriptions, de médailles, etc., qui reparèrent en partie le dommage causé pendant son absence à ses collections incendiées par un domestique infidèle.

Louis XVIII.—1815.—Ordonnance royale du 14 novembre qui nomme M. Raoul Rochette conservateur au cabinet des médailles de la Bibliothèque royale.

1818, 14 août. — Mort de M. Millin, conservateur-administrateur du cabinet des médailles et antiques. Il étoit âgé de cinquante-neuf ans et conservateur depuis 1794. Son éloge historique a été publié par M. Dacier, alors administrateur de la Bibliothèque et secrétaire perpétuel de l'Académie des inscriptions. M. Raoul Rochette, qui peu de temps après obtint la chaire d'archéologie, le remplaçe comme conservateur-administrateur du cabinet des médailles. — *Dumersan.*

1818. — Le *Moniteur* du 28 février publie, d'après les *Annales politiques,* un relevé du nombre de volumes existant dans les Bibliothèques de France. Sur le chiffre de trois à quatre millions auquel il porte ce nombre, les Bibliothèques de Paris (sans autre détail) y figurent pour le chiffre de six à sept cent mille volumes seulement.

31 août. — Arrêté qui ferme la Bibliothèque du Roi jusqu'au 18 octobre.

M. Petit-Radel publie son livre des « Recherches sur les
» Bibliothèques anciennes, sur les causes qui ont favorisé
» de siècle en siècle l'accroissement du nombre des livres
» et par ce moyen les progrès de l'instruction en France
» jusques et y compris la fondation de la Bibliothèque Ma-
» zarine. » Ouvrage dans lequel se trouvent quelques notions sur les commencemens de la Bibliothèque du Roi. Selon l'auteur, ce dépôt renfermoit à cette époque environ huit cent mille volumes, dont cinquante mille manuscrits.

6 décembre. — Programme des cours de l'Ecole royale et spéciale des langues orientales vivantes, à la Bibliothèque du Roi: *Cours de persan*, M. L. Langlès. — *Cours d'arabe*, M. le baron Sylvestre de Sacy. — *Cours de turc*, M. le chevalier Amédée Jaubert; en son absence, M. Sedillot, professeur supplémentaire. — *Cours d'arménien*, M. Girbied. — *Cours de grec moderne*, M. Hase.

1819. — M. Caillaud rapporte d'Egypte une quantité d'objets précieux dont une partie est devenue la propriété du cabinet des médailles et antiques.

Le *Moniteur* du 18 avril annonce que les bâtimens de la Trésorerie, qui va être transférée dans ceux nouvellement construits rue de Rivoli, seront ajoutés aux bâtimens de la Bibliothèque du Roi et que décidément ce précieux dépôt de livres, de manuscrits, de gravures, d'antiques et de médailles, etc., etc., restera où il est : « Mais l'on assure qu'une sorte d'attique très-élevée sera construite au-dessus de l'entablement du mur vis-à-vis du théâtre de l'Opéra, afin de préserver de l'incendie les combles de la Bibliothèque, et que l'on donnera à cette attique une décoration architecturale convenable au monument. On ajoute que l'on placera des bornes-fontaines le long du mur de la Bibliothèque. »

Décembre. — Une Société d'assurance mutuelle contre l'incendie fait la proposition d'assurer toutes les Bibliothèques.

M. Dubeux entre comme employé au département des imprimés.

M. J. Duchesne publie sa « Notice des estampes exposées dans la Bibliothèque royale, » et une autre brochure in-8° de 16 p. ayant pour titre : l'*Opéra*, le *Trésor* et la *Bibliothèque du Roi* (par J. DUCHESNE), *Paris*, 1819.

1820. — Acquisition d'une boule et d'une plaque d'or réunies et paraissant avoir appartenu à un ancien baudrier; elles sont ornées de fleurons et d'une tête en relief avec les mots *Victorinus M.*; sur le revers. Cet objet est exposé dans le cabinet des médailles et antiques, on l'a trouvé à Sainte-Croix-aux-Mines, département du Bas-Rhin. — *Dumersan.*

Entrée de M. Pillon et de M. Demanne fils, comme employés au département des imprimés, et de M. Audiffret au département des manuscrits.

M. Capperonnier (Jean-Augustin), né à Montdidier en Picardie, le 2 mars 1745, meurt le 16 novembre 1820. Il avoit été appelé à la Bibliothèque du Roi, dès l'année 1765, par son oncle Jean Capperonnier de l'Académie des inscriptions (mort en 1775), et lui-même successeur en la charge de garde de la Bibliothèque du Roi de son oncle, Dom Claude Capperonnier (mort en 1744). Lors de la réorganisation de la Bibliothèque en 1796, M. Capperonnier avoit été choisi avec M. Van-Praet pour être conservateur des livres imprimés. Il attacha son nom à l'édition des classiques latins, publiés par Barbou.

Novembre. — M. Demanne père, employé à la Bibliothèque du Roi, est nommé à la place de conservateur, vacante par la mort de M. Capperonnier (Jean-Augustin).

1822. — Le cabinet des médailles acquiert de M. Cousinéry, près de six mille médailles de peuples, villes et rois de l'antiquité.

1823. — Le zodiaque de Dendera est transporté en France. Le roi l'avoit acquis pour la somme de 150,000 francs.

Mars. — M. Blondin, secrétaire interprète à la Bibliothèque du Roi, reçoit de S. M. le roi de Prusse la médaille d'or des sciences et arts.

1823. — M. Duchesne publie la deuxième édition de sa *Notice des estampes exposées dans la Bibliothèque royale.* Paris, 1823.

Charles X, 1824. — Entrée de M. Reinaud (Joseph-Toussaint), comme employé au département des manuscrits, manuscrits orientaux, — et de M. Richard au bureau du catalogue du département des imprimés.

La collection de M. Thedenat Duvent et celle de M. Cailliaud, enrichissent le cabinet des antiques d'une quantité de monumens égyptiens. — *Dumersan.*

1825. — M. Benj. Guérard entre comme employé au département des manuscrits (latins).

1826. — Le cabinet des médailles acquiert de M. Rollin une belle suite de cinq cents médailles de Sicile, et de

M. Cadalvène, une collection de huit mille médailles grecques dont il avoit publié le catalogue.

1827. — M. Allier de Hauteroche lègue au cabinet des antiques une partie des précieux objets de sa collection d'antiquités.

M. Thévenin fils entre comme employé au département des imprimés.

M. Duchesne ainé publie son *Essai sur les Nielles, gravures des orfévres florentins du xv<sup>e</sup> siècle. Paris*, 1826, in-8°, *avec figures.*

1828. — On trouve dans le fleuve Alphée (en Sicile), un casque antique, que M. Dupré donne à la Bibliothèque royale. Il est exposé dans le cabinet des antiques. *Dumersan.*

30 mars. — Ordonnance du Roi qui, sur le rapport du ministre de l'intérieur, complète l'organisation de la Bibliothèque royale. M. Champollion-Figeac est nommé conservateur du dépôt des chartes et diplômes (place de nouvelle création) et adjoint à M. Dacier pour ce qui concerne les manuscrits modernes. M. Jomard, membre de l'Institut et commissaire du Roi près la commission d'Egypte et qui depuis trente ans s'occupe de la direction du grand ouvrage qu'elle publie, est nommé conservateur des cartes, plans et mémoires géographiques ainsi que des cuivres du grand ouvrage sur l'Egypte dont les matériaux seront joints au dépôt royal de la rue de Richelieu.

Article du *Moniteur* du 16 mai contenant une appréciation et des réflexions (favorables) sur la création du dépôt général de géographie.

1829. — Mort de Jacques-Adrien Joly, conservateur des estampes. M. Thévenin, de l'Académie royale des Beaux-Arts, lui succède.

31 mai. — Mort de Domin.-Martin Méon, premier employé au département des manuscrits.

MM. Paulin Paris et Léon Lacabane entrent comme employés au département des manuscrits de la Bibliothèque royale : l'un en remplacement de M. Floquet, démissionnaire, et l'autre de M. Méon, décédé.

Arrêté du ministre de l'intérieur qui fixe les vacances de la Bibliothèque du Roi, du 1<sup>er</sup> septembre au 15 octobre.

M. Mionnet est nommé conservateur adjoint du cabinet des médailles et M. Dumersan premier employé.

*Ib.* — M. Champollion, sous l'impulsion de M. Dacier, fait trier et vendre une certaine quantité de parchemins réputés inutiles.

29 décembre. — Arrêté du même ministre qui décide qu'à l'avenir les cours de l'École royale des chartes auront lieu les lundi et mardi à la Bibliothèque du Roi et les mercredi et jeudi aux archives du royaume à onze heures du matin.

Partie du cabinet de feu M. Allier de Hauteroche est acquise par la Bibliothèque. M. Dumersan en a publié le catalogue. M. Allier avoit déjà légué au cabinet une médaille d'or unique, de Persée, roi de Macédoine, et une tessère de béryl fort remarquable.

Décembre.—Mort de M. Oberlin, employé du cabinet des médailles auquel succède M. Oberlin fils.

1830, janvier. — La Bibliothèque du Roi fait l'achat de plusieurs manuscrits mexicains apportés précédemment en Europe, et faisant partie de la célèbre collection de Botturini. De ce nombre est un rapport des explorateurs envoyés par Montézuma dans le camp espagnol. Un autre manuscrit représente des sacrifices humains.

La mort de M. Gosselin (7 février), laisse M. Raoul-Rochette seul conservateur des médailles. M. Gosselin étoit depuis plus de quarante ans membre de l'Académie des inscriptions. Il mourut âgé de soixante-dix neuf ans.

Le 21 mars, dans la commune de Berthouville près de Bernay, dans un champ du hameau de Villeret, on trouve plus de soixante-dix objets antiques en argent, vases, poteries, de fabrique excellente, et que l'on jugea devoir provenir du trésor d'un temple de Mercure. Cette précieuse collection est achetée par M. Raoul Rochette au nom de la Bibliothèque du Roi, la somme totale de 17,000 francs. — *Dumersan.*

Louis-Philippe.—Une commission dite *des Bibliothèques*, présidée par M. Cuvier, et ayant pour rapporteur M. Prunelle, est instituée pour aviser aux améliorations à faire au régime des Bibliothèques.

1830. — M. Verger entre auxiliaire au bureau de la reliure, département des imprimés, et M. Muret comme dessinateur au cabinet des médailles.

1831, 6 novembre. — « La nuit dernière des malfaiteurs se sont introduits à l'aide d'escalade et d'effraction dans la Bibliothèque royale, où ils ont volé une quantité considérable de médailles antiques en or et plusieurs autres objets précieux. D'après une évaluation qui paroit exacte, l'importance de ce vol seroit de 100,000 francs, valeur intrinsèque : mais les médailles par leur rareté sont d'un prix inestimable. M. le Préfet de police s'est transporté sur les lieux aussitôt qu'il a été averti de ce crime audacieux, et il a été procédé sous ses yeux à la constatation des circonstances du vol. Les recherches les plus actives sont ordonnées et on a lieu d'espérer qu'elles ne resteront pas sans succès. Comme ce vol laisse un vide irréparable dans une collection qui étoit la plus riche du monde, et qu'elle attaque une propriété nationale, tous les citoyens se feront sans doute un devoir de fournir à l'autorité les renseignemens propres à mettre sur les traces des coupables et des objets volés. » *Moniteur du 7 novembre.*

« Entre autres objets volés nous citerons la plus grande partie des antiquités du tombeau de Childeric, dont il ne reste aujourd'hui que la francisque, la monture de l'épée, une boule de cristal, deux abeilles, une dent, cinq petits bijoux dont on ignore l'usage et une sorte d'agrafe d'or. » *Dumersan.*

Le *Moniteur* du 11 novembre ajoute que les auteurs du vol commis à la Bibliothèque royale dans la nuit du 5 au 6, ont laissé sur le lieu du crime une corde neuve pesant six livres, ayant deux centimètres (neuf lignes) de diamètre et paraissant provenir d'une fabrique de Troyes, et il invite les marchands cordiers qui auroient vendu récemment une corde de cette espèce, à en donner avis à la préfecture de police. — Enfin, M. Dumersan ajoute qu'à quelque temps de là les voleurs, parmi lesquels il cite Fossard, forçat échappé du bagne, ayant été découverts, ont restitué tout ce qu'ils n'avoient pas fondu. »

1831. — Ordonnance royale du 2 juillet, qui nomme M. Walckenaer aux fonctions de Conservateur adjoint des cartes et plans : place de nouvelle création.

M. Aimé Champollion entre comme employé au département des manuscrits, et M. Klein comme auxiliaire au bureau du prêt, du département des imprimés.

M. Jomard publie une brochure ayant pour titre : « Considérations sur l'objet et les avantages d'une collection spéciale consacrée aux cartes géographiques et aux diverses branches de la géographie. » *Paris,* 1831, in-4°.

*Ib.* — Une commission d'enquête, presidée par M. Hely-d'Oissel, est nommée, sur la demande de M. Raoul Rochette, pour l'examen et la ratification du marché et de l'acquisition des vases de Bernay.

Juin 1832. — Mort de M. Abel Rémusat, conservateur-administrateur de la Bibliothèque royale.—Il a, à quelque temps de là, pour successeur au département des manuscrits (textes orientaux) M. le baron Ant.-J.-Sylvestre de Sacy, secrétaire perpétuel de l'Académie des Inscriptions.

*Ib.* — Rapport de la commission ministérielle présidée par le baron Cuvier en 1830.

*Ib.* — Ordonnance royale du 14 novembre, contresignée Guizot, portant nouvelle organisation de cet établissement : En voici le texte sauf les considérans, pour lesquels nous renvoyons au *Moniteur* du 16 novembre.

Art. 1$^{er}$: La Bibliothèque royale est composée de quatre départemens : 1° des livres imprimés ; 2° des manuscrits, chartes et diplômes; 3° des monnoies, médailles, pierres gravées et autres monumens antiques; 4° des estampes, cartes géographiques et plans. — La division en sections restreinte jusqu'ici au deuxième département, est étendue à tous les autres. Chaque département est confié à autant de conservateurs qu'il renferme de sections et à un ou plusieurs conservateurs adjoints, dont le nombre cependant ne peut dépasser celui des sections du département auquel ils appartiennent. Le nombre des sections est fixé à deux pour le premier, le troisième et le quatrième département, à trois pour le deuxième.

2. Les conservateurs composent le conseil d'administration qui garde le titre de Conservatoire de la Bibliothèque royale. Les conservateurs adjoints prennent part aux séances du Conservatoire, avec voix consultative. En l'absence du conservateur du département auquel ils appartiennent, ils peuvent avoir voix délibérative; mais il faut qu'ils y

soient autorisés par une décision du ministre, rendue sur la proposition du Conservatoire.

3. Le Conservatoire a la police générale de l'établissement, la présentation aux places de conservateurs par une liste de trois candidats, dont l'un au moins doit être pris parmi les conservateurs adjoints ou employés définitifs ; et celle des conservateurs adjoints par une liste de deux candidats, dont l'un au moins doit être un employé définitif. Il a de plus la nomination aux emplois inférieurs d'après les formes indiqués ci-après. Il dispose en outre des fonds attribués à la Bibliothèque, soit par la loi des finances, soit par décisions particulières du ministre.

4. Le Conservatoire est présidé par un Directeur que le ministre choisit sur une liste de trois candidats présentés par le Conservatoire et tirés de son sein. Les fonctions du Directeur durent cinq ans : il peut être toujours réélu.

5. Le Directeur a la surveillance générale de toutes les parties de l'administration et du service des départemens. Il convoque le Conservatoire quand il le juge convenable ; en cas de partage, sa voix est prépondérante. Il correspond avec le ministre, soit en son propre nom, soit au nom du Conservatoire pour tous les besoins du service. Lorsqu'il transmet au ministre les décisions et demandes du Conservatoire, il y joint son avis particulier, il adresse au ministre tous les six mois et plus souvent s'il est nécessaire un rapport sur toutes les parties du service et sur l'état des bâtimens : il y propose les améliorations et les réformes qui lui paroissent utiles : en cas d'urgence il est autorisé à donner provisoirement les ordres qu'il croit nécessaires, sauf à en rendre compte soit au ministre, soit au Conservatoire. Toutes les dépenses de chaque département, discutées dans le Conservatoire, sont soumises à son visa.

6. Le bureau du Conservatoire est composé, outre le Directeur-président, d'un vice-président et d'un secrétaire. Le Conservatoire les choisit dans son sein, chaque année. Le vice-président peut être réélu pour une année seulement ; le secrétaire peut être toujours réélu. En cas d'empêchement de la part du directeur, le vice-président le remplace dans la présidence du Conservatoire ; mais il ne peut le remplacer dans les autres fonctions attachées au titre de Directeur, que par une délégation expresse du ministre. Le secrétaire rédige les procès-verbaux des délibérations du Conservatoire

et assure leur transcription sur un registre après que leur rédaction a été approuvée par le Conservatoire. Ces procès-verbaux sont signés par le directeur et le secrétaire. Un des conservateurs adjoints est choisi par le ministre pour remplir les fonctions de trésorier; il fait dresser les états des comptes, reçoit les fonds nécessaires, effectue les payemens. Ses fonctions durent cinq ans; il peut être réélu.

7. Chaque conservateur présente au Conservatoire un certain nombre d'employés admis en qualité de surnuméraires. Après les épreuves convenables, ces surnuméraires sont agréés par le Conservatoire en qualité d'auxiliaires. Alors ils reçoivent un traitement. Parmi eux sont pris dans un concours (dont les conditions seront déterminées), les employés dont la nomination est soumise à l'approbation du ministre. Une fois cette formalité remplie, ils ne peuvent être révoqués que par le ministre, sur le rapport du Conservatoire...

Conformément aux dispositions énoncées dans cette ordonnance, le Roi a approuvé l'état de la Bibliothèque royale, arrêté ainsi qu'il suit :

1er DÉPARTEMENT. IMPRIMÉS. *Conservateurs :* MM. Van Praet, Ch. Magnin. *Conservateurs adjoints :* MM. Barbier Veimars, Ballin. *Premier employé :* Dubeux. *Employés :* Jallot, Pillon, Demanne, Martin, Richard, Thevenin, Verger, Lefaist, Klein.

2e DÉPARTEMENT. MANUSCRITS. *Conservateurs :* Dacier, Champollion-Figeac, Hase. *Conservateurs-adjoints :* Reinaud, Fauriel. *Employés :* Guérard, Paulin Paris, Léon Lacabane, Aimé Champollion, Audiffret.

3e DÉPARTEMENT. MÉDAILLES ET ANTIQUES. *Conservateurs :* Raoul Rochette, Letronne. *Conservateurs adjoints :* Mionnet, Ch. Lenormand. *Premier employé :* Dumersan. *Deuxième employé :* Muret.

4e DÉPARTEMENT. ESTAMPES, CARTES ET PLANS. *Conservateurs :* Thevenin, Jomard. *Conservateur adjoint :* Duchesne aîné. *Employés :* Duchesne-Tausin, Delagarde.

COMPTABILITÉ. Trésorier, chargé de la comptabilité de la Bibliothèque : *Duchesne aîné.*

M. Anatole Chabouillet entre surnuméraire au cabinet des

médailles, et MM. Barbier, Maitrejean, Anders, au département des imprimés, bureau des entrées.

M. Devoix, employé, et M. Sergent, auxiliaire au département des estampes.

1832, le 28 août. — En vertu de la loi du 2 mars de la même année, sur la liste civile, les camées et intailles enlevés en 1807 pour en orner les parures de l'impératrice Joséphine, sont restitués au cabinet des médailles : moins vingt-quatre pièces des plus précieuses qui ne furent point retrouvées et dont on ignore la destinée. — *Dumersan*.

1833. — Règlement général de la Bibliothèque royale, présenté en projet par le Conservatoire et arrêté par M. Guizot, ministre de l'instruction publique, le 26 mars 1833. Voici les titres et chapitres divers de ce règlement :

TITRE I$^{er}$. ADMINISTRATION. *Ch.* 1$^{er}$. Personnel de l'administration. *Ch.* 2. Dispositions générales. *Ch.* 3. Dépenses, achats, etc.

TITRE II. SERVICE PUBLIC. *Ch.* 1$^{er}$. Dispositions générales. *Ch.* 2. Lecture et étude à l'intérieur. § 1. Imprimés. § 2. Manuscrits. § 3. Médailles, etc. § 4. Estampes, cartes et plans. Section des estampes. Section des cartes géographiques et plans. *Ch.* 3. Prêt au dehors. *Ch.* 4. Visite des collections dans un but de curiosité.

TITRE III. EMPLOYÉS, AUXILIAIRES ET SURNUMÉRAIRES. *Ch.* 1$^{er}$. Leurs fonctions. *Ch.* 2. Conditions pour arriver aux places d'auxiliaires et d'employés.

TITRE IV. DES GARÇONS DE SERVICE ET PORTIERS. *Ch.* 1$^{er}$. Des garçons de service. *Ch.* 2 Portiers. (*Moniteur* du 4 mai.)

En annonçant la réouverture de la Bibliothèque royale au 21 octobre, le *Moniteur* du 19 octobre fait l'exposé des innovations désormais introduites dans le service du département des imprimés.

En vertu de l'art. 90 du règlement, les lecteurs seront complétement séparés des personnes que la simple curiosité amène à la Bibliothèque, ou qui vont visiter le cabinet des médailles. Les lecteurs, après avoir traversé la cour, trouveront en face de la porte principale de la rue de Richelieu un grand escalier qui conduit à la salle qui leur est réservée. Cette vaste galerie, dont les deux extrémités sont fermées par des galeries vitrées, aura l'avantage de donner place à plus de monde, de favoriser l'étude par le silence et d'y maintenir la température la plus douce. La clôture même de cette salle rend le chauffage de ce lieu d'étude possible, si, comme il y a lieu de l'espérer, M. le ministre des travaux publics consent à l'établissement des calorifères. La position centrale du bureau des conservateurs rendra dans ce lieu leur surveillance plus fréquente et plus facile. Outre cela, l'administration, en exécution de l'art. 46, a réuni dans cette salle cinq ou six mille volumes de ceux qui sont le plus habituellement demandés. On mettra strictement à exécution l'art. 47 du règlement relatif aux romans, pièces de théâtre ou de littérature frivole... D'après les art. 79, 80, 81 et 82 du règlement, on exigera pour le prêt des livres au dehors la demande du livre faite la veille et la signature de l'emprunteur, qui s'engagera à restituer l'ouvrage dans un délai fixé.—Dans les salles qui seront parcourues par les curieux les mardi et vendredi de chaque semaine, on a disposé plusieurs objets curieux, tels que d'anciens meubles, des vases de Bernay, le fauteuil de Dagobert, jusqu'à l'entrée du cabinet des médailles, dont la porte sera décorée de chaque côté par des enveloppes de momies. Les curieux monteront à la Bibliothèque par l'ancien grand escalier ; les lecteurs parviendront à la salle qui leur est réservée par le grand escalier du milieu.

*Ib.* — Ordonnance royale du 8 mai 1833, qui nomme M. Guérard aux fonctions de conservateur adjoint au département des manuscrits (*latins*). — Entrent : M. Delalande, employé, et M. Joyau, surnuméraire au cabinet des estampes; M. Docquin de Saint-Preux, M. Combette, surnuméraires au département des imprimés, — et M. Ch. Miller au département des manuscrits (grecs).

1834. — M. le chevalier Bronsted cède au cabinet des antiques des fragmens d'ornemens d'un char antique, en bronze, trouvés en Etrurie, à Pérusia. — *Dumersan.*

Dépôt à la Bibliothèque du manuscrit autographe des Mémoires du cardinal de Retz, récemment retrouvé dans les papiers du comte Réal.— *Moniteur* du 9 août.

*Ib.* — Rapport sur les besoins du Muséum d'histoire naturelle pour l'année 1835 et sur la Bibliothèque royale (par le directeur président du Conservatoire), présenté au ministre de l'instruction publique. *Paris, Imprimerie royale,* Le rapport sur la Bibliothèque comprend les pages 27 à 62.

1835. — Exposition dans la grande salle des manuscrits de la Bible dite des Rois de France, sur l'un des folios de laquelle on lit les mentions qui suivent :

« Cette bible est à nous. Charles, VI$^e$ de ce nom, roy de France, et est en II volumes, et la fimes faire. *Signé :* Charles.

» Cette bible est à nous, Henry, III$^e$ de ce nom, roy de France et de Pologne. *Signé :* Henry.

» Cette bible est à nous. *Signé :* Louis XIII.

» Cette bible est à nous. *Signé :* Louis XIV. »

Dans une montre voisine, on expose pareillement divers manuscrits de Fenélon, Corneille, du P. Lachaise, de M$^{me}$ de Maintenon, de Louis XIV, de Turenne, de M$^{me}$ de Sévigné, de Molière, de Bossuet, de Rousseau, etc.

Le buste de l'abbé Barthelemy est placé dans cette partie de la Bibliothèque.

On retrouve à la Bibliothèque le manuscrit longtemps oublié du *Dialogue* de Tacite, provenant du célèbre P. Pithou.

Rapport au Roi de M. Guizot, ministre de l'instruction publique, suivi d'une ordonnance relative au dépôt légal de deux exemplaires de chaque ouvrage nouveau, dont l'un est destiné à la Bibliothèque royale et l'autre à la Bibliothèque nouvellement créée du ministère de l'instruction publique. (30 juillet.)

*Ib.* — *Bibliothèque royale, département des imprimés.* Travaux du Catalogue : A MM. Letronne, Van Praet, Magnin, conservateurs ; lettre signée F.-M. Foisy, et datée, à Paris, des 5, 6 février 1835, in-8° de 16 pages.

*Ib.* — Ordonnance royale du 11 mars, qui nomme M. Dubeux aux fonctions de conservateur adjoint au département des imprimés ; M. Guichard, surnuméraire au département des imprimés.

*Ib.* — Envoi par la Société asiatique de Calcutta, et dépôt à la Bibliothèque royale, du dictionnaire et de la grammaire thibétaine, composée par Csoma, et de la grande collection du Kaghiour. C'est le recueil de tous les livres sacrés du boudhisme. On y trouve les ouvrages de Boudha et de ses disciples, les actes des conciles de l'église des boudhistes, les biographies de Boudha, de ses disciples et des patriarches, enfin le corps de la littérature classique de cette religion ; le tout traduit anciennement du sanscrit en langue du Thibet, et formant cent énormes volumes in-f° imprimés sur papier du pays et payés 13,000 fr. par la Société asiatique de Calcutta. En reconnaissance de cet hommage, les ministres de l'intérieur et de l'instruction publique adressent à la Société asiatique de Calcutta quelques-uns des grands ouvrages que le gouvernement a fait publier. Ainsi le grand ouvrage sur l'Egypte, le *Thesaurus*, d'Henri Estienne; l'ouvrage sur la Morée, la collection des *Documents historiques sur l'histoire de France*; l'ouvrage posthume de Champollion et plusieurs autres du même genre.—*Le Temps*, 25 novembre.

Dépôt dans la salle du Zodiaque de la Bibliothèque royale d'une empreinte en plâtre d'un bas-relief représentant un roi de Perse en costume national, avec une longue inscription fruste en caractères cunéiformes, empreinte offerte par lord Prudhoe, qui l'a fait mouler sur les lieux, au nord de Beyrouth, près du lit de l'ancien Lycus.—*Moniteur* du 30 novembre.

1836, 10 mai. — Raoul Rochette, membre de l'Institut et l'un des Conservateurs-administrateurs de la Bibliothèque royale, ouvre son cours public d'antiquités dans la salle des Antiques, au rez-de-chaussée de la Bibliothèque du Roi.

22 juin. — M. le ministre de l'instruction publique, accompagné de M. H. Royer-Collard, chef de la division des sciences et lettres, visite la Bibliothèque royale. Dans le département des livres imprimés, le ministre s'informe particulièrement de l'état du catalogue, du système adopté pour la classification des ouvrages, du mode d'insertion des acquisitions nouvelles et des moyens de conduire promptement ce grand travail à sa fin. Il ne reste plus guère que cent mille volumes environ qui ne soient portés sur aucun catalogue, encore sont-ils tous parfaitement classés, rangés dans un ordre plus ou moins rigoureux et inscrits sur des registres particuliers. Chaque jour on travaille avec ardeur à combler cet arriéré, déjà considérablement diminué depuis trois années. M. le ministre se fait rendre compte du nouveau procédé à l'aide duquel on distribue aux lecteurs, sans aucun retard ni déplacement d'employés, les livres situés dans des salles éloignées de celles qui sont réservées pour l'étude... M. le ministre, au département des manuscrits, voit les résultats déjà réalisés des recherches spéciales qui s'y exécutent, sous l'autorité du ministère de l'instruction publique et sous la direction particulière de M. Champollion-

Figeac, pour servir à la collection des documens inédits de l'histoire de France. — Cette visite, qui n'a pas duré moins de trois heures, a convaincu M. le ministre des améliorations qu'a déjà produites, dans l'administration et dans le service de la Bibliothèque royale, la réorganisation récente de cet établissement ; elle l'a convaincu aussi qu'il y a beaucoup d'autres améliorations à opérer : le cabinet des antiques est mal logé, celui des estampes et des cartes l'est mal également ; la galerie qui est au-dessous de la galerie Mazarine, et qui sert seulement au dépôt des exemplaires en feuilles de l'ouvrage sur l'Egypte, pourroit être plus utilement employée : le ministre annonce l'intention de s'occuper de toutes ces améliorations. — *Moniteur* du 25 juin.

Mort de M. Ghéerbrand, employé au cabinet des médailles, auquel succède M. Anatole Chabouillet. — Nomination de M. Adrien de Longperrier comme employé au même cabinet. — M. Cournelet entre surnuméraire au département des imprimés.

*Ib.*, juillet. — M. Benjamin Delessert publie son projet d'une nouvelle Bibliothèque royale. L'édifice construit d'après ce plan ne coûteroit que 8 millions et contiendroit 800,000 volumes. C'est au centre de la place du Carrousel que pourroit être édifié ce bâtiment, de forme circulaire, et qui occuperoit 1,900 toises carrées, c'est-à-dire environ l'étendue de la Halle au Blé. Les conservateurs et les lecteurs seroient placés dans une vaste rotonde, où viendroient aboutir huit grandes galeries. Ces galeries seroient formées par des murs disposés en rayons divergens, et des deux côtés de ces murs seroient placés des corps de bibliothèques. Le Trésor n'auroit pas un sol à débourser pour l'exécution de son projet ; les 8 millions seroient couverts et au delà par la vente des terrains et bâtimens de la Bibliothèque actuelle, et cette entreprise pourroit être achevée dans l'espace de trois années. (Voir, pour les autres détails, le *Moniteur* du 5 juillet.)

*Note* sur la machine fonctionnant pour descendre et monter des livres qui sont dans les étages supérieurs de la Bibliothèque. « Voici, dit cette note, comme se passent les choses :
« Vous vous adressez au bibliothécaire ; il prend une plume et un petit carré de papier, sur lequel il désigne le livre demandé ; il jette ensuite dans la machine ce petit papier, qui est aussitôt monté à l'étage où est situé le livre ; là un em-

ployé reçoit le billet, va chercher le livre, qu'il remet ensuite à la machine, qui vous l'apporte sans que vous sachiez ni d'où ni comment, car cette machine et tout son appareil sont cachés dans une espèce de petite armoire placée à côté des conservateurs. Cette invention a le grand avantage d'économiser le temps et d'épargner les jambes des employés de la Bibliothèque. » — *Moniteur* du 11 juillet.

Fermeture de la Bibliothèque du 1er septembre au 16 octobre. A l'occasion de cette annonce, le *Moniteur* du 30 août fait observer que les vacances n'ont point été établies dans l'intérêt des employés, qui cependant auroient bien besoin de repos après plus de dix mois d'un service si pénible, mais pour faciliter l'exécution de travaux intérieurs, qu'il est impossible de concilier avec le service public.—«Après les améliorations déjà introduites, et dont le public a pu apprécier le mérite, on songe à d'autres non moins importantes. Ainsi, par exemple, la salle de lecture va être mise en communication avec le rez-de-chaussée, ce qui complétera le service des imprimés : on opérera en outre un mouvement de plus de 60,000 vol., afin de placer dans la grande salle d'entrée, au premier étage, toutes les éditions sur peau vélin et les autres raretés typographiques, ainsi que les reliures remarquables, » etc.

Annonce de la réouverture de la Bibliothèque au 16 octobre. Suivant des bruits accueillis par le *Moniteur*, la Bibliothèque seroit désormais ouverte depuis neuf heures du matin jusqu'à quatre heures de l'après-midi ; les salles d'étude seroient chauffées l'hiver ; enfin un moyen auroit été trouvé pour prêter en toute sécurité des ouvrages à un grand nombre d'hommes de lettres et de jeunes gens studieux. — *Moniteur* du 13 octobre.

On place dans le cabinet des médailles de la Bibliothèque royale les magnifiques armures des ducs de Bourgogne, de Henri II, de François Ier, de Henri IV, de Sully et de Louis XIII, provenant de la galerie du prince de Condé, au château de Chantilly.

Mort de M. Jos. Van Praet, conservateur de la Bibliothèque royale au département des imprimés, âgé de quatre-vingt-trois ans. Nous avons dit qu'il étoit entré comme employé à la Bibliothèque du roi en 1783, qu'il avoit été nommé conservateur lors de la réorganisation de l'établissement, en 1796. Il étoit de l'Académie des inscriptions et belles-lettres. Sa vaste érudition bibliographique et son obligeance inaltérable sont restées dans le souvenir de tous les habitués de la Bibliothèque. Entre autres ouvrages qui garantissent son nom de l'oubli, nous citerons : « Le Catalogue des livres imprimés sur vélin qui se trouvent en la Bibliothèque du Roi, 1832. » — « Recherches sur Louis de Bruges, seigneur de la Gruthuyse, 1831, » — etc., etc.

1837. — Ordonnance royale du 19 février, qui nomme M. Charles Lenormant, conservateur adjoint aux médailles, aux fonctions de conservateur au département des imprimés.

M. Ternaux Compans, membre de la chambre des députés, publie : « Lettre à M. le ministre de l'instruction publique, sur l'état actuel des Bibliothèques de Paris. » *Paris, Delaunay*, 1837, in 8° de 31 pages. Et M. Duchesne aîné la 3e édition de *Notice des Estampes exposées à la Bibliothèque royale*, 1837, in-8° de 214 pages.

*Ib.* — Un exemplaire moulé en plâtre du plus important monument qui soit au monde, de la triple inscription de Rosette, donné par M. Letronne, est placé dans la salle des Pyramides de la Bibliothèque du Roi. Cette inscription est écrite en trois langues, l'égyptienne hiéroglyphique, le cophte et le grec. C'est au moyen de ce monument que Champollion et ses successeurs sont parvenus à peu près à trouver la clef de l'écriture hiéroglyphique. — *Mon.*, 12 *mars*.

*Ib.*—Vente de la bibliothèque du château de Rosny. Le prix des acquisitions faites pour la Bibliothèque royale s'élève au delà de 10,000 fr. et un seul manuscrit a absorbé près de la moitié de cette somme, c'est le fameux Code Theodosien (liv. 6, 7 et 8), publié pour la première fois par Cujas, en 1566, sur ce même manuscrit qui remonte au VIe siècle de de notre ère. Parmi les autres textes acquis nous citerons un volume grec contenant *Marcian d'Heraclée, Scylax*, et deux autres géographes; un *Sulpice Sévère* du Xe siècle, suivi d'un petit traité de *Grégoire de Tours* ; le *Chronicon* de Glaber Rodulphus ; les *Formulæ alsaticæ*, publiées par Gl. le Peletier, sur ce manuscrit qui est unique : un Vitruve aussi du Xe siècle ; les *Commentaires* de Philargyrius et de Donat sur Virgile (même siècle), enfin un manuscrit françois du XIIIe siècle, le *Roman des Guides*, en vers, du cycle des douze pairs : le nombre total des manuscrits achetés s'élève à treize.— *Monit. du 29 mars*.

Observations nouvelles sur l'acquisition, pour la Bibliothèque royale, des treize manuscrits de la bibliothèque du château de Rosny, et mention de la vente récente de la bibliothèque de MM. de Bure, où le departement des imprimés a acheté un exemplaire de la *Chronique de Nuremberg* de l'année 1484, qui n'étoit pas encore connue en bibliographie. —*Monit. du 8 juin.*

Impression à l'imprimerie royale de l'ouvrage de M. Marsand, contenant la « Notice et extraits des manuscrits italiens de la Bibliothèque royale et des autres bibliothèques de Paris. » — *Monit, 20 juillet.*

Don d'un manuscrit arabe fait à la Bibliothèque royale par M. de Lamartine au retour de son voyage en Orient. Don d'un autre manuscrit arabe fait par M. Léon Vidal, contenant des prières chrétiennes écrites en encre de diverses couleurs avec des ornemens de calligraphie orientale, format in-18 et relié en maroquin vert.

Découverte à la Bibliothèque royale du manuscrit autographe de Pierre de Lestoile, texte véritable et complet du journal de Henri III. — Autre d'un manuscrit contenant le *Credo* ou profession de foi catholique avec des développemens sur les prophéties de ce symbole.— *Monit.* 2393.

M. Paulin Paris publie le tome 1er de : « Les manuscrits françois de la Bibliothèque du Roi. » *Paris, Techener*, 1846, in-8°.

Ouverture des cours de première année à l'école royale des Chartes ouverte à la Bibliothèque royale. — *Monit. du 30 décembre.*

Le beau et unique médaillon de Dioclétien qui a fait partie de la collection d'antiquités de M. Mimaut, est acquis par la Bibliothèque royale au prix 3,001 francs.

1838. — M. Dauriac entre surnuméraire au bureau du catalogue, département des Imprimés.

21 février. — Mort de M. le baron Silvestre de Sacy, dont M. Reinaud, membre de l'Institut et son successeur dans la chaire d'arabe à l'école des langues orientales, prononce et publie l'éloge, sous le titre de « Notice historique et littéraire sur M. le baron Silvestre de Sacy. » *Paris. Ve Dondey-Dupré*, in-8° de 87 p.

M. Raoul Rochette, conservateur au cabinet des médailles, publie : « Exposé succinct de l'acquisition des vases de Bernay. » Br. in-8°.

Ouverture du cours d'archéologie à la Bibliothèque royale, les soirs du lundi et jeudi pendant l'hiver.—*Monit.*, 1838.

Ordonnance du Roi en date du 6 février, qui nomme M. Jomard en qualité de directeur de la Bibliothèque Royale.

Ordonnance du Roi en date du 26 février, par laquelle le Directeur du conservatoire de la Bibliothèque royale est autorisé à accepter le legs fait à cet établissement par M. Van-Praet, conservateur et administrateur de cette bibliothèque, aux termes de son testament reçu par M. Froger Deschênes aîné, notaire à Paris, le 3 février 1837. Ledit legs consistant en ouvrages tant imprimés que manuscrits d'une valeur d'environ 4,000 francs.

Ordonnance en date du même jour et à mêmes fins à l'occasion du legs fait par M. Ghéerbrand (Pierre Timothée), employé au département des antiques, aux termes de son testament olographe du 15 janvier 1834. Ledit legs consistant en une collection de 277 médailles en or, en argent et en bronze, tant romaines que des papes, villes et rois de l'antiquité et représentant une valeur de 1,060 francs.

Hommage de M. Jesi, célèbre graveur italien, à la Bibliothèque royale de l'estampe exécutée à Florence, d'après le tableau de Raphaël, connue sous le nom de la Madone du marquis Tempi. — *Monit.*, 1838.

*Ib.* — M. Paulin Paris publie le deuxième volume de : « Les manuscrits françois de la Bibliothèque du Roi, » format in-fol. magno. *Paris, Techener*, 1838. — La préface est datée du 25 décembre 1837.

1838. — Rapport à la Chambre des Députés de M. J. L. Gillon, député de la Meuse, au nom de la commission chargée d'examiner le projet de budget pour l'exercice 1839. — 380,000 fr. de crédit sont demandés à la Chambre.

Il résulte de ce rapport que le crédit de la Bibliothèque royale en 1832, de 239,000, a été porté, en 1835, à 274,000, que le ministre consent à fixer à 272,000 ; laquelle somme se doit répartir ainsi :

| | |
|---|---|
| Employés. . . . . . . . . . . . . . . . . . . | 155,000 fr. |
| Chauffage, éclairage, entretien de l'édifice et du mobilier. . . . . . . . . . . . . . . . | 15,000 |
| Acquisition de manuscrits, médailles, cartes, livres, frais de reliure. . . . . . . . . . . . | 102,000 |
| Total . . . . . . | 272,000 |

A ces 272,000 fr. il faut, aujourd'hui, ajouter 112,000 fr.

comme premier douzième d'une dépense totale de 1,344,000, demandée pour les nouvelles opérations devenues indispensables. En voici la répartition :

*Imprimés*, reliure : 360,000 fr. applicables à 120,000 vol. brochés, la reliure est urgente pour 80,000 vol. 360,000 fr.

| | |
|---|---:|
| Rachat de livres pour compléter des ouvrages dépareillés ou remplacer des exemplaires usés. | 80,000 |
| Achats de livres étrangers . . . . . . . . . . | 400,000 |
| Catalogues. . . . . . . . . . . . . . . . . . | 85,000 |
| Total. . . . . . . . . . . . . | 925,000 |

| | |
|---|---:|
| *Manuscrits*. Achats. . . . . . . . . . . . . . . | 70,000 |
| Reliures. . . . . . . . . . . . . . . . . . . | 30,000 |
| Total . . . . . . . . . . . . | 100,000 |

| | | | |
|---|---|---|---:|
| *Estampes-Cartes*. | Achats | d'estampes . . . . | 15,000 |
| — | — | de cartes . . . . . | 75,000 |
| — | — | reliures. . . . . . | 24,000 |
| — | — | Catalogues . . . . | 8,000 |
| | | Total. . | 122,000 |

| | |
|---|---:|
| Médailles et antiques. Achats de la collection Wiezay. . . . . . . . . . . . . . . . . . . . | 40,000 |
| Achats divers . . . . . . . . . . . . . . . . | 150,000 |
| Moulage des pierres gravées qui sont données en retour de cadeaux de médailles et antiques qui sont faits par l'étranger . . . . . | 7,000 |
| Total . . . . . | 197,000 |

Au sujet du département des manuscrits, le rapporteur recommande l'achat de mss. indiens, « afin de tenir nos trésors philologiques, qui exercent tant d'*attraction,* au niveau au moins des trésors de cette nature que Londres possède et que la compagnie des Indes a soin d'agrandir. » Un petit nombre de manuscrits indiens de la collection de la Bibliothèque royale est seulement catalogué. M. le rapporteur se plaint de cet état de choses, et termine en faisant des vœux pour le choix prochain et définitif d'un édifice pour recevoir la Bibliothèque royale, chose urgente, « car dans beaucoup de salles on ne peut dérouler les richesses qu'elles renferment ; dans d'autres le jour arrive à peine à travers tant d'obstacles, qu'il ne pénètre qu'en donnant une lumière affoiblie, qui permet à grand'peine quelques heures de travail à la vue la plus puissante!! »— *Monit. du 28 mai.*

Lettre de M. Champollion-Figeac, conservateur au département des manuscrits, contenant une réponse au dire de M. Gillon, rapporteur du budget, au sujet des manuscrits indiens de la Bibliothèque royale. Il résulte de cette lettre que l'ensemble de ces manuscrits ne s'élève pas à 550 volumes, divisés en sept idiomes, y compris le fond des dictionnaires, grammaires et extraits. Chacun de ces manuscrits est totalement porté, les catalogues sont au complet et parfaitement en état. « Du reste, ajoute M. Champollion, le service des manuscrits indiens n'entraîne pas un mouvement de 20 volumes dans une année. Quatre personnes au plus se livrent à leur étude, et il devient évident que les deux savans distingués qui sont chargés de ce soin à la Bibliothèque, suffisent facilement à ce labeur, et pourront aussi terminer sans aucune dépense extraordinaire les nouveaux catalogues dont l'Europe savante sera redevable à leur science qui est bien connue. Les autres manuscrits indiens, savoir : Bengali au nombre de 6 ; Pali 58 ; Talmud 108 ; Siamois 21 ; Javanais 12 ; Talinga 12, forment autant de sections particulières, et il n'y a pas un seul de ces volumes qui ne soit catalogué. Les manuscrits Talmould sont ceux dont il est question dans le rapport, comme écrits dans la langue de nos établissemens de la côte de Coromandel. Malheureusement personne en France ne s'occupe de cet idiome et aucun de ces manuscrits n'est jamais demandé. »

*Ib.* — Rectification d'un article de journal, relatif à une prétendue acquisition par la Bibliothèque impériale de Saint-Pétersbourg *d'une foule de manuscrits provenant de la fameuse bibliothèque de Saint-Germain-des-Prés, vendue à l'encan pendant la révolution.*

« Aucune bibliothèque, aucun manuscrit provenant des maisons religieuses supprimées n'a été mis en vente par l'Etat. Les manuscrits de l'abbaye Saint-Germain furent remis à la Bibliothèque royale. Ils en sont aujourd'hui un des fonds les plus précieux. Il est vrai que l'incendie qui, en 1794, menaça la bibliothèque Saint-Germain fut l'occasion de quelques pertes ; des livres, des manuscrits, des antiques furent sauvés de ce désastre par des mains infidèles, et on sait que ces divers objets sont passés à l'étranger. Toutefois, le nombre des manuscrits provenant de l'abbaye Saint-Germain qui sont réunis à la Bibliothèque royale, ne s'élèvent pas à moins de 4,500 articles selon les catalogues. On sait aussi qu'il se trouve en Russie des manuscrits et des recueils de pièces concernant l'histoire de France. Une partie provient de la Bastille. Des catalogues ont été envoyés à Paris : des acquisitions ont été proposées à la Bibliothèque royale, mais elle ne peut en faire aucune qu'après un examen préalable et attentif des objets proposés.. Au surplus, les archives de Saint-Pétersbourg s'enrichissent depuis quelque temps de copies de pièces concernant l'histoire de Russie, dont les originaux se trouvent dans les bibliothèques de Paris. La France un jour pourra avoir sa revanche dans ce bon office. Un ancien a dit : *Scientia est amica omnibus.* » — *Monit.*, p. 2092.

Remise et hommage à la Bibliothèque royale par M. Tallat, chargé d'affaires de la S. P. ottomane, d'une grammaire arabe imprimée à Rome en 1592 portant le timbre de la Bibliothèque royale, dont elle avoit été sans doute indûment distraite. — *Monit. du 19 juin.*

M. le duc de Nemours fait don à la Bibliothèque royale de plusieurs manuscrits orientaux qu'il a rapportés de sa campagne d'Afrique. On distingue parmi ces ouvrages une relation en arabe de l'historien Ebn-Bathouta.—*Mon., 28 août.*

Don fait par le Roi de diverses médailles antiques et étrangères, provenant de l'envoi du général Court employé au service du Roi de Lahore (Inde). Cette collection comprend : 1° des médailles d'Alexandre-le-Grand; 2° des Rois connus de la Bactriane Euthydème; 3° des Rois Indo-Scythes; 4° des médailles incertaines de la Bactriane; 5° des médailles indiennes; 6° des Rois Parthes Arsacides; 7° des Rois Perses Sassanides; 8° des médailles impériales romaines; 9° enfin des monnaies arabes, persanes et indiennes. — *Journal des déb.* du 23 sept.

M. le comte de Castelnau, des parties centrales de l'Amérique du Nord, adresse à la Bibliothèque royale plusieurs ouvrages relatifs aux langues aborigènes de ces contrées, entre autres : 1° une grammaire de la langue des Chipeways, imprimée à Cazanobia, et composée par Sahgahjewagah-

Bahweh, l'un des chefs de cette nation qui habite les bords du lac Supérieur. C'est le premier effort qu'on ait fait pour soumettre la langue chipewaye aux formes grammaticales ; 2° un journal cherokée et anglois, publié à New-Echata, et intitulé Gwy-Isanoa (Phénix-Cherokée) ; 3° un vocabulaire de la langue des séminales de la Floride ; 4° un évangile en langue des Iroquois, traduit par M. Clareck, missionnaire à Duckreeh (rivière des canards) à la grande baie verte. — *Monit. du* 14 *décembre.*

Nomination d'une commission chargée d'examiner et de déterminer le choix d'un emplacement convenable pour l'établissement d'une bibliothèque royale. Elle est composée de MM. le baron Monnier, le vicomte Simeon, pairs de France ; le comte de Rambuteau, préfet de la Seine ; de Sade ; Benjamin Delessert, députés ; Dupin aîné, De Lamartine, députés et membres de l'académie françoise ; Vatout, conseiller d'Etat, directeur des monumens publics ; Jomard, Letronne, de l'académie des inscriptions, conservateurs de la Bibliothèque ; Achille Lecler de l'académie des Beaux-Arts, inspecteur des bâtimens civils ; Visconti, architecte de la Bibliothèque royale. — *Monit. du* 19 *décembre.*

1839. — Rapport au Roi, de M. de Salvandy, ministre de l'instruction publique, sur le service de la Bibliothèque royale, en date du 22 février 1839, suivi d'une ordonnance royale qui règle de nouveau son organisation intérieure.

Cette ordonnance donne lieu à la publication des « Lettres des conservateurs de la Bibliothèque royale, sur l'ordonnance du 23 février 1839, relative à cet établissement. » *Imprimerie de H. Fournier*, 1839, in-8°. Ces lettres, au nombre de trois et signées : *les Conservateurs et Conservateurs adjoints de la Bibliothèque royale :* Jomard, Raoul Rochette, Letronne, Champollion-Figeac, Hase, Magnin, Lenormant, Duchesne aîné, Guérard, Reinaud, Ballin, Dubeux, ont chacune une pagination différente, formant ensemble 142 pages, et sont datées, la première du 5 mars, la seconde du 25, la troisième (sans date).

*Publications diverses :* « Bibliothéconomie : instructions sur l'arrangement, la conservation et l'administration des bibliothèques, par L.-A. CONSTANTIN (HESSE), avec six planches. *Paris, J. Techener*, 1839, petit in-12 de 132 pages.

« Des manuscrits à miniatures, par DIDRON. — *Extrait de la Revue française, janvier* 1839. » In-8° de 27 pages.

« Des devoirs et des qualités du bibliothécaire.—Discours prononcé dans l'assemblée générale de Sorbonne, le 23 décembre 1780, par J.-B. Cotton des Houssayes, docteur et bibliothécaire de Sorbonne, chanoine de l'église cathédrale de Rouen, membre des académies de Rouen, de Caen et de Lyon, traduit du latin en françois avec quelques notes, par G. B. *Paris, Techener, libraire, place du Louvre*, 12, 1839. » In-8° de 6 pages.

Le *Moniteur du 27 juin* annonce le prochain transport à la Bibliothèque royale de documens historiques sur l'histoire nationale, concernant principalement la législation, et dont le dépôt peu consulté jusqu'à ce jour étoit resté dans les archives du ministère de la justice, où il n'étoit connu que de peu de personnes et par un catalogue en 22 vol. intitulé: « Table par ordre alphabétique de matières des ordonnances des rois de France, depuis le xiiie siècle jusqu'en 1709. »

« La Bibliothèque du Roi. » Ce mémoire, en réponse aux *Lettres des conservateurs*, est daté de Paris, 29 juin 1839, et *signé* : Le conseiller d'Etat administrateur général *démissionnaire* de la Bibliothèque du Roi. CH. DUNOYER, in-8° de 27 p. *Imprim. de Fournier et C*[e].

Ordonnance qui nomme M. Letronne (membre de l'Institut), directeur président du conservatoire de la Bibliothèque royale.

Ordonnance du Roi du 2 juillet 1839, contresignée VILLEMAIN, et règlement concernant la Bibliothèque royale du 30 septembre 1839, *signé*: Le pair de France, ministre secrétaire d'Etat au département de l'instruction publique, VILLEMAIN, in-8° de 20 p. *Imprimerie de P. Dupont et C*[e].

Démarche du directeur, des membres de la Bibliothèque royale auprès du ministre de l'instruction publique pour le prier de remercier le Roi des nouvelles dispositions prises par l'ordonnance du 2 juillet pour assurer à la Bibliothèque le régime le plus favorable au service public et à la prospérité de ce grand établissement.— *Moniteur du 7 juillet.*

Par ordonnance royale, M. le baron Walckenaer, membre de l'Institut, est nommé conservateur adjoint pour la section des cartes et plans au quatrième département. — M. Duchesne aîné, l'un des conservateurs du quatrième département, est nommé trésorier de la Bibliothèque royale. — *Moniteur*, 28 *juillet*.

Nomination de M. Jomard en qualité de directeur de la Bibliothèque royale, pour l'année 1839. — *Moniteur du* 11 *janvier*.

Rapport de M. de Salvandy, ministre de l'instruction publique, au Roi sur le service des Bibliothèques, du 22 février 1839.

Ordonnance du Roi qui règle le service, la composition et le traitement des employés des diverses Bibliothèques publiques. — *Ib.*

Ordonnances qui nomment M. Charles Dunoyer administrateur général de la Bibliothèque du Roi et M. Jomard, président honoraire du conservatoire de la Bibliothèque.—*Ib.*

Réflexions du *Moniteur* sur la lettre de M. Isambert, publiée dans le *Courrier Français* et relative à l'ordonnance du Roi concernant le service des Bibliothèques. Ces réflexions sont toutes en faveur de la nouvelle ordonnance et des considérants qui l'ont motivée. — *Moniteur du* 2 *mars*.

Ordonnance royale du 25 février qui nomme M. Stanislas Julien, membre de l'Institut et professeur au collége de France, aux fonctions de conservateur adjoint de la Bibliothèque royale (section des livres et manuscrits chinois). — *Moniteur*, p. 359.

Explications relatives à M. His et à M. Ravaisson, nommés inspecteurs des Bibliothèques. « Les fonctions de M. His comprennent la surveillance de tout ce qui concerne les achats, la conservation, les catalogues, la comptabilité dans les grandes Bibliothèques de la capitale. — Le même emploi dans les départemens est dévolu à M. Ravaisson. » — *Moniteur du* 5 *mars*.

Ordonnance du Roi qui nomme M. Félix Ravaisson inspecteur général des Bibliothèques de France.— *Moniteur du* 17 *mars*.

Ordonnance du Roi du 25 février qui nomme M. Paulin Paris (membre de l'institut) aux fonctions de conservateur adjoint au département des manuscrits de la Bibliothèque royale. — *Ib.*

Nomination de M. Didron à l'emploi de sous-bibliothécaire, attaché au département des manuscrits de ladite Bibliothèque pour procéder au récolement et au catalogue des peintures, dessins et miniatures des manuscrits, sous l'autorité et par les ordres des conservateurs du département et des conservateurs adjoints de chaque section. Il prendra le titre de sous-blibliothécaire.

Ordonnance royale du 4 mars qui nomme M. Duchesne aîné, après quarante-quatre ans de service, aux fonctions de conservateur en titre du département des estampes; et M. Duchesne jeune, après trente-deux ans de service, à celles de conservateur adjoint de la Bibliothèque royale.

Nomination de M. Jomard à l'emploi de conservateur du département des cartes géographiques, plans et collections ethnographiques de ladite Bibliothèque.

Lettre de M. Charles Dunoyer au rédacteur du *Messager*, en réponse à un article de ce journal concernant la Bibliothèque royale, et notamment le traitement alloué à MM. Stanislas Julien et Paulin Paris, nouvellement nommés aux fonctions de conservateurs adjoints. — *Moniteur, 2 avril.*

Exposition dans l'une des salles du département des manuscrits de 1° une boussole chinoise; 2° un globe céleste arabe du v° siècle de l'Hégire; 3° une table gnomonique, provenant d'Egypte; 4° une carte de Provence, autographiée par Danville; 5° enfin un grand nombre de travaux topographiques précieux pour les sciences et les arts. — *Monit. du 20 octobre.*

Ordonnance royale du 25 juillet qui nomme M. Ravenel, conservateur adjoint au département des imprimés de la Bibliothèque royale. — M. Leblanc est nommé surnuméraire au cabinet des estampes.

1840. — Ordonnance royale du 8 août qui nomme M. Naudet (Conservateur des imprimés), Directeur de la Bibliothèque royale. La même ordonnance nomme M. Charles Lenormant Conservateur des médailles.

12 janvier. — Mort de M. L.-Arm.-Aug. Loiseleur de Longchamps, employé du département des manuscrits (orientaux). M. Reinaud prononce son éloge. Il faisoit partie de la Bibliothèque depuis 1832.

M. P. Paris publie le troisième volume de : « Les manuscrits françois de la Bibliothèque du Roi, » par M. Paul. Paris. — *Paris; chez l'auteur*, 1840.

M. Munck entre surnuméraire au département des manuscrits, en remplacement de M. Loiseleur de Longchamps.

Extrait du rapport annuel fait à la Société de géographie pour l'année 1840, par le secrétaire général (Jomard), collection géographique de la Bibliothèque royale. — *Paris, imprimerie de Bourgogne*, in-8° de 8 pages.

*Ib*. — Le chauffage est introduit dans la Bibliothèque royale. « On s'étoit d'abord servi de poêles : par prudence on dût y renoncer. Aujourd'hui dans des souterrains faits exprès, des calorifères se trouvent établis, et les précautions ont été si bien prises, que tout y est à l'abri du péril. La fumée monte au dehors le long des murs de pierre, où elle est conduite par des tuyaux qui ne sont en contact avec aucune matière combustible. A l'intérieur, il n'y a que des conduits d'air chaud, d'où il ne peut jamais sortir ni flammes, ni étincelles : cependant, par un luxe de mesures préservatrices, ces conduits à l'approche des boiseries et des poutres, sont revêtus d'une double enveloppe, et vers midi, le feu des calorifères est arrêté. De sorte qu'à trois heures, moment où les travailleurs quittent la Bibliothèque, il est éteint partout. — *Moniteur du 27 février*.

Mars. — Hommage par M. Achile Jubinal, d'une tapisserie du xv<sup>e</sup> siècle, provenant du château de Bayard en Dauphiné, manoir paternel de Pierre du Terrail, le chevalier sans peur et sans reproche. Elle est à trois pans : dans le premier se remarquent quatre personnages principaux : Eneas, Anthénor, le roi Priam et Penthesilée reine des amazones; celle-ci vient avec ses guerriers au secours de Troie, où elle est reçue par le roi Priam entouré de sa cour. —Dans le second est une bataille : Polydamas y combat contre Ajax Thelamo; Penthesilée frappe Diomède qui tombe de cheval. — Dans le troisième : Pyrrhus armé chevalier sous une tente, où Ajax et Agamemnon lui servent de parrains, pendant qu'un écuyer lui chausse l'éperon. — On tend cette belle tapisserie sur la paroi de la muraille qui fait face au grand escalier.

M. Auguste Paris entre comme surnuméraire au département des imprimés.

Juillet. — La Bibliothèque fait l'acquisition de la belle collection de médailles appartenant à M. Borral, de Smyrne. Cette collection, l'une des plus précieuses qu'on puisse rencontrer, se compose de sept cent trente médailles dont trente-trois en or, deux cent quatre-vingt-trois en argent, et quatre cent quatorze en bronze. Aucune d'elles n'étoit au dépôt de la Bibliothèque et deux cent soixante sont tout à fait inédites.

*Ib.* — M. Hase, membre de l'Institut, conservateur au département des manuscrits, fait hommage à la Bibliothèque royale d'un manuscrit arabe du xiiie siècle, venant de Mascara et contenant les séances de Hariri.

*Ib.* — M. Stanislas Julien, pour se conformer au règlement qui interdit aux conservateurs de la Bibliothèque royale de faire des collections d'objets rares dans le genre de ceux qui appartiennent au département qui leur est confié, cède à la Bibliothèque, au prix coûtant, la plus grande partie des livres chinois qu'il avoit recueillis, principalement ceux d'histoire et de sciences et tous les recueils relatifs à ces matières ainsi qu'à la jurisprudence et aux arts que la Bibliothèque ne possédoit point. Le conservatoire fait également l'acquisition de divers manuscrits de feu Klaproth.

*Ib.* — Par un article supplémentaire du règlement approuvé par M. le ministre de l'instruction publique, les personnes en faveur desquelles le prêt des livres a été autorisé, sont prévenues que, dorénavant, elles seront admises quatre jours par semaine, lundi, mercredi, vendredi et samedi, à retirer les livres qu'elles auront demandés au moins vingt-quatre heures à l'avance, conformément à l'art. 105 du règlement. — *Monit. du 18 octobre.*

M. S. Munk, attaché au département des manuscrits et qui s'est rendu en Égypte avec la commission d'Israélites envoyée à l'occasion des affaires de Damas, écrit de Syra à M. Champollion-Figeac, sous la date du 22 octobre, qu'il rapporte entre autres curiosités bibliographiques une copie de l'*Histoire des médecins* d'Ibn-Abi-Osaïbaa — Un volume de la chronique d'Ibn-al-Athir, et un certain nombre de volumes appartenant à la secte des Caraïtes : ce sont plusieurs ouvrages sur les usages et les rites de cette secte, et différentes parties d'un commentaire gigantesque sur la Bible remontant au xe siècle, ouvrages d'une extrême rareté et totalement inconnus en Europe. « Ces ouvrages, » dit M. Munk, « m'ont été fournis par les débris de la secte caraïte, qui existent au Caire, et j'ai cru devoir sauver ces restes d'une littérature presque inconnue, et qui n'est pas sans importance pour l'histoire littéraire du moyen-âge. — *Monit. 12 nov.*

Le Conservatoire de la Bibliothèque royale fait l'acquisition d'un beau manuscrit contenant la copie de la relation des guerres de Louis XIV pendant l'année 1674, avec cartes et plans enluminés. Il acquiert aussi quatre-vingt-cinq médailles de la Bactriane, dont neuf d'or et onze d'argent : toutes rares et plusieurs inédites. — *Monit.* 20 *déc.*

**1841.** — M. Claude, attaché depuis quelques années au travail du Catalogue, entre comme surnuméraire au département des manuscrits.

*Ib.* — M. Paul. Paris publie le quatrième volume de : « Les manuscrits françois de la Bibliothèque du Roi. » *Paris, chez l'auteur*, 1841.

*Ib.* — M. Jomard publie : « Accroissement de la collection géographique de la Bibliothèque royale en 1841. Extrait du Bulletin de la société de géographie. » (Cah. de déc. 1841.) In-8º de 16 p.

**1842.** — Ordonnance royale qui nomme M. Dumersan conservateur adjoint au cabinet des médailles après quarante-sept années de service. — M. Duchalais entre surnuméraire au cabinet des médailles.

*Ib.* — M. Jomard publie : « Collection géographique de la Bibliothèque royale. Développement de la collection pendant l'année 1842. » In-8º de 13 p.

**1843.** — Ordonnance royale qui nomme M. Em. Dupaty conservateur adjoint au département des imprimés, place de nouvelle création. — *Monit. du 16 juin* 1843.

MM. Latapie et Vintre entrent surnuméraires au département des imprimés; M. de la Garde employé au cabinet des estampes.

M. Jomard publie : « Collection géographique de la Bibliothèque royale, an. 1843. — Extrait du Bulletin de la société de géographie. » In-8º de 20 p.

*Ib.* — M. Paulin Paris publie le cinquième volume de : « Les manuscrits françois de la Bibliothèque du Roi, leur histoire, et celle des textes allemands, anglois, hollandois, italiens, espagnols de la même collection. » *Paris, Techener*, 1843.

La Bibliothèque reçoit en don de M. Decroix, de Lille, vingt volumes contenant les ouvrages du célèbre musicien Rameau. — *Monit. du 28 mai.*

Ellé s'enrichit de la précieuse collection de manuscrits malays appartenant à M. Roarda Van Eysinga, professeur de langues malaye et javanoise à l'Académie royale militaire de Breda.

1844. — Le cabinet des antiques fait l'acquisition d'un magnifique cercle d'or gaulois trouvé en mai 1843 sur le territoire de Saint-Leu d'Esserens, canton de Creil.

On place le portrait du Roi Louis-Philippe dans la salle du Parnasse françois de Titon du Tillet.

Action en restitution intentée par M. le Directeur de la Bibliothèque royale, contre M. Charon, marchand d'autographes, au sujet d'une quittance de Molière de la somme de 144 fr. donnée en 1669, pour lui et onze acteurs de sa troupe, à six livres chacun par jour, pour représentation de l'*Avare* et *Tartufe* à Saint-Germain.

Jugement du tribunal civil, 1re Chambre, audience du 31 juillet, qui déboute le Directeur de la Bibliothèque de sa demande et le condamne aux frais. — « Attendu que l'autographe dont s'agit ne porte ni estampille, ni marque, ni caractère propre à le faire reconnoître, même à le faire supposer dépendant du domaine de la Bibliothèque royale. »

*Ib.* — La Bibliothèque achète à Boulogne un manuscrit précieux provenant de la famille Quendalle, et contenant un recueil de rondeaux de poëtes de la fin du xive siècle et du commencement du xve siècle. — On y trouve des rondeaux inédits de Charles d'Orléans, de Tanneguy Duchatel et de Jacques de Nemours. — *Monit. du 4 déc.*

1845. — Visite à la Bibliothèque royale des chefs arabes en ce moment à Paris. M. Reinaud, membre de l'Institut et conservateur adjoint, leur fait les honneurs du cabinet des manuscrits : Sidi Mohammed-ben-el-Moctar, d'Alger ; Sidi Mohammed-el-Schedly, cadi de Constantine, et El Hadji Mohammed-ben-Galla, d'Oran, ex-secrétaire d'Abd-el-Kader. — *Courrier français*, 4 janvier.

*Id.* — *Publications diverses :* Lettre à M. Siebold sur les collections ethnographiques, renfermant un système général de classement, in-8°, *Duprat*, 1845.

« Les manuscrits françois de la Bibliothèque du Roi, leur histoire et celle des textes allemands, anglois, hollandois, italiens, espagnols de la même collection, » par M. Paulin Paris, t. VI. *Paris, Techener*, 1845.

*Ib.*—« De l'organisation des Bibliothèques dans Paris, par le comte DE LABORDE, membre de l'Institut. » — *Paris, Techener*, 1845. — 1re lettre, février 1845 ; 2e lettre, avril ; 3e, mai. — Voir aussi, sur cet ouvrage curieux, les articles du *Bulletin du Bibliophile* du 25 décembre, etc.....

« Réforme de la Bibliothèque du Roi, par P. DE LACROIX, 1845, » in-12.

*Ib.* — « Exposé succinct d'un nouveau système d'organisation des Bibliothèques publiques, par DANJOU. » 1845, in-8º de 29 p.

On travaille à convertir en petite salle d'exposition une partie du vestibule en arcades qui se trouve en bas de l'escalier conduisant au département des estampes et des manuscrits, pour y déposer les monumens égyptiens récemment apportés de Carnac par M. Prisse. Ces monumens, qui consistent en inscriptions et sculptures, décoroient une chambre qu'on va reproduire exactement. Ce n'est qu'en sciant les murs qu'on a pu enlever ces antiquités.—*Moniteur des Arts*, février, et *Moniteur universel* du 6 juin.

Le département des manuscrits achète un texte des Evangiles pour les fêtes de l'année, recouvert de reliefs en or et en ivoire soigneusement travaillés et qui remontent au VIIe siècle de l'ère chrétienne. Il est enrichi de treize grandes peintures représentant plus de cinquante personnages et de cent vingt-trois lettres capitales rehaussées d'or, d'argent et de couleurs. — *Moniteur* du 3 juin.

Note au sujet de la publication d'un manuscrit de la Bibliothèque royale que l'on croyoit avoir été faite sans autorisation préalable du Conservatoire. — Réintégration du manuscrit entre les mains du ministre de l'instruction publique. — Information à ce sujet. — Justification d'autorisation et autres particularités.—*Messager, Moniteur*, 23 avril.

Note au *Messager* du 27 juin, par laquelle le Conservatoire de la Bibliothèque déclare vouloir poursuivre la revendication de la quittance Molière jusqu'à la dernière limite des voies de justice.

1846. — Achat par le cabinet des manuscrits du *Putrad-*

*Jizchak*, du rabbin Isaac Lampronti, formant une encyclopédie générale de toutes les matières traitées dans le Talmud et dans ses nombreux commentaires, et dont partie seulement est imprimée. — *Moniteur* du 3 avril.

Note sur la salle des ancêtres de Touthmés, dont l'antiquité remonte à 3500 ans. — Soixante statues de grandeur naturelle font partie de cette collection, plus un papyrus de trois mètres de longueur. *Débats*, 7 janvier.

Article du *Moniteur* du 26 juillet, au sujet de la collection des manuscrits orientaux de la Bibliothèque royale, par M. Reinaud, conservateur adjoint.

La Bibliothèque achète de M. Lefebvre, marchand de livres et d'autographes, tous les papiers trouvés chez Hudson-Lowe, et qui comprennent entre autres choses la correspondance officielle du gouvernement anglois avec le geôlier de Sainte-Hélène; les correspondances des officiers qui accompagnoient l'Empereur, les réclamations des officiers de la maison de Napoléon, Las Cazes, Montholon, Gourgaud, etc., les rapports des médecins, bulletins de santé, rapports d'espions, inventaires, procès-verbaux d'autopsie, protestations d'Oméara, etc., en tout 1,200 pièces originales : — Recueil colporté et offert au plus offrant, sans résultat satisfaisant pour le propriétaire. — *Moniteur* du 26 octobre.

*Ib*. — « La Bibliothèque royale. » Article de M. CHARLES LOUANDRE. (*Revue des Deux-Mondes*, mars 1846, t. 61, p. 1045.)

1847. — M. Paul Lacroix écrit dans la *Presse* qu'il a retrouvé, au cabinet des manuscrits de la Bibliothèque royale, le 5ᵉ livre du Pantagruel de Rabelais (anc. f. Baluze) entièrement autographe. — Discussion à ce propos. — *Moniteur* du 26 mars 1847.

Formation d'une commission d'enquête pour examiner le projet d'isolement de la Bibliothèque royale et sa reconstruction sur son emplacement actuel. — L'auteur du projet est M. Visconti, architecte du gouvernement. — *Moniteur* du 18 février.

A partir de cette époque, l'histoire de ce qui se passe à la Bibliothèque est tout entière dans les publications qui se succèdent : aussi nous bornerons-nous à donner, sans observation ni commentaire, les titres de ces brochures, qui suffiront pour indiquer le caractère et la marche des faits.

20 février. — Rapport adressé à M. le ministre de l'instruction publique, par M. Naudet, directeur de la Bibliothèque royale, sur la situation du catalogue du département des imprimés de cet établissement. — Voici les sommaires de ce rapport : 1° observations préjudicielles ; 2° état de la matière du travail en 1839 ; 3° travail sur les anciens catalogues ; 4° travail sur les livres, rangemens ; 5° commencement et avancement des travaux définitifs du catalogue ; 6° résultats déjà obtenus ; 7° conclusion.

Ce rapport donne lieu à une polémique fort vive appelée la GUERRE DES BROCHURES : la question du Catalogue en est le principal objet. Nous citerons ces brochures, articles et rapports à leur date : « Etat actuel des catalogues des manuscrits de la Bibliothèque royale (1er mars 1847), par M. CHAMPOLLION-FIGEAC. *Paris, F. Didot,* » in-8°, 27 p.

*Ib.*, mars. — « Bibliothèque royale. — Observations sur les catalogues de la collection des estampes, par DUCHESNE ainé, conservateur. Mars, 1847. *Paris, imp. de Gab. Jousset,* » in-8°, 8 p.

*Ib.* — « Rapport à Son Excellence M. le comte de Salvandy, ministre de l'instruction publique, sur l'organisation du personnel, la reconstruction du monument et la rédaction du catalogue de la Bibliothèque royale, p. J. PAUTET DU ROZIER, bibliothécaire. *Beaune, imp. de Blondeau de Jussieu,* mars 1847, » 15 p. et 1 plan in-8°.

*Ib.*, 10 avril. — « De la Bibliothèque royale et de la nécessité de commencer, achever et publier le catalogue général des livres imprimés, par M. PAULIN PARIS, membre de l'Institut, conservateur adjoint au département des manuscrits de la Bibliothèque royale. *Paris, Téchener,* 1847. » In-8° de 58 p. — Préface datée du 10 avril 1847.

*Ib.*, avril. — « La Bibliothèque du Roi. Note publiée en 1839 par Ch. Dunoyer, nommé administrateur général par l'ordonnance royale du 22 février, démissionnaire le 29 juin. Nouvelle édition enrichie de quelques pièces justificatives accompagnées de quelques notes explicatives. *Paris, Lacrampe,* avril 1847. » In-8° de 47 p.

*Ib.*, 25 avril. — « Rapport sur le crédit supplémentaire. — Fonds spécial à la Bibliothèque royale, par M. Allard, membre de la chambre des députés. » — *Moniteur* du 25 avril 1847.

*Ib.*, avril. — Note sur le classement des imprimés, la rédaction et la publication du catalogue général de la Bibliothèque royale, par B. Gonod, bibliothécaire de la ville de Clermont-Ferrand. — La préface est datée d'avril 1847. — 2ᵉ édit. (*Paris, chez Forquet*, mars 1847, in-8º de 19 p.) Il y a une 3ᵉ édit. ou tirage de juillet.

*Ib.* — « Recherches sur les principes fondamentaux de la classification bibliographique, précédées de quelques notes sur la bibliographie, d'un exposé des principaux systèmes bibliographiques, et suivies d'une application de ces principes au classement des livres de la Bibliothèque royale, par J.-F.-M. Albert. *Paris, chez l'auteur, rue du Dragon*, nº 42, 1847. » In-8º de 63 p.

*Ib.*, 30 avril. — « Lettre à M. Paulin Paris sur le projet de mettre en direction la Bibliothèque royale, en réponse au ch. XVIII du rapport de M. Allard, membre de la chambre des députés, sur les crédits supplémentaires, par M. Raoul Rochette, un des conservateurs-administrateurs de la Bibliothèque royale. *Paris, Téchener*, 1847. » In-8º de 24 p. Datée du 30 avril 1847.

*Ib.* — 7 mai. Discussion à la Chambre des Députés *du chap. XVIII des crédits extraordinaires*, concernant la Bibliothèque royale, et à laquelle prennent part M. Ferdinand de Lasteyrie, M. de Salvandy, ministre de l'instruction publique, MM. Saint-Marc-Girardin, Ternaux-Compans, Etienne, De la Grange, Taillandier, Vatout, Isambert et Lherbette. — *Monit. du 8 mai*.

Notice de la vente de la grande et belle bibliothèque de M. L*** (Libri), in-8º.

*Ib.* — L'histoire des vases de Bernay, à propos de ce qui se passe à la Bibliothèque royale. — Notice signée L. P. *Paris, I. Bailly*, 1847, 15 p.

10 mai. Lettre de M Naudet, directeur de la Bibliothèque royale, à M. le Ministre de l'instruction publique en réponse au compte rendu par le *Moniteur*, de la séance de la Chambre des Députés du 7 mai. — *Monit. du 13 mai*.

15 mai. Lettre de M. Ferdinand de Lasteyrie, membre de la Chambre des Députés, en réponse à la lettre de M. Nau-

det du 10 mai, suivie d'observations (non signées) à la lettre de M. F. de Lasteyrie. — *Monit. du* 19 *mai.*

« Rapport de M. de Lasteyrie. 19 *mai* 1847. »

« Réflexions impartiales sur le catalogue des livres imprimés de la Bibliothèque du Roi, par R. MERLIN. *Paris,* 1847, juin. » In-8º.

« Discours de M. de LASTEYRIE à la Chambre des députés, dans la discussion sur le crédit supplémentaire... » — *Monit. du* 25 *juin* 1847.

« Lettre à M. Paul Lacroix sur le prêt des livres et le catalogue de la Bibliothèque du Roi, datée de Codexopolis, par HELYON DE SAINT-CHARLES. (Fr. GRILLE), 30 juillet 1847. » In-8º de 8 p.

« De la nécessité de commencer, achever et publier le catalogue général des livres imprimés, par M. PAULIN PARIS, 2ᵉ édit., dans laquelle on a complété le plan de classification bibliographique et répondu à quelques objections. *Paris, Techener,* 1847. » In-8º de 63 p.

« Considérations sérieuses à propos de diverses publications récentes sur la Bibliothèque royale, suivies d'un seul plan possible pour en faire le catalogue en trois ans, par J. TECHENER. *Paris, au bureau du Bulletin du Bibliophile,* 1847. » In-8º de 15 p.

*Ib.* — Ordonnance du Roi du 2 septembre, contresignée Salvandy, qui arrête que le directeur de la Bibliothèque du Roi reprend le titre d'administrateur général de ladite bibliothèque, et qui fixe son traitement à 12,000 fr. Le secrétaire trésorier chargé de tenir tous les registres d'entrée et de sortie et toutes les écritures relatives à ce service reçoit un traitement de 10,000 francs. — *Monit. du* 13 *septembre.*

8 *septembre.* Arrêté de M. de Salvandy, ministre de l'instruction publique, qui nomme une commission à l'effet de lui faire un rapport sur les observations auxquelles ont donné lieu les travaux de catalogue du département des estampes de la Bibliothèque royale. Cette commission se compose de MM. Naudet, administrateur général de la Bibliothèque, Paul Delaroche, Gatteaux et Forster, membres de l'Institut, Robert Dumenil, Ach. Deveria et Félix Ravaisson, inspecteur général des bibliothèques publiques. — *Monit. du* 31 *octobre.*

21 *octobre.* Arrêté du même Ministre qui nomme MM. Nau-

det, Letronne, Lenormant, de Saulcy et Ampere, de l'Institut, Champollion-Figeac, Portal-Nisard, H. Royer-Collard et Félix Ravaisson, commissaires pour reconnoître les manuscrits et les notes devant former le texte supplémentaire destiné à compléter l'ouvrage de Champollion jeune, intitulé *Antiquités de l'Egypte et de la Nubie.* — *Monit., ib.*

*Publications diverses :* «De la collection géographique créée à la Bibliothèque royale. Examen de ce qu'on a fait et de ce qui reste à faire pour compléter cette création et la rendre digne de la France,—par M. Jomard, membre de l'Institut, conservateur de la collection géographique de la Bibliothèque royale, et du dépôt du voyage d'Égypte. *Paris, E. Duverger, janvier* 1848. » In-8º de 104 p.

« Rapport au Roi par M. de Salvandy sur la nomination d'une commission chargée d'examiner les questions relatives à la Bibl. royale.—*Moniteur du 5 janvier* 1848, p. 23 et 30.

« Essai sur la formation d'un catalogue général des livres et des manuscrits existant en France, à l'aide de l'immatriculation, par J. B. Hébert, notaire. *Paris, avril* 1848. » In-8º de 9 feuilles. (Bizarre et grotesque composition.)

« Rapport adressé à M. le Garde des Sceaux Hébert, par M. le Procureur du Roi Boucly. *Paris, 4 février* 1848. » — *Monit. du* 19 *mars* 1848. — Affaire Libri.

*Ib.* — Arrêt de la cour d'appel du 24 février, qui, sur l'appel interjeté par M. Naudet, administrateur de la Bibliothèque royale, d'un jugement de 1re instance, déclare les objets faisant partie de la Bibliothèque royale inaliénables et imprescriptibles; en conséquence ordonne la restitution et la réintégration à la Bibliothèque de l'autographe de Molière. — *Monit. du* 24 *février.*

Révolution de février 1848. — 1er *mars.* - Par arrêté du ministre provisoire de l'instruction publique, M. Raoul Rochette, membre de l'Académie des Inscriptions, secrétaire perpétuel de l'Académie des Beaux-Arts, est révoqué de ses fonctions de conservateur au département des médailles antiques de la Bibliothèque nationale. — Il ne sera point pourvu à son remplacement.

M. Barthelemy Hauréau, ancien bibliothécaire au Mans, est nommé conservateur des manuscrits françois et en langues modernes, au département des manuscrits de la Bibliothèque nationale,— en remplacement de M. Champollion-Figeac, également révoqué de ses fonctions.

M. Ravenel, conservateur adjoint au département des imprimés de la Bibliothèque nationale, est nommé conservateur dans le même département.

M. Richard, employé au département des imprimés de la Bibliothèque nationale, chef du bureau du catalogue de ce département, est nommé conservateur adjoint.

M. Pillon, premier employé au département des imprimés de la Bibliothèque nationale, est nommé conservateur adjoint dans le même département.

M. Barbier, employé au département des imprimés de la Bibliothèque nationale, chef du bureau des entrées et de la comptabilité, est nommé conservateur adjoint au même département.

M. Achille Deveria est nommé conservateur adjoint au département des estampes et cartes de la Bibliothèque nationale, et spécialement chargé de la rédaction du catalogue de ce département. — *Monit. du* 2 *mars.*

M. Paulin Paris publie le septième volume de : « Les manuscrits françois de la Bibliothèque du Roi. » *Paris, Techener,* 1848. — Ce volume, le dernier de cet ouvrage qui ait vu le jour, n'a point de préface.

*Ib.*, 12 avril. — Rapport adressé à M. le Ministre de l'instruction publique, par la commission instituée pour faire une enquête sur les papiers de feu Champollion jeune, par MM. TAILLANDIER, LASCOUX et J. TASCHEREAU. — *Monit. du* 24 *avril.*

« Réponse de M. LIBRI au rapport de M. Boucly, publié dans le *Moniteur universel* du 19 mars 1848. *Paris, chez tous les libraires,* 1848. » In-8º de 115 p. (Préface datée de Londres, 30 avril).

*Illustration* (l') journal : article sur la Bibliothèque nationale signé ... in-4º, juin 1848.

« Plaintes de la Bibliothèque nationale au peuple françois et à ses représentans. Signé : Un Bibliothécaire. (En vers.) *Paris, Techener. Juillet* 1848. » In-8º de 32 p.
Question du déplacement de la Bibliothèque, — et revue piquante de quelques travers du jour.

**1849.** — *Publications diverses :* « Lettre au Bibliophile

Jacob, au sujet de l'odieuse accusation portée contre M. Libri, avec des recherches bibliographiques sur les collections de ce savant, sur les soustractions commises dans les Bibliothèques publiques et sur les livres à estampille, par G. BRUNET, de Bordeaux. *Paris, 15 août 1849.* » In-8°.

« Lettre à M. Paul Lacroix (bibliophile Jacob), contenant un curieux épisode de l'histoire des Bibliothèques publiques, avec quelques faits nouveaux relatifs à M. Libri et à l'odieuse persécution dont il est l'objet, par ACH. JUBINAL. » In-8°.

« Lettre à M. de Falloux, ministre de l'instruction publique et des cultes, contenant le récit d'une odieuse persécution et le jugement porté sur cette persécution par les hommes les plus compétens et les plus considérables de l'Europe, suivie d'un grand nombre de documens relatifs aux spoliations qui ont eu lieu, à différentes époques, dans les bibliothèques et les archives de la France, par G. LIBRI, membre de l'Institut, etc. *Paris, Paulin*, 1849. » In-8° de 327 p.

« Rapport à M. le ministre de l'instruction publique sur le projet de translation de la Bibliothèque nationale dans les galeries du Louvre, par F.-G. DE GUILLERMY. »

« Les cent et une lettres bibliographiques à M. l'administrateur général de la Bibliothèque nationale, par M. PAUL LACROIX (bibliophile Jacob), membre de la commission des monumens historiques et du comité des monumens inédits de l'histoire de France, 1re série. *Paris, Paulin*, 68. » 1849.

« Lettres à M. Hatton, juge d'instruction, au sujet de l'incroyable accusation intentée contre M. Libri, contenant de curieux détails sur cette affaire, par M. Paul Lacroix. » in-8°.

« Lettre à M. Naudet, de l'Institut, administrateur général de la Bibliothèque nationale, en réponse à quelques passages de sa lettre à M. Libri, de l'Institut, par A. C. CRETAINE, libraire. » In-8°.

« Revue municipale. » In-4°, article sur la Bibliothèque, 16 avril et 16 mai 1849.

« Rapport à M. L. Bonaparte, président de la République, sur l'organisation, la reconstruction du monument ou l'emploi de la nouvelle galerie du Louvre, et la rédaction du catalogue de la Bibliothèque nationale, par JULES PAUTET DU ROZIER, » avril 1849.

« Catalogue raisonné des manuscrits rassemblés par M. Guillaume Libri et possédés aujourd'hui par lord Ahsburnham;

précédé d'un mémoire sur les Bibliothèques et les archives publiques de la France, par Paul Lacroix (bibliophile Jacob). » In-8°, 1849.

1849. — Jugement du tribunal civil du 20 avril, qui déclare M. Naudet, administrateur général de la Bibliothèque nationale, recevable dans sa demande contre M. Champollion-Figeac en réintégration au cabinet des manuscrits de ladite Bibliothèque de la totalité des manuscrits provenant de M. Champollion jeune. — *Moniteur du 22 avril.*

Note au sujet des dix mille volumes manuscrits de la Bibliothèque nationale, contenant des lettres coloriées ou des miniatures, dont quarante-sept sont mis en réserve pour n'être communiqués désormais qu'avec une autorisation spéciale. — *Moniteur du 9 mai.*

*Ib.* — Sur les réformes applicables à la Bibliothèque nationale et autres bibliothèques de la ville de Paris, par Alfred Bonnardot.

1850. — *Publications diverses :* « Une lettre inédite de Montaigne, accompagnée de quelques recherches à son sujet, précédée d'un avertissement suivi de plusieurs *fac-simile* et de l'indication détaillée d'un grand nombre de soustractions et mutilations qu'a subies depuis un certain nombre d'années le département des manuscrits de la Bibliothèque nationale, par Achille Jubinal, ex-professeur de faculté. *Paris, chez Didron*, 1850. » In 8° de 116 p.

Note sur les dons faits au département des médailles et antiques de la Bibliothèque nationale, — ainsi que sur les acquisitions principales opérées par le même établissement depuis deux années. — *Signé* Chabouillet (art. de la *Revue archéologique*).

*Ib.* — Documens sur les livres et bibliothèques au moyen âge, par Léop. Delisle.

*Ib.* — « Observations du conservatoire au ministre de l'instruction publique, sur une brochure de M. Jubinal, relative à un autographe de Montaigne. »—*Mon.*, 28 *mars* 1840.

Lettre de M. Paulin Paris, conservateur adjoint au département des manuscrits de la Bibliothèque royale, en réponse à un paragraphe des observations du conservatoire sur une brochure de M. Jubinal, etc. — *Moniteur du 29 mars.*

14 mai. — Lettre à M. Carnot sur sa réponse à M. Raoul Rochette, insérée dans la *Liberté de penser*, revue philosophique et littéraire, t. V, n° 29, p. 417, par M. Raoul Rochette. *Paris, F. Didot,* 1850, in-8° de 30 p.

30 mai. — Rapport de M. F. Génin, chef de la division des sciences et des lettres, à M. le ministre de l'instruction publique, sur la formation d'une commission à l'effet d'examiner les questions relatives aux travaux du catalogue de la Bibliothèque nationale, suivi d'un arrêté du ministre M. E. de Parieu qui forme cette commission de MM. Beugnot, de Rémusat, Berryer, Vitet, Lherbette, d'Albert de Luynes, Jules de Lasteyrie, Tascherau, représentans; Giraud, Dunoyer, Monmerqué, membres de l'Institut, Brunet, bibliographe et F. Ravaisson. — *Moniteur du 5 juin.*

« *Post-scriptum* à ma lettre à M. Carnot, par M. RAOUL ROCHETTE, du 22 juin 1850. *Paris, typ. de Firmin Didot,* 1850. » In-8° de 36 p.

*Ib.* — Réponse de M. Ach. Jubinal aux observations du Conservatoire de la Bibliothèque nationale sur une brochure relative à un autographe de Montaigne.

1850. — Publication du premier volume du Catalogue général des manuscrits des bibliothèques publiques des départemens, faite sous les auspices du ministère de l'instruction publique. *Paris, Imprim. nationale,* 1849. » In-4° de 909 p.

Note sur les deux sphères colossales de Coronelli, qui seront coupées, chaque globe en deux sections égales par l'équateur, pour être transférées au palais de Versailles et laisser plus de place aux employés du Bureau du catalogue. — *Moniteur du 11 mars.*

*Ib.* — Entrent comme employés aux Imprimés : MM. Chéron et Crosbie.

1851. — M. Ch. Giraud, ministre de l'instruction publique, fait déposer à la Bibliothèque nationale le manuscrit, *facsimile* rigoureux du célèbre antiphonaire de Montpellier, exécuté au XII° siècle et qui offre les plus précieuses ressources pour l'histoire de la musique au moyen âge. Transcription due à M. Théod. Nisard. — *Moniteur du 30 octobre.*

Note sur l'origine et les divers emplacemens occupés par la Bibliothèque nationale.—*Moniteur du 16 novembre.*

1851. — « Réponse à une incroyable attaque de la Bibliothèque nationale, touchant une lettre de Michel de Montaigne, par F. Feuillet de Conches. *Paris, Laverdet,* 1851. » Grand in-8º de 176 p., augmenté de l'extrait de la réplique de M. Chaix d'Est-Ange, de 177 à 192.

« Réponse de la Bibliothèque nationale à M. Feuillet de Conches, par M. Naudet, administrateur général de la Bibliothèque. *Paris, typ. Panckoucke,* 1851. » In-8º de 70 p.

« Rectification indispensable adressée à mes collègues les membres du conservatoire, au sujet de la réponse de la Bibliothèque nationale à M. Feuillet de Conches, par M. Naudet. *Paris, imprimerie S. Dautreville. Signée,* juin 10, 1851. P. Paris, membre de l'Institut, conservateur adjoint de la Bibliothèque nationale. » In-4. de 4 p. à 2 colonnes.

« Dictionnaire de pièces autographes volées aux Bibliothèques publiques de la France, précédé d'observations sur le commerce des autographes, par Lud. Lalanne et H. Bordier. *Paris, Panckouke,* 1851. » 1 v. in-8º.

Napoléon III. — 1852, 24 janvier. — Décret du président de la République, contresigné H. Fortoul qui crée à la Bibliothèque nationale un emploi d'administrateur adjoint, spécialement chargé de surveiller et de diriger les travaux de catalogue de ladite Bibliothèque.

*Ib.* — Autre décret qui nomme M. Jules Taschereau (ancien représentant, membre de la commission des catalogues), administrateur adjoint de la Bibliothèque nationale.

*Ib.* — Autre décret qui ouvre un crédit supplémentaire de 9,000 francs pour être affecté au traitement d'administrateur adjoint de la Bibliothèque nationale.— *Moniteur du 26 janvier.*

1852. -- Partitions originales d'opéras attribués à Lulli, soustraites à la Bibliothèque royale et retrouvées.—*Moniteur du 25 mars.*

M. Naudet, administrateur général de la Bibliothèque nationale, est nommé membre de la commission chargée de l'exécution du décret du Prince Président, qui fonde un Musée pour la conservation des objets ayant appartenu aux souverains qui ont régné sur la France.—*Monit. du* 16 *mars.*

25 août 1852. — Rapport de M. Jules Taschereau, Administrateur adjoint de la Bibliothèque nationale, directeur des catalogues, à M. le ministre de l'instruction publique, sur la situation et les besoins du catalogue au département des imprimés. — *Moniteur du* 6 *septembre.*

28 avril 1852. — Mort de M. le baron Walckenaer, secrétaire perpétuel et sous-doyen de l'Académie des inscriptions et belles-lettres, conservateur adjoint à la Bibliothèque nationale, département des plans et cartes géographiques.

« Notice historique sur la vie et les ouvrages de M. le baron Walckenaer, par M. Naudet, membre de l'Institut. » — *Moniteur des* 19 *et* 20 *nov.*

Décret impérial du 30 octobre qui nomme M. Benjamin Guerard aux fonctions de Conservateur au département des manuscrits de la Bibliothèque impériale.

1853. — Par décret impérial du 29 octobre rendu sur la proposition de M. H. FORTOUL, ministre de l'instruction publique, M. De Manne, premier employé à la Bibliothèque impériale, a été nommé conservateur adjoint en remplacement de M. Balin, décédé.

Par arrêté du même jour, M. Baudement, bibliothécaire à la Bibliothèque Mazarine, est nommé premier employé à la Bibliothèque impériale, département des imprimés.—*Moniteur du* 30 *octobre.*

M. Michelant, attaché aux travaux du catalogue des manuscrits, est nommé employé en remplacement de M. Aimé Champollion, démissionnaire, appelé à d'autres fonctions.

Décembre. — La Bibliothèque impériale fait l'acquisition de la superbe collection de portraits, gravés des hommes célèbres de toutes les nations, formée par M. Debure, et composée de plus de 67,000 pièces. — *Moniteur du* 12 *décembre.*

1854. — Par arrêté de M. le ministre de l'instruction publique, en date du 15 février, M. Nicolas, chef de la 2e division de l'administration des cultes, est nommé inspecteur général des Bibliothèques.

10 mars. — Mort de M Benjamin Guérard, conservateur au département des manuscrits de la Bibliothèque impériale. — Il avoit été nommé comme employé à ce département le 8 mars 1826, — conservateur adjoint le 8 mai 1833. — Son éloge est prononcé par M. Hase et par M. Lenormant, membres de l'Académie des Inscriptions et conservateurs de la Bibliothèque impériale.

Par décrets impériaux rendus sur la proposition de M. le ministre de l'instruction publique, — M. Natalis de Wailly, membre de l'Institut, chef de section aux archives impériales, est nommé conservateur au département des manuscrits de la Bibliothèque impériale, en remplacement de M. Guérard, décédé.

M. Léon Lacabane, employé au département des manuscrits de la Bibliothèque impériale et professeur à l'École des chartes, est nommé conservateur adjoint au même département.

6 juillet. — Mort de M. Raoul Rochette, membre de l'Académie des Inscriptions, secrétaire perpétuel de l'Académie des Beaux-Arts et professeur d'archéologie à la Bibliothèque impériale. Il avoit rempli les fonctions de conservateur du cabinet des antiques de la Bibliothèque du Roi de 1818 à 1848

« Notice de M. Friés, sur le dépôt des plans et cartes géographiques et sur les nouvelles salles qui le renferment, qui désormais forment un département à part et détaillé sur le service. » — *Moniteur du 16 décembre.*

*Ib.* — Décret portant que le département des estampes, cartes et plans de la Bibliothèque impériale, formera deux départemens distincts, et nomination aux emplois créés par cette modification.

31 août. — Décret impérial qui rétablit en faveur de M. Reinaud, conservateur adjoint au département des manuscrits, la place de conservateur des manuscrits orientaux, précédemment occupée par MM. Langlès, Abel Rémusat et Sylv. de Sacy.

1855. — Catalogue des livres imprimés de la Bibliothèque

impériale. — Histoire de France, t. I*er*, publié par ordre de l'Empereur. *Paris*, 1855, in-4°, *librairie de F. Didot*.— Ce volume, si impatiemment attendu, est précédé de deux rapports : le premier, de M. H. FORTOUL, ministre de l'instruction publique, à l'Empereur ; le second, de M. J. TASCHEREAU, administrateur adjoint de la Bibliothèque, directeur des catalogues, à M. le ministre de l'instruction publique. Le volume est composé de trois grands chapitres : 1° *Préliminaires* ; 2° *Histoire par époques* ; 3° *Histoire par règne*.

*Ib.* — Notice sur M. Daunou, par M. B. GUÉRARD, suivie d'une notice sur M. Guérard, par M. N. DE WAILLY. *Paris, Dumoulin*, 1855, in-8°. — Ce volume est accompagné du portrait lithographié de M. Guérard.

*Ib.* — Notice sur le catalogue des manuscrits orientaux de la Bibliothèque impériale, par M. REINAUD, membre de l'Institut, conservateur des manuscrits orientaux de la Bibliothèque impériale. *Paris*, 1855.

*Ib.*, août.—*Bibliothèque impériale*. Catalogue de l'Histoire de France, t. II, publié par ordre de l'Empereur. *Paris*, 1855, *librairie de F. Didot*, grand in-4° imprimé à 2 colonnes. — Ce volume, qui présente l'histoire de France depuis le règne de Louis XIV inclusivement jusqu'en vendémiaire an II, contient 20,272 mentions, ce qui porte à 36,298 les articles relatifs à l'histoire de France catalogués jusqu'à ce jour. — Les richesses contenues dans ce volume, particulièrement sur l'époque de la Fronde, sont les plus complètes qui aient été réunies jusqu'ici.

# TABLE DES MATIÈRES.

Pages.

Avis de l'Editeur.
Avertissement (de le Prince)................. I

## ESSAI HISTORIQUE SUR LA BIBLIOTHÈQUE DU ROI.

| | | |
|---|---|---|
| I. | Origine de la Bibliothèque du Roi sous saint Louis. | 1 |
| II. | Sous Louis le Hutin, Charles le Bel et le roi Jean. | 9 |
| III. | Sous Charles V. | 10 |
| IV. | Sous Charles VI. | 14 |
| V. | Sous Charles VII. | 16 |
| VI. | Sous Louis XI. | 17 |
| VII. | Sous Charles VIII. | 18 |
| VIII. | Sous Louis XII. | 20 |
| IX. | Sous François Ier. | 21 |
| X. | Sous Henri II. | 26 |
| XI. | Sous François II, Charles IX et Henri III. | 28 |
| XII. | Sous Henri IV. | 29 |
| XIII. | Sous Louis XIII. | 37 |
| XIV. | Sous Louis XIV. | 41 |
| XV. | Sous Louis XV. | 75 |

Ordonnances et arrêtés concernant la Bibliothèque du Roi. 98
Note du nouvel Editeur..................... 104

## DEUXIÈME PARTIE.

Bâtimens et service de la Bibliothèque........... 105

1re SECTION DE LA BIBLIOTHÈQUE. Livres imprimés..... 106
Description du Parnasse françois............... 108
    —   de deux tableaux peints par Touzé....... 111
Ordre et arrangement des livres imprimés.......... Ib.
Salon des globes......................... 116

MANUSCRITS. — Description des bâtimens de ce dépôt.... 122
Ordre et arrangement des manuscrits............. 125

| | Pages. |
|---|---|
| Essai historique sur les différents fonds conservés séparément dans ce dépôt. | 126 |
| Anciens fonds du Roi. | 127 |
| Fonds Dupuy. | ib. |
| — Béthune. | 133 |
| — Brienne. | 134 |
| — Gaignières. | 137 |
| Notices des chartes, cartulaires, etc., des églises de France et autres, tirées des différens fonds qui composent le dépôt des manuscrits. | 140 |
| Cartulaires de l'ancien fonds françois | 148 |
| — du fonds Dupuy. | 150 |
| — — le Tellier-Louvois | ib. |
| — — De Boze. | 151 |
| — — Lamare. | 152 |
| — — Baluze. | ib. |
| — — Colbert. | 153 |
| Manuscrits de Flandres | 154 |
| Cartulaires et manuscris des fonds des 500 Colbert | 155 |
| — — Cangé, Lancelot et Duchesne | 156 |
| — — Duchesne et d'Oyenart | 157 |
| — — Notre-Dame de Paris. | 158 |
| — — Doat. | 159 |
| Affaires générales de France et ecclésiastiques, croisades, mémoires concernant les Albigeois, etc. | 160 |
| Contrats de mariages et testaments. | 161 |
| Provinces ecclésiastiques : Narbonne, Béziers. | ib. |
| Carcassonne et autres suffragans de Narbonne. | 162 |
| Province de Toulouse, ville et religieux | ib. |
| Lavaur, Mirepoix, Montauban et Castel, Pamiers, Tarascon, etc | 163 |
| Foix, Lectoure, etc., Saint-Papoul, Rieux, province d'Alby. | 164 |
| Cahors, etc. | 165 |
| Rodez. | 166 |
| Vabres, Auch, Arles, Aix, et Avignon. | 167 |
| Hommages de Languedoc.—Bretagne, Lorraine, Catalogne, Castille, Aragon, Majorque. Titres de Foix | 168 |
| Fonds de Dufourny. | 169 |
| — Louvois, et Lamare. | 170 |
| — Baluze | 171 |
| — Mesmes. | 173 |
| — Colbert. | 174 |
| Origine des manuscrits qui composent le fonds Colbert. | 175 |
| — Doat. | 178 |
| — Cangé, et Lancelot. | 180 |
| Fonds du Cange | 181 |
| — Serilly. | 185 |
| — Huet. | 186 |
| — Fontanieu. | 187 |

|   |   |
|---|---|
| — Sautereau | 189 |
| Autres fonds en général | 190 |
| **CABINET DES TITRES ET GÉNÉALOGIES**, son origine et ses accroissemens | 194 |
| Marque distincte pour connoître les livres de la Bibliothèque du Roi. | 199 |
| Remarques sur les différentes reliures que l'on a employées depuis François I<sup>er</sup> jusqu'à nos jours. | 200 |
| Reliures sous François I<sup>er</sup>. | ib. |
| — sous Henri II et François II. | 201 |
| — sous Henri IV. | 202 |
| — sous Louis XIII et règnes suivans. | ib. |
| **CABINET DES ESTAMPES** et des planches gravées: son origine et ses accroissemens | 204 |
| Ordre et arrangement des livres d'estampes. | 218 |
| Ordre et arrangement des planches gravées du cabinet du Roi. | 223 |
| Description des différens morceaux peints, dessinés ou gravés, conservés sous verre et placés dans ce précieux cabinet. | 229 |
| Appendice à la notice de le Prince, sur le cabinet d'estampes et de planches gravées. | 236 |
| Extrait de la notice des estampes, par Duchesne aîné. | 237 |
| Cabinet des cartes et collections géographiques, son origine et ses accroissemens | 246 |
| Acquisitions. | 254 |
| Dons. | 259 |
| **NOTICE** des objets exposés au département des cartes et collections géographiques. | 263 |
| Salle B, pièce d'entrée. | 266 |
| Salle A, destinée aux travailleurs. | 269 |
| Salle C. | 276 |
| Salle D. | 277 |
| Salle E. | 279 |
| Salle F. — Salle G. | 282 |

### CABINET DES MÉDAILLES ET ANTIQUES.

|   |   |
|---|---|
| Description du cabinet des médailles. | 287 |
| Origine et accroissemens de ce cabinet | 288 |
| Ordre et arrangement des médailles. | 304 |
| Cabinet des antiques. | 305 |
| Description historique de plusieurs médailles rares et curieuses du cabinet du Roi. | 306 |
| Manière de distinguer les médailles fausses du Padouan | |

|                                          | Pages |
|------------------------------------------|-------|
| d'avec celles qui sont vraies.           | 336   |
| *Note du nouvel Éditeur.*                | 338   |

## TROISIÈME PARTIE.

| | |
|---|---|
| ANNALES DE LA BIBLIOTHÈQUE DU ROI, aujourd'hui Bibliothèque impériale. | 339 |
| Sous Charles V. | ib. |
| — Charles VI. | 340 |
| — Charles VII et Louis XI. | 343 |
| — Charles VIII et Louis XII. | 344 |
| — François Ier. | ib. |
| — Henri II. | 345 |
| — François II, Charles IX, Henri III. | 346 |
| — Henri IV. | 347 |
| Sous Louis XIII. | 349 |
| — Louis XIV. | 351 |
| — Louis XV. | 372 |
| — Louis XVI. | 396 |
| — République. | 405 |
| — Napoléon Ier. | 417 |
| — Louis XVIII. | 420 |
| — Charles X. | 422 |
| — Louis Philippe. | 424 |
| — Révolution de février 1848. | 454 |
| — Napoléon III. | 459 |

FIN DE LA TABLE DES MATIÈRES.

# LE
# CABINET HISTORIQUE

### OFFICE-CORRESPONDANCE

des Bibliothécaires, des Directeurs de Journaux, des Libraires-Éditeurs et de tous les Gens de Lettres.

## SOUS LA DIRECTION DE LOUIS PARIS

Ancien Bibliothécaire-Archiviste de la ville de Reims, du Ministère de l'Agriculture et du Commerce Chevalier de la Légion d'honneur, etc.,

### BUREAU : 27, RUE D'ANGOULÊME-SAINT-HONORÉ

---

On se plaint de la centralisation parisienne : ce sont surtout les études historiques qui en souffrent. Non-seulement tout ce qui tient à l'Histoire générale est la propriété des Bibliothèques de Paris, mais les titres, les monuments de chaque ville, de chaque province ; la Correspondance des Gens de lettres, la Généalogie, la Biographie, l'Archéologie, la Poésie du moyen âge, toutes les sources historiques et littéraires, en un mot, sont la conquête de Paris, et la province, dépossédée, n'a que de rares bribes échappées à la dévorante absorption de la grande ville.

C'est pour venir en aide aux travailleurs éloignés que j'ai conçu l'idée du CABINET HISTORIQUE.

Il s'agit, dans ma pensée, d'être, à Paris, le Correspondant des Gens de lettres de la province, de mettre en quelque sorte à leur disposition la pratique et l'usage de nos grandes Bibliothèques, de les diriger dans leurs recherches et de leur faciliter, et cela sans déplacement de leur part, sans peine, et au moins de frais possible, l'acquisition des plus rares et des plus précieux documents enfouis dans les dépôts publics de la capitale.

Par la nature de mes études, par l'habitude que j'ai des diverses Bibliothèques et les relations que je me suis créées, par la multitude de pièces de tout genre qui m'ont passé sous les yeux, je me suis rendu facile la création de ce Cabinet, auquel, d'ailleurs, sont attachés des paléographes distingués et des copistes intelligents. Aussi, dès ce moment, et suivant les demandes, suis-je en mesure de pouvoir fournir :

Aux Bibliothèques des départements, la copie fidèle des Chroniques et Titres qui importent à l'histoire locale et dont le texte manque à leur collection ;

Aux Académies, aux Érudits, aux Libraires-Éditeurs, la reproduction exacte des Textes d'auteurs anciens, de Coutumes, de Poëmes, Légendes ou Romans de chevalerie, Mémoires ou Pièces historiques dont la publication seroit en projet ;

Aux Directeurs de Revues et de Journaux, des *Feuilletons* tout faits sur la Biographie, la Littérature et les singularités historiques des localités du département;

Enfin aux Étrangers, avec le Catalogue de ce que renferment nos dépôts sur l'Histoire et la Littérature de leur pays, des copies également fidèles des pièces et documents qui peuvent les intéresser.

Pour aider aux travaux du public, et comme organe de l'Office-Correspondance, nous publions, sous ce même titre de : LE CABINET HISTORIQUE, une *Revue trimestrielle*. Nos Correspondants y puiseront de précieuses indications pour la direction de leurs recherches et de leurs études.

## CONDITIONS.

Le Directeur du CABINET HISTORIQUE se met à la disposition de MM. les Bibliothécaires, Archivistes et Gens de lettres des départements et de l'Étranger pour toute espèce de recherches à faire et de renseignements à prendre dans les bibliothèques et dépôts littéraires et publics de Paris; — il ne prélève de droits que pour les travaux de transcription et de rédaction.

La transcription de manuscrits, collationnée et certifiée conforme, est fixée à 1 franc le rôle de 50 lignes.

On traite de gré à gré pour la copie de documents en langue étrangère, pour la reproduction de dessins, vignettes enluminées, cartes et blasons, dont la parfaite exécution est garantie — et pour les travaux de rédaction. (*Notices historiques, biographiques, généalogiques*, etc.; etc.)

# LE CABINET HISTORIQUE

### REVUE TRIMESTRIELLE

Contenant, avec un texte et des pièces inédites, intéressantes ou peu connues

### LE CATALOGUE GÉNÉRAL DES MANUSCRITS

Que renferment les Bibliothèques publiques de Paris et des Départements touchant l'histoire de l'ancienne France et de ses diverses localités, avec les indications de sources et des Notices sur les Bibliothèques et les Archives départementales.

HUIT A DIX FEUILLES IN-8º PAR TRIMESTRE.

PRIX D'ABONNEMENT :

Paris . . . . . . . 12 fr. | Départements . . . 14 fr.

*Le port en sus pour l'Étranger.*

---

Paris. — Imprimerie WITTERSHEIM, 8, rue Montmorency.

www.ingramcontent.com/pod-product-compliance
Lightning Source LLC
Chambersburg PA
CBHW051622230426
43669CB00013B/2146